Markenstrategien für
den europäischen Binnenmarkt

WETTBEWERBSRECHTLICHE STUDIEN

Technologierecht – Kartellrecht – Vergaberecht

Herausgegeben von Hanns Ullrich

Band 3

PETER LANG
Frankfurt am Main · Berlin · Bern · Bruxelles · New York · Oxford · Wien

Markus Bahmann

Markenstrategien für den europäischen Binnenmarkt

PETER LANG
Europäischer Verlag der Wissenschaften

Die Deutsche Bibliothek - CIP-Einheitsaufnahme

Bahmann, Markus:

Markenstrategien für den europäischen Binnenmarkt / Markus Bahmann. - Frankfurt am Main ; Berlin ; Bern ; Bruxelles ; New York ; Oxford ; Wien : Lang, 2002
(Wettbewerbsrechtliche Studien ; Bd. 3)
Zugl.: München, Univ. der Bundeswehr, Diss., 2001
ISBN 3-631-38277-4

ISSN 1616-914X
ISBN 3-631-38277-4

www.peterlang.de

Ich wollte gar nichts wissen.
Da habe ich eine Reklame erblickt,
die hat mich in die Augen gezwickt
und ins Gedächtnis gebissen.

(*Ringelnatz*)

Vorwort

Die Arbeit wurde im Frühjahr 2001 von der Fakultät für Wirtschafts- und Organisationswissenschaften der Universität der Bundeswehr München als Dissertation angenommen.

Für viele wertvolle Anregungen und die Förderung dieser Arbeit danke ich ganz herzlich Herrn Professor Dr. Hanns Ullrich. Mein weiterer Dank gilt Herrn Prof. Dr. Arnold Hermanns, der das Zweitgutachten erstellt hat und mir bzgl. der näheren Fragestellungen zum Marketing zur Seite stand.

Vor allem aber schulde ich meiner Frau, ohne deren Rücksicht und Unterstützung die Arbeit nicht hätte entstehen können, tiefen Dank.

München, im November 2001 | Markus Bahmann

Inhaltsverzeichnis

Abkürzungsverzeichnis

aaO	am anderen Orte
ABl.EPA	Amtsblatt des Europäischen Patentamtes, zitiert mit Jahreszahl und Seite
a.E.	am Ende
a.F.	alte Fassung (bei Änderung von Gesetzestexten); sofern diese Abkürzung in Zusammenhang mit dem WZG benutzt wird, ist das WZG in der bis zum 1.5.92 geltenden Fassung, also vor dessen Änderung durch das ErstG, gemeint.
AIPPI	Association International de la Propriété Industrielle
a.M.	anderer Meinung
Anm.	Anmerkung
Art.	Artikel
BB	Der Betriebsberater, zitiert mit Erscheinungsjahr und Seite.
Bek.	Bekanntmachung
ber.	berichtigt
BerG	Berufungsgericht
Beschl.	Beschluß
BGBl	Bundesgesetzblatt, zitiert mit Teil und Seite (Jahresangabe ergibt sich aus der voranstehenden Jahreszahl
BGH	Bundesgerichtshof, (wo erforderlich) Urteile zitiert mit Entscheidungsdatum und Veröffentlichungshinweis.
BGHZ	Entscheidungssammlung des Bundesgerichtshofes in Zivilsachen mit Angabe von Band und Seite
BlPMZ	Blatt für Patentmitteilungen, zitiert mit Jahr und Seite
BPatG	Bundespatentgericht, (wo erforderlich) Urteile zitiert mit Entscheidungsdatum und Veröffentlichungshinweis.
BPatGE	Entscheidungssammlung des Bundespatentgerichts mit Angabe von Band und Seite
bsplw.	beispielsweise
BT-Drucks.	Bundestagsdrucksache, zitiert mit Nummer und Seite
BVerfG	Bundesverfassungsgericht, (wo erforderlich) Urteile zitiert mit Entscheidungsdatum und Veröffentlichungshinweis.
bzw.	beziehungsweise
ders.	der selbe
dies.	die selbe
DPMA	Deutsches Patent- und Markenamt

d.h.	das heißt
EG	Europäische Gemeinschaft
EGV	Vertrag zur Gründung der Europäischen Gemeinschaft vom 25. März 1957, BGBl II, S. 766, in der Fassung des Vertrages über die Europäische Union vom 7. Februar 1992, BGBl. II S. 1253/1256, geändert durch Beitrittsvertrag vom 24. Juni 1994, BGBl II S. 2022, i.d.F. des Beschlusses vom 1. Januar 1995, ABl EG Nr. L 1/1, ber. ABl 1997, Nr. L 179/12, geändert durch den Amsterdamer Vertrag vom 2. Oktober 1997, BGBl 1998 II S. 387
ehem.	ehemalig
ErstG	Gesetz über die Erstreckung von gewerblichen Schutzrechten v. 23. April 1992 (BGBl I, 938)
ErwGr.	Erwägungsgrund
EuGH	Europäischer Gerichtshof; (wo erforderlich) Urteile zitiert mit Entscheidungsdatum, Kurztitel und Veröffentlichungshinweis
evtl.	eventuell
EGV	Vertrag über die Europäische Union vom 7. Februar 1992, BGBl. II S. 1253, geändert durch Beitrittsvertrag vom 24. Juni 1994, BGBl. II s. 2022, i.d.F. des Beschlusses vom 1. Januar 1995, Abl. EG Nr. L 1/1, ber. Abl. 1997 Nr. L 179/12, geändert durch Amsterdamer Vertrag vom 2. Oktober 1997, BGBl. 1998 II s. 387, ber. BGBl. 1999 II, S. 416
EWGV	Vertrag zur Gründung der Europäischen Wirtschaftsgemeinschaft (EWG) vom 25. März 1957, BGBl II, 766 (ber. S. 1678) und 1958 II, 64, in Kraft getreten am 1. Januar 1958 gem. Bek. v. 27. Dezember 1957 (BGBl 1958 II, 1)
F&E	Forschung und Entwicklung
Fa.	Firma
FS	Festschrift
GATT	General Agreement on Tarifs and Trade
gem.	gemäß
GemeinschaftsmarkenVO (GemMVO)	Verordnung (EG) Nr. 40/94 des Rates über die Gemeinschaftsmarke vom 20. Dezember 1993
ggf.	gegebenenfalls
grch.	griechisch
GRUR	Gewerblicher Rechtsschutz und Urheberrecht, zitiert mit Erscheinungsjahr und Seite.
GRURInt.	Gewerblicher Rechtsschutz und Urheberrecht Internationaler Teil, zitiert mit Jahr und Seite.

i.d.F.	in der Fassung
INTA	International Trademark Association
iVm	in Verbindung mit
lat.	lateinisch
li.Sp.	linke Spalte
MA	Markenartikel; zitiert mit Jahr und Seite
Markenamt der Gemeinschaft	Harmonisierungsamt für den Binnenmarkt (Marken, Muster und Modelle gemäß Art. 2 der Verordnung (EG) Nr. 40/94 des Rates über die Gemeinschaftsmarke vom 20. Dezember 1993
MarkenG	Gesetz über den Schutz von Marken und sonstigen Kennzeichen (Markengesetz - MarkenG); BGBl I Nr. 74 vom 28. Oktober 1994, S. 3082 ff. In Kraft getreten gemäß Art. 50 Abs. III des Markenrechtsreformgesetzes am 1. Januar 1995
MarkenV	Verordnung zur Ausführung des Markengesetzes (Markenverordnung - MarkenV) vom 30. November 1994 abgedruckt in Sonderheft BlPMZ 95, 156
Mitt.	Mitteilungen der deutschen Patentanwälte; zitiert mit Erscheinungsjahr und Seitenzahl
MMA	Madrider Markenabkommen
MP	Madrider Protokoll
MRiLi	1. Richtlinie 89/104/EWG des Rates v. 21. Dezember 1988 zur Angleichung der Rechtsvorschriften der Mitgliedsstaaten über die Marken (ABlEG 1989 Nr. L 40, S. 1, berichtigt ABlEG 1989 Nr. L 159, S. 60)
MRRefG	Markenrechtsreformgesetz
MVO	Markenverordnung (§ 65 MarkenG)
mwN	mit weiteren Nachweisen
n.F.	neue Fassung (bei Änderungen von Gesetzestexten)
NJW	Neue Juristische Wochenschrift, zitiert mit Erscheinungsjahr und Seitenzahl
O.A.M.P.I.	Office Africain et Malgache de la Proprieté Industrielle
O.A.P.I.	Office Africain de la Proprieté Industrielle
o.g.	oben genannten
OMPI	Organisation Mondial pour la Proprieté Industrielle = Weltorganisation für geistiges Eigentum = World Intellectual Property Organisation
PatG	Patentgesetz derzeit gültig in der Fassung 1981 (BGBl 1981 I,1 (mehrfach geändert))

PVÜ	Internationale Übereinkunft zum Schutz des gewerblichen Eigentums (Pariser Verbandsübereinkunft) vom 20. März 1883. Der Pariser Verbandsübereinkunft ist Deutschland nach langem Zögern am 21. März 1903 beigetreten.
re.Sp.	rechte Spalte
RG	Reichsgericht, (wo erforderlich) Urteile zitiert mit Entscheidungsdatum und Veröffentlichungshinweis.
RIW/AWD (oder RIW)	Recht der Internationalen Wirtschaft/Aussenwirtschaftsdienst (Zeitschrift), zitiert mit Jahr und Seite
Rs.	Rechtssache
Rspr.	Rechtsprechung
Slg.	Entscheidungen des EuGH, amtliche Sammlung
sog.	sogenannte
TLT	Draft Trademark Law Treaty
TRIPs	Trade Related Aspects of International Property Rights
TRT	Trademark Registration Treaty
u.a.	unter anderem
usw.	und so weiter
u.U.	unter Umständen
Verf.	Verfasser
vgl.	vergleiche
WIPO	World International Property Organisation = Weltorganisation für geistiges Eigentum = Organisation Mondial pour la Propriété International
WRP	Wettbewerb in Recht und Praxis; zitiert mit Jahr und Seite
WZG	Warenzeichengesetz in der Fassung vom 2. Januar 1968 (BGBl I, 29)
z.B.	Zum Beispiel
ZLR	Zeitschrift für das gesamte Lebensmittelrecht (Jahr, Seite)
ZUM	Zeitschrift für Urheber und Medienrecht, zitiert mit Jahr und Seite

Einleitung:

Die Verwendung besonderer Kennzeichen bei der Vermarktung von Angeboten innerhalb der Europäischen Gemeinschaften

I. Praktische Relevanz des Themas

Mit der Schaffung des Gemeinschaftsmarkenrechts[1] und der Eröffnung des Harmonisierungsamtes für den Binnenmarkt (Marken, Muster und Modelle) in Alicante, Spanien[2], der für die Administration der Gemeinschaftsmarken zuständigen Behörde der Europäischen Gemeinschaft, steht den Unternehmen eine völlig neue Möglichkeit für einen Schutzerwerb an besonderen Kennzeichen in Europa zur Verfügung.

Die Arbeiten an der Schaffung des europäischen Markenrechts fielen in eine Zeit einer dynamischen wirtschaftlichen Entwicklung. Eine immer weiter gehendere Ausdifferenzierung des Angebots[3] war die Folge von einer zunehmenden Marktsättigung und geänderten Verbraucherpräferenzen. Von den anbietenden Unternehmen wurden in dieser Zeit neue Marketingmethoden erprobt und verfeinert.

Versucht man, den Wandel im Absatzbereich der Unternehmungen zu beschreiben, also den Weg von der Distribution zum Marketing-Management zu kennzeichnen, so sind mindestens vier Entwicklungsphasen herauszustellen4. Die einzelnen Phasen sind durch bestimmte Ausprägungen der Märkte bzw. Umweltsituationen der Unternehmung gekennzeichnet:

- Die Phase der Produktionsorientierung hat historisch ihre Wurzeln in der zweiten Hälfte des 19. Jahrhunderts. Im Mittelpunkt stand die Massenproduktion, d.h. die Nutzbarmachung von Degressionseffekten für die Herstellung billiger Massenkonsumgüter des Ge- und Verbrauchs. Kennzeichnend war die Situation des Verkäufermarktes, d.h. ein Überwiegen der Nachfrage über das Angebot. Eine solche Situation war in Deutschland

---

[1] Erlaß der Gemeinschaftsmarkenverordnung (Verordnung (EG) Nr. 40/94 des Rates über die Gemeinschaftsmarke (GemMVO)) vom 20. Dezember 1993 (ABl. 1994, L 11/1), in Kraft getreten am 14. Januar 1994 (vgl. Art. 143 GemMVO), geändert durch Verordnung vom 22. Dezember 1994 (ABl. L 349/83).

[2] Vgl. Art. 2 GemMVO, Titel XII GemMVO. Zur Rechtsstellung, den Kompetenzen, dem Personal, den Sprachen und der Rechtsaufsicht über das Harmonisierungsamt für den Binnenmarkt (Marken, Muster und Modelle) vgl. ausführlich *v.Mühlendahl/Ohlgart*, Die Gemeinschaftsmarke, S. 227f.

[3] Z.T. durch Variationen in den objektiven Leistungsmerkmalen, z.T. aber auch durch die stärkere Betonung von subjektiven Produktelementen (der Erlebnisqualität).

[4] Vgl. *Meffert*, Grundlagen der Absatzpolitik, S. 17f.

ebenfalls unmittelbar nach dem Krieg bis etwa 1953 gegeben. Die Hauptprobleme der Betriebe lagen in der Beschaffung der Rohstoffe und in der Gewährleistung einer rationellen Produktion. Der Verkauf war dagegen relativ problemlos.

- In der zweiten Phase, der Periode der Verkaufsorientierung, gewann der Markt größere Bedeutung. Es zeichneten sich Sättigungserscheinungen und eine wachsende Substitutionskonkurrenz ab. Verstärkte Werbungs- und Produktpolitik, eine Erhöhung der Verkaufsanstrengungen (push and pull) im Sinne aggressiven Verkaufens waren die Folge. Produktions- und Investitionspolitik bildeten jedoch nach wie vor den Ausgangspunkt aller Planungsüberlegungen. Die Absatzabteilung mußte lediglich absetzen, was produziert wurde. Im Vordergrund standen dabei Fragen der Absatzrationalisierung.

- Die dritte Phase, die Marketingorientierung, ist in erster Linie das Ergebnis jener wirtschaftlichen Bedingungen, wie sie - ausgehend von den USA - für alle hochentwickelten Volkswirtschaften inzwischen typisch geworden sind, nämlich die Situation des aggressiv umworbenen Käufermarktes mit allen Begleiterscheinungen der sog. „Überflußgesellschaft“. Die Bemühungen der Unternehmungen waren in dieser Phase auf eine systematische Verhaltensbeeinflussung der Nachfrage ausgerichtet.

- Mit der ersten Ölkrise und der darauffolgenden Rezession hat sich auch gegenüber diesem Konzept der marktorientierten Führung ein erneuter Einstellungswandel vollzogen. Ausschlaggebend hierfür waren Veränderungen in den Umwelt- und Marktbedingungen, die - bei kurzfristiger und einseitiger Konsumentenorientierung - zu einer Bedrohung der Marktpositionen zahlreicher Unternehmungen führten. Besonders hervorzuheben sind in diesem Zusammenhang die Weiterverbreitung von Marktsättigung und Marktstagnation, rückläufige Bevölkerung und Arbeitslosigkeit, wachsende Markt- und Machtkonzentrationen im Handel, zunehmende Konkurrenzintensität, vor allem durch ausländische Anbieter, Ressourcenverknappung und Umweltbelastung, Aufkommen neuer Informations- und Kommunikationstechnologien sowie ein grundlegender Werte- und Einstellungswandel größerer Bevölkerungskreise beim Konsum.

Diese Entwicklungen führten in vielen Unternehmungen zu einer umfassenderen, auf alle Marktpartner und die Umwelt ausgerichteten Unternehmenspolitik, deren Kernstück das sogenannte strategische Marketing ist. Es kennzeichnet allgemein die langfristige Dimension des Marketing als Führungskonzeption. Im Rahmen dieser Änderungen kam es auch zu einer wesentlichen Intensivierung der Produktwerbung. Dabei wurde die besondere Markierung von Waren und Dienstleistungen regelmäßig zum Träger und Vermittler aller auf das Angebot bezogenen Botschaften.

Wird eine besondere Kennzeichnung von Angeboten gezielt eingesetzt, spricht man von Markenstrategien. Markenstrategien stellen langfristige Pläne der Markengestaltung zur Erfüllung von Anbieterzielen dar[5]. Als Ziele werden insbesondere Positionierungsvorteile gegenüber Konkurrenten, sowie psychologische und ökonomische Markenziele angestrebt.

---

[5] Vgl. *Meffert*, Strategien zur Profilierung von Marken, in *Dichtl/Eggers*, Marke und Markenartikel als Instrumente des Wettbewerbs, S. 135.

Markenstrategien sind dabei letztlich immer mit Markeninvestitionen verbunden, die einen Markenwert erzeugen oder verändern.

Durch das Hinzutreten eines weiteren Schutzrechtssystems auf dem Gebiet des Markenrechts und dessen Integration in die bereits bestehenden Schutzrechtssysteme des nationalen Markenschutzes und der IR-Marke haben sich die rechtlichen Voraussetzungen für den Einsatz besonderer Kennzeichen grundlegend gewandelt. Dieser Wandel muß im Bereich der betriebswirtschaftlich erarbeiteten Theorien, die der Markenpolitik eines Unternehmens zugrunde liegen, berücksichtigt werden. Dies soll Gegenstand der Ausarbeitung sein. Da dabei die Arbeit vornehmlich den Einsatz besonderer Kennzeichen im Gemeinsamen Markt näher beleuchten soll, steht ein grenzüberschreitender Absatz von Angeboten im Vordergrund. Soweit dabei das Thema Belange einer lediglich auf ein Land beschränkten, oder sogar einer weltweiten Betätigung eines Unternehmens anschneidet, werden dazu weiterführende Anmerkungen gemacht.

II. Gang der Darstellung

Das erste Kapitel behandelt einführend die betriebswirtschaftliche Einordnung des Führens besonderer Kennzeichen beim Absatz von Angeboten eines Unternehmens. Dargestellt werden der Grund für den Einsatz besonderer Markierungen, die unterschiedlichen Arten, die einem Unternehmen für die besondere Kennzeichnung zur Verfügung stehen und einzelne Basismarkenstrategien.

Das zweite Kapitel stellt die unterschiedlichen und parallel nebeneinander bestehenden Schutzrechtssysteme der Gemeinschaftsmarkenverordnung, der nationalen Markenrechte und internationale Markenschutzsysteme, wie insbesondere das MMA und das MP und deren Verzahnung untereinander vor.

Das dritte Kapitel behandelt – unter einer näheren Betrachtung von Einzelproblemen der unterschiedlichen Schutzrechtssysteme – die Fragen, die sich bei der Auswahl unter den verschiedenen, zur Verfügung stehenden Kennzeichenschutzsystemen stellen.

Im vierten Kapitel werden die Probleme dargestellt, die sich bei der Suche und dem Führen besonderer Kennzeichen ergeben. Dabei wird auf die Schutzfähigkeit einer Bezeichnung genauso wie auf die Behandlung von Rechten Dritter, die sich aus der Verwendung von möglicherweise verwechslungsfähigen Bezeichnungen ergeben, eingegangen.

Die Grenzen des Einsatzes besonderer Markierungen sind schließlich Gegenstand des fünften Kapitels. Hierbei wird auch darauf eingegangen, daß die betriebswirtschaftlichen Vorstellungen des Einsatzes besonderer Kennzeichen im Gemeinsamen Markt von der Rechtswirklichkeit abweichen können, bzw. sich juristisch nicht umsetzen lassen.

Im sechsten Kapitel werden schließlich die Ergebnisse der Arbeit in Thesen zusammengefaßt. Aus Gründen der Aktualität werden erst in einem Anhang die Ergebnisse zu einer empirischen Erhebung zu den Kosten für das Erlangen eines Markenschutzes Kraft Eintragung in den Mitgliedsländern der EU aufgezeigt. Auf diesen Teil der Arbeit wird jedoch bereits an mehreren Stellen der Bearbeitung Bezug genommen.

1. Kapitel: Grundlagen

I. Betriebswirtschaftliche Einführung

Eine Differenzierung von Angeboten eines Unternehmens gegenüber Konkurrenzprodukten wird in Zukunft immer wichtiger werden. Der Grund dafür ist der zunehmende Wettbewerb, der die Unternehmen dazu zwingt sich immer mehr von der Konkurrenz abzuheben[1]. Die Öffnung nationaler Märkte, insbesondere auch die Schaffung des Gemeinsamen Marktes der EU, trugen in erheblichem Maß zur Verschärfung des Wettbewerbs bei, da sich dadurch die Zahl der Marktteilnehmer schlagartig vergrößerte.

Rein äußerlich kann eine Differenzierung einzelner Angebote durch eine Verwendung besonderer Markierungen erfolgen. Durch eine besondere Markierung von Waren und/oder Dienstleistungen wird verdeutlicht, daß sich ein – an sich homogenes – Angebot in eine Offerte eigener Art verwandelt hat[2]. Geht dabei das kennzeichnende Unternehmen gezielt und planvoll vor, wird in der betriebswirtschaftlichen Literatur von einer Markenstrategie gesprochen. Zentrales Anliegen einer Markenstrategie ist, unter strategischen Gesichtspunkten, aus einem mehr oder minder austauschbaren Angebot eine „Marke" zu formen[3].

1. Der Markenartikel

Der Markenartikel ist einer der zentralen Begriffe in der Vermarktung. Es findet sich sogar die Aussage, daß es ohne Markenartikel kein Marketing gäbe[4] oder die *„Marke das Megathema"* schlechthin sei[5]. Nach der gesetzlichen Definition (vgl. § 38 a Abs. II Satz 1 GWB (a.F.), jetzt: § 23 Abs. II Satz 1 GWB (1998)) sind Markenartikel:

Erzeugnisse, deren Lieferung in gleichbleibender oder verbesserter Güte von den preisempfehlenden Unternehmen gewährleistet wird und die selbst oder deren für die Abgabe an den Verbraucher bestimmte Umhüllung oder Ausstattung oder deren Behältnisse, aus denen sie verkauft werden, mit einem ihre Herkunft kennzeichnenden Merkmal (Firmen-, Wort- oder Bildmarke) versehen sind.

Aus dieser gesetzlichen Definition darauf zu schließen, daß Markenartikel ohne vertikale Preisempfehlung nicht vorstellbar sind, wäre jedoch falsch. Gleichzeitig ist auch nicht die Annahme gerechtfertigt, daß jedes mit einem bestimmten Namen gekennzeichnete Produkt

---

1 Vgl. *Meffert*, Marketing, Grundlagen der Absatzpolitik, S. 28.

2 Vgl. *Meffert/Bruhn*, Markenstrategien im Wettbewerb, S. 24.

3 Vgl. *Pepels*, Marketing, S. 63-66.

4 Vgl. *Pepels*, aaO., S. 51.

5 Vgl. *Esch*, Herausforderung und Aufgaben des Markenmanagements in *Esch* (Hrsg.), Moderne Markenführung, S. 5

bereits als Markenartikel angesehen werden kann[6]. Zur Beschreibung eines Markenartikels müssen deshalb weitere Kriterien in die Beurteilung mit einbezogen werden:

In der betriebswirtschaftlichen Literatur finden sich zahlreiche Definitionsversuche für den Begriff des Markenartikels, die sich jedoch oftmals verwirrend gegensätzlich zeigen[7]. Die vielen Definitionen lassen sich durch den Wandel ihres Bedeutungsinhaltes in mehrere Gruppen mit fließendem Übergang einteilen[8], wobei sich im Zeitablauf bis in die siebziger Jahre eine fortschreitende Einengung des Markenartikelbegriffs erkennen läßt. Der vorliegende Versuch, eine Klärung des Begriffes „Markenartikel" vorzustellen, kann damit lediglich eine Annäherung an den derzeit feststellbaren wissenschaftlichen Konsensbereich und dessen Wiedergabe hinsichtlich dieses Begriffes verstanden werden[9]:

Nach ersten Definitionen aus den Jahren 1900-1930 waren dem Markenartikel die Eigenschaften: Markierung, gleichbleibende Menge, Qualität und Verpackung zuzuschreiben[10]. Zusätzlich zu diesen Eigenschaften wurden in den Jahren 1930-1955 die Merkmale einer Massenproduktion, einer Werbung für diese Artikel und einer vertikalen Preisbindung[11] für den Markenartikel gefordert[12]. Weiterhin fanden in diesen Definitionsansätzen die Größe des Absatzraumes, die bedeutende Markstellung des Artikels und die als Verkehrsgeltung bezeichnete Anerkennung durch den Verbraucher Beachtung[13]. Etwa ab 1955 wird der Markenartikel als Ware gesehen, die durch die Funktion der Nachfragegewinnung charakterisiert ist, welche wiederum unter dem Überbegriff Markenartikelvertrieb subsumiert werden muß. Nach der Definition von Mellerowicz[14] ist der Markenartikel mittels eines Begriffskatalogs mit acht Merkmalen zu fassen. Die heute nicht mehr in allen Punkten gültige Definition lautet:

Markenartikel sind für den privaten Bedarf geschaffene Fertigwaren, die in einem größeren Absatzraum unter einem besonderen, die Herkunft kennzeichnenden Merkmal (Marke) in einheitlicher Aufmachung,

---

6 Vgl. *Dichtl*, Grundidee, Varianten und Funktion der Markierung von Waren und Dienstleistungen, in *Dichtl/Eggers*, Marke und Markenartikel, S. 2f. (7f.).

7 Vgl. zum Diskussionsstand *Hansen*, Der Markenartikel. Analyse seiner Entwicklung und Stellung im Rahmen des Markenwesens, Betriebswirtschaftliche Schriften, 1970, Heft 36.

8 Vgl. *Dubber*, Die Bedeutung des Markenartikels im Prozeß der industriellen Entwicklung, 1969, S. 15f.; *Alewell*, Markenartikel in *Tietz* (Hrsg.), Handwörterbuch der Absatzwirtschaft, 1974, Sp. 1218.

9 Der Versuch der Erarbeitung einer eigenen wirtschaftswissenschaftlichen Definition würde den Rahmen der vorliegenden Arbeit sprengen.

10 Vgl. zu den verschiedenen Merkmalsbestimmungen *Kühn*, Der Markenartikel. Wesen und Begriff. Seine Entwicklung in der Literatur, 1963, Seite 154f.

11 Durch das 2. Gesetz zur Änderung des GWB vom 3. August 1973 (BGBl I 917) sind die Vorschriften über die vertikale Preisbindung für Markenwaren aufgehoben worden. Zulässig sind (derzeit) nur noch vertikale Preisbindungen für Verlagserzeugnisse.

12 Vgl. *Kühn*, aaO., Seite 156f.

13 *Seyffert*, Wirtschaftslehre des Handels, 1955, S. 6; *Röper*, Die vertikale Preisbindung bei Markenartikeln, 1955, S. 28f.

14 Vgl. *Mellerowicz*, Markenartikel - Die ökonomischen Gesetze ihrer Preisbildung und Preisbindung, 1963, S. 10f.

gleicher Menge sowie in gleichbleibender oder sich verbessernder Güte erhältlich sind und sich dadurch sowie durch die für sie betriebene Werbung die Anerkennung der beteiligten Wirtschaftskreise (Verbraucher, Händler und Hersteller) erworben haben (Verkehrsgeltung).

Eine statische Betrachtungsweise, die die Existenz von „Markenware" ausschließlich von der Erfüllung bestimmter Kriterien abhängig macht, ist mit den Gegebenheiten der heutigen Zeit nicht mehr zu vereinbaren. So ist aus dem voranstehenden Definitionsansatz, bereits zu den geforderten Fertigwaren, darauf hinzuweisen, daß auch Halbfertigprodukte Markenartikel darstellen können[15]. Als Beispiel können aus dem Bereich der Kunststoffindustrie die nicht-finalen (Marken)-Erzeugnisse *Hostalen*, *Styropor* und/oder *Trevira* genannt werden[16]. Auch eine gleichbleibende Menge ist nicht mehr zwingend erforderlich, da es heutzutage durchaus üblich ist, Markenartikel auch über die Menge zu differenzieren (Familien-/Spar- oder Singlepackung), um sie so den (veränderten) Verbraucherbedürfnissen anzupassen[17]. Bezüglich der geforderten Verbraucherwerbung divergieren die Auffassungen: Teilweise wird Massenwerbung nicht als konstitutives Merkmal des Markenartikels angesehen, sondern lediglich als Hilfsmittel der Markentechnik[18]. Dagegen müssen sich nach anderen Auffassungen[19] die Hersteller „bevorzugter Methoden moderner Werbung" bedienen. Spätestens ab der Zulassung von Dienstleistungsmarken[20] (Beispiele: *Lufthansa*, *Avis*) ist eine Einschränkung auf die traditionellen Kriterien nicht mehr praxisadäquat.

Erkennbar ist damit, daß sich der Begriff des Markenartikels im Laufe der Zeit zwar von bestimmten zeitbedingten Merkmalen, die ihn definieren sollen, getrennt hat; seine Kernmerkmale sind jedoch nie zeitabhängig gewesen. In der neueren betriebswirtschaftlichen Literatur, die einen absatzsystembezogenen Ansatz aufweist, wird die Marke auch nicht mehr länger als Merkmalsbündel verstanden, sondern als spezifische Vermarktungsform interpretiert[21].

---

15 Vgl. dazu *Freter/Baumgart*, Ingredient Branding – Begriff und theoretische Begründung in *Esch*, aaO, S. 192 f.

16 Soweit in der vorliegenden Arbeit bestimmte Marken oder Hersteller genannt werden, so erfolgt die Nennung jeweils nur exemplarisch. Durch die Nennung der Marke oder des Herstellers soll dieses Produkt gegenüber anderen nicht besonders hervorgehoben werden. Die Wiedergabe von Gebrauchsnamen, Handelsnamen und besonderen Angebotskennzeichen usw. in dieser Bearbeitung berechtigt – auch ohne besondere Kennzeichnung – nicht zu der Annahme, daß solche Namen im Sinne der Markengesetzgebung als frei zu betrachten wären und daher von jedermann benutzt werden dürften.

17 Vgl. *Abend*, Der Markenartikel - Eine literaturkritische Würdigung, MA 1986, S. 366f. (366)

18 Vgl. *Bruhn*, Markenstrategien in *Tietz, Köhler, Zentes* (Hrsg,), Handwörterbuch des Marketings, S. 1446.

19 Vgl. *Gutenberg*, Grundlagen der Betriebswirtschaftslehre, 2. Band: Der Absatz, S. 387f.

20 Ein rechtlicher Schutz von Dienstleistungsmarken ist vergleichsweise jung. So wurden in Deutschland die Dienstleistungsmarken erst mit dem Inkrafttreten (1. April 1979) des Gesetzes über die Eintragung von Dienstleistungsmarken vom 29. Januar 1979 (BGBl. I, 125) den Warenzeichen gesetzlich gleichgestellt.

21 Vgl. *Meffert* (1998), aaO., S. 785.

Zusammenfassend kann deshalb in der heutigen, durch die Vielfalt von unterschiedlich gekennzeichneten Angeboten geprägten Zeit davon ausgegangen werden, daß der Markenartikel durch eindeutige Signale helfen soll Entscheidungen zu erleichtern[22].

2. Funktionen besonderer Markierungen im Wettbewerb

Die besondere Markierung von Angeboten erfüllt bei einer immer mehr zunehmenden Informationsüberflutung wichtige Funktionen. Diese sollen im folgenden vorgestellt werden. Es stehen dabei Fragen der ökonomischen Wirkungsweisen besonderer Markierungen im Vordergrund[23]. Als wirtschaftliche Funktionen besonderer Kennzeichnungen von Waren und/oder Dienstleistungen werden insbesondere

- die Kennzeichnungs- bzw. Unterscheidungs-,
- die Herkunftshinweis-,
- die Qualitäts- und
- die Werbe- bzw. Kommunikationsfunktion

genannt[24]. Diese tatsächlichen Wirkungsweisen sollen im folgenden vorgestellt werden:

a) Kennzeichnungs- und Unterscheidungsfunktion

Der tatsächliche Effekt einer Kennzeichnung steht im Vordergrund des Einsatzes besonderer Markierungen[25]. Jede Kennzeichnung einer Ware oder Dienstleistung hat schließlich - genauso wie jede Unterschrift auf einem Schriftstück - auch den Sinn, den besonders gekennzeichneten (signierten) Gegenstand Dritten gegenüber als echt auszugeben. Die Verwendung einer besonderen Kennzeichnung von Waren oder Dienstleistungen ist damit mit der Unterzeichnung eines Dokumentes vergleichbar.

Der Effekt der Kennzeichnung liegt in erster Linie in der Namensgebung, die es ermöglicht, die so gekennzeichneten Produkte von anderen, derselben Gattung angehörenden, Waren und Dienstleistungen zu unterscheiden. Daneben lassen insbesondere auch eine besondere Verpackungsgestaltung[26], der gezielte Einsatz von Farben[27] und weitere Kennzeichnungsmittel diese Unterscheidungsmöglichkeit einzelner Angebote einer Gattung zu.

---

22 Vgl. *Schirm*, Markenartikel - Signale für eine „verläßliche" Welt, MA 1984, S. 406.

23 Es soll dabei nicht nur eine Betrachtung der „Funktionen der Marke aus Inhabersicht" (Absatzförderung, Profilierung des eigenen Angebots etc.), sondern eine Aufschlüsselung der Wirkungsweisen besonderer Kennzeichen erfolgen. Vgl. dazu *Meffert/Bruhn*, aaO., S. 15.

24 Vgl. zu den Funktionen besonderer Markierungen aus wirtschaftswissenschaftlicher Sicht auch: *Geffken*, Markenführung – die zentrale Aufgabe des Kommunikationsmanagements in *Geffken* (Hrsg.), Das große Handbuch der Werbung, S. 131f. (137).

25 Vgl. *Stauss*, Dienstleistungsmarken, in *Bruhn* (Hrsg.), Handbuch Markenartikel, Bd. 1, S. 79 (85).

26 Beispielsweise die besondere Form- und/oder Farbgestaltung der weiß-blauen „ODOL"-Flasche.

Grundlage einer „Unterscheidung" ist nach dem allgemeinen Sinn des Begriffes das Vorhandensein von Merkmalen, die das betreffende Angebot von anderen Angeboten abhebt und in seiner Besonderheit eindeutig erkennbar werden lassen. Diese weite Auslegung der Unterscheidungsfunktion erfährt jedoch durch das Kennzeichenrecht eine erhebliche Einengung. Danach muß die besondere Kennzeichnung lediglich geeignet sein Waren oder Dienstleistungen eines Unternehmen von denjenigen anderer Unternehmen zu unterscheiden (vgl. beispielsweise die Formulierung in § 3 Abs. I MarkenG, die jedoch auch für die anderen modernen Kennzeichenordnungen einschließlich des Gemeinschaftsmarkenrecht (Art. 4 GemM-VO) gilt).

Die Möglichkeit einer Unterscheidung wird auch in der juristischen Literatur als die primäre und wichtigste Funktion einer besonderen Markierung bezeichnet[28]. Die *Kennzeichnungs- und Unterscheidungsfunktion* besonderer Kennzeichen beschreibt den Zweck besonderer Markierungen damit, ihren Verwendern als Mittel zur Individualisierung ihrer Angebote gegenüber identischen oder ähnlichen Angeboten zur Verfügung zu stehen. Die Unterscheidungsfunktion wird deshalb teilweise auch konkreter als Individualisierungsfunktion oder als Identifizierungsfunktion bezeichnet.

b) Herkunftsfunktion

Ihre wahre wirtschaftliche Bedeutung entwickelt eine besondere Markierung jedoch erst beim Konsumenten: Dieser soll durch die Verwendung besonderer Markierungen dazu veranlaßt werden, ein bestimmtes Produkt zu identifizieren, es (wieder)zu finden und/oder (wieder) zu kaufen. Daß die Marke für viele Konsumenten präferenzprägende Funktion bei – gerade auf gesättigten Märkten – ansonsten vergleichbaren Produkten übernimmt, wird spätestens dann deutlich, wenn man die Ergebnisse von Blindtests von Produkten mit denen von Produkttests mit Darbietung der jeweiligen besonderen Kennzeichnung vergleicht. Selten stimmen die Ergebnisse überein. Meist wird das Produkt einer bekannten und beliebten Marke wesentlich besser in einem Test mit Markennamen eingeschätzt als bei entsprechender Blinddarbietung. Es handelt sich dabei typischerweise um einen sog. *„Halo-Effekt"*[29]. Die Orientierungshilfe, die dem Verbraucher durch die Verwendung besonderer Kennzeichen an die Hand gegeben wird, spielt deshalb bei den wirtschaftlichen Funktionen der besonderen Markierung eine ganz wesentliche Rolle[30].

---

27 Beispielsweise das „grüne" Band der Sympathie, das von der Dresdner Bank im Dienstleistungssektor zwischen Anbieter und Kunde „geknüpft" wird.

28 Vgl. *Schluep*, Das Markenrecht als subjektives Recht, Basel 1964, S. 60f. (68); *Vanzetti*, Funzione e natura giuridica del marchio, Riv. Dir. Com. 1961, 1, hier zitiert in der (leicht gekürzten) deutschen Übersetzung: Funktion und Rechtsnatur der Marke, GRUR Int. 1965, 128 (132f.); *Troller*, Markenrecht und Landesgrenzen, GRUR Int. 1967, 261f. (265); *Sack*, Die rechtlichen Funktionen des Warenzeichens, abgedruckt in zwei Teilen in GRUR 1972, 402f. u. 445f. (405); *Lehmann*, Die wettbewerbswidrige Ausnutzung und Beeinträchtigung des guten Rufs bekannter Marken, Namen und Herkunftsangaben. Die Rechtslage in der Bundesrepublik Deutschland, GRUR Int. 1986, 6f. (14) Ferner *Baumbach/Hefermehl*, aaO., Einl. WZG, Rdnr. 10, 14; *Henning-Bodewig/Kur*, aaO., Bd. I, S. 6f.

29 Vgl. *Kroeber-Riel/Weinberg*, Konsumentenverhalten, S. 42f.

30 Vgl. *Meffert* (1998), aaO., S. 785f.

Durch ein einheitliches Auftreten eines Angebots, insbesondere durch die Verwendung von gleichbleibenden besonderen Markierungen, wird nämlich den Abnehmern eine Vorstellung über die Herkunft des speziell gekennzeichneten Angebots vermittelt. Dem liegt die Annahme zugrunde, daß einheitlich gekennzeichnete Angebote von ein und demselben Anbieter stammen. Dabei ist noch nicht einmal ein direkter Hinweis durch eine namentliche Nennung der Herkunft aus einem ganz bestimmten Herstellungsbetrieb erforderlich[31]. Vielfach ist dem Verbraucher sogar der Hersteller eines Angebots völlig unbekannt. Das konkrete Angebot ist ihm dagegen ein geläufiger Begriff. Ein Beispiel: Viele kennen wohl den Whisky „*Jack Daniels*". Doch wem ist bekannt, daß dieser aus der „*Lem Motlow Distillery*" stammt[32]?

Heute kann deshalb davon ausgegangen werden, daß dem Verbraucher die Möglichkeit, unterschiedliche Produkte innerhalb einer Angebotsgattung durch die verwendeten besonderen Markierungen nach ihrer individuellen Eigenart zu identifizieren, wichtiger ist als ein konkreter oder auch nur abstrakter betrieblicher Herkunftshinweis[33]. Die wirtschaftliche Wirkungsweise, der besonderen Markierung einen Hinweis auf die Herkunft eines Produkts zu geben, kann deshalb nach moderner Auffassung als Produktverantwortung des Verwenders der besonderen Markierung verstanden werden, der sich aus der Sicht des Verbrauchers zu seinen Produkten als seine unternehmerische Leistung bekennt.

c) Qualitätsfunktion

Eine mit der voran vorgestellten Herkunftsfunktion eng verbundene, weitere wichtige wirtschaftliche Funktion der besonderen Markierung von Gütern und Dienstleistungen ist es, eine Qualitätsaussage über das gekennzeichnete Angebot abzugeben[34].

Bei der Feststellung, daß die besondere Markierung einer Ware oder Dienstleistung eine Aussage über deren Qualität liefert, wird davon ausgegangen, daß besondere Kennzeichnungen in erster Linie dazu dienen, spezielle Offerten eines Unternehmens durch die Kennzeichnung von anderen Angeboten zu unterscheiden[35]. Die Unterscheidbarkeit der konkreten Offerte versetzt die Abnehmer gleichzeitig in die Lage, dieses spezielle Angebot wieder zu fin-

---

31 Vgl. dazu *Henning-Bodewig/Kur*, aaO., Bd. I, S. 6.

32 *Jack Daniels* ist ein alkoholisches Premiumgetränk, das seit über 130 Jahren auf dieselbe Weise in Lynchberg, Tenessee hergestellt wird. Es gibt wahrscheinlich keine andere Marke in Amerika, die so eng und beständig damit verbunden ist, wie und wo sie gemacht wird. Die Persönlichkeit der Marke wurde über einen Zeitraum von mehr als 40 Jahren mit unglaublicher Konsequenz in der Werbung aufgebaut. Die Werbung ist dabei darauf ausgerichtet, daß das Produkt von pflichtbewußten, geschickten, sorgfältigen und vor allem engagierten Handwerkern in altehrwürdiger amerikanischer Tradition gefertigt wird. Diese Arbeit ist ein Akt der Liebe, bei dem teure Ingredienzien verwendet werden und an nichts gespart wird.

33 Vgl. dazu aus der juristischen Literatur, die teilweise auf entsprechende Erhebungen wirtschaftlicher Art Bezug nimmt: vornehmlich *Henning-Bodewig/Kur*, Marke und Verbraucher, in zwei Bänden; *Oppenhoff*, Wandel der Markenrechtskonzeption, GRUR Int. 1973, 433; *Tilmann*, aaO., GRUR 1977, 446; *Krüger-Nieland*, aaO., GRUR 1980, 425 (428).

34 Vgl. *Meffert* (1998), aaO., S. 786f.

35 Gemeint ist hierbei sowohl die Unterscheidung von anderen Angeboten *anderer* Unternehmen als auch die Unterscheidung von Angeboten *desselben* Unternehmens.

den und somit erneut in Anspruch zu nehmen. Regelmäßig vertraut dabei der Verbraucher bei besonders und vor allem gleichbleibend markierten Angeboten auf gleichbleibende Angebotseigenschaften (Garantiefunktion). Die Garantie bezieht sich dabei insbesondere auf die vom Abnehmer als zumindest gleichbleibend erwartete - oder sich verbessernde - Qualität des konkreten Angebots (*Qualitätsfunktion*). Direkte rechtliche Ansprüche lassen sich jedoch aus dieser Erwartungshaltung der Verbraucher in aller Regel nicht herleiten.

Der Qualitätsfunktion kam in Deutschland nach dem bislang geltenden WZG kein rechtlicher Schutz zu. Beachtlich ist nämlich, daß es bereits nach der Rechtslage des bislang geltenden Warenzeichenrechts abzulehnen war, daß eine gleichbleibende Markierung immer auf eine gleiche Herkunft der Angebote hinweist. So war beispielsweise die Möglichkeit der Vergabe von Lizenzen an dem Recht zur Nutzung eines besonderen Kennzeichens möglich. Der Kennzeichnungsinhaber hatte es damit selbst in der Hand eine Lage zu schaffen, in der identische, besondere Kennzeichen auf eine unterschiedliche Herkunft von Produkten hinweisen. Die Annahme einer gleichbleibenden Qualität aufgrund einer durch das Warenzeichen verbürgten Gleichmäßigkeit der Herkunft war mithin illusorisch. Die gleichbleibende Markierung gab dem Publikum auch generell keine Gewähr für eine gleichbleibende Qualität. Eine markenrechtliche Regelung, die eine derartige Garantie ausspräche, hätte in ihrer letzten Konsequenz bedeutet, daß der Verwender einer besonderen Markierung die Qualität seines so gekennzeichneten Markenangebotes nie hätte verändern können. Dies war jedoch nicht der Fall. In konsequenter Fortentwicklung hätte dieses Modell sogar bedeutet, daß jeder Wettbewerber, der Waren oder Dienstleistungen gleicher Art und Qualität anbietet, zur Benutzung der gleichen, u.U. sogar **fremden** Marke berechtigt gewesen wäre. Die besondere Markierung hätte damit vollständig ihre Individualität verloren und den Charakter einer bloßen Beschaffenheitsangabe oder Qualitätsbezeichnung angenommen. Ein derartiges Modell hätte folglich zu einer Kollektivierung und damit zu einer völligen Denaturierung des Markenrechts geführt.

Nach herkömmlicher (und beizubehaltender) Auffassung wird die Marke immer einem bestimmten Rechtsträger, nämlich einer Person oder einer eng verbundenen Gruppe von Personen zugeordnet und die Berechtigung zur Markenführung von der Herkunft aus diesem bestimmten Personenkreis abhängig gemacht. Dagegen ist eine Abhängigkeit von einem so unsicheren und vagen Kriterium, wie dem der Beschaffenheit oder der Qualität des Erzeugnisses, nicht gegeben. Dies war jedoch eine Konsequenz, die auch von den Verfechtern eines umfassenden Schutzes der Qualitätsfunktion nicht akzeptiert worden wäre[36].

Bei der Qualitätsfunktion handelt es sich somit allein um eine tatsächliche Wirkungsweise, die beim Einsatz besonderer Markierungen auftritt.

---

36 So bereits schon *Beier/Krieger* im Bericht im Namen der Landesgruppe der Bundesrepublik Deutschland, Wirtschaftliche Bedeutung, Funktionen und Zweck der Marke in GRUR Int. 1976, 125 (127 li.Sp.). Aus der Rechtsprechung vgl. bereits die Reichsgerichtsentscheidungen „Kölnisch Wasser (Entscheidung des RG vom 28. Februar 1902, Az. II 406/01, RGZ 50, 229), „Meißner Porzellan" (Entscheidung des RG vom 6. Juli 1920, II. 30/1920, GRUR 1921, 57) und „SINGER" (Entscheidung des RG vom 12. Juni 1925, II. 366/24, GRUR 1926, 216).

d) Werbe- und Kommunikationsfunktion

Mittels einer besonderen Markierung von Waren oder Dienstleistungen kann ein kurzes und einprägsames Synonym für das spezielle Angebot eines Unternehmens geschaffen werden. Die besondere Kennzeichnung von Angeboten eignet sich deshalb wie kein anderes Differenzierungsmittel, um ein bestimmtes Angebot auf den verschiedenen Wegen der Werbung publik zu machen. Im Zeitalter einer allgegenwärtigen Werbung scheint sogar die Präsentation der Ware und deren Unterscheidung von Konkurrenzprodukten wichtiger zu werden, als ein Bemühen um Produktoptimierung und Innovation[37]. Durch den schlagwortartigen Begriff für ein konkretes Angebot wird der Käufer in Extremfällen sogar dazu veranlaßt, eine Ware oder Dienstleistung beim Erwerb mit dem ihm bekanntgewordenen Markenamen anstatt mit dem sprachüblichen Warennamen zu bezeichnen. Ein eklatantes Beispiel dafür ist die Bezeichnung „*Tempo*" für Papiertaschentücher[38].

Die *Werbefunktion* baut dabei auf der Überlegung auf, daß „alte" Kunden ein bestimmtes Angebot wieder in Anspruch nehmen werden, wenn sie zuvor gute Erfahrungen mit dieser speziellen Offerte gemacht haben. Sie hat deshalb - genauso wie die Qualitätsfunktion - ihren Ursprung in der Kennzeichnungs- und Unterscheidungsfunktion der besonderen Markierung. Beachtlich ist jedoch, daß auch neue Kunden bereits allein durch die Bekanntheit einer besonderen Markierung erworben werden können.

Die Werbefunktion, die die Summe aller mit dem konkreten Angebot verknüpften, positiven Assoziationen zusammenfaßt[39], gehört damit nicht begriffsnotwendig zu einer besonderen Markierung von Waren und Dienstleistungen. Schließlich entwickelt eine nicht in Benutzung befindliche Markierung von sich aus keinerlei Anziehungs- oder Werbekraft. Jede benutzte besondere Markierung übt dagegen, durch den damit ausgelösten, aktiven Kommunikationsprozeß zwischen Anbieter und Konsument, eine tatsächliche Werbefunktion aus[40]. Auch bei dieser Funktion handelt es sich mithin um eine rein tatsächliche Funktion, die erst mit der Benutzung der besonderen Markierung in Erscheinung tritt. Die Werbefunktion ist als solche in der Praxis allerdings von grundlegender und zentraler Bedeutung[41].

Mit der Werbefunktion eng verknüpft ist die *Kommunikationsfunktion* einer besonderen Markierung von Waren und Dienstleistungen. Die Kommunikationsfunktion der Marke beschreibt die Kommunikationsbeziehung zwischen Markeninhaber und Verbraucher aufgrund der Marke. Kommunikationsinhalte bestimmen das Produktimage. Als ein angebotsdifferenzierender Signalcode wirkt die Marke im Informationskanal zwischen den Marktseiten des Angebots und der Nachfrage. Die Kommunikationsfunktion vermag auf der Grundlage der

---

37 So *Schmieder*, Neues deutsches Markenrecht nach europäischen Standard, NJW 1994, 1241 mit Hinweisen zu Zahlenangaben der Anmeldungen in den einzelnen Bereichen gewerblicher Schutzrechte.

38 Aber auch jeder andere Markenname, der sich zum sog. „Freizeichen" (Fön, Höhensonne, Walkman, Plexiglas, Uhu etc.) entwickelt hat. Vgl. für Deutschland § 8 Abs. II Nr. 3 MarkenG.

39 Vgl. *Vanzetti*, aaO., GRUR Int. 1965, 128f.

40 Vgl. *Vanzetti*, aaO., GRUR Int. 1965, 128f. (149).

41 Vgl. *Henning-Bodewig/Kur*, aaO., Bd. 1, S. 241 m.w.N.

Identifizierungsfunktion die ökonomischen Funktionen der Marke auf dem Markt anschaulich zu machen. Auf der Basis kommunikationstheoretisch fundierter Erkenntnisse und informations-ökonomischen Erwägungen wurde dabei festgestellt, daß eine besondere Markierung einen Kommunikationskanal vom Anbieter zum Abnehmer eröffnet[42]. Über diesen Kommunikationskanal können durch den „Signalcode" der besonderen Markierung Botschaften mit verschiedensten Inhalten[43] gesendet werden. Mit diesem Prozeß hat sich die Werbepsychologie befaßt, deren Erkenntnisse für die Lehre von der Marke als Kommunikationsmittel nutzbar gemacht wurden[44].

3. Strategisch geplante Nutzung besonderer Markierungen

Für diejenigen, die sich für eine Nutzung besonderer Kennzeichnungen bei der Vermarktung ihrer Angebote entscheiden, ergeben sich aus den vorgenannten wirtschaftlichen Funktionen zahlreiche Chancen für die Gestaltung von Markenstrategien.

a) Strategisches Marketing

Die Betriebswirtschaftslehre befaßt sich ganz allgemein mit der Beschreibung des Betriebs als Institution. Untersucht werden die wirtschaftlichen Konsequenzen betrieblicher Entscheidungen unter Berücksichtigung des unternehmerischen Umfeldes. Im Rahmen dieser Untersuchungen werden die Planung, die Koordination und die Kontrolle aller auf aktuelle und potentielle Märkte ausgerichteten Unternehmensaktivitäten zur Verwirklichung der Unternehmensziele im gesamtwirtschaftlichen Güter- und Dienstleistungsversorgungsprozeß durch eine dauerhafte Befriedigung der Kundenbedürfnisse – unter Übernahme eines im angelsächsischen Sprachgebrauch üblichen Begriffs – mit *„Marketing"* bezeichnet[45].

Die Entwicklung des Marketing wurde wesentlich von den Veränderungen der Märkte und der Unternehmensumwelt geprägt. So lassen sich unterschiedliche Entwicklungsstadien des Marketing ausmachen[46]:

- o Während das Marketing in den fünfziger Jahren primär als „Distributions- und Verkaufsfunktion" interpretiert wurde, ist es in den sechziger Jahren, vor dem Hintergrund

---

42 Auf dem Wege dieses Kommunikationskanals wird in der Regel die Handelsstufe im Wege einer Kommunikationsbrücke übersprungen. Zu den Besonderheiten des Einsatzes besonderer Kennzeichen bei der Einschaltung einer Handelsstufe: 1. Kapitel, IV.

43 In diesem Zusammenhang darf nochmals auf das *„Odol"*-Mundwasser zurückgekommen werden. Botschaftsinhalt der Marke *„Odol"* ist, daß das so gekennzeichnete Mundwasser „auf dem neuesten Stand der Wissenschaft sympathischen Atem" verleiht. Diese Botschaft wird dabei nicht allein durch die Marke *„Odol"*, sondern auch durch die besonders geformte weiße Flasche mit blauem Etikett und blauem Verschluß signalisiert.

44 Vgl. *Felser*, Werbe- und Konsumentenpsychologie, S. 227f.

45 Vgl. *Meffert*, Strategische Unternehmensführung und Marketing, S. 12f.

46 Vgl. zum Wandel im Absatzbereich von der reinen Distribution zum Markenmanagement bereits oben in der Einleitung, I.

einer zunehmenden Käufermarktsituation, verstärkt als dominante Engpaßfunktion erkannt worden. Marketing wurde in dieser Phase vor allem als eine operative Beeinflussungstechnik verstanden. Bereits zu dieser Zeit erfolgten grundlegende Überlegungen zur Wahl von Marketingstrategien (Marktdurchdringung, Marktentwicklung, Produktentwicklung, Diversifikation)[47]. In Verbindung mit den damals auftretenden Diversifizierungs- und Divisionalisierungswellen standen Wachstumsstrategien im Vordergrund.

- Die siebziger Jahre lenkten, aufgrund einer wachsenden Nachfragemacht des Handels, das Interesse verstärkt auf Aspekte des vertikalen Marketings. Während des Übergangs zu einer Langfristorientierung im Marketing, wurde eine strategische Unternehmensplanung damals noch als eigenständige betriebswirtschaftliche Managementaufgabe aufgefaßt. In Anlehnung an finanzwirtschaftliche Rendite- und Risikoüberlegungen kamen dabei Portfolio-Konzepte auf, aus denen Normstrategien entwickelt wurden[48].

- In den achtziger Jahren stand bei einem wachsenden Verdrängungswettbewerb eine stärkere kompetetive Ausrichtung des Marketings im Vordergrund. Die dauerhafte Sicherung von Wettbewerbsvorteilen rückte als Ziel in den Vordergrund. Ausgehend von dem Grundgedanken, daß Wettbewerbsvorteile aus dem Wert entstehen, den ein Unternehmen zu schaffen vermag, wurden Konzepte für strategische Gruppen und die sog. Wertkettenanalyse entworfen. Unter dem Einfluß der stärkeren Internationalisierung und Globalisierung gewann daneben das „Global-Marketing"[49] besonders an Interesse.

- Anfang der neunziger Jahre begann sich das Anspruchsspektrum des Marketing bei zunehmender Orientierung an den rechtlichen, gesellschaftlichen und ökologischen Rahmenbedingungen abermals zu erweitern[50]. Aus der Aufgabe der Sicherung von Wettbewerbsvorteilen in strategischen Allianzen und Netzwerken ergaben sich neue Herausforderungen an das strategische Marketing. Ökologische Problemstellungen und die damit einhergehenden, gesellschaftlichen Ansprüche mußten in die marketingstrategischen Überlegungen mit einbezogen werden. An die Stelle des Marketings als Führungsfunktion rückte damit die ganzheitliche Interpretation eines integriert ausgerichteten Marketing als marktorientiertes Führungskonzept in den Vordergrund[51].

b) Markenpolitik

Im Rahmen einer kontrollierten und marktorientierten Führung eines Unternehmens spielt der geplante Einsatz besonderer Markierungen eine exponierte Rolle. Alle mit der Mar-

---

47 Vgl. *Ansoff*, Management Strategie, S. 25f.

48 Die in den Normstrategien angestrebte Rendite- und Cash-Flow-sichernde Mischung von Geschäftsfeldern war jedoch nur unter stark vereinfachenden Annahmen zielführend. Insbesondere in stagnierenden und schrumpfenden Märkten und bei Fehlen der Voraussetzungen für die Realisierung von Erfahrungskurven führt ein Portfolio-Management nur zu wenig befriedigenden Lösungen. Vgl. Meffert (1998), aaO, S. 20.

49 Vgl. dazu: *Levitt*, The Globalization of Markets, in Harvard Business Review, No. 3 (1983), S. 92 f.

50 Vgl. *Meffert/Kirchgeorg*, Marktorientiertes Umweltmanagement, S. 3.

51 Ausführlich zu den Entwicklungslinien und Interpretationsformen des Marketing: *Meffert* (1998), aaO, S. 4f.

kierung von Waren oder Dienstleistungen zusammenhängenden Entscheidungen und Maßnahmen werden im Rahmen der Markenpolitik eines Unternehmen getroffen[52]. Zur Verdeutlichung der Entscheidungen, die im Rahmen der Markenpolitik zu treffen sind, ist es zunächst notwendig, die Ziele einer Markenpolitik zu definieren. Als wesentliche Ziele lassen sich dabei die folgenden identifizieren:

- Generell soll die Marke für deren Verwender eine absatzfördernde Wirkung erzeugen.
- Die Marke soll einerseits der Präferenzbildung bei den Konsumenten (Profilierung) dienen und andererseits zur Differenzierung gegenüber der Konkurrenz beitragen.
- Bekannte Marken können als Grundlage eines positiven Firmenimages fungieren. Eine Marke soll und kann für die Unternehmung ein geeignetes Kommunikationsmittel sein, daß aufgrund des hohen Bekanntheitsgrades positive Wirkungen auf die Corporate Identity ausübt.
- Durch die Markenpolitik soll die Planungssicherheit erhöht werden. Im Laufe der Zeit sollen immer mehr Kunden die Marke aufgrund Ihrer Zufriedenheit wiederkaufen. Diese Kunden bieten der Unternehmung ein hohes Stammkundenpotential. In der Markttreue kommt die Verbundenheit der Stammkunden mit einer Marke zum Ausdruck[53].
- Ebenso wird durch die Markenpolitik eine differenzierte Marktbearbeitung ermöglicht. Einzelne Marktsegmente werden dabei mit verschiedenen zielgruppenspezifischen Marken optimal bedient.
- Der Markenartikel soll dem Unternehmen einen preispolitischen Spielraum verschaffen. Je besser es gelingt, eine Marke im Vergleich zu konkurrierenden Angeboten als „etwas Einzigartiges“ darzustellen, desto größer ist der Spielraum.
- Die Markierung von Angeboten soll insgesamt zu einer Wertsteigerung des Unternehmens führen. Die Marke wird dabei als ein Unternehmenswert an sich begriffen[54]. Allerdings liegt der Wert einer Marke nicht im Unternehmen, sondern er spiegelt sich vielmehr in den Köpfen der Konsumenten wieder.

Zur Erreichung dieser Zielsetzungen muß die Unternehmung eine aktive Markenpolitik betreiben, da die dynamische Entwicklung des Umfeldes große Herausforderungen an die Marke stellt. Sowohl im horizontalen als auch im vertikalen und internationalen Wettbewerb haben sich die Bedingungen für eine erfolgreiche Führung von Markenartikeln in den letzten Jahren erheblich verschärft.

Im horizontalen Wettbewerb der Markenartikelhersteller untereinander haben der generelle Wertewandel und das geänderte Konsumentenverhalten maßgeblichen Einfuß auf das Verhältnis der Verbraucher zur Marke. Einerseits steigen die Anforderungen an die Qualität

---

[52] Vgl. *Meffert* (1998), aaO., S. 786.

[53] Zum Thema „Markentreue“ sei an dieser Stelle nur exemplarisch auf die Arbeiten von Nolte (Die Marketreue im Konsumgüterbereich) und Weinberg (Die Produkttreue der Konsumenten) hingewiesen.

[54] Aus dieser Erkenntnis heraus erklärt sich beispielsweise die Tatsache, daß bekannte Markenartikelunternehmen zu einem Vielfachen ihre bilanziellen Buchwertes verkauft werden könnten.

von Marken, und andererseits bildet sich ein höheres Preisbewußtsein der Konsumenten heraus. Der Qualitätsanspruch bezieht sich dabei auf mehrere Dimensionen. Neben der rein funktionalen Qualität sind unter anderem auch Erwartungen an den ökologischen und den Erlebnisnutzen der Leistung mit diesem Qualitätsanspruch verbunden.

Die zunehmende Preisorientierung der Verbraucher bei der Markenwahl führt zu einer stärkeren Markenpolarisierung. Dabei hat sich die Bandbreite der Markenartikel in den letzten Jahren erweitert. Heutzutage wird unter dem Begriff der Marke eine Vielzahl von Erscheinungsformen von der niedrigpreisigen Gattungsmarke bis zur hochpreisigen Exklusivmarke subsumiert[55]. In vielen Warengruppen läßt sich darüber hinaus die Tendenz zu einem „hybriden" Konsumentenverhalten feststellen. Damit wird der Umstand gekennzeichnet, daß ein und derselbe Konsument beispielsweise seine Lebensmittel bei einem Discounter kauft, während er gleichzeitig Bekleidung nur als Markenartikel in hochpreisigen Boutiquen erwirbt. Das „hybride" Käuferverhalten ist jedoch sogar auch innerhalb einer Angebotsgattung denkbar[56].

Die ansteigende Verbreitung von Handelsmarken im vertikalen Wettbewerb stellt eine weitere Herausforderung für den klassischen Herstellermarkenartikel dar. Während Handelsmarken zu Beginn ihrer Entwicklung ausschließlich im niedrigpreisigen Segment angesiedelt waren, dringen sie heute vermehrt in mittel- und hochpreisige Segmente vor und zeigen dort oftmals ein dem Herstellermarken gleichwertiges Profil. Darüber hinaus ist eine Professionalisierung im Marketing und der Markenführung von Handelsunternehmen festzustellen, die ebenfalls eine Annäherung an den klassischen (vom Hersteller geführten) Markenartikel induziert.

Der Eintritt einer Vielzahl neuer Konkurrenten in den nationalen Markt, große Wachstumspotentiale für heimische Hersteller auf den Weltmärkten und das Entstehen von länderübergreifend homogenen Zielgruppen kennzeichnen den internationalen Wettbewerb der Marken. Durch die Erhöhung der F&E-Kosten und die Verkürzung der Lebenszyklen vieler Produkte sehen sich zahlreiche Markenartikelunternehmen dazu veranlaßt, ihre nationalen Markenkonzepte auf internationale Märkte zu übertragen[57].

Vor diesem Hintergrund ist die Konzentration auf die zentralen markenstrategischen Aufgaben der Präferenzbildung bei den Konsumenten und der Markendifferenzierung gegenüber den Wettbewerbern zur zentralen Erfolgsvoraussetzung der Markenpolitik geworden[58].

c) Entscheidungen im Rahmen der Markenpolitik eines Unternehmens

Die zunächst grundlegende Entscheidung im Bereich der Markenpolitik eines Unternehmens liegt darin, festzulegen, ob der Anbieter seine Leistung überhaupt besonders markie-

---

55 Vgl. dazu bereits oben zu den Definitionsansätzen für den Begriff des Markenartikels (1. Kapitel, I., 1.).

56 So ißt der „hybride Konsument" sowohl seinen „*Big Mac*" bei *McDonalds* als auch ein Fünf-Gang-Menue in einem mit Michelin-Sternen ausgewiesenen Restaurant.

57 Vgl. *Meffert* (1998), aaO., S. 786 f.

58 Vgl. *Mayer*, Produktpositionierung, S. 251 f.

ren[59] möchte[60]. Bejaht ein Unternehmen diese grundlegende Frage, so muß es festlegen, in welcher Weise die besondere Markierung erfolgen soll. Relevant ist dabei zunächst, ob die besondere Markierung mittels eines Namens (Bezeichnung), eines Zeichens (Symbol, Grafik, Farbe), eines Designs (Gestalt, Art und Form der Verpackung) oder durch eine Kombination von unterschiedlichen Elementen erfolgen soll. Schließlich ist die Frage zu beantworten, ob die Angebote des Unternehmens nur unter einem einzigen, einigen wenigen oder mehreren verschiedenen Namen angeboten werden sollen. Sind diese grundlegenden Fragen beantwortet, so schließen sich daran spezielle Einzelprobleme[61] einer erfolgreichen Markenführung und des Einsatzes von besonderen Markierungen als Marktinstrument an. Diese Problemstellungen erweisen sich, insbesondere bei einer Betätigung eines Unternehmen auf dem gesamten Gemeinsamen Markt der Europäischen Union, als besonders komplex.

II. Der Grund für den Einsatz besonderer Markierungen

Die Verwendung besonderer Kennzeichnungen bei einer Vermarktung von Angeboten bietet in vielfältiger Weise Vorteile gegenüber dem Absatz ungekennzeichneter Waren oder Dienstleistungen. So ist ein Name immer dann erforderlich, wenn ein neues Produkt auf den Markt gebracht wird, für das die Sprachgemeinschaft noch keine Bezeichnung hat. Schließlich dienen die besonderen Kennzeichen dazu, das Angebot zu identifizieren[62]. Zudem übernimmt die besondere Kennzeichnung von Waren und Dienstleistungen im Rahmen der Funktionsfähigkeit eines Marktes eine wichtige Rolle:

Durch die Vorstellung eines Modells, das von einer stilisierten Marktsituation ausgeht und zur Demonstration einzelner tatsächlicher Effekte der Verwendung besonderer Markierungen verschiedentlich modifiziert wird, soll dies im folgenden dargestellt und belegt werden:

---

59 Da in der vorliegenden Arbeit „Markenstrategien für den gemeinsamen Markt" erarbeitet werden sollen, wird auf die Produkte, die nicht mit einer besonderen Kennzeichnung versehen sind (teilweise als „Gattungsmarken", „No names", „No frills", „Weiße Ware" oder - im Pharmabereich - „Generika" bezeichnet), nicht besonders eingegangen.

60 Vgl. *Meffert*, aaO.(1991), S. 409.

61 Hierzu gehört zunächst die Frage, wo und wie die gewählte Bezeichnung einem gesetzlichen Schutz zugeführt werden kann. Die unterschiedlichen Schutzrechtssysteme werden im 2. Kapitel vorgestellt. Die Frage, welcher Weg für eine Schutzrechtserlangung der jeweils günstigste ist, ist Gegenstand der Untersuchungen des 3. Kapitels.

62 Zu den Funktionen, die eine besondere Kennzeichnung von Angeboten besitzt, vgl. auch *Kircher*, Gestaltung von Markennamen in *Esch* (Hrsg.), aaO, S. 447.

1. Die Marktsituation ohne rechtlich geschützte Markierungen

In einer Ausgangssituation soll zunächst von einer Marktsituation ausgegangen werden, in der keine besonderen Kennzeichnungen beim Absatz von Angeboten verwendet werden[63]:

Auf dem Markt befindet sich eine bestimmte Anzahl an Nachfragern und Anbietern. Die Konsumenten kennen die Preise der Produkte der Anbieter, nicht aber die konkrete Qualität der verschiedenen angebotenen Leistungen. Die Konsumenten können zwar vor dem Kauf erkennen, ob eine bestimmte Mindestqualität gewährleistet ist, nicht aber, in welchem Umfang dieses Niveau überschritten wird, wenn der Anbieter einen höheren Preis für sein Angebot verlangt.

Die Konsumenten auf diesem fiktiven Markt tauschen untereinander Erfahrungen, die sie hinsichtlich der Preis-Qualitäts-Relation bei den verschiedenen Produkten gemacht haben, aus.

Für die Ausgangssituation soll ferner angenommen werden, daß der Preiswettbewerb auf dem betrachteten Markt so intensiv ist, daß der Unternehmer – gleichgültig für welches Qualitätsniveau er sich entscheidet – über die marktübliche Verzinsung des eingesetzten Kapitals hinaus, keine Gewinne erzielen kann. Für die Produzenten dieses Marktes sollen zudem keine nennenswerten Marktaustrittsschranken in Form irreversibler Kosten existieren. D.h. jedes Unternehmen kann jederzeit ohne Verluste sein Sachkapital liquidieren und den Markt verlassen.

In dieser Marktsituation wird zunächst ein Anbieter, der ein höheres Entgelt als den Mindestqualitätspreis verlangt, sich aber gleichzeitig nicht an das damit konkludent abgegebene „Versprechen", bessere Qualität zu liefern, hält, in Zukunft für seine Angebote keine Nachfrager mehr finden. Der einfache Grund dafür ist, daß die Abnehmer verständlicherweise nicht bereit sind, für gleiche Qualität einen höheren Preis zu bezahlen.

Viel interessanter ist bei der Betrachtung dieser stilisierten Marktsituation jedoch die Frage, ob für Unternehmen in der geschilderten Lage ein Anreiz besteht, eine – gegenüber dem allgemeinen Qualitätsniveau – verbesserte Qualität anzubieten. Unterschiedliche Qualitätsstufen innerhalb eines ansonsten homogenen Angebotes sind schließlich die Grundvoraussetzung dafür, daß ein System besonderer Markierungen von Waren und Dienstleistungen überhaupt zum Tragen kommt[64]:

Grundsätzlich ist nämlich davon auszugehen, daß ein Unternehmen, das ansprechende Qualität anbietet, mit der Treue seiner Nachfrager rechnen darf. Dies sichert diesem Unternehmen zumindest einen gleichbleibenden Marktanteil. Voraussetzung ist dafür jedoch, daß die Abnehmer das entsprechende Angebot wiedererkennen können und deshalb überhaupt in

---

63 Die stilisierte Marktsituation ist - mit kleineren Abwandlungen und Ergänzungen - aus *Klein/Leffler*, The Role of Market Forces in Assuring Contractual Performance, Journal of Political Economy, Vol. 89 (1981), S. 615-641, entnommen.

64 Der Verbraucher vertraut in der Regel darauf, daß identische Angebote mit gleichbleibender Markierung eine übereinstimmende Qualität besitzen (Vgl. *Berekoven*, Von der Markierung zur Marke, in *Dichtl/Eggers*, aaO., S. 26f. (35f.). Der Verfasser des Beitrages weist dabei zu Recht darauf hin, daß sich diese Erwartung der Nachfrager erst durch ständige Bemühungen der Hersteller im Laufe der Zeit entwickelt hat. Zu Beginn der Industrialisierung waren die Unternehmen nämlich (aufgrund noch unbeherrschbarer Produktionsvorgänge und Qualitätsschwankungen bei den Ausgangsprodukten) noch gar nicht in der Lage, eine gleichbleibende Qualität zu liefern.

der Lage sind, es erneut in Anspruch zu nehmen. Die Möglichkeit eines Wiedererkennen ergibt sich erst aus der Verwendung besonderer Markierungen. Zusätzlich steht bei besonders gekennzeichneten Angeboten gegenüber anonymer Ware ein überdurchschnittlicher Qualitätsanspruch der Verbraucher im Vordergrund[65].

In der hier zunächst zugrunde gelegten, stilisierten Marktsituation wird ein Unternehmer – aufgrund der hohen Wettbewerbsintensität – keinen über die marktübliche Verzinsung des eingesetzten Kapitels hinausgehenden Gewinn erzielen. Damit besteht auch grundsätzlich (noch) kein Anreiz eine gegenüber den Konkurrenzangeboten verbesserte Qualität anzubieten. Im Gegenteil: Aus der Sicht der Unternehmen wäre es sogar viel attraktiver, Mindestqualität zu überhöhten Preisen zu offerieren. Dadurch könnte – zumindest kurzfristig – ein Gewinn realisiert werden. Bei Bekanntwerden der schlechteren Preis-Qualitäts-Relation ist zwar von einem Nachfragerückgang auszugehen, das Unternehmen könnte jedoch, wegen der fehlenden Marktaustrittsschranken, den Markt verlassen und sein Kapital zusammen mit seinem erzielten Gewinnen in einem anderen Bereich investieren.

Diese hypothetische Option steht den Unternehmen jedoch gar nicht zur Verfügung. Schließlich ist den Nachfragern die Möglichkeit einer Offerte von Mindestqualität zu überhöhten Preisen bekannt. Sie werden daher grundsätzlich jedem Anbieter mißtrauen, dessen Preis den üblichen übersteigt.

Dies bedeutet als Konsequenz jedoch auch, daß dem Unternehmen die Alternative – gute Qualität bei kostendeckenden Preisen – insgesamt nicht zur Verfügung steht. Immerhin werden die Verbraucher eine Offerte, die ihnen einen vergleichbaren Nutzen wie ein Konkurrenzangebot bietet, jedoch einen höheren Preis aufweist, nicht in Anspruch nehmen. Folglich verbleibt jedem Unternehmen in der angenommenen Marktsituation nur die Möglichkeit, Mindestqualität zu produzieren und zum entsprechenden Preis zu verkaufen. Ein Markt, auf dem für die Anbieter keinerlei Anreiz besteht, eine bessere Qualität zu liefern, um sich dadurch von der Konkurrenz abzuheben, ist jedoch zum Scheitern verurteilt[66].

Die Ausgangslage der stilisierten Marktsituation ist deshalb zu modifizieren. Für die weiteren Untersuchungen ist nunmehr davon auszugehen, daß

die Nachfrager nicht nur Mindestqualität erwerben wollen, sondern auch höherwertige Produkte. Sie sind dabei bereit, den Anbietern besserer Qualität einen Preis zu zahlen, der die Produktionskosten übersteigt. Deutlich wird dies darin, daß die Nachfrager ihre Bereitschaft, höhere Preise zu bezahlen, mit dem Argument rechtfertigen: „Da weiß man, was man hat. [67]*"*

---

65 Vgl. *Dichtl*, aaO., in *Dichtl/Eggers*, aaO., S. 2f. (16). Vgl. weiterhin auch die Legaldefinition für „Markenware" in § 23 Abs. II Satz 1 GWB (1998).

66 Vgl. *Schmidt/Elßler*: Die Rolle des Markenartikels im marktwirtschaftlichen System, in *Dichtl/Eggers*, aaO., S. 48f. (56).

67 Das bereits seit dem Jahre 1907 auf dem Markt befindliche Waschmittel PERSIL wurde über Jahrzehnte hinweg in praktisch unveränderter Zusammensetzung und nur in Nuancen abgewandelter Verpackung verkauft. Bereits Mitte der zwanziger Jahre konnte deshalb mit Recht der Slogan „*Persil* bleibt *Persil*, da weiß man, was man hat" entwickelt werden.

Nach dieser Variation der Ausgangssituation stellt sich erneut die Frage, ob unter diesen geänderten Voraussetzungen für die Unternehmen ein nachhaltiger Anreiz zum Angebot verbesserter Qualität besteht. Diese Frage ist jetzt zu bejahen:

Der zusätzliche Gewinn, der den Unternehmen aus der Bereitschaft der Konsumenten, für bessere Qualität einen höheren Preis zu bezahlen, erwächst, stellt grundsätzlich einen Anreiz dar, eine höhere Qualität anzubieten. Mit der hier für die Unternehmen winkenden Prämie hat sich nämlich die Entscheidungssituation des Unternehmens grundsätzlich geändert. Dieses kann nun in jeder Periode, in der es gute Qualität liefert, einen Extragewinn erzielen, dessen Gegenwartswert höher ist als der kurzfristige Gewinn aus dem Verkauf schlechterer Qualität zu überhöhten Preisen. Unter dieser Voraussetzung funktioniert deshalb der Sanktionsmechanismus des Wiederholungskaufes, da ein Unternehmen etwas verliert, falls es sich nicht an seine mit dem verlangten Preis gegebene Qualitätszusage hält. Die besonderen Kennzeichnungen von Angeboten, die den Verbraucher befähigen eine bestimmte Offerte eines Anbieters zu identifizieren, sie (wieder) zu finden und/oder (wieder) zu kaufen, bietet dabei die Voraussetzungen für das Erzielen eines dauerhaften Absatzerfolges[68]. Dies demonstriert wiederum die Bedeutung, die besondere Kennzeichnungen im Rahmen des Funktionieren eines Marktes einnehmen, da ohne die Möglichkeiten eines Wiedererkennen der konkreten Angebote überhaupt kein Wiederholungskauf möglich wäre.

Allerdings werden in einem dynamischen Wettbewerb Gewinne immer von nachziehenden Unternehmen gefährdet. Dies führt dazu, daß die beschriebene Lösung des Qualitätsproblems (immer noch) nicht stabil ist. Die Ursache dafür ist darin zu erblicken, daß bei einem Fehlen von Marktzutrittsschranken so viele neue Unternehmen angelockt werden, den Markt zu betreten, daß ein Überangebot droht. Preissenkungen sind jedoch für die Unternehmen in einer solchen Situation keine attraktive wettbewerbliche Option, da nicht nur die eigenen Gewinne geschmälert werden, sondern auch befürchtet werden muß, daß mit einer Preissenkung auch das Vertrauen der Nachfrager in das qualitativ hochwertige Produkt verlorengeht.

2. Die Marktsituation unter Einsatz rechtlich geschützter besonderer Markierungen

Die stilisierte Marktsituation ist deshalb abermals zu modifizieren. Dabei kommen nunmehr erstmalig gesetzlich geschützte[69], besondere Kennzeichen zum Tragen.

Die Unternehmen, die bereit sind, eine höhere Qualität anzubieten, kennzeichnen ihre Angebote durch Marken und/oder ein besonderes Design und lassen sich diese spezielle Verpackungsgestaltung durch dafür zur Verfügung stehende Schutzinstrumente schützen. Darüber hinaus wenden sie Kapital für

---

[68] Vgl. *Henning-Bodewig/Kur*, Marke und Verbraucher - Funktionen der Marke in der Marktwirtschaft, Band I - Grundlagen, S. 6.

[69] Zu den verschiedenen Schutzrechtssystemen für besondere Kennzeichen vgl. im 2. Kapitel.

Werbung für ihre speziell gekennzeichneten Angebote auf, um damit ein spezifisches Markenimage zu entwickeln.

Diese Investitionen in eine besondere Markierung durch die Unternehmen haben dabei zwei Funktionen:

- o Sie signalisieren den Nachfragern in besonderes starkem Maße, daß beim Unternehmen eingesetztes Kapital verlorengeht, falls das Unternehmen den Markt verlassen muß, weil es sich nicht an seine Qualitätszusagen gehalten hat. Das Unternehmen gibt den Nachfragern durch diese Investitionen quasi ein Pfand als Qualitätsgarantie[70]. Selbstverständlich würden bei vollkommener Information der Nachfrager auch andere irreversible Kosten, beispielsweise solche aus Investitionen in Produktionsanlagen, denselben Zweck erfüllen. In der Realität kann jedoch nicht davon ausgegangen werden, daß die Nachfrager über das Investitionsverhalten der Unternehmen hinreichend informiert sind. Es finden sich zwar in manchen Werbekampagnen Hinweise auf spezifische Investitionen eines Unternehmens in anderen Bereichen [71]. Diese sollen dem Nachfrager auch stets signalisieren, daß das Unternehmen – über die Investitionen in das Markenimage hinaus – Kapital für ein Produkt eingesetzt hat und dieses unwiederbringlich verliert, wenn sich die Kunden von diesem Anbieter abwenden. Diese theoretischen Überlegungen sind einem Nachfrager bei seiner Kaufentscheidung jedoch nicht bewußt. Allerdings hat sogar eine empirische Untersuchung[72] gezeigt, daß sich Konsumenten so verhalten, als seien ihnen diese Zusammenhänge bewußt. In dieser Studie mit 285 Frauen im Alter von 18-65 Jahren zeigte sich, daß Werbung, die offensichtlich teuer war, weil beispielsweise ein Sportstar verpflichtet wurde, bei den Testpersonen eine hohe Qualitätserwartung ausgelöst hat. Enttäuschte ein Unternehmen diese, gefährdete es die intendierten Wiederholungskäufe.
- o Durch die Investitionen in die besonderen Markierungen errichten die Unternehmen zusätzlich auch noch eine Marktzutrittsschranke[73]: Ein potentieller Mitbewerber hat bei einem geplanten Marktzutritt ebenfalls derartige Investitionen zu tätigen, um zumindest mit dem bereits am Markt befindlichen Konkurrenten gleichzuziehen. Regelmäßig sind dabei jedoch diese Investitionen nur schwer im voraus abzuschätzen[74]. Sie sind folglich eine unbekannte Größe, die potentielle Mitbewerber u.U. davon abhalten, sich ebenfalls auf diesem Markt zu betätigen. Ein Unternehmen, das sich entschließt, in eine besondere Markierung und deren spezifisches Image zu investieren, errichtet folglich auch eine

---

70 *Klein/Leffler*, aaO., S. 625f.

71 Beispiele: Umweltschutz, Sport- oder Kultursponsoring.

72 von *Kirmani/Wright* (Money Talks: Perceived Advertising Expenses and Expected Product Quality, Journal of Consumer Research, Vol. 16 [1989], S. 344f.

73 Vgl. (im 3. Kapitel, II., 1., c)) insbesondere zum Vorteil, der sich aus den Regeln der GemMVO zum Benutzungszwang bei Gemeinschaftsmarken ergibt, mittels einer Gemeinschaftsmarkenregistrierung eine Marktzutrittsschranke für eine ganze Reihe von Ländern zu schaffen.

74 Mit dieser Aussage sind nicht die vorhersehbaren Kosten (beispielsweise für den Erwerb eines Markenschutzes) gemeint, sondern vornehmlich diejenigen Kosten, die für die Werbung für ein konkretes Produkt aufzubringen sind.

strukturelle Marktzutrittsschranke, weil die Kosten des potentiellen Konkurrenten höher sind, als die des bereits im Markt befindlichen Unternehmens[75].

Diese beiden Überlegungen verdeutlichen wiederum die Rolle gesetzlich geschützter, besonderer Markierungen für die Funktionsfähigkeit eines Marktes: Abnehmer von Waren und Dienstleistungen sind grundsätzlich bereit, für qualitativ höherwertige Angebote einen Preis zu bezahlen, der die Produktionskosten übersteigt. Die Unternehmen setzen einen Teil der zusätzlichen Gewinne für Investitionen in ihre besonderen Markierungen[76] und zum Aufbau eines spezifischen Markenimages ein. Diese Ausgaben sind verlorenes Kapital, wenn sich das Unternehmen nicht an die mit dem höheren Preis verbundene Qualitätszusage hält[77]. Gleichzeitig stellen die Investitionen in die besondere Markierung von Gütern und Dienstleistungen eine Marktzutrittsschranke für Konkurrenzunternehmen dar. Diese Zutrittsschranke ermöglicht es den Unternehmen, die höhere Qualitätsstandards anbieten, wiederum einen Preis oberhalb der Produktionskosten am Markt durchzusetzen[78]. Durch die mit ausschließlichen Charakter ausgestalteten Rechte an besonderen Kennzeichen können die Unternehmen zusätzlich eine Imitation der eignen Leistung durch die Verwendung von Kennzeichen, die eine Gefahr von Verwechslungen bedingen, ausschließen.

3. Die besondere Markierung als Exklusivitätssignal

Der voran beschriebene Preisaufschlag kann somit zunächst als Entgelt für die Minderung des Qualitätsrisikos und einer entsprechenden Information der Nachfrager darüber aufgefaßt werden.

In der Realität finden sich jedoch auch viele Märkte, auf denen der Preisunterschied zwischen Markenartikeln und Produkten ohne Markennamen so groß ist, daß die Preisdifferenz allein durch die Qualitätsunterschiede und die Minderung des damit verbundenen Qualitätsrisikos nicht mehr gerechtfertigt werden kann.

Ein gutes Beispiel dafür ist der Bekleidungsmarkt. Grundsätzlich ist davon auszugehen, daß eine Hose die ihr zukommende Funktion als Bekleidungsstück erfüllt, egal ob sie mit oder ohne „Marke" veräußert wird. Eine gute Verarbeitung mit der damit verbundenen verlänger-

---

75 *Shapiro/Khemani*, The Determinants of Entry and Exits Reconsidered, International Journal of Industrial Organisation, Vol. 5 (1987), S. 15f.

76 Beispielsweise für den Erwerb eines gewerblichen Schutzrechtes für die gewählte besondere Bezeichnung. Gewerbliche Schutzrechte sind, ebenso wie Urheberrechte, Eigentumsrechte und haben ausschließlichen Charakter. Sie verleihen im Prinzip eine unbeschränkte Herrschaft über den Schutzgegenstand. Dieser wird dem Inhaber des gewerblichen Schutzrechtes zur alleinigen Benutzung zugewiesen.

77 Mit diesen Investitionen errichtet folglich das in eine besondere Markierung investierende Unternehmen selbst eine Marktaustrittsschranke, da nunmehr der Markt nicht mehr ohne eigene Verluste (nämlich die des bereits für die besondere Markierung und der damit verbundenen Werbung aufgewandten Kapitals) verlassen werden kann.

78 Dies ist der Preis, der in einer Marktwirtschaft mangels anderer qualitätssichernder Mechanismen für ein differenziertes Angebot hingenommen werden muß. Vgl. *Schmidt/Elßler*, aaO., in *Dichtl/Eggers*, aaO., S. 48f. (57).

ten Lebensdauer des Produkts mag aus vernunftbetonten Erwägungen heraus einen gewissen Preisaufschlag gegenüber geringerwertigeren Konkurrenzprodukten rechtfertigen. Sobald die Hose jedoch, beispielsweise aufgrund einer geschickten Vermarktung, zu einem Kultobjekt wird[79], sind die höheren Preise, die sich nicht mit einer abermals gesteigerten Qualität rechtfertigen lassen, rational nicht mehr zu erklären.

Eine denkbare Erklärung für dieses Phänomen ist, daß der Markenartikel mit seiner besonderen Markierung neben der bloßen Qualitätsinformation auch noch weitere verwertbare Hinweise übermittelt, für welche die Nachfrager bereit sind, Preisaufschläge zu bezahlen, obwohl es qualitativ gleichwertige, aber billigere Produkte am Markt gibt. Bei einer eingehenden Betrachtung dieses Phänomens stellen sich diese zusätzlichen Hinweise als hintergründige Information über den Verwender der Markenware dar:

In einer mobilen und flexiblen Gesellschaft besteht grundsätzlich nicht nur ein Informationsbedürfnis über die Preis-Qualitäts-Relation von Angeboten, sondern – wegen der zunehmenden Zahl an Personen, mit denen der einzelne in seiner Arbeits- und Privatsphäre zusammentrifft – auch ein zunehmender Bedarf an Kenntnissen über die Eigenschaften dieser Personen. Da das Kennenlernen eines Menschen jedoch Zeit erfordert und damit Kosten verursacht, ist man bemüht, schnell Fakten über sich mitzuteilen bzw. von anderen zu erhalten. Eine mögliche Informationsquelle bildet dabei das Kaufverhalten. Die Markenartikel spielen dabei wiederum eine besondere Rolle. Mit ihnen soll eine bestimmte Lebenseinstellung, die Zugehörigkeit zu einer bestimmten Schicht, kurz: ein bestimmtes Persönlichkeitsbild signalisiert werden[80]. Mit dem Kauf von Markenartikeln investieren die Konsumenten folglich auch in eine von ihnen gewünschte Reputation[81].

Diese Überlegungen erklären, weshalb Nachfrager grundsätzlich bereit sind, für den Namen oder das Emblem bestimmter Marken auf Autoaufklebern, T-Shirts, Halstüchern usw. Preise zu bezahlen, obwohl sie streng genommen damit Werbefläche zur Verfügung stellen: Der Grund ist, daß in einer Marktwirtschaft das Bedürfnis ausgeprägt ist, der Umwelt Exklusivität und Leistungsfähigkeit, d.h. die Zugehörigkeit zu einer Elite zu signalisieren. Hinzu kommt, daß eine besondere Kennzeichnung von Produkten beim Konsumenten differenzierte psychische Produktwahrnehmungs-, Verarbeitungs- und Speicherprozesse in Gang setzt. So schmeckt der Rauch einer bestimmten Zigarette nach Freiheit und Abenteuer, der einer anderen nach häuslicher Geselligkeit. Als Ergebnis dieser psychischen Verarbeitungsprozesse bildet der Konsument spezifische Markenvorstellungen aus[82].

In den genannten Umständen liegt auch die Ursache für das Problem der Markenpiraterie. Nachfragegruppen mit relativ niedrigen Einkommen wollen ebenfalls an der Exklusivität und der Leistungsfähigkeit des für sie zu teuren Angebots partizipieren und greifen deshalb zu

---

79 Wie beispielsweise die „Levis 501".

80 Zur Marke als Mittel zur Demonstration eines sozialen Status vgl. *Henning-Bodewig/Kur*, aaO., Band I, S. 12f.

81 Vgl. allgemein zu „Luxusmarken" bei *Kapferer* im gleichnamigen Beitrag in *Esch* (Hrsg.), aaO, S. 319 f.

82 Vgl. *Bekmeier-Feuerhan*, Messung von Markenvorstellungen, in *Esch* (Hrsg.), aaO, S. 1015 f.

billigeren Imitaten. Dabei erscheint es für die Käufer von Fälschungen von nachgeordneter Bedeutung, daß sie meistens schlechtere Qualität erwerben. Voraussetzung ist allerdings, daß das Imitat für die Umwelt nicht sofort erkennbar ist. Durch das Angebot von Markenpiraterieware ist die Exklusivität des Originalprodukts nicht mehr gewährleistet. Auch das Markenimage ist gefährdet. Deshalb sinkt die Bereitschaft der Nachfrager des Originalproduktes den für die Exklusivität geforderten Preisaufschlag zu akzeptieren[83].

Die Möglichkeit Exklusivität auszustrahlen, ergibt sich deshalb auch nur, wenn das besonders gekennzeichnete Angebot ein entsprechendes Image hat. Zudem ist erforderlich, daß das Produkt nur in einer begrenzten Menge angeboten wird[84]. Für diese Garantie der Exklusivität sind die Nachfrager ebenfalls bereit, Preisaufschläge zu bezahlen. Die damit verbundenen Gewinne verteidigen die Unternehmen analog zur Qualitätssicherung zum einen durch Investitionen in Werbekampagnen, in denen sie das Image der Marke stärken. Zum anderen sollten die erzielten Gewinne zum Teil jedoch auch dafür eingesetzt werden, daß diejenigen, die die Exklusivität der Marke und ihres Images durch Imitationen gefährden, bekämpft werden. Wird über diese Bemühungen auch noch in den Medien berichtet[85], so kann dem Verbraucher in verstärktem Maße signalisiert werden, daß auch dann Kapital verlorengeht, wenn sich die Unternehmen nicht an ihr Versprechen halten, nur ein begrenztes, exklusives Angebot bereitzustellen[86].

4. Die besondere Markierung als Sicherungsmechanismus für Gewinne im Innovationswettbewerb

Die Intensität des Wettbewerbs mit neuen Produkten und Produktionstechnologien ist maßgeblich verantwortlich für die Wohlfahrt einer Gesellschaft[87]. Wettbewerb besteht darin, daß ein Kreativer eine Idee hat, sie umsetzt und das Ergebnis auf den Markt bringt. Wenn die Idee erfolgreich ist, wird dadurch ein Trend gesetzt. Dritte bemühen sich, unter Anlehnung an das erfolgreiche Vorbild nachzuziehen. Nachziehende Angebote führen in der Regel zu sin-

---

83 Vgl. *Higgins/Rubin*, Counterfeit Goods, Journal of Law and Economics, Vol. 29 (1986), S. 211f.

84 Zu den Problemen, die sich beispielsweise bei der Verfolgung einer Mehrmarkenstrategie (dazu im 1. Kapitel, V., 1., b)) und einer fehlenden Exklusivitätszusicherung ergeben, vgl. im 5. Kapitel, I., 1.

85 Hierzu dient beispielsweise die medienwirksame Vernichtung von Markenpirateriewaren (Uhren und/oder CD-ROMs) mittels Bulldozer und/oder Dampfwalzen, die zwischenzeitlich sogar von der chinesischen Regierung zur Bekämpfung von Pirateriewaren eingesetzt wird.

86 Vgl. *Schmidt/Elßler*, aaO., in *Dichtl/Eggers*, aaO., S. 48f. (62).

87 Nirgends springt Fortschritt so sehr in das Auge, wie auf dem Gebiet der Zivilisation, insbesondere der Technik. Die Unbegrenztheit seiner Bedürfnisse zwingt den Menschen, ständig seine Erfindungskraft und Phantasie einzusetzen, um der Natur, die ihm von sich aus kaum das Lebensnotwendigste bietet, neue Güter abzuringen. In unermüdlicher, von Generation zu Generation immer wieder erneuter Anstrengung, hat er im Laufe der Zeit jene Wunderwerke der Technik geschaffen, durch die er sich zum fast unumschränkten Herrn der Natur machte. Durch Ausnutzung der Naturkräfte, durch die Konstruktion von Maschinen und die Entwicklung neuer Verfahren hat er ständig die Produktivität seiner Arbeit gesteigert und wird dies auch in Zukunft weiter betreiben. *Berthold Brecht* legt deshalb in seinem *Leben des Galilei* dem italienischen Gelehrten die Worte: „Ich halte dafür, daß das einzige Ziel der Wissenschaft darin besteht, die Mühseligkeit der menschlichen Existenz zu erleichtern" in den Mund.

kenden Preisen. Dies kommt letztendlich der Allgemeinheit zugute. In der Theorie und der Dogmatik des Wirtschaftsrecht wurde daraus der Schluß gezogen, daß der Wettbewerb – zum Wohl der Allgemeinheit – möglichst frei sein soll[88].

Grundsätzlich werden Unternehmen innovative Wettbewerbsvorstöße jedoch nur dann vornehmen, wenn sie, dafür mit einem Monopol „belohnt" werden[89]. Aufgrund dieser Überlegung ist das System der gewerblichen Schutzrechte entstanden. Die stürmische, technische Entwicklung zur Zeit der Wende vom Mittelalter zur Neuzeit wird darauf zurückgeführt, das der menschliche Erfindergeist gefördert wurde. Eine Förderung erfolgte durch die Verleihung von Erfinderprivilegien[90]. Die Privilegien sollten der Belohnung des Erfinders für seine Mühe und Kosten dienen und gleichzeitig die Erfindertätigkeit anregen[91]. Die damaligen Ideen haben sich bis zum heutigen Tag erhalten.

Da jedoch Monopolschutz und freier Wettbewerb in einer polaren Beziehung zueinander stehen, bewegt sich der gesamte gewerbliche Rechtsschutz in dem Kontinuum zwischen Nachahmungsfreiheit und Exklusivrecht.

Die durch den gewerblichen Rechtsschutz gewährten Rechte besitzen ausschließlichen Charakter. Sie stellen deshalb einen Eingriff in die Gewerbefreiheit aller in diesem Markt befindlichen Unternehmen dar und bedürfen als solche einer besonderen Rechtfertigung. Diese Apologie ergibt sich aus dem Nutzen, den beispielsweise eine technische Erfindung für die Allgemeinheit bringt[92]. Da sich jedoch die technische Entwicklung dauernd fortbewegt, wird der Nutzen für die Allgemeinheit mit Zeitablauf entsprechend geringer. Es erscheint daher grundsätzlich gerechtfertigt, die Monopolrechte zeitlich zu beschränken. Eine weitere Begründung für die regelmäßig erfolgende, zeitliche Beschränkung ergibt sich aus dem Ansatz, daß dem Erfinder das Monopolrecht als Belohnung dafür gewährt wird, daß er seine Erfindung der Allgemeinheit zugänglich macht. Diese Belohnung wäre dann nicht gerechtfertigt, wenn die Allgemeinheit auch nach Ablauf einer gewissen Zeit nicht in den freien Genuß der

---

88 Vgl. *Laband*, Das Staatsrecht des Deutschen Reichs, 1901, III, S. 232.

89 Vgl. dazu grundlegend aus der betriebswirtschaftlichen Literatur: *Bestmann*, aaO., S. 336 f.; *Tietz*, aaO., S. 183 f. *Koppelmann*, Marketing, 1997, S. 95 f.; aus der juristischen Literatur: *Beier*, Die Bedeutung des Patentsystems für den technischen, wirtschaftlichen und sozialen Fortschritt, GRUR Int. 1979, 227f. mwN; *Bernhardt*, Die Bedeutung des Patentschutzes in der Industriegesellschaft, 1974, S. 79f.; *Krieger*, „Innovation" im Spannungsfeld zwischen Patentschutz und Freiheit des Wettbewerbs, GRUR 1979, S. 350f.; *Oppenländer*, Die volkswirtschaftliche Bedeutung des Fortschritts, in: Hundert Jahre Patentamt, 1977, 3f.; *ders.*, Die Wirkungen des Patentwesens im Innovationsprozeß, GRUR 1977, S. 362f.; *ders.*, Die wirtschaftliche Bedeutung des Patentwesens aus der Sicht der empirischen Wirtschaftsforschung, GRUR Int. 1982, S. 598f.

90 Z.B. für neue Wasserkünste (Verfahren zur Hebung von Wasser aus Bergwerken oder zur Ausnutzung der Wasserkraft), Holzsparungskünste, Ofenkünste, Gieß- Schmelz und Siedekünste aber auch für Waffen, Maschinen und Instrumente (z.B. Uhrwerke und Orgeln) sowie für die Herstellung von Stoffen (z.B. Salz, Messing).

91 Vertiefend dazu: *Hubmann*, Gewerblicher Rechtsschutz, 1988, S. 12f.

92 Erklärungsansatz aus der Monopoltheorie vgl. dazu *Benkhard*, Patentgesetz, Einl. Rdnr. 1a, *Bernhardt/Krasser*, Lehrbuch des Patentrechts, 1986, S. 24f.

Vorteile der Erfindung kommen würde, sondern für immer von den Vorteilen der Erfindung ausgeschlossen wäre[93].

Die voranbeschriebenen, zeitlichen Beschränkungen gelten allerdings nur für technische Schutzrechte[94] (vgl. für Deutschland: § 10 PatG, bzw. § 23 GebrMG bzw. die damit im wesentlichen übereinstimmenden Vorschriften anderer Länder). Zusätzlich ist es in vielen Fällen möglich, durch kleine Veränderungen des sonderrechtlich geschützten Gegenstandes, den Schutz zu umgehen. Hinzu kommt schließlich auch die Schwierigkeit, daß die gesamte potentielle Nutzung bei grundlegenden Neuerungen zum Zeitpunkt einer Schutzrechtsanmeldung kaum zu übersehen ist. In diesem Zusammenhang soll lediglich beispielhaft auf das höchst umstrittene Problem der „zweiten Indikation" beim Schutz von pharmazeutischen Produkten hingewiesen werden[95].

Unternehmen, die einen dauerhaften Wettbewerbsvorsprung erringen wollen, sind daher gezwungen, sich nach anderen oder zusätzlichen Sicherungsmechanismen umzusehen. Sie müssen dabei stets versuchen, den zeitlichen Abstand bis zum Auftreten des ersten Imitators möglichst groß zu gestalten und gleichzeitig diesen Zeitvorsprung effizient zu nutzen[96]. Hierzu ein Beispiel: Als das Antischnupfenmittel „*Contac*" auf den Markt kam, war es das erste Mittel gegen Erkältungen, daß die Erkältungssymptome über einen bestimmten Zeitraum hinweg unterdrückte. Dieser Vorteil bestand länger als ein Jahrzehnt und wurde als „unique selling proposition" eingesetzt. Heute bieten mindestens ein Dutzend Konkurrenten diese Qualität an. Das Produkt „*Contac*" nutzt noch heute über die besondere Kennzeichnung vom damaligen Vorsprung.

Das Beispiel verdeutlicht, daß wiederum die gesetzlich geschützten, besonderen Kennzeichen eine wichtige Rolle spielen:

Zunächst ist dafür beachtlich, daß sich der Schutz einer Marke beliebig oft verlängern läßt (vgl. Art. 46 Satz 2 GemMVO und (beispielsweise für das deutsche Recht) § 47 Abs. II MarkenG). Das Markenrecht nimmt deshalb innerhalb der gewerblichen Schutzrechte eine Sonderstellung ein. Zudem wird das aus dem gesetzlichen Schutz der verwendeten, besonderen Kennzeichnung fließende Recht bei einer entsprechenden Betätigung im Markt immer

---

93 Erklärungsansatz aus der Belohnungstheorie, vgl. ebenda.

94 Patente, Gebrauchsmuster (und deren Nebengebiete), aber auch für das urheberrechtsähnliche Geschmacksmuster.

95 So sind bis zum heutigen Tag die Anwendungsmöglichkeiten von „Aspirin" nicht endgültig erforscht. Während dieses Medikament zunächst nur als Kopfschmerzmittel eingesetzt wurde, stellte man im Laufe medizinischer Beobachtungen fest, daß die Blutgerinnung durch das Verabreichen von „Aspirin" beeinflußt werden kann (bei Patienten, denen nach Operationen „Aspirin" als Schmerzmittel gegeben wurde, verheilten die Narben nicht, da eine Gerinnung des Blutes verhindert wurde). Auf diese Weise wurde festgestellt, daß „Aspirin" auch zur Bekämpfung von Herzinfarktrisiken eingesetzt werden kann. Neben der ursprünglichen Schmerzbekämpfung stellt die Herzinfarktprophylaxe heute einen weiteren wichtigen Einsatzbereich dieses Medikamentes dar.

96 Vgl. *Schmidt/Elßler*, aaO., S. 48f. (67).

wertvoller[97]. Schließlich kommt als tatsächlicher Effekt hinzu, daß die Nachfrager bei einem innovativen Produkt – mehr noch als bei der Inanspruchnahme eines bereits eingeführten Angebots – vor einem Qualitätsrisiko stehen[98]. Anstatt nun bei der Einführung eines Produktneulings intensiv in die Werbung zu investieren und die Nachfrager durch die damit verbundenen irreversiblen Kosten von der Qualität der Produktinnovation zu überzeugen, kann es für das innovierende Unternehmen auch durchaus sinnvoll erscheinen, einen schon eingeführten Markennamen zu übernehmen[99]. Auch dieses Vorgehen signalisiert den Nachfragern, daß sich ein Anbieter mit Kapital und Know-how für die Qualität verbürgt.

Im Zusammenhang mit dem Innovationswettbewerb findet sich schließlich auch die Begründung, warum für bestimmte Markenartikel über lange Zeit monopolistische Preise am Markt durchgesetzt werden können, obwohl schon qualitativ gleichwertige Produkte nachgefolgt sind. So kommt eine Untersuchung[100] zu dem Ergebnis:

The image advantage that comes from consumer recognition as the first mover in some product category may permit its possessor to hold prices above costs for significant periods of time while retaining a large share of the relevant market.

Die Nachfrager halten folglich den Preis, den ein Unternehmen für seine Innovation ursprünglich aufgrund seines Innovationsmonopols verlangt hat, auch für das qualitätssichernde Entgelt. Würden damit die Imitatoren die gleichen Preise wie das innovative Unternehmen verlangen, so bestünde auf der Nachfrageseite kein Anlaß, den Anbieter zu wechseln. Den Imitatoren verbleibt deshalb in dieser Situation nur die Möglichkeit, mit einem niedrigeren Preis und sehr hohen Investitionen in das Marketing zu diesem Angebot das Vertrauen der Nachfrager zu gewinnen. Dies stellt wiederum eine weitere Marktzutrittsschranke gegen Nachahmer dar.

Eine Studie der Beratungsgesellschaft Swander & Pace ließ sogar erkennen, daß der Gewinn von Unternehmen, die Markenprodukte verkaufen zwischen 1988 und 1993 doppelt so schnell anstieg, wie der Gewinn von Unternehmen, die unmarkierte Produkte verkauften, obwohl die Absatzzahlen der unmarkierten Produkte die der Markenartikel etwas übertraf[101].

---

97 Bei der Bestimmung des Wertes einer Marke wird unter anderem die Kennzeichnungskraft der Marke, für die die Dauer sowie der Umfang der Benutzung einer Marke und deren Alleinstellung bestimmend ist, berücksichtigt. Zur Bestimmung des Wertes einer Marke vgl. bsplw. *Sander*, Die Bestimmung und die Steuerung des Wertes von Marken, mwN.

98 Zum Qualitätsrisiko des Verbrauchers bei der Entscheidung für ein bestimmtes Produkt vgl. bereits oben im 1. Kapitel, II.

99 *Bleuel*, Dachmarke oder Einzelmarke? Wohin mit dem Produktneuling?, Absatzwirtschaft 1989, 100f.

100 *Scherer/Ross*, (Industrial Market Structure and Economic Performance, 1990, S. 585

101 Über diese Studie berichtet *Biel* unter Darstellung des Zahlenmaterials in dem Beitrag: Grundlagen zum Markenwertaufbau" in *Esch* (Hrsg.), aaO, S. 63 f. (64).

5. Weitere Vorteile einer besonderen Markierung von Angeboten

Mittels einer besonderen Markierung eines Produkts können schließlich alle Informationen über ein konkretes Produkt auf eine schlagwortartige Kurzformel gebracht werden. Diese Kurzformel setzt sich durch die Werbung zu dem konkreten Angebot in den Köpfen der Verbraucher fest und kann gleichzeitig als Botschaftsträger für übrige Produktinformationen genutzt werden. Hierzu ein weiteres Beispiel aus der Praxis:

Einem Verbraucher wird von einem ihm unbekannten Hersteller eine alkoholische Lösung mit ätherischen Ölen und Antiseptika aus der Reihe der aromatischen Ester, sowie p-Oxybenzoesäureester, Emulgatoren und Sacharin angeboten.

Obwohl durch diese äußerst genaue Produktbeschreibung eines konkreten Angebots objektiv eine Informationsüberflutung stattfindet, wüßte der so angesprochene Verbraucher noch nicht einmal, wofür er dieses konkrete Produkt einsetzen sollte. Folglich würde der Verbraucher sogar vom Kauf dieses Produktes abgehalten.

Das Verhalten der Nachfrager ist jedoch völlig anders zu beurteilen, wenn das oben beschriebene Produkt von einem ausgewiesenen Markenartikler als *Odol* [102], angeboten wird. In diesem Fall dürfte es fast jedem aufgrund der jahrzehntelangen Werbung für dieses Produkt bekannt sein, daß es sich bei dem so gekennzeichneten Mundwasser um ein Produkt handelt, das *„auf dem neuesten Stand der Wissenschaft“* *„sympathischen Atem“* verleiht.

Durch die bloße Nennung des spezifischen Produktnamens werden also beim Verbraucher Erinnerungen an alle Werbeaussagen des Herstellers wachgerufen. Ebenso wird die Botschaft der jeweiligen Marke auch von Dritten übermittelt. Zu denken ist etwa an Ratschläge aus dem Bekanntenkreis, Warentestberichte und sonstige Berichte der Medien. Auch dabei werden in aller Regel die vom Anbieter gewählten Kurzformeln in Form der besonderen Kennzeichnung der Angebote verwendet. Zudem wird sich der angesprochene Verbraucher u.U. an eigene positive Erfahrungen mit dem konkreten Angebot entsinnen. Die Summe dieser Erinnerungen bildet beim angesprochenen Käufer einen ersten oder wünschenswerterweise einen erneuten Anreiz zur Inanspruchnahme des konkreten Angebots. Die besondere Kennzeichnung stellt damit einen wesentlichen Anteil für die Grundlage des wirtschaftlichen Erfolges eines Angebotes dar[103].

Da die mittels der besonderen Kennzeichnungen transportierten Botschaften durch entsprechende, jeweils landessprachliche Erklärungen in der Werbung in unterschiedlichen Ländern erhellt werden können, kann sogar davon ausgegangen werden, daß erst die besondere Markierung den Verbraucher in die Lage versetzt Produkte und Dienstleistungen aus anderen Ländern der Gemeinschaft kennen- und damit schätzen zu lernen. Die besondere Markierung

---

[102] Die nunmehr über hundert Jahre alte Marke „Odol“ ist wahrscheinlich entstanden aus „Odontos“ (grch.: der Zahn) und „Oleum“ (lat.: das Öl). Es handelt sich um eine Wortschöpfung, die leicht und in allen Sprachen gleich (!) auszusprechen ist.

[103] Vgl. dazu bereits oben bei den Funktionen des Einsatzes besonderer Markierungen (1. Kapitel, I., 2.).

von Gütern und Dienstleistungen kann folglich sogar als ein Mittel für die Integration des Gemeinsamen Marktes angesehen werden.

Ein Unternehmen, das seine Angebote erfolgreich vermarkten möchte, wird sich deshalb im Rahmen seiner Absatzpolitik für eine besondere Kennzeichnung seiner Angebote entscheiden. Dies gilt erst Recht, wenn sich das Unternehmen im gesamten Gemeinsamen Markt behaupten möchte.

III. Unterschiedliche Formen besonderer Markierungen

Eine weitere wichtige Entscheidung der Unternehmen im Rahmen der Markenpolitik besteht darin, festzulegen, wie die spezifische Leistung nach außen hin gekennzeichnet bzw. wofür die Markierung überhaupt eingesetzt werden soll.

1. Unterscheidung nach dem äußeren Auftreten der Marke

Bei der Wahl des äußeren Erscheinungsbildes der besonderen Markierung stehen den Unternehmen heute eine ganze Reihe von möglichen Kennzeichnungsformen zur Verfügung. Die Entwicklung der unterschiedlichen Erscheinungsformen besonderer Markierungen, spiegeln ein Stück Wirtschaftsgeschichte wieder. Anhand eines Abrisses der deutschen Kennzeichengesetzgebung sollen im folgenden die wichtigsten Arten besonderer Kennzeichnungen (äußerst verkürzt) vorgestellt werden[104]:

a) Bildmarken

Das erste einheitliche Gesetz im Deutschen Reich für den Bereich des Schutzes der besonderen Kennzeichen, das im Jahre 1874 erlassene Reichsgesetz über den Markenschutz[105], sah lediglich einen Schutz für reine Bildmarken vor. Diese Zeichen hatten noch keine selbständige wirtschaftliche Bedeutung[106]. Dies lag daran, daß in diesen sehr allgemeinen Zeichen, die zur Kennzeichnung aller Angebote eines Unternehmens verwendet wurden, noch kein konkreter Produktbezug vorhanden war. Vielmehr waren diese Zeichen nichts anderes als ein allgemeiner Hinweis auf die Herkunftsstätte der so gekennzeichneten Waren. Die reinen Bildmarken sollten damals dem kaufenden Publikum lediglich mitteilen, daß die so gekennzeichneten Waren aus einem bestimmten Unternehmen[107] stammte, dessen Ruf die Güte der

---

[104] Zur Vertiefung zur Geschichte des Kennzeichnungsrechtes: *Leitherer*, Das Markenwesen der Zunftwirtschaft, MA 1956, 685f., *Bongard*, Fetische des Konsums, Portrait klassischer Markenartikel, 1964, S. 1f., *Meldau*, Zeichen, Warenzeichen, Marken, 1967, S. 17f., *Herman*, Die Heraldik der Wirtschaft - Geschichte, Gestaltung und Wirkung moderner Warenzeichen, 1971, S. 1f.

[105] Gesetz über den Markenschutz vom 30. Mai 1874, RGBl, S. 143.

[106] Vgl. *Isay*, Die Selbständigkeit des Rechts an der Marke; Bericht für den Warenzeichen-Ausschuß des Deutschen Vereins für den Schutz des gewerblichen Eigentums über die Fragen der Markenübertragung und der Konzernzeichen, GRUR 1929, 23.

[107] So wie sie der Zeicheninhaber als Symbole seines Unternehmens „im Schilde führte".

Ware gewährleistete. Sie hatten folglich noch nicht die Bedeutung, die den besonderen Markierungen von Angeboten heute zugestanden wird[108].

Aus dieser Zeit stammt beispielsweise der nebenstehend abgebildete Froschkönig, der als reine Bildmarke und Werbefigur von dem Hersteller für Pflegeprodukte *Werner und Mertz* aus Mainz eingesetzt wird. Im Jahre 1992 wurde die Figur des Froschkönigs in modernisierter Form zum Wappentier für das gesamte Unternehmen. Seither ziert er alle Geschäftspapiere dieses Markenartiklers (*Erdal*, *Rex*, *Tuba*) im In- und Ausland.

Abbildung 1: Der „Erdal"-Frosch: Einst und Jetzt

b) Wortmarken

Seit dem „Gesetz zum Schutz von Waarenbezeichnungen" von 1894[109] konnten in Deutschland, einem wirtschaftlichen Bedürfnis folgend, neben den bis dahin ausschließlich zulässigen Bildmarken auch Wortzeichen eingetragen werden. Diese besonderen Kennzeichnungen in Form von reinen Wortmarken wurden daher zunächst nur als *„den Namen oder die Firma des Herstellers oder des Händlers ersetzende Herkunftszeichen"* angesehen[110]. Mit der Zulassung von Wortmarken wandelte sich die bis dahin allein herstellerbezogene Aussage allmählich zu einer produktbezogenen Bezeichnung[111], die nunmehr dem Verbraucher mehr und mehr Informationen über das Produkt gab.

Als Beispiel für eine derartige, bereits rein produktbezogene Bezeichnung kann auf das Waschmittel *„PERSIL"* hingewiesen werden. Dieses Akronym, daß der Kommerzienrat Fritz Henkel bereits im Jahre 1907 für das erste sogenannte „selbsttätige" Waschmittel verwendete, setzt sich aus den Anfangssilben zweier chemischer Bestandteile dieses Waschmittels, nämlich *Per*borat und *Sil*ikat, zusammen. Das Produkt wurde über Jahrzehnte hinweg in praktisch unveränderter Zusammensetzung und nur in Nuancen abgewandelter Verpackung verkauft.

---

108 Vgl. zu den wirtschaftlichen Funktionen einer besonderen Markierung von Angeboten, oben im 1. Kapitel, I., 2.

109 Gesetz zum Schutz von Waarenbezeichnungen vom 12. Mai 1894, RGBl, S. 441.

110 RGZ 115, 235 (237) - Harmonikadecke, GRUR 1927, 187, die Entscheidung betrifft Unterlassungsansprüche aufgrund der Verletzung einer plastisch ausgestalteten Harmonikadecke, die in zweidimensionaler Form als Warenzeichen eingetragen war. Das angegebene Zitat benutzt das RG als Argument zur Abgrenzung der zeichenschutzfähigen Komponente.

111 Vgl.: *Isay*, aaO., GRUR 1929, 23. In diesem Bericht befaßt sich *Isay* ausführlich mit der Entstehungsgeschichte der Warenzeichen, um durch den dargestellten Wandel von einer rein herstellerbezogenen Angabe hin zu einer produktbezogenen Bezeichnung seine Auffassung von einer gebotenen Selbständigkeit der Marke vom Geschäftsbetrieb zu belegen.

c) Wort-/Bildmarken

Die Zulassung von Wortmarken, neben den bis dahin allein zugelassenen Bildzeichen, führte selbstverständlich auch zu Mischformen zwischen beiden ursprünglichen Markenformen. Um auch in diesem Bereich ein Beispiel anzuführen, soll auf das inzwischen weltberühmte Bayer-Kreuz verwiesen werden.

Abbildung 2: Das „BAYER"-Kreuz

Das „*Bayer*"-Kreuz, heutzutage ein Synonym für ein weltweit führendes Unternehmen auf dem Gebiet der chemischen Industrie, wurde im Jahre 1900 durch einen Zufall kreiert[112]. Es konnte sich zunächst nicht gegen die ursprüngliche Firmenmarke, einen lässig mit einer Tatze die Weltkugel beherrschenden Löwen, durchsetzen. Schließlich fand es jedoch immer mehr Befürworter. Am 6. Januar 1904 wurde es in der Zeichenrolle des Kaiserlichen Patentamtes eingetragen.

d) Neue Markenformen

Der Kreis der voranbeschriebenen, traditionellen Markenformen wurde schon zu Zeiten des ehemaligen WZG als unbefriedigend empfunden. Bereits vor dem Inkrafttreten des neuen MarkenG sind deshalb in der deutschen Rechtsprechung Ausnahmen für weitere, neue Markenformen gemacht worden. Beispielsweise geschah dies bei reinen Buchstabenzeichen durch eine großzügige Annahme der Aussprechbarkeit als Phantasiewort oder durch graphisch-bildhafte Ausgestaltungen mit Markencharakter[113].

Der Kreis der eintragbaren Marken ist durch die erste Richtlinie des Rates zur Angleichung der Rechtsvorschriften der Mitgliedsstaaten über die Marken (89/104 EWG) vom 21. Dezember 1988 abermals wesentlich erweitert worden. Eintragbar sind nach den in den Ländern der Europäischen Gemeinschaft harmonisierten Markenrechten der einzelnen Mitglieds-

---

112 Ein Augenzeuge berichtete: „Es war im Jahre 1900. Ich hatte einige Angelegenheiten mit einem Herrn der Geschäftsführung zu besprechen, als dieser auf ein Stück Papier das Wort "Bayer" in großen Buchstaben einmal geradeaus und dann von oben nach unten schrieb. Plötzlich entfernte er den Bogen vom Schreibblock, entschuldigte sich und begab sich zur Direktion. Dort wurde das Zeichen bewundert"; zitiert nach *Dreesbach*, Wenn Warenzeichen Geschichte schreiben, Welt am Sonntag, Nr. 42, Sonntag, 17. Oktober 1993, S. 46.

113 So z.B. BPatG, Beschl. v. 16. Oktober 1991 - 26 W (pat) 73/89 - EAZ, Mitt. 1992, 149; BPatG, Beschl. v. 8. November 1991, 24 W (pat) 412/90 - Doppel-G, GRUR 1992, 395. Außerdem bestand vielfach die Möglichkeit bei IR-Marken Telle-quelle-Schutz nach Art 6[quinquies] A I PVÜ auch für nicht unterscheidungskräftige Buchstaben- und Zahlzeichen anzunehmen, vgl. BGH, Beschl. v. 31. Mai 1990, I ZB 6/89 - ST, GRUR 1991, 535 (536); BGH, Beschl. v. 5. April 1990, I ZB 7/89 - IR Marke FE, NJW 1990, 3083 = GRUR 1991, 838 (839); BGH, Beschl. v. 4. Juli 1991, I ZB 9/90 - Z-TECH, NJW 1992, 629 = GRUR 1991, 839 (840).

länder und dem Gemeinschaftsmarkenrecht nunmehr alle Marken, die sich graphisch darstellen und damit registermäßig erfassen und dokumentieren lassen (vgl. für Deutschland: § 8 Abs. I MarkenG, vgl. für die Gemeinschaftsmarke: Art. 4, Art. 7 Abs. I lit. a GemMVO). Diese generelle Zulassung unterliegt allerdings der bedeutsamen Einschränkung, daß derartige Marken unterscheidungskräftig sein müssen. Dies bedeutet, daß sie zumindest eine abstrakte Fähigkeit besitzen müssen, auf die Herkunft eines speziellen Angebots aus einem bestimmten Unternehmen hinzuweisen (Vgl. für Deutschland: § 3 Abs. I MarkenG bzw. Art. 4 GemMVO für die Gemeinschaftsmarke).

Damit wurden nunmehr „insbesondere"

- **reine Buchstaben- und Zahlenmarken**, zu denen nach alter Rechtslage – nach dem bis zum 31. Dezember 1994 geltenden WZG – das Bestehen eines Freihaltebedürfnisses vermutet wurde (§ 4 Abs. II WZG)[114],
- **dreidimensionale Marken**, dies ermöglichte die bisher lediglich in § 25 WZG geschützt „Ausstattung" einer Ware als (nicht eingetragene) Marke mit Verkehrsgeltung in den registerrechtlichen Schutz mit einzubeziehen (vgl. § 4 Nr. 2 MarkenG bzw. Art. 4 GemMVO)[115]; klargestellt wurde dabei, daß solche Marken einem Markenschutz nicht zugänglich sind, die ausschließlich aus einer Form bestehen, die durch die Art der Ware selbst bedingt ist, zur Erreichung einer technischen Wirkung erforderlich ist oder der Ware einen wesentlichen Wert verleiht (Vgl. § 3 Abs. II MarkenG bzw. Art. 7 Abs. I lit. e GemMVO)[116].
- **Farben bzw. Farbzusammenstellungen**[117]

---

114 vgl. *v. Gamm*: Warenzeichengesetz, Kommentar, 1965, Nachtrag 1968 z. WzÄndG vom 4. September 1967, Rdnr. 55 ff zu § 4.

115 Vgl. Begründung zum MarkenG BT-Dr. 12/6581 v. 14. Januar 1994, S. 70 li.Sp.

116 Vgl. zum neuen Recht: BGH, Beschluß vom 6. Juli 1995 - I ZB 27/93 - Füllkörper, GRUR 1995, 732, zum alten Recht: BGH, Urteil v. 9. Dezember 1958, I ZR 112/57 - Rosenthal-Vase, BGHZ 29, 62 = NJW 1959, 882; BGH, Urteil v. 28. Mai 1957, I ZR 231/55 - Taschenstreifen , GRUR 1957, 603 (604 li.Sp.); BGH, Urteil v. 14. Juli 1961, I ZR 44/59 - Buntstreifensatinm, NJW 1961, 2107 = GRUR 1962, 144 (148 li.Sp.); BGH, Urteil v. 9. Januar 1962, I ZR 142/60 - form strip, GRUR 1962, 299 (301 li.Sp.); BGH, Urteil v. 26. März 1971 - Az. I ZR 77/69 - Disney Parodie, BlPMZ 1972, 140 (141) = GRUR 1971, 588 = MDR 1971, 990 = NJW 1971, 2169).

117 Die wirtschaftliche Betätigung großer Mineralölkonzerne und anderer Unternehmen (beispielsweise in der Lebensmittelbranche) hat gezeigt, daß auch ein besonderes Schutzbedürfnis an Farben bzw. Farbzusammenstellungen bestand. Auch diese sind nunmehr einem Registerschutz zugänglich, nachdem bislang für einen Schutz in Deutschland auf die Ausstattung nach § 25 WZG ausgewichen werden mußte. Nach dem neuen Gemeinschaftsmarkenrecht wird eine Farbe gem. Art. 4 GemMVO generell für markenfähig gehalten. Ihrer Eintragung können aber im Einzelfall die absoluten Eintragungshindernisse des Art. 7 Abs. I lit. b, c oder d GemMVO entgegenstehen, es sei denn es handelt sich um einen speziellen Farbton für ganz spezifische Waren oder Dienstleistungen (Vgl. die Entscheidung der dritten Beschwerdekammer des Harmonisierungsamtes für den Binnenmarkt (Marken, Muster und Modelle) vom 12. Februar 1998, Az.: R 7/97-3 – Orange, GRUR Int. 1998, 612f.). Allerdings ist die Frage der Registerfähigkeit von reinen Farbkombinationen damit noch lange nicht endgültig entschieden. So wurde in einer Entscheidung des BPatG der Farbkombination gelb/schwarz ein Schutz versagt. (Vgl. BPatG, Beschl. v. 22. November 1995, 30 W (pat) 132/95 - Farbmarke, GRUR 1996, 881). In diesen Bereich gehören auch die Kennfäden, deren Markenfähigkeit sogar ausdrückliche Erwähnung findet.

- und **akustische Marken**[118].

eintragbar.

Jedoch verdeutlicht schon die ausdrücklich nur exemplarische („insbesondere") Liste eintragbarer Zeichenformen, daß das moderne Markenrecht keinerlei Beschränkung der Markenform als solche kennt. Als weitere Markenformen sind deshalb beispielsweise **holographische Darstellungen, softwarespezifische Zeichenformen** und/oder **Tast- oder Geruchsmarken**[119] denkbar.

2. Unterscheidung nach dem Einsatz der Marke

Neben einer Unterteilung nach dem äußeren Erscheinungsbild einer besonderen Markierung kann für eine Unterscheidung verschiedener besonderer Kennzeichen auch der Einsatz der besonderen Markierung herangezogen werden. So kann eine besondere Markierung nicht nur von Herstellern von Waren (Fabrik- oder Herstellermarke), sondern auch von Dienstleistern (Dienstleistungsmarke) eingesetzt werden. Daneben können sich auch reine Handelsunternehmen einer besonderen Markierung bei der Vermarktung ihrer Angebote bedienen (Handelsmarken). Ferner bestehen weitere spezielle Erscheinungsformen (geographische Herkunftsangaben[120] und Kollektivmarken[121]), auf die jedoch aufgrund der gewählten Themenstellung hier nicht näher eingegangen wird.

---

118 Als Marken eintragbar wurden nunmehr - entgegen der bisherigen deutschen Spruchpraxis - nach der beispielhaften Aufzählung des Gesetzes auch Hörzeichen (etwa für Dienstleistungen, wie beispielsweise bei Radiosendern). Diese sind entweder mittels der herkömmlichen Notenschrift oder als technische Aufzeichnung der Tonfrequenzen (Sonogramm) graphisch darstellbar und deshalb registerfähig.

119 Zu Unrecht hält *Kunz-Hallstein* (Europäisierung und Modernisierung des deutschen Warenzeichenrechts, GRUR Int. 1990, 747) Duftmarken für graphisch nicht darstellbar (z.B. chemische Formel oder Gaschromatographie).

120 Zu den geographischen Herkunftsangaben gehören einerseits die „als geographische Herkunftsangaben geschützten Namen, Angaben und Zeichen", die bisher nach §§ 1, 3 UWG geschützt waren, und die geographischen Angaben und Ursprungsbezeichnungen nach der Verordnung Nr. 2081/92 der EU (Verordnung (EWG) Nr. 2081/92 des Rates vom 14. Juli 1992 zum Schutz von geographischen Angaben und Ursprungsbezeichnungen für Agrarerzeugnisse und Lebensmittel, abgedruckt im Sonderheft zum BlPMZ 1994, S. 150 f.). Das deutsche Markenrecht regelt in diesem Zusammenhang das dem Schutz durch die Kommission vorgelagerte nationale Verfahren, so u.a. die Antragstellung (§ 130 MarkenG) und den Einspruch (§ 132 MarkenG).

121 Kollektivmarken sind Marken im Sinne des § 3 MarkenG (eintragbare Markenformen), die geeignet sind, die Waren oder Dienstleistungen der Mitglieder des Inhabers der Kollektivmarke von den Waren oder Dienstleistungen anderer Unternehmen nach ihrer betrieblichen oder geographischen Herkunft, ihrer Art, ihrer Qualität oder nach ihren sonstigen Eigenschaften zu unterscheiden. Vgl. § 97 Abs. I MarkenG.

a) Fabrik- bzw. Herstellermarken

Die nach dem Kriterium des Wirtschaftszweiges oder des Leistungsträgers wichtigste Variante bildet die Fabrik- oder Herstellermarke, die alle Zweige der Konsumgüterindustrie[122], aber auch Sektoren jenseits davon (bsplw. in der Investitionsgüterindustrie[123] und/oder bei den Herstellern von Zwischenprodukten[124]) völlig oder weithin durchdrungen hat. Das Markenartikelkonzept dehnt sich zwischenzeitlich in zunehmendem Maß auch auf landwirtschaftliche Erzeugnisse (z.B. Bananen, Wein) aus. Es werden damit sogar Bereiche tangiert, bei denen früher die für einen Markenartikel erwartete Qualitätskonstanz[125] als nicht gewährleistet angesehen wurde.

b) Dienstleistungsmarken

Die zweite wichtige Gruppe bei einer Unterscheidung nach dem Wirtschaftszweig bzw. dem Leistungsträger sind die Dienstleistungsmarken[126]. Dienstleistungen sind selbständig marktfähige Leistungen, die auf die Bereitstellung (z.B. Versicherungen, Finanzdienstleistungen) und/oder den Einsatz von Potentialfaktoren (z.B. Fahrschulen) gerichtet sind[127]. Damit ist ein breites, in der Regel heterogenes Spektrum immaterieller Leistungen angesprochen.

Dennoch bietet eine besondere Kennzeichnung gerade bei der Vermarktung von Dienstleistungen besondere Vorteile. So sei an dieser Stelle nur darauf hingewiesen, daß sich das Vertrauen der Kunden auf die Qualität der anzubietenden Leistung besonders gut durch eine einheitliche Kennzeichnung aufbauen läßt. Im Dienstleistungsbereich ist dies von gesteigerter Bedeutung, da sich die Qualität der erbrachten Dienstleistung oftmals erst nach relativ langer Zeit beurteilen läßt. Der Wiedererkennungsfaktor spielt deshalb in diesem Bereich eine besondere Rolle.

---

122 Im Bereich der Konsumgüterindustrie kann wiederum zwischen Verbrauchs- und Gebrauchsgütern differenziert werden. Unter Verbrauchsgütern sollen dabei in der Folge solche materiellen Güter verstanden werden, die im Normalfall im Laufe eines oder einiger weniger Verwendungseinsätze konsumiert werden (z.B. Milch, Seife, Zigaretten, etc.). Unter Gebrauchsgütern sollen dagegen materielle Güter mit langer Lebensdauer verstanden werden, d.h. derartige Güter überdauern in der Regel zahlreiche Verwendungseinsätze (z.B. Kameras, Automobile, etc.).

123 Investitionsgüter sind materielle Wirtschaftsgüter, die für einen möglichst dauerhaften Einsatz im Produktionsprozeß bestimmt sind. Sie werden in der Regel für die Erhaltung, Erweiterung und/oder Verbesserung des betrieblichen Anlagevermögens eingesetzt werden.

124 Zwischenprodukte sind aus chemischen oder landwirtschaftlichen Rohstoffen gewonnene Erzeugnisse, die zur Herstellung von Endprodukten dienen. Beispiele, in denen zur heutigen Zeit besondere Markierungen von Zwischenprodukten bereits eine Rolle spielen, sind: „Trevira“ oder „Gore-Tex“ bei der Bekleidungsindustrie, „Nutra Sweet“ bei Nahrungsmitteln und/oder „Intel inside“ bei Computern.

125 Vgl. zur Definition eines „Markenartikels“: 1. Kapitel, I., 1.

126 Ein rechtlicher Schutz für Dienstleistungsmarken ist vergleichsweise jung. So sind in Deutschland die Dienstleistungsmarken erst seit dem 1. April 1979 mit dem Inkrafttreten des Gesetzes über die Eintragung von Dienstleistungsmarken vom 29. Januar 1979 (BGBl. I, 125) den Warenzeichen gesetzlich gleichgestellt (vgl. den ab dem genannten Zeitpunkt geltenden § 1 Abs. II WZG).

127 Zu den Besonderheiten einer Dienstleistung als Ware vgl. *Schreiner*, Die Dienstleistungsmarke, 1983, S. 115f.

Man denke dazu allein an eine Beratungsdienstleistung einer Bank in bezug auf eine Geldanlage oder das Einsetzen einer Zahnfüllung durch einen Zahnarzt. In beiden Fällen werden sich eventuelle Qualitätseinbußen erst nach Verstreichen einer gewissen Zeit einstellen. Um so wichtiger ist in diesem Bereich die Vorabinformation der Kunden über die jahrelange und in der Vergangenheit erfolgreiche Arbeitsweise des Dienstleistungsanbieters, die u.a. über ein einheitliches Erscheinungsbild der angebotenen Dienstleistung kommuniziert werden kann.

c) Handelsmarken

Die dritte Kategorie bei einer Unterscheidung nach dem Einsatz der Marken ist die Handelsmarke[128]. Diese Art der Markenführung ist wesentlich älter als die Dienstleistungsmarke[129].

Handelsmarken können grundsätzlich in zwei verschiedenen Ausprägungen vorkommen. Zum einen können sie sich als exklusive Dachmarken konventioneller Ausprägung eines Handelsunternehmens darstellen[130]. Die andere Ausprägung ist die der „weißen Ware". Sie präsentiert sich in der Regel in einfacher, einfarbiger Verpackung ohne Gebrauchsgraphik oder Verzierungen. Das Handelsunternehmen tritt dabei namentlich nicht in Erscheinung , sondern überträgt seine Garantie durch ein visuelles Symbol[131]. Im strengen juristischen Sinn handelt es sich dabei nur um Handelsnamen, da sich die grundsätzlich sehr einfach gehaltene Verpackungsgestaltung in der Regel nicht einem registerrechtlichen Schutz zuführen läßt[132]. Für beide Ausprägungen haben sich eigene Strategien in der Markenpolitik entwickelt[133].

Handelsmarken haben in den letzten Jahrzehnten gesteigerte Bedeutung erlangt. So bieten Warenhauskonzerne oder Lebensmittelfilialunternehmen breite Sortimente unter ihren eigenen Marken an. Diese Produkte werden speziell für die Handelsunternehmen hergestellt. Die Ware wird bereits beim Hersteller mit der Handelsmarke versehen, so daß sich aus der besonderen Markierung heraus kein Hinweis auf den Hersteller der Ware, sondern allein auf das die Ware vertreibende Handelsunternehmen ergibt.

---

128 Zur Definition und Erscheinungsformen von Handelsmarken vgl. eingehend bei *Gröppel-Klein*, Handelsmarkenstrategien aus Konsumentensicht, in *Esch* (Hrsg.), aaO, S. 854 f.

129 So hat bereits im Jahre 1869 die Fa. *Sainsbury* in England die erste Handelsmarke im heutigen Sinn eingeführt. Zu den Handelsmarken vgl. auch im 1. Kapitel, IV., 3.

130 Als Beispiel kann die Marke „Privileg" des Warenversandhändlers „Otto" für verschiedene Elektroprodukte angeführt werden.

131 So können unter der „Marke" A&P" bei Tengelmann Milchprodukte, Haushaltswaren und Konserven erworben werden.

132 Zum Thema der schutzfähigen Kennzeichnungen vgl. im 4. Kapitel, I.

133 Vgl. zu den Handelsmarkenstrategien bsplw. *Kapferer*, Die Marke – Kapital des Unternehmens, 1992, S. 188f.

3. Überblick

Allgemein können somit die besonderen Kennzeichnungen für Waren und Dienstleistungen gemäß der nachfolgenden Abbildung in die folgende Kategorien unterteilt werden:

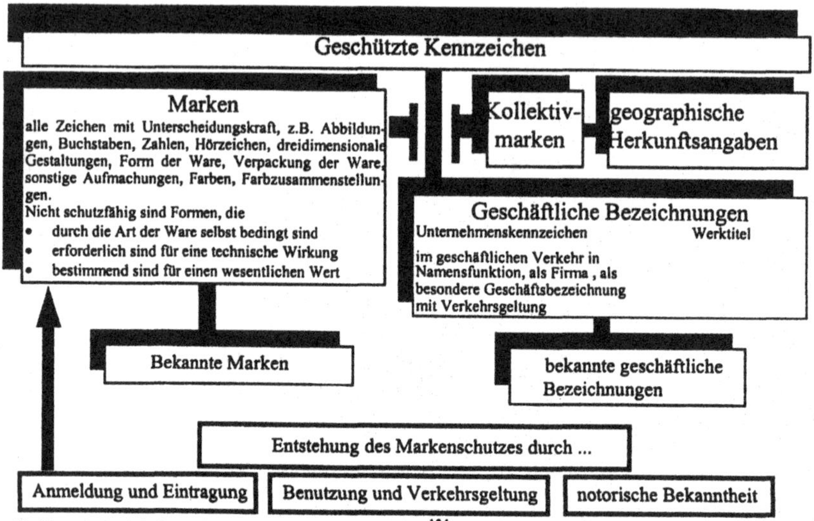

Abbildung 3: Rechtlich geschützte besondere Markierungen [134]

IV. Die Besonderheiten beim Einsatz besonderer Markierungen bei Zwischenschaltung einer Handelsstufe

Bei den bisherigen Betrachtungen wurde immer davon ausgegangen, daß Produzenten und Konsumenten in einem direkten Käufer-Verkäufer-Verhältnis stehen. Dies war zumindest zu Beginn einer wirtschaftlichen Betätigung im heutigen Sinn auch tatsächlich der Fall. Damals wurden die Erzeugnisse grundsätzlich noch durch ihre Hersteller selbst vermarktet. Erst die Einführung industrieller Fertigungsweisen, schnellerer Verkehrsmittel und auch höhere Durchschnittseinkommen, ließen einen verstärkten Wettbewerb der Unternehmen untereinander auftreten[135]. Bei den produzierenden Unternehmen, insbesondere im Bereich der Konsumgüter, führte dies dazu, daß sich diese ihrer Hauptaufgabe, nämlich der Produktion von Waren, zuwendeten und den Absatz ihrer Waren mehr und mehr dem Handel überließen. Auch ganz allgemein sind vor allem die Konsumgütermärkte in den 90er Jahren durch eine Verschärfung des Wettbewerbsklimas gekennzeichnet. Die Ursachen dafür liegen in dem zuneh-

---

134 Die Abbildung wurde, in leicht geänderter Form, dem Aufsatz von *Dreiss*, Das neue Markenrecht, Mitt. 95, 1, entnommen.

135 Vgl. hierzu: *Zentis/Swoboda*, Hersteller-Handels-Beziehungen aus markenpolitischer Sicht in *Esch* (Hrsg.), aaO, S. 803 f.

menden Verdrängungswettbewerb auf allen Vermarktungsstufen, in sinkenden Umsätzen und gleichzeitig steigenden Kosten in Folge wachsender Serviceerwartungen und Preissensibilität der Konsumenten.

Heute ist deshalb, insbesondere im Bereich der Konsumgüter, (zumindest) eine Handelsstufe zwischen diese beiden Marktteilnehmer geschaltet. Dementsprechend spielen beim Konsumgütermarketing die verschiedenen Absatzmittlerstufen (z.B. Groß- und Einzelhandel)[136] eine besondere Rolle. Dem Handel kommt dabei, vor allem in jenen Produktfeldern, die eine breite bzw. intensive Distribution (z.B. Lebensmittel) und/oder eine persönliche Beratung erfordern (z.B. Möbel, Kleidung), eine Schlüsselfunktion zu. Die besondere Markierung von Waren nimmt im Rahmen dieses arbeitsteiligen Prozesses nicht nur Einfluß auf die Beziehung zwischen Anbietern und Nachfragern, sondern hat auch Auswirkungen auf die Beziehungen zwischen Hersteller und Handel. Die dabei herrschende Wettbewerbssituation erhöht jedoch das Konfliktpotential in den Hersteller-Handels-Beziehungen. Nur die Hälfte der Handelsunternehmen und jedes dritte Industrieunternehmen beurteilen die Beziehungen zum jeweiligen Marktpartner als kooperativ[137].

1. Besonders gekennzeichnete Angebote als Vergleichsmaßstab für die Konsumenten

Berücksichtigt man den zwischen Hersteller und Konsument geschalteten Handel, so erweitert sich zunächst das Entscheidungsproblem des Nachfragers anläßlich jeder Transaktion[138] um weitere Parameter[139]:

Der Konsument muß nicht mehr nur zwischen einzelnen Produkten wählen, sondern hat auch den Händler für den Kauf der gewünschten Produkte zu bestimmen[140]. Auch bei diesem Entscheidungsproblem erfüllt die besondere Markierung von Waren und Dienstleistungen eine wichtige Informationsfunktion. Diese können, sowohl in Form von klassischen Marken-

---

136 Als Absatzmittler sollen in der Folge alle in den Vertrieb eines Angebots integrierten Stufen auf dem Weg vom Hersteller zum Endabnehmer bzw. Endverbraucher angesehen werden. Von den Absatzmittlern wird dabei das Produkt nicht (bzw. nur in geringem Maße) verändert. Die technische Beschaffenheit des Angebots bleibt jedoch regelmäßig erhalten. Neben dem Handel sind somit auch das Handwerk oder die Großverbraucher (z.B. Gastronomiebetriebe oder Kantinen) zu den Absatzmittlern zu rechnen.

137 Vgl. *Liebmann/Zentes*, HandelsMonitor, S. 226 f.

138 Gemeint sind die für den Konsumenten einer Ware oder Dienstleistung entstehenden Probleme anläßlich der Auswahl unter verschiedenen Angeboten. Vgl. zum Grund für den Einsatz besonderer Markierungen, oben im 1. Kapitel, II.

139 Vgl. *Schmidt/Elßler*, aaO., in *Dichtl/Eggers*, aaO., S. 48f. (63).

140 Vgl. zum Einfluß auf die Beurteilung der Preisgünstigkeit und Preiswürdigkeit von Einkaufsstätten allgemein und insb. unter Fokussierung auf Handelsmarken: *Gröppel-Klein*, aaO, in *Esch* (Hrsg.), aaO, S. 865 f.

artikeln als auch in Form von Handelsmarken den Verbraucher an bestimmte Einkaufsstätten binden[141].

Um dies zu verdeutlichen sei darauf hingewiesen, daß - insbesondere im Konsumgüterbereich - viele Güter, die ein Haushalt nachfragt, im Sortiment eines Handelsunternehmens gleichzeitig angeboten werden. Die Handelsunternehmen entsprechen so dem Wunsch der Haushalte, Transportkosten und Zeit beim Einkauf zu sparen. Allerdings benötigt damit ein Konsument zusätzliche Informationen über die Zusammensetzung des konkreten Angebots des Handelsunternehmens und über dessen Preisstruktur. Für den einzelnen Verbraucher wäre es nämlich viel zu zeit- und damit kostenintensiv, sich über das gesamte Angebot eines Handelsunternehmens einen umfassenden Überblick zu verschaffen. Statt dessen begnügen sich die Nachfrager regelmäßig mit einem Preisvergleich von standardisierten, allgemein bekannten Produkten (=Markenartikeln) und schließen von deren Eigenschaften im Angebot des Handelsunternehmens auf die Zusammensetzung des gesamten Angebots des Absatzmittlers und dessen Preisstruktur. Deutlich wird dies beispielsweise am Preiswettbewerb im Lebensmittelbereich. Vorstöße der verschiedenen Handelsunternehmen beschränken sich auf eine Gruppe von Eckartikeln, unter denen sich viele Markenerzeugnisse befinden. Dieser Preiswettbewerb kann dabei auch aufgrund von Quersubventionen innerhalb des Sortiments zu Wettbewerbsverzerrungen führen.

Für ein Handelsunternehmen kann es deshalb vorteilhaft sein, bestimmte Markenartikel in seinem Sortiment zu führen. Dies schwächt seine Verhandlungsposition gegenüber dem Hersteller. Allerdings ist in diesem Zusammenhang weiter zu differenzieren, so daß ein genaueres Bild über die gegensätzlichen Interessen von Handel und Hersteller entsteht.

2. Der Einfluß besonders gekennzeichneter Angebote auf das Machtverhältnis zwischen Produzent und Händler

Sowohl der Hersteller als auch der Handel verfolgen im Prinzip das gleiche Ziel. Das Angebot eines Anbieters soll dem Konsumenten verkauft werden. Trotz dieses auf den ersten Blick identisch erscheinenden Hauptziels der Absatzpartner, unterscheiden sich die jeweiligen Interessen grundsätzlich voneinander[142]. Die grundsätzlichen Problemfelder zwischen Industrie und Handel betreffen insbesondere die Beschränkung des Zugangs der Industrie zum Konsumenten, die Verteilung der Gewinnspanne zwischen Industrie und Handel, sowie die Verteilung von Funktionen und Aufgaben zwischen Industrie und Handel[143]. Diese Zielkonflikte

---

141 Vgl. zur Einkaufsstättentreue bsplw. die Arbeiten von *Koch* (Geschäftstreue im Konsumgüter-Einzelhandel) und *Jungwirth* (Geschäftstreue im Einzelhandel).

142 Solche Zieldivergenzen werden in der Literatur beispielsweise von *Steffenhagen*, Vertikales Marketing, in Marketing-Enzyklopädie, S. 294; *Thies*, Vertikales Marketing, Marktstrategische Partnerschaft zwischen Industrie und Handel, S. 41; *Kunkel*, Vertikales Marketing im Herstellerbereich, S. 107; *Ahlert*, Distributionspolitik, S. 208/209; *Becker*, Marketing-Konzeption, S. 505, und *Pepels*, Die Beziehungen von Marketing-Interessen auf Hersteller- und Handelsstufe, MA 1988, 494f., dargestellt.

143 Vgl. *Zentes/Hurth*, Konzentration im Handel, Empirische Studie des Instituts für Handel und Internationales Marketing an der Universität des Saarlandes, S. 26 f.

sind systemimmanent, da sie auf zwei, nicht zu ändernde Faktoren zurückzuführen sind. Zum einen auf das bei jedem Absatzpartner grundsätzlich vorhandene Streben nach Unabhängigkeit bzw. nach selbständiger Festlegung der Unternehmenspolitik und zum anderen auf das wiederum bei jedem Absatzpartner vorherrschende Streben nach Gewinn[144]. Hieraus entstehen insbesondere Konflikte[145] bei der Bestimmung des Anteils an der Vertriebsspanne eines Angebots.

Auch bei diesem Interessengegensatz spielt die besondere Markierung von Angeboten eine Rolle. Für die Handelsunternehmen gehört die Profilierung des Unternehmen bzw. der Einkaufsstätte zu den wichtigsten Aufgaben, wohingegen bei den Herstellern die Profilierung der Produkte im Vordergrund steht.

Zwei unterschiedliche Fälle sind zu behandeln. Zum einen ist der Fall zu untersuchen, in der der Nachfrager beim Kauf zusätzliche Dienste des Handels (Beratung, Service und/oder Wartung) in Anspruch nimmt. Auf der anderen Seite ist die Variante zu beleuchten, bei der keine solchen Dienste von dem Nachfrager erwartet werden.

a) Der Absatz von besonders gekennzeichneten Angeboten eines Herstellers über eine Handelsstufe ohne komplementäre Dienste des Handels

Im Fall des Absatzes von besonders gekennzeichneten Angeboten, die keine komplementären Dienste des Handels benötigen, wie etwa im Selbstbedienungshandel, ist die Verhandlungsposition eines Markenherstellers grundsätzlich günstiger als die eines Herstellers ungekennzeichneter Ware[146]. Nur der Markenartikelhersteller kann auf die Präferenzen qualitätsbewußter Nachfrager zählen, die sein Produkt in einem qualitativ abgerundeten Sortiment erwarten[147]. Verstärkt wird dieser Effekt noch, wenn der Markenartikel vom Verbraucher zusätzlich als Exklusivitätsgarant[148] erworben wird. Der Aufbau eines Markenimages kann also durchaus als wichtiges Wettbewerbsinstrument betrachtet werden, um eine mögliche Nachfragemacht zu neutralisieren. Dies setzt allerdings voraus, daß alleine der Hersteller den Botschaftsinhalt, der mittels der besonderen Markierung dem Konsumenten vermittelt werden soll, bestimmen kann und andere (auch die Handelsstufe) daran hindern kann, diesen Botschaftsinhalt zu beeinflussen oder zu verändern.

---

144 Vgl. *Irrgang*, Strategien im vertikalen Marketing, S. 7f.

145 *Steffenhagen* (aaO., S. 658) weist deshalb wegen der bestehenden Immanenz darauf hin, daß: „viele Zielkonflikte und insbesondere der Verteilungskonflikt sind prinzipiell nicht auflösbar, sondern bestenfalls in der einen oder der anderen Form handhabbar."

146 Vgl. hierzu auch die Rechtsprechung des BGH zur Sortimentsabhängigkeit (ergangen zu § 26 Abs. II GWB, jetzt: § 20 Abs. II GWB (1998)).

147 Vgl. *Schmidt/Elßler*, aaO., in *Dichtl/Eggers*, aaO., S. 48f. (64f.).

148 Vgl. zur besonderen Markierung als Qualitätssignal: 1. Kapitel, II., 3.

b) Der Absatz von besonders gekennzeichneten Angeboten über den Handel mit komplementären Diensten des Handels

Von dem voranstehend behandelten Fall zu unterscheiden ist, daß die Nachfrager beim Erwerb der besonders gekennzeichneten Angebote komplementäre Dienste des Handels benötigen. Dies ist insbesondere bei höherpreisigen Gütern der Fall, bei denen der Konsument kompetente Beratung beim Kauf erwartet. So gehört beispielsweise der Kundendienst durch die Vertragswerkstatt nahezu untrennbar zu einem Pkw-Kauf.

In diesen Fällen ist für die Beurteilung der Machtverteilung zwischen Hersteller und Handel zu unterscheiden, ob die Abnehmer erkennen können, ob auftretende Mängel in den Bereich der komplementären Dienste oder in die Sphäre des abzusetzenden Wirtschaftsgut selbst fallen.

aa) Eindeutige Zuordnungsmöglichkeit eines Qualitätsmangels zum Wirtschaftsgut bzw. zu den komplementären Diensten

Für den Fall, daß beispielsweise eine mangelhafte Beratung zum Kauf eines für den Erwerber ungeeigneten aber ansonsten voll funktionstüchtigen Gerätes geführt hat, kann der Verbraucher in der Regel erkennen, ob der Mangel den komplementären Diensten oder dem Produkt zuordnen ist. In diesem Fall wird grundsätzlich die Verhandlungsposition zwischen Hersteller und Handel von der Notwendigkeit der komplementären Dienste nicht berührt. Der Fall ist analog dem ohne komplementäre Dienste zu beurteilen.

bb) Keine eindeutige Zuordnungsmöglichkeit eines Qualitätsmangels zum Wirtschaftsgut bzw. zu den komplementären Diensten

Anders ist dagegen der Fall zu beurteilen, in dem die Nachfrager die Ursachen der Qualitätsmängel nicht eindeutig entweder dem Hersteller oder dem Handel zuordnen können. Dies ist beispielsweise bei einem Computerkauf der Fall, wenn vom Fachhandel Software aufgespielt wird. In diesem Fall läßt sich bei Funktionsstörungen des gekauften Gerätes nicht ohne weiteres feststellen, ob der Computer oder die aufgespielte Software (beispielsweise wegen nicht beachteter Systemkonflikte) nicht ordnungsgemäß arbeitet.

Ganz ohne Zweifel kann die gute Reputation des Herstellers, die durch die besonderen Kennzeichnung zum Ausdruck gebracht wird, in derartigen Fällen durch einen schlechten Service des Handels gefährdet werden.

Die Händler werden davon insgesamt nicht betroffen, solange der Nachfrager infolge enttäuschter Erwartungen nur die Marke innerhalb des Händlerangebotes wechselt. Die Abhängigkeit des Markenartikelherstellers von der Händlerschaft ist deshalb in diesem Fall stärker als in der voran dargestellten Situation.

Für den Anbieter, der sich in dieser Fallkonstellation zum Absatz seiner Angebote des Handels bedient, ergibt sich deshalb die Notwendigkeit, dem Händler Anreize zu geben, die Qualität seiner komplementären Dienste dem Image der Marke anzupassen. Er muß ferner dafür Sorge tragen, daß sich die Informationsmängel der Nachfrager bezüglich der Serviceleistungen nicht zu seinen Lasten auswirken. Würden diese Anreize für den Handel dem Markenhersteller zusätzliche Kosten im Vertrieb verursachen und damit seine Gewinne senken, die er erzielt, weil er seinerseits eine Qualitätsunsicherheit ausnützt, wäre der Qualitätssicherungsmechanismus, der mit der besonderen Markierung von Waren intendiert ist[149], gefährdet. Der Hersteller würde nämlich in diesem Fall das Interesse verlieren, Qualitätszusagen einzuhalten.

3. Die Verwendung besonderer Kennzeichen durch den Handel

Die voranbeschriebenen, unterschiedlichen Zielsetzungen von Handel und Hersteller haben u.a. den Handel in den letzten Jahrzehnten[150] dazu bewegt, sich selbst der besonderen Kennzeichnung seiner Angebote zu bedienen[151]. Entstanden sind damit die Handelsmarken, die heute bei praktisch allen Großbetriebsformen des Handels, wie etwa Filialbetrieben, Versandhäusern, Einkaufs- und Konsumgenossenschaften oder freiwillig zusammengeschlossenen Handelsketten erhältlich sind. Während Handelsmarken zu Beginn ihrer Entwicklung ausschließlich im niedrigpreisigen Segment angesiedelt waren, drängen sie heute vermehrt in mittel- und sogar hochpreisige Segmente vor und zeigen dort oftmals ein dem Herstellermarkenartikel gleichwertiges Profil. Die zunehmende Anzahl von Handelsmarken führt zu einer Verschärfung des vertikalen Wettbewerbs und zu großen Herausforderungen an den klassischen (Hersteller)-Markenartikel, zumal eine Professionalisierung im Marketing und der Markenführung von Handelsunternehmen zu verzeichnen ist[152].

Wesentliches Kriterium für die Handelsmarke ist, daß der Anbieter eine Handelsgesellschaft ist. Gegenüber dem eigentlichen Markenartikel entfällt damit ein wichtiges Merkmal[153], nämlich die ansonsten angestrebte Ubiquität, d.h. die Verfügbarkeit des Angebots für den Verbraucher in möglichst vielen oder gar allen Vertriebskanälen und Regionen. Die Ziele, die ein Handelsunternehmen bei dem Einsatz besonderer Markierungen verfolgt, können wie folgt zusammengefaßt[154] werden:

- Die Handelsmarke wird als ein Instrument zur engeren Kundenbindung an das Handelsunternehmen angesehen, da durch die besondere Markierung von Angeboten, die nur in diesem Handelsunternehmen erhältlich sind, ein positiver Ausstrahlungseffekt auf die gesamte Handelsorganisation erwartet wird.

---

149 Vgl. zum Qualitätssicherungsmechanismus bei der Verwendung besonderer Kennzeichen oben im 1. Kapitel, II., 3.

150 Handelsmarken existieren bereits seit Jahrzehnten. Jedoch hatte die Handelsmarke erst 1978 den eigentlichen Durchbruch geschafft. In diesem Jahr führten kurz hintereinander mehrere Handelsorganisationen ihre damaligen Handelsmarken (*Deutscher Supermarkt* (*Die Gelben*), *Tengelmann* (*A&P*), *Gedelfi* (*Gut und Billig*), *Schaper* (*Extra*), *Spar* (*Spar-Samen*) und *Leibbrand* (*Die Weißen*)) ein.

151 Einen Überblick über die verschiedenen Stadien der Entwicklung der Handelsmarken gibt *Kornobis*, Von der weißen Front zum „Markenartikel“, MA 1993, 526f.

152 Vgl. *Meffert* (1998), aaO., S. 787f.

153 Vgl. dazu die Definition für Markenware: 1. Kapitel., I., 1.

154 Für einen detaillierten Überblick vgl.: *Meffert/Bruhn*, aaO. (1984), S. 38f.

- o Den Verbrauchern soll mit den Handelsmarken, die vornehmlich im unteren Preissegment angesiedelt[155] sind, eine Preisalternative zu Discountern[156] geboten werden.
- o Durch den Einsatz von Handelsmarken kann die Lieferantenvielfalt reduziert und damit logistische Synergien erzielt werden.
- o Ferner werden Handelsmarken als unverzichtbarer Bestandteil einer notwendig werdenden Eigenprofilierungsstrategie gesehen. Die Handelsunternehmen wollen sich dabei in Richtung eines wettbewerbsfähigen Dienstleisters bewegen[157].
- o Schließlich erhöhen die Handelsmarken die Ertragssituation eines Handelsunternehmens durch die Möglichkeit eines kostengünstigeren, den Wettbewerb der Hersteller untereinander ausnutzenden Einkaufs, der Nutzung von Synergien und dem zumeist wegfallenden, aufwendigen Werbeaufwendungen. Letztendlich können damit bessere Renditen erzielt werden. Vorbild dafür ist das Vereinigte Königreich mit seinen hohen Renditen und seinem starken Anteil von Handelsmarken[158].

Die Handelsmarke hat sich im Bereich der Vermarktung von Angeboten der Konsumgüterindustrie einen festen Platz in den Regalen erkämpft[159]. Differenzierte Sortimente, die die Verbraucherbedürfnisse treffen, sichern ihr einen Platz in den Warenkörben derjenigen Käufer, die keine Probleme haben, bei Gütern des täglichen Bedarfs auf Preiswürdigkeit zu achten. Dies bedeutet auch, daß Herstellermarken in diesem Bereich anfälliger gegen Handelsmarken sind. Die Entscheidungen des Marketings in diesem Bereich müssen dieser besonderen Situation Rechnung tragen.

Ein Blick ins europäische Ausland zeigt, daß sich dort mit Deutschland vergleichbare Entwicklungen ergeben[160]. Unterschiede sind allerdings in der preislichen Positionierung der

---

155 Ein Imageprofil aus der Sicht der Verbraucher zeigt, daß die Handelsmarke im Vergleich zum Markenartikel immer noch mit den Attributen „einfache Aufmachung", „billig", „geringwertigere Qualität" und „wenig bekannt" versehen ist. Dies ergab sich aus einer Konsumentenbefragung, die empirisches Datenmaterial zum Buch „Markenstrategien im Wettbewerb" von *Meffert/Bruhn*, aaO., lieferte. Die Diskussion der Ergebnisse wird dort auf den S. 63f. dargestellt.

156 Dieses Ziel wird vor allem im Hinblick auf Umsatzverluste der Handelsunternehmen, die diese durch das Unternehmen „Aldi" erlitten, verfolgt.

157 Negativ wirkte sich dabei sicherlich aus, daß bislang ein wesentlicher Parameter der Markenartikel, nämlich die Werbung, so gut wie nicht genutzt wurde bzw. genutzt werden konnte. So wurde bislang die Handelsmarke vorzugsweise über Handzettel, Prospekte, Preisplakate im Geschäft, und Tageszeitungen forciert. Werbung - mit Ausnahme von Bekleidungshäusern - wurde nur zu 9 % über TV und Radio geschaltet (Zahlenangaben nach *Kornobis*, aaO., MA 1993, 526f. (528)).

158 Vgl. *Kornobis*, aaO., MA 1993, 526f. (531).

159 Nach Informationen des Hauptverbandes des Deutschen Einzelhandels (HDE) liegt in Lebensmittelgeschäften der Anteil an Handelsmarken inzwischen bei 22%. Der HDE ist davon überzeugt, daß sich der Aufwärtstrend der Handelsmarken auch in den kommenden Jahren fortsetzen wird. Zitiert nach *Gröppel-Klein*, aaO in *Esch* (Hrsg.), aaO, S. 853 f.

160 Eine von *Nielsen* erstellte europäische Übersicht (Die Ergebnisse dieser Untersuchung werden ebenfalls im Artikel „Von der weißen Front zum 'Markenartikel' von *Kornobis* (MA 1993, 526) dargestellt.) zeigt, daß Spitzenreiter, was die Bedeutung der Handelsmarken anbelangt, die Schweiz (Migros) sowie das Vereinigte Königreich von Großbritannien sind. Wird der Discounter „Aldi" mit eingerechnet, so folgt

Handelsmarken festzustellen. Während im deutschsprachigen Raum der Preis der wichtigste Parameter ist und bei Handelsmarken im Schnitt zwischen 30 und 40% unter dem Durchschnittspreis liegt, zeigt sich die Situation im Vereinigten Königreich, den Benelux-Ländern und Frankreich bei einem Preisindex von 85 Punkten weniger preisaggressiv[161].

V. Unterschiedliche Grundoptionen beim Einsatz besonderer Markierungen (Basismarkenstrategien)

Beim zielgerichteten Einsatz besonderer Kennzeichen stehen dem Unternehmen eine ganze Reihe von unterschiedlichen Strategieoptionen im horizontalen und internationalen Wettbewerb zur Verfügung. Bei der Auswahl zwischen den unterschiedlichen, zur Verfügung stehenden Optionen handelt es sich um markenpolitisch-strategische Schlüsselentscheidungen[162]. Schließlich werden Markenpräferenzen insbesondere durch Markeninhalte bzw. Marktpositionierungen – also durch spezifische Leistungs- und Nutzungsversprechen – geschaffen[163]. Diese markeninhaltlichen Fragen (= Gestaltung des Markenkerns) setzen jedoch neben der Fixierung eines adäquaten markt- und produktorientierten Markennamens die Bestimmung des Markentyps (Einzelmarke, Markenfamilie, Dachmarke etc.) voraus. Beachtlich ist dabei, daß sich eine zunächst erfolgte Festlegung später korrigieren läßt. So können beispielsweise gut positionierte Einzelmarken in Familienmarken übergeführt werden und so imageträchtige Marken für neue Unternehmensausdehnungen genutzt werden[164].

Jede einzelne der nachfolgend vorgestellten Möglichkeiten eines Einsatzes besonderer Kennzeichen ist mit Vor- und Nachteilen verbunden, die es gegeneinander abzuwägen gilt.

1. Markenstrategien im horizontalen Wettbewerb

a) Die Einzelmarkenstrategie[165]

Bei der Verfolgung einer Einzelmarkenstrategie werden von den Unternehmen für jedes Produkt eigene, besondere Kennzeichnungen geschaffen, die dann jeweils nur ein einzelnes Marktsegment besetzen. Das Hauptziel der Einzelmarkenstrategie im Sinne strategischer Ziel-

---

Deutschland an der Position drei vor Belgien, Frankreich und den Niederlanden. Am geringsten ausgeprägt sind die Handelsmarken im hohen Norden und im tiefen Süden Europas.

161 Zahlenangaben nach *Kornobis*, aaO., MA 1993, S. 526f. (431).

162 Vgl. zu den Grundproblemen bzw. –fragen der Markenpositionierung: *Becker*, Konzeptionelle Grundfragen der Positionierung in *Tomczak* (Hrsg.), Positionierung: Kernentscheidungen des Marketings, S. 12 f.

163 Vgl. *Becker*, Einzel-, Familien- und Dachmarken als grundlegende Handlungsoptionen in *Esch* (Hrsg.), aaO., S. 271 f. (273).

164 Klassische Vorbilder einer solchen Strategie ist das *Nivea*-Konzept (vgl. *Becker* (1998), aaO., S. 203 f.). Hier ist es gelungen, unter Beachtung einer gemeinsamen, nutzengeprägten Imagedachs einen ganzen Kranz bedarfsverwandter Produkte zu schaffen.

165 Die Einzelmarkenstrategie wird auch als Produkt- oder Mono-Markenstrategie bezeichnet. Vgl. *Becker*, Marketing-Konzeption: Grundlage des strategisch operativen Marketing-Managements, S. 196.

setzungen ist folglich, eine unverwechselbare Markenpersönlichkeit - eine Autorität ihres Segmentes - zu schaffen[166]. Im Vordergrund dieser Strategie steht mithin die Schaffung eines guten Differenzierungs- und Kommunikationsmittels für das eigene Angebot[167]. Sie bietet sich vor allem dann an, wenn Unternehmen heterogene Produkte anbieten bzw. solche, die unterschiedlich positioniert werden sollen, um damit verschiedene Kundengruppen anzusprechen.

Der wichtigste Vorteil der Einzelmarkenstrategie liegt in der klaren Positionierung und Profilierung des spezifischen Angebotes (Prinzip: Eine Marke = ein Produkt = ein Produktversprechen). Bei einer konsequenten Verfolgung dieser Strategie können nämlich das Bedürfnisprofil der Konsumenten und das dafür speziell erarbeitete Problemlösungsprofil der Marke optimal aufeinander abgestimmt werden. Zudem können negative Ausstrahlungseffekte zwischen Marken, die in unterschiedlichen Anwendungsgebieten angesiedelt sind, weitgehend ausgeschlossen werden, da die einzelnen Markenbilder innerhalb eines Unternehmens keine bzw. nur geringe Überschneidungen aufweisen[168]. Als weiterer Vorteil der Einzelmarkenstrategie kommt ein geringer Koordinationsbedarf bei den Marketingmaßnahmen[169] für die unterschiedlichen Marken hinzu.

Der wesentliche Nachteil dieser Konzeption liegt jedoch in deren Unwirtschaftlichkeit[170]. Die Einzelmarke muß ihr gesamtes Marketingbudget selbst verdienen. Dies beginnt bereits mit den Kosten, die für die Markenfindung und deren Schutz aufgewendet werden müssen, und setzt sich bei den Kosten für die Markenpflege fort. Das Absatzvolumen des Angebots muß deshalb ein entsprechendes Niveau besitzen, um eine kontinuierliche Profitabilität zu gewährleisten[171].

Im Konsumgüterbereich verfolgen *Ferrero*, *Procter & Gamble* und *Henkel* überwiegend eine Einzelmarkenstrategie. Sie verbergen dabei (teilweise) ihre Herstelleridentität hinter Marken wie *Mon Chéri*, *Nutella*, *Duplo*, *Hanuta* (*Ferrero*), *Ariel*, *Meister Proper*, *Pampers* (*Procter & Gamble*) oder *Persil*, *Fewa*, *Spee* (*Henkel*). Auch im Bereich der Dienstleistungsunternehmen sind Einzelmarken anzutreffen. Als Beispiel dafür kann der Autovermieter *Avis* angeführt werden.

---

166 *Meffert* (1992), aaO., S. 129f. (138).

167 Vgl. zu den relevanten Subzielen bei der Verfolgung unterschiedlicher Markenstrategien im Rahmen einer gezielten Markenpolitik: 1. Kapitel, I., 3., b).

168 So führt die auf das Image von *Pampers* (Windeln) negativ wirkende Diskussion über Abfallprobleme durch zu geringe Verrottungsfähigkeit nicht zwangsläufig zu entsprechenden Ausstrahlungseffekten bei *Ariel* (Waschmittel) oder *Meister Proper* (Allzweckreiniger). Es handelt sich dabei in allen Fällen um Produkte von *Procter & Gamble*.

169 Wenn z.B. für die notwendige Um- oder Neupositionierung einer Marke ein neues Kommunikationskonzept entwickelt werden muß, so entfallen langwierige Abstimmungsprozesse mit den Kommunikationsstrategien der übrigen Marken des Unternehmens.

170 Zu den Problemen der Markenfindung (unten im 4. Kapitel, IV.) und den juristischen Problemen im Bereich der Einzelmarken- bzw. der multinationalen Markenstrategie (unten im 5. Kapitel, II).

171 Sind für notwendige Produktmodifikationen nicht genügende Finanzmittel vorhanden, kann sich die Lebensdauer der Einzelmarke verkürzen, was u.U. eine Amortisation der aufgewendeten Marketingkosten verhindert.

b) Die Mehrmarkenstrategie[172]

Im Gegensatz zur Einzelmarkenstrategie werden im Rahmen einer Mehrmarkenstrategie in einem Produktbereich mindestens zwei Marken parallel geführt. Die Mehrmarkenstrategie läßt sich deshalb auch als Instrument zur Profilierung von Markenportfolios im horizontalen Wettbewerb charakterisieren[173]. Diese miteinander konkurrierenden Marken sprechen dabei nicht ein spezielles Segment an, sondern sind alle (beide) auf den Gesamtmarkt ausgerichtet. Die einzelnen Marken sind dabei beispielsweise durch Variationen in den Produkteigenschaften[174], im Preis oder dem kommunikativen Auftritt gekennzeichnet[175]. Damit eröffnet sich bei der Verfolgung einer Mehrmarkenstrategie vornehmlich die Möglichkeit einer differenzierten Marktbearbeitung. Die Absicherung des eigenen Umsatzes durch einen Wettbewerb „im eigenen Haus“ bildet eine weitere Zielsetzung der Mehrmarkenstrategie.

Der Hauptvorteil der Mehrmarkenstrategie liegt darin, daß bei abnehmender Markentreue die Möglichkeit besteht, Markenwechsler mit Produkten desselben Anbieters zufriedenzustellen. Auf diese Weise werden Markenwechsler nicht an die Konkurrenz verloren[176]. Ein weiterer Vorteil besteht darin, daß jede im Markt neu plazierte Marke dem Unternehmen im Handel mehr Regalfläche sichert und eine zusätzliche Markteintrittsbarriere für potentielle Konkurrenzmarken darstellt[177]. Schließlich kann bei Verfolgung einer Mehrmarkenstrategie durch den Wettbewerb im eigenen Haus die Leistungsmotivation und Effizienz der Markenmanager und ihrer Mitarbeiter untereinander gefördert werden.

Eine Gefahr der Mehrmarkenstrategie ist darin zu sehen, daß durch die Einführung neuer Marken immer nur kleine Umsatzzuwächse zu erwarten sind und dabei zu geringe Gewinne erwirtschaftet werden. Für den Fall, daß der einzige Unterschied zwischen den jeweiligen Angeboten allein im kommunikativen Auftritt liegt und ansonsten die Angebotseigenschaften der unterschiedlich gekennzeichneten Offerten identisch sind, besteht bei einer großen Differenz im Rahmen der Preisbildung zudem ein Problem der Glaubwürdigkeit des Anbieters. Dies kann zu Umsatzeinbußen, insbesondere bei den hochpreisig positionierten Angeboten führen[178]. Zudem werden die finanziellen und personellen Unternehmensressourcen bei der Verfolgung einer Mehrmarkenstrategie zersplittert. Damit steht zu befürchten, daß die vorhande-

---

172 Die Mehrmarkenstrategie wird auch als Multimarkenstrategie bezeichnet. Vgl. *Meffert/Perrey*, Mehrmarkenstrategien für das Management von Markenportfolios in *Esch* (Hrsg.), aaO., S. 621 f.

173 Vgl. *Meffert* (1992), aaO., S. 137.

174 Vgl. allg. zur Produktvariation als Mittel der Produktpolitik: *Meffert* (1991), aaO., S. 396f.

175 So kann die Einführung von Handelsmarken bsplsw. sogar dazu führen, daß reine Markenartikelhersteller – zwecks Auslastung der Produktionsstätten – selbst Ware für den Handel produzieren.

176 Deshalb führte *Procter & Gamble* sukzessive zehn Marken in den amerikanischen Waschmittelmarkt ein. Obwohl jedes neu hinzugekommene Produkt Umsatzeinbußen bei den etablierten Marken verursachte, stieg der Gesamtumsatz durch Hinzugewinnung von speziell angesprochenen Konsumentengruppen sowie dem Halten von Markenwechslern innerhalb des eigenen Sortiments. Vgl.: *Kotler*, Marketing Management, S. 469.

177 Vgl. zur Darstellung des Grundes für den Einsatz besonderer Markierungen: 1. Kapitel, II.

178 Vgl. dazu im 5. Kapitel, I. 1.

nen Ressourcen zu wenig auf bisher starke Marken konzentriert werden. Schließlich ist der Nachteil einer Übersegmentierung gegeben, d.h. die Teilung des Gesamtmarktes in zu viele Teilmärkte, obwohl die Bedarfsstruktur hierfür keinen Anlaß gibt[179]. Der Planungsprozeß von Mehrmarkenstrategien bedarf deshalb genauer strategischer Überlegungen[180].

Beispiele für eine Mehrmarkenstrategie finden sich vor allem bei Chemie-, Nahrungsmittel- und Zigarettenunternehmen. So bietet beispielsweise *Henkel* im Segment der Reinigungsmittel *Dor* und *Der General* an. *Eckes* vertreibt Weinbrandmarken wie *Attaché*, *Chantré* und *Mariacron*. Die Marken *Rama*, *Flora Soft*, *SB*, *Sanella*, *Bonella*, *Du darfst*, *Becel* und *Lätta* von Unilever decken fast das gesamte Margarine-Sortiment ab. *Philip Morris* bietet die Zigarettenmarken *Marlboro*, *Merit*, *Benson & Hedges*, *Virginia Slims*, *Parliament*, *Saratoga* und *Cambridge* an. Im Dienstleistungsbereich kann das Luftfahrtunternehmen *Lufthansa* angeführt werden. Sowohl unter *Lufthansa* als auch unter *Condor* werden von einem einheitlichen Konzern Fluggäste befördert.

c) Die Markenfamilienstrategie[181]

Eine Mischform zwischen der Einzelmarken- und der Mehrmarkenstrategie stellt die Markenfamilienstrategie dar. Dabei wird eine bestimmte Anzahl von Erzeugnissen oder eine Produktgruppe bzw. Produktlinie, die entweder eine gleiche Substanz aufweisen oder gleiche Bedürfnisse betreffen, mit einem einheitlichen Namen (Familiennamen) gekennzeichnet. Die so gekennzeichneten Erzeugnisse dürfen dabei in den einzelnen Teilmärkten zwar eine eigene Markenpersönlichkeit widerspiegeln, müssen jedoch alle einen einheitlichen Nutzen versprechen. Innerhalb eines Unternehmens können verschiedene Markenfamilien nebeneinander existieren[182].

Das Hauptziel der Markenfamilienstrategie ist dabei die Ansprache neuer Zielgruppen bei einer gleichzeitigen Verringerung der Kosten für die Markenbildung. Simultan dazu wird regelmäßig das Ziel einer absatzfördernden Maßnahme verfolgt, da Werbung und Verkaufsförderung für ein einzelnes Produkt der Markenfamilie ein akquisitorisches Potential für die gesamte Angebotspalette unter der Familienmarke schafft. Dabei kann der Anbieter den komplementären Produktzusammenhang der Markenfamilie nutzen, auch wenn prinzipiell die einzelnen Angebote wegen ihres eigenen spezifischen Produktnutzens auch unter gesonderten Bezeichnungen abgesetzt werden könnten.

---

179 Vgl. *Becker*, aaO., S. 250.

180 Vgl. *Meffert/Perrey*, aaO., in *Esch* (Hrsg.), aaO, S. 637 f.

181 Die Markenfamilienstrategie wird auch als Produktgruppen- oder Range-Marke bezeichnet. Vgl. *Becker* (1998), aaO, S. 199.

182 So bietet Jacobs Suchard im Schokoladenbereich die Markenfamilie Milka, Suchard und Côte d'Or an. *Unilever* ist bei Salatdressings mit *Livio*, bei Suppen mit *Unox* und bei Fischerzeugnissen mit *Norda* vertreten.

Die Vorteile einer Markenfamilienstrategie liegen damit in der Verringerung des Flopri-sikos bei Neuprodukten und der schnelleren Akzeptanz im Handel bzw. bei Konsumenten[183]. Durch die Nutzung von Synergien lassen sich zudem die Kosten der Markenbildung wesentlich verringern. Wenn die Konsumenten aufgrund des kontinuierlichen und breiten Kontaktes mit den einzelnen Produkten der Markenfamilie eine starke Markenbindung aufbauen, kann dies dem Unternehmen zusätzlich bei den Einzelprodukten einen preispolitischen Spielraum verschaffen.

Im Vergleich zur Einzel- und Mehrmarkenstrategie liegt die wesentliche Gefahr der Markenfamilienstrategie in den negativen Ausstrahlungseffekten, die bei den Produkten der Markenfamilie auftreten können. Besonders bei einer jeweils unterschiedlichen Strategieausprägung ist die Möglichkeit eines Badwill-Transfers gegeben. Dies ist beispielsweise dann der Fall, wenn das Unternehmen einige Produkte der Markenfamilie in bestimmten Marktsegmenten mit einer geringen und etliche in anderen Segmenten mit einer hohen Qualitäts- und Preisanmutung versieht. Negative Ausstrahlungseffekte können sich ferner auch bei unterschiedlichen Images der Einzelmarken ergeben[184]. Der höhere Abstimmungsbedarf bezüglich des Marketingmix bei den einzelnen Marken der Markenfamilie stellt deshalb ein Problem der Markenfamilienstrategie dar. Bei der Führung von mehreren Markenfamilien in einem Sortimentsbereich können die Einzelmarken in den unterschiedlichen Markenfamilien überdies auch Substitutionsbeziehungen[185] ausgesetzt sein[186].

Die Familienmarke ist eine häufig vorzufindende Form der Markenprofilierung, besonders in Großunternehmen und Konzernen. Die einzelnen Produkte profitieren vom Image der gesamten Markenfamilie, teilweise sogar ohne auf ihre „Schwestermarken" bzw. den Unternehmensnamen Bezug zu nehmen[187]. So bestehen beispielsweise hinter der Marke *Nivea* von *Beiersdorf* Produkte wie Allzweckcreme, Körpermilch, Sonnencreme, Haarshampoo, Duschgel, Rasiercreme und After Shave. Mit allen Produkten soll in den verschiedenen Teilmärkten eine Qualitätsführerschaft angestrebt und die Produkte bei breiter Distribution unter Gewährleistung eines guten Preis-Leistungs-Verhältnisses verkauft werden. Letztendlich führten diese Vorgaben zu einer Verjüngung des Images der Muttermarke und zur Stärkung aller unter der

---

183 Das der *Milka*-Tafelschokolade entgegengebrachte Vertrauenskapital (Good-will) erlaubte *Jacobs Suchard* die erfolgreiche Einführung der Produktlinien *Milka Lila Pause* (Riegel), *I love Milka* (Pralinen), *Milka Lila Stars* (Small Bites) und *Milka Saisonartikel* (Weihnachtsmänner, Ostereier, Dominosteine etc.). Der Goodwill, der auf dem bisherigen Einsatz der Markierungsinstrumente sowie auf Erfahrungen der Konsumenten und des Handels mit den bestehenden Produkten beruht, konnte hierbei von der Stammarke auf die Folgeprodukte übertragen werden.

184 So wird z.B. das positive Image bei Marken mit umweltschonender Verpackung durch ein negatives Bild von anderen Produkten der Markenfamilie mit umweltschädlichen Verpackungsmaterialien rasch Schaden nehmen.

185 Als Beispiel diene das Unternehmen *Schwarzkopf*, das im Bereich des Haarstylings mit den beiden Markenfamilien *Taft* und *News* über die gleichen Produktvarianten (Styling Schaum, Styling Creme und Wet Gel) verfügt.

186 *Devine*, Wann Brand Extension die Marke schwächt, MA 1993, 536f.

187 *Meffert* (1988), aaO., S. 127f.; *Bruhn*, Marketing. Grundlagen für Studium und Praxis, S. 48f.

Marke *Nivea* vertriebenen Artikel. Gleichzeitig bewirkte die kontinuierliche Marktausweitung die Gewinnung von neuen Konsumentengruppen[188].

d) Die Dachmarkenstrategie[189]

Ursprünglich wurde unter einer Dachmarke - im Gegensatz zur Familienmarke - nur die besondere Kennzeichnung verstanden, unter der alle Produkte eines Unternehmens zusammengefaßt wurden. Nach heutigem Verständnis faßt dagegen die Dachmarke sämtliche Produkte einer Kategorie - und nur noch im Extremfall die eines ganzen Unternehmens - unter einem einheitlichen Dach zusammen[190]. Die Abgrenzung zwischen der Familien- und der Dachmarke ist deshalb fließend. Die Akquisitionen von Marken oder ganzer Unternehmen - sowohl im angestammten Produktsegment als auch durch den Zukauf völlig neuer Produktkategorien und Marken (Diversifikation) - hat dieses Ineinanderübergehen der ursprünglich getrennten Markenbegriffe verursacht. Ebenso sind Verbrauchertrends dafür verantwortlich, daß insbesondere Einzelmarken im Laufe der Zeit zu Dachmarken ausgebaut wurden.

Das vornehmliche Ziel einer Dachmarkenstrategie liegt in der Erweiterung der gesamten Geschäftsplattform des Unternehmens. Ein Marktanteilswachstum soll dabei entweder in der angestammten Kategorie[191] oder in einem neuen Segment stattfinden. Operationelles Teilziel, über das das Marktanteilswachstum erfolgen soll, ist folglich der Aufbau und die Festigung von Markentreue beim Abnehmer bzw. Kunden, da durch die Verbreiterung des Angebots ein größeres Bedarfsspektrum abgedeckt werden kann[192].

Der Hauptvorteil einer Dachmarkenstrategie liegt wiederum in der Verringerung des Floprisikos bei der Einführung eines neuen Produktes. Beachtlich ist nämlich, daß Markennamen und -images nicht neu aufgebaut werden müssen, sondern die bereits etablierten Markenimages auf neue Angebote schnell und kostengünstig transferiert werden können. Dies ermöglicht sowohl eine schnellere Markteinführung von innovativen Produkten[193] als auch eine schlagfertige Reaktion auf die Neueinführung eines Wettbewerbsproduktes[194]. Zusätzlich

---

188 Vgl. *Prick*, Warum Line Extension für Nivea? in: *Gotta* (Hrsg): Brand News, Wie Namen zu Markennamen werden, Hamburg, 1988, S. 92f.

189 Die Dachmarkenstrategie wird auch als Programm- oder Company-Marke bezeichnet. Vgl. *Becker* (1998), aaO., S. 197.

190 *Buttler*, Mit Markentechnik Sortimente weiten - ein Leitfaden, Marketing Journal 1978, 309f. (313).

191 Besonders in der Süßwarenindustrie war diese Zielsetzung verantwortlich für das Kreieren von Dachmarken. Vgl. *Lambertz*, Starthilfe für Newcomer, Dynamik im Handel 1993, 23f.

192 Vgl. zur „Führung von Dachmarken" der gleichnamige Beitrag von *Andresen/Nickel* in *Esch* (Hrsg.), aaO., S. 577 f.

193 Vgl. zur schnelleren Einführung von innovativen Produkten und der Verminderung des dabei für die Verbraucher bestehenden Qualitätsrisikos, oben im 1. Kapitel, II., 4.

194 Wenn ein Konkurrent ein innovatives Produkt auf den Markt bringt und sein Mitbewerber die Möglichkeit besitzt, das innovative Produkt unter einer u.U. bereits bestens bekannten Dachmarke zu placieren, so besitzt die Konkurrenz oftmals nicht die Zeit, sich mit ihrem neuen Produkt eine starke Marktposition aufzubauen. Vgl. zur Darstellung des Grundes für den Einsatz besonderer Markierungen: 1. Kapitel, II.

wird bei der Nutzung einer Dachmarkenstrategie eine wesentlich schnellere Akzeptanz beim Handel und Konsumenten erreicht. Darüber hinaus läßt sich die bereits aufgebaute Dachmarken-Logistik mit hoher Effizienz kostengünstig nutzen. Außerdem können durch die Ausweitung des Marktes neue Zielgruppen angesprochen werden[195]. Auch das Unternehmensimage kann durch eine innovative Markenpolitik leichter aktualisiert werden[196]. Schließlich liegt ein weiterer Vorteil der Dachmarkenstrategie darin, daß alle Produkte zur Profilierung der Dachmarke beitragen können.

Den Vorteilen einer Dachmarkenstrategie stehen allerdings auch gewisse Risiken gegenüber. Die Gefahr einer Ausuferung des Produktbereiches und die damit verbundene Reduzierung des Markenprofils steht dabei im Vordergrund[197]. Die Gefahr einer Markenerosion besteht auch, wenn die Konsumenten den Kompetenzanspruch des Unternehmens nicht mehr für alle Produkte akzeptieren. Mit dieser Problematik war *Melitta* konfrontiert, als es unter dem Dach seiner Traditionsmarke neben Produkten zur Kaffeezubereitung wie Kaffee, Kaffeemaschinen und Filtern im Laufe der Jahre auch Lebensmittelfolien, Müll- und Staubsaugerbeutel sowie Luftreiniger auf den Markt brachte. Untersuchungen zeigten dabei, daß die Verbraucher den Kompetenzanspruch des Unternehmens nur noch in Teilbereichen akzeptierten, wodurch das Markenprofil immer diffuser wurde. Deshalb entschloß sich *Melitta* zum Aufbau einzelner Geschäftsfelder mit eigenständigen Markenfamilien. Die Marke *Melitta* bleibt nach einer neuen Geschäftsstrategie den Produkten zur Kaffeezubereitung vorbehalten. Für die Lebensmittelfolien wurde die Marke *Toppits* geschaffen, die Staubsaugerbeutel erhielten den Namen *Swirl*, die Luftreiniger *Aclimat* und die Teefilter *Celia*[198].

Das Auftreten von Substitutionsbeziehungen und ein hoher Koordinationsaufwand innerhalb der Dachmarke stellen weitere Nachteile dieser Strategie dar. Negative Ausstrahlungseffekte, z.B. verursacht durch Produkte unterschiedlicher Qualität, bilden zudem bei der Dachmarkenstrategie ein noch größeres Gefahrenpotential als bei der Markenfamilienstrategie[199].

---

195 Diese Vorteile nutzte die ursprünglich nur regional tätige *Alois Müller* Molkerei, die heute in Deutschland unter der Dachmarke *Müller* nicht nur Milchprodukte, sondern auch Säfte und Sportlerdrinks vertreibt.

196 So frischte der Hausgerätehersteller *AEG*, der 1982 tief in der Krise gesteckt hatte, mit der Herstellung einer waschmittelsparenden Waschmaschinenbaureihe 1986 sein stark angeschlagenes Firmenimage wieder auf. Vgl. ohne Verfasser, Vom Verfall und Aufstieg eines Markenartikels, in: werben & verkaufen 1990, 20f.

197 Generell kann deshalb gesagt werden: Je größer der Diversifikationsgrad, vor allem bei neuen Kategorien, desto schwächer wird die Markenkompetenz. Vgl. *Meffert* (1988), aaO., S. 128. Vgl. dazu auch: *Esch/Fuchs/Bräutigam*, Konzeption und Umsetzung von Markenerweiterungen in *Esch* (Hrsg.), aaO., S. 671 f.

198 Vgl. *Körfer-Schün*, Von der Produktvielfalt zur Markenkompetenz: Kompetenzmarken für den Weltmarkt entwickeln, in: *Schöttle* (Hrsg.), Jahrbuch des Marketing, Wiesbaden, 1990, S. 88-96 (91f.).

199 Weil von negativen Meldungen über ein Produkt ggf. alle Produkte dieses Herstellers betroffen sein können. So sah sich der Nudelhersteller *Birkel* aufgrund des bekannten Frischei-Skandals und des dadurch ausgelösten Imageverlustes einem starken Umsatzeinbruch ausgesetzt.

Die klassischen Dachmarken waren ursprünglich im Gebrauchsgüter-[200] und Dienstleistungsbereich[201] verbreitet. Erst in den letzten Jahren haben Dachmarken vor allem im Konsumgüterbereich an Bedeutung gewonnen. Entscheidend war dabei der Ausbau des ursprünglichen Sortiments durch sogenannte „Flanker“[202] und „Line Extender“[203] oder gar durch die Neueinführung eines gesamten Sortiments, das von vornherein als Dachmarke konzipiert wurde. Als Beispiel kann die Produktserie *Du darfst* von *Unilever* im Bereich der kalorienarmen und gesunden Ernährung genannt werden.

Da immer mehr Firmen - besonders in den letzten Jahren - Dachmarkenstrategien präferieren, scheint damit ein Rezept gefunden worden zu sein, das besonders die hohen Markteinführungskosten reduziert und durch Neueinführungen das Image der Dachmarke aktuell hält. Der Erfolg einer Dachmarkenstrategie wird durch eine Untersuchung gestützt, die zeigt, daß Unternehmen vor allem mit dieser Strategie hohe Umsatz- und Umsatzrenditezuwächse erreichen[204].

e) Die Markentransferstrategie[205]

Der Markentransfer ist als eine Unternehmensaktivität zu verstehen, bei der unter Zuhilfenahme einer einheitlichen, besonderen Kennzeichnung positive Imagekomponenten von einer Hauptmarke auf einen Transferkandidaten einer völlig neuen Produktkategorie übertragen werden[206]. Die Herausstellung eines übereinstimmenden Verwendungsumfeldes[207] oder gemeinsamer Erlebniswelten[208] und Lebensstile können dabei die Grundlage eines Marken-

---

200 *VW* bei Automobilen, *AEG* für Elektrogeräte oder *Sony* im Bereich der Elektronik und HiFi. Dabei ist wahrscheinlich den wenigsten bekannt, daß das Unternehmen, das früher HiFi-Technik unter der Bezeichnung „Sony“ herstellte und vertrieb, *Tokyo Tsuhin Kogyo* hieß und erst später seine Unternehmensbezeichnung in die Bezeichnung der umsatzstärksten Marke änderte. Vgl. *Kapferer*, Die Marke, S. 262.

201 Allianz bei Versicherungen, American Express bei Finanzdienstleistungen oder McKinsey für Unternehmensberatungen.

202 Als „Flanker“ bezeichnet man Angebote, die - ausgehend von einem gemeinsamen Produktnutzen - in ein neues Produktsegment eingetreten sind.

203 „Line Extender“ sind dagegen Ausweitungen im gleichen Marktsegment in neue Angebotsformen. So wurde beispielsweise Milka ursprünglich als 100-g-Vollmilchschokolade unter dem Firmennamen „Suchard“ vor 90 Jahren konzipiert und hat sich im Verlauf ihrer Geschichte über „Line Extender“ (z.B. 300-g-Tafel) und Vollmilch-Geschmacksvarianten (z.B. „Vollmilchgenuß“) bis hin zu „Flanker“-Produkten (z.B. Milka Lila Pause, Milka Lila Stars) zu einer im heutigen Sinne bezeichneten Dachmarke entwickelt.

204 Vgl. *Burkhardt*, Marken für den Markt von Morgen, Industriemagazin, 1991, 22f. (23f.).

205 Die Markentransferstrategie wird synonym auch als Markendehnungsstrategie und/oder Brand-Extension-Strategie bezeichnet. Vgl. *Sattler*, Markenstrategie für neue Produkte in *Esch* (Hrsg.), aaO., S. 337 f.

206 Vgl. *Aaker*, Brand Extensions: The Good, the Bad and the Ugly, Sloan Management Review, Summer 1990, 47f.; *Meffert/Heinemann*, Operationalisierung des Image transfers, in: Marketing ZFP 1990, S. 5f. (6).

207 Ein gleiches Verwendungsumfeld, nämlich das des Autofahrens, stellt beispielsweise das Bindeglied zwischen *Michelin*-Autoreifen und dem *Guide-Michelin* her.

208 *Marlboro*-Zigaretten und *Marlboro*-Leisurewear lassen sich der gemeinsamen Erlebniswelt „Freiheit“ bzw. „Abenteuer“ zuordnen.

transfers sein. Ein Markentransfer findet bei einigen Unternehmen auch über die werbemäßige Herausstellung von Namen renommierter Designer, Künstler, Modeschöpfer oder Stars statt[209].

Das vornehmliche Ziel einer Markentransferstrategie ist das Erfolgspotential einer bereits am Markt etablierten Marke bei einer Ausdehnung in andere Märkte zu nutzen. Unter den eingesetzten Strategien für neue Produkte nimmt in den letzten 15 Jahren eindeutig die Markentransferstrategie die Spitzenreiterposition ein. Beispielsweise hat *Procter & Gamble* in den Jahren 1992 – 1994 bei sämtlichen Neuprodukteinführungen diese Strategie eingesetzt[210].

Der Hauptvorteil dieser Konzeption liegt in einem relativ risikolosen Eintritt in völlig neue Produktbereiche. Dabei reduzieren hauptsächlich die zum großen Teil bereits überwundenen Markteintrittsbarrieren das Floprisiko. Der Rückfluß von Imagebestandteilen des Transferproduktes vermag zudem das Assoziationsfeld der Stamm-Marke zu erweitern und sie damit zu stärken. Weitere Vorteile der Markentransferstrategie bilden die Verringerung der Kosten der Markenbildung und die Abschwächung bzw. Umgehung von Werbebeschränkungen[211].

Eine Gefahr bei der Verfolgung einer Markentransferstrategie ist in dem möglichen Verlust der Markenidentität zu sehen[212]. Dies ist vor allem dann zu befürchten, wenn divergierende Zielgruppen durch die Transfermarke angesprochen werden. Eine weitere Gefahr ist in der Markenerosion zu sehen, die durch zu viele oder zu schnell aufeinanderfolgende Markentransfers verursacht werden kann[213]. Die aufgezeigten Risiken machen deutlich, daß zum Erfolg einer Markentransferstrategie eine tiefgreifende Analyse des Transferpotentials von Marken und eine imagebezogene Ähnlichkeitsmessung von Stamm- und Transferprodukt unerläßlich sind[214].

Mittels eines Imagetransfers dehnte *Dunhill* sukzessive seine Produktpalette, ausgehend vom klassischen Bereich der Tabak-, Zigaretten- und Pfeifenmarke, erfolgreich in die Bereiche Herrenbekleidung, Herrenkosmetik, Schreibartikel und Uhren aus. Mittlerweile machen

---

209 Vgl. zu dieser Option eingehend: *Esch/Fuchs/Bräutigam*, aaO., in *Esch* (Hrsg.), aaO., S. 671 f.

210 Vgl. *Friedmann*, Brandstorming! How to Make New Products from Brand-Equities, New Product News, S. 8.

211 Z.B. bei alkoholischen Getränken und/oder Tabakwaren.

212 Mit der Frage, wie der Verbraucher die Übertragung einer Stammarke auf andere Produkte („Fit") beurteilt, befaßt sich *Park/Milberg/Lawson* in: Beurteilung von Markenerweiterungen in *Esch* (Hrsg.), aaO., S. 739 f.

213 Mit dem „Einfluß des Produktportfolios auf die Markenstärke" befaßt sich in diesem Zusammenhang *Dacin/Smith* im gleichnamigen Beitrag in *Esch* (Hrsg.), aaO., S. 781. Es handelt sich dabei um eine gekürzte und modernisierte Fassung der Veröffentlichung: „The Effect of Brand Portfolio Characteristics on Consumer Evaluations of Brand Extensions", erschienen in Journal of Marketing Research, May 1994, Vol. 31, S. 229 f.

214 Vgl. *Simon*, Goodwill und Marketingstrategie, 1985, S. 78f.; *Mayer/Mayer*, aaO., S. 82f.; *Hätty*, aaO., S. 139; *Meffert/Heinemann*, aaO., Marketing ZFP 1990, S. 5f. (6); ferner *Keller*, Erfolgsfaktoren von Markenerweiterungen in *Esch* (Hrsg.), aaO., S. 707 f.

diese neuen Bereiche bereits ca. 90% des Gesamtumsatzes des Unternehmens aus. Im Dienstleistungsbereich hat z.B. das Reiseunternehmen *Club Mediterranée* einen Markentransfer auf Konsumgüter wie Freizeit-, Kosmetikartikel, Uhren, Brillen und Fahrräder vorgenommen[215]. Um ein Beispiel aus dem Bereich der Modeschöpfer zu nennen, sei auf *Jil Sander* hingewiesen. Unter diesem Namen werden Kosmetikartikel von *Lancaster* und Brillenfassungen von *Menrad* vertrieben.

2. Markenstrategien im internationalen Wettbewerb

a) Die multinationale Markenstrategie

Bei einer multinationalen Markenstrategie tritt ein Unternehmen mit individuellen Markenkonzepten auf einzelnen Teilmärkten des In- und Auslandes auf. Letztendlich bedeutet deshalb die Verfolgung einer multinationalen Markenstrategie das parallele Verfolgen mehrerer Einzelmarkenstrategien in verschiedenen Ländern.

Hauptvorteil einer multinationalen Markenstrategie ist eine optimale Anpassung an die länderspezifischen Bedürfnisse der Verbraucher und eine bessere Berücksichtigung von Unterschieden in den Kommunikations-, Preis- und Distributionsgegebenheiten. Bei Verfolgung dieser Strategie kann folglich am besten auf unterschiedliche, gesetzliche Bestimmungen in verschiedenen Ländern reagiert werden. Ein differenziertes markenstrategisches Vorgehen erscheint zudem immer dann sinnvoll, wenn Unternehmen Marken erwerben, die sich bereits in bestimmten Auslandsmärkten durchgesetzt haben und dort gut positioniert sind.

Die mangelnde Nutzung von Synergien im Marketing und fehlende Degressionseffekte in der Produktion stellen dagegen die zentralen Nachteile einer multinationalen Markenpolitik dar[216]. Ferner wird das Goodwill-Potential einer erfolgreichen Marke auf neuen internationalen Märkten nicht oder nur unzureichend genutzt.

Im Nahrungsmittelbereich verfolgt die Fa. *Nestlé* eine erfolgreiche multinationale Markenstrategie mit den Familienmarken *Sarotti* und *Alete*[217]. Als Beispiel für die Beibehaltung akquirierter nationaler Marken kann auf die *Feldmühle AG* verwiesen werden. Dieses Unternehmen vertreibt in Deutschland Toiletten- und Küchenpapier unter der Marke *Servus*. Infolge der Akquisition der holländischen Papierfabrik *Gennep* werden dagegen die übernommenen Marken *Page* in Frankreich und *Popla* in Holland bzw. Belgien weitergeführt.

b) Die globale Markenstrategie

Mittels einer globalen Markenstrategie wird im Idealfall ein Angebot mit einer einzigen, einheitlichen Markierung, mit identischer Qualität, Positionierung und Verpackung in vielen

---

215 Vgl. *Hätty*, Der Markentransfer, S. 247.

216 Zu dem Fall, daß von Land zu Land unterschiedliche, besondere Kennzeichen bei der Vermarktung eines ansonsten unveränderten Angebots zum Einsatz kommen sollen, vgl. im 5. Kapitel, I., 2.

217 Beispiele nach *Meffert* (1992), aaO., S.150.

oder sogar allen Ländern der Welt vertrieben[218]. In diesem Idealfall ist darüber hinaus auch die Kommunikations-, die Preis- und die Distributionspolitik weltweit einheitlich.

Das Ziel einer globalen Markenstrategie ist es demnach, ein einheitliches Markenkonzept ohne Rücksicht auf nationale Unterschiede international durchzusetzen[219].

Als wesentlicher Vorteil der Weltmarkenstrategie kann die konsequente Ausschöpfung von Kosteneinsparungspotentialen vor allem im Produkt- und Kommunikationsbereich angesehen werden[220]. So hat *Coca-Cola* allein durch die Standardisierung der Produktion von Werbemitteln innerhalb von 20 Jahren 90 Millionen US-Dollar eingespart. Auch die Einführung von *Diet-Coke* erfolgte deshalb weltweit mit gleicher Konzentratformel, Positionierung und werblicher Argumentation[221]. Die Werbekampagne für den Rasierer *„Sensor"* von *Gilette* beispielsweise lief in 19 Ländern unter dem Motto „Für das Beste im Mann" (The best a man can get). Die Gesamteinsparungen, verglichen mit dem Aufwand für 19 lokale Werbekampagnen, betrugen mehr als 20 Millionen US-$[222]. Eine weitere Chance von Weltmarktkonzepten ist deshalb im Aufbau einer über alle Grenzen hinweg einheitlichen Markenidentität zu sehen. Aus diesem Grund achtete *Melitta* bei der Neuordnung der Markenstrategie darauf, daß die neu entwickelten Markennamen *Toppits*, *Swirl* und *Aclimat* nicht nur in über 100 Ländern geschützt werden konnten, sondern auch keine negativen Assoziationen hervorrufen[223].

Die Nachteile einer globalen Markenstrategie liegen vor allem in der Vernachlässigung lukrativer Nischen in nationalen Einzelmärkten und der Gefahr des Entstehens von Konflikten zwischen Mutter- und Tochtergesellschaften durch eine zentral gesteuerte Markenpolitik.

Aufgrund der immer noch existierenden Unterschiede in der Bedarfsstruktur und den wettbewerbsbezogenen Rahmenbedingungen bleibt das globale Markenkonzept eher standardisierbaren Dienstleistungen[224], High-Tech-Produkten[225], Prestigeartikeln[226] und nicht kultur-

---

218 Beispiele für erfolgreich verfolgte globale Markenstrategien sind die weltweit bekannten Marken *„Coca Cola"*, *„Microsoft"*, *Marlboro*" oder *„Sony"*.

219 Untersuchungen von *Ahrens* (Kooperative Handelssysteme auf europäischen Märkten – Marktstrukturen und Wettbewerbsverhältnisse, S. 57 f.) und/oder *Becker* ((1992), aaO., S. 199), weisen sogar darauf hin, daß bei den meisten Handelsunternehmen die Etablierung von Euro-Handelsmarken zwar noch am Anfang steht, an der Internationalisierung von Handelsmarken schon heute intensiv gearbeitet wird. Vgl. dazu auch *Haarmann/Tebbe/Braun*, Determinanten der transnationalen Handelsmarkenführung, in *Esch* (Hrsg.), aaO, S. 895 f.

220 Vgl. *Winram*, The Opportunity for World Brands, in *Murphy*, (Hrsg.), Branding: A Key Marketing Tool, S. 104f.

221 Vgl. *Quelch/Hoff*, Globales Marketing - nach Maß, Harvard manager 1986, S. 107f.

222 Zahlenangaben nach: *Riesenbeck*, Globale Marken - wie global sind sie wirklich?, MA 1994, 328f.

223 Zu den Problemen bei der Suche nach geeigneten Bezeichnungen für einen Einsatz in der gesamten EU: 4. Kapitel, I.

224 *McDonalds*, *Ikea*, *Body Shops* von *Anita Rodick*.

225 *IBM*, *Sony*, *Kodak*.

226 *Perrier*, *Chanel*, *Bogner*.

gebundenen Gütern[227] vorbehalten. Dennoch lassen sich selbst bei solchen Marken länderspezifische Anpassungen im Markenauftritt nicht ganz verhindern[228].

c) Die gemischte Markenstrategie

Im Rahmen einer gemischten Markenstrategie wird von den Unternehmen versucht, unter weitgehender Beibehaltung eines einheitlichen Markenprofils sowohl Kosten- als auch Nutzenvorteile durch Anpassung des Markenkonzeptes an die individuellen Ländergegebenheiten voll auszuschöpfen. Ein international erfolgreiches Unternehmen wie *McDonald's* geht beispielsweise beim Verkaufskonzept für seine Produkte absolut keine Kompromisse ein. Dabei wird sogar versucht, nationale Besonderheiten im Menüangebot weitgehend zu vermeiden[229] Werbung und Positionierung können hingegen durchaus variieren. So wurde der Hamburger in Japan nicht als amerikanischer Import, sondern als revolutionär neues Gericht positioniert. Selbst der Markenname wurde an die örtlichen Gegebenheiten angepaßt. So lautet die Firma dieses international operierenden Unternehmens in Japan „*MAKODUNALDO*", um die Aussprache zu erleichtern. Der bei dieser Konzeption lautende Grundsatz ist deshalb: Soviel Standardisierung wie möglich, soviel Differenzierung wie nötig[230].

Das Ziel einer gemischten Markenstrategie ist es folglich die Vorteile der multinationalen Markenstrategie[231] mit den Vorteilen einer globalen Markenstrategie[232] zu verbinden. Innerhalb dieser Mischstrategien lassen sich als besondere Ausprägungen insbesondere eine modulare und eine konzeptionell gebündelte Markenstrategie unterscheiden[233].

aa) Die modulare Markenstrategie

Bei geringen Länderunterschieden wird mit der modularen Markenstrategie der länderübergreifend tragfähige Kernnutzen einer Marke in den einzelnen Auslandsmärkten um zusätzliche länderspezifische Nutzenelemente ergänzt und das Markenkonzept nur leicht modifiziert. Die Auswahl von Kern- und Zusatznutzen erfolgt über eine Analyse der Präferenzwirkung konkreter Produkteigenschaften auf die Markenwahl. Untersuchungen in der Automobilbranche haben beispielsweise ergeben, daß in einer PKW-Modellklasse das Merkmal

---

227 *Coca-Cola, Marlboro, Levi's, Isostar.*

228 *Coca-Cola* muß z.B. bei der Marke *Fanta* durch lebensmittelrechtliche Besonderheiten in Deutschland, Spanien und Italien Unterschiede im geschmacklichen und farblichen Erscheinungsbild in Kauf nehmen. Vgl. *Kreutzer*, Markenstrategien im länderübergreifenden Marketing, MA 1989, 569f. (570).

229 Dennoch gibt es in den McDonalds-Restaurants in Deutschland Bier und in den Niederlanden Apfelmus.

230 Zu den Problemen, die sich bei der Verfolgung dieser Strategie für die Verwender besonderer Kennzeichen ergeben können, vgl. auch im 4. Kapitel, IV., 1., c) und im 5. Kapitel, II.

231 Optimale Anpassungsmöglichkeit des speziellen Problemlösungsprofils des eigenen Angebots an die länderspezifischen Bedürfnisse der Verbraucher; bessere Berücksichtigung der länderspezifischen Gegebenheiten.

232 Konsequentes Ausschöpfen von Kosteneinsparungspotentialen; Ausbau einer über die Grenzen hinweg einheitlichen Markenidentität.

233 Vgl. *Waltermann*, Internationale Markenpolitik und Produktpositionierung, S. 73f.

Langlebigkeit in Deutschland, Frankreich und dem Vereinigten Königreich die gleiche Kaufverhaltensrelevanz aufweist, während dies für fortschrittliche Technologie nur bedingt und Wagengröße gar nicht zutrifft. Demnach können Langlebigkeit eines Autos als gemeinsamer Kernnutzen länderübergreifend und die beiden anderen Dimensionen länderspezifisch herausgestellt werden[234].

bb) Die konzeptionell gebündelte Markenstrategie

Demgegenüber erweist sich die konzeptionell gebündelte Markenstrategie als sinnvoll, wenn in den internationalen Märkten zwar deutliche Einstellungs- und Verhaltensunterschiede bestehen, sich aber bestimmte Märkte zu homogenen Länderclustern zusammenfassen lassen. Die Marken werden hierbei in den einzelnen Länderclustern identisch positioniert und mit einem einheitlichen Markenkonzept versehen. Diese Strategie wählte beispielsweise Henkel beim Relaunch des Handwaschmittels *Wipp Express*. Durch den Trend zum Vollwaschen bei niedrigen Temperaturen war der Absatz von *Wipp Express* in Deutschland erheblich zurückgegangen. Das modifizierte Produkt *Wipp Express Plus* wurde deshalb in Deutschland als Maschinenwaschmittel bis 40° neu positioniert. Von einem einheitlichen Relaunch wurde in Spanien und Frankreich wurde dagegen Abstand genommen, weil in beiden Ländern das Produkt überwiegend für die Handwäsche benutzt wird.

In den letzten Jahren zeigte sich auch die Tendenz, daß Unternehmen im Sinne einer „Pan-European Strategy" die Entwicklung von neuen Marken stärker auf ein europäisches Ländercluster ausrichten[235].

Der gemischte Ansatz zwischen einer reinen globalen Markenstrategie und der Berücksichtigung nationaler Gegebenheiten hat den Vorteil, daß den Managern vor Ort genügend Spielraum gelassen wird, damit sich diese auf kreative Art mit dem Konzept identifizieren können. Wird dagegen versucht, die Autonomie der Geschäftseinheiten auf Länderebene zu verringern, so birgt dies das Risiko in sich, daß die nationalen Stärken zunichte gemacht werden.

Die Grundtypen der unterschiedlichen Markenstrategien sind in der nachfolgenden Abbildung noch einmal graphisch zusammengestellt.

---

234 Vgl. *Waltermann*, aaO., S. 78.

235 Vgl. *Meffert* (1990), Euromarketing im Spannungsfeld zwischen nationalen Bedürfnissen und globalem Wettbewerb, in: *Meffert/Kirchgeorg*, Marktorientierte Unternehmensführung im europäischen Binnenmarkt, Stuttgart, 1990, S. 21-37 (31f.).

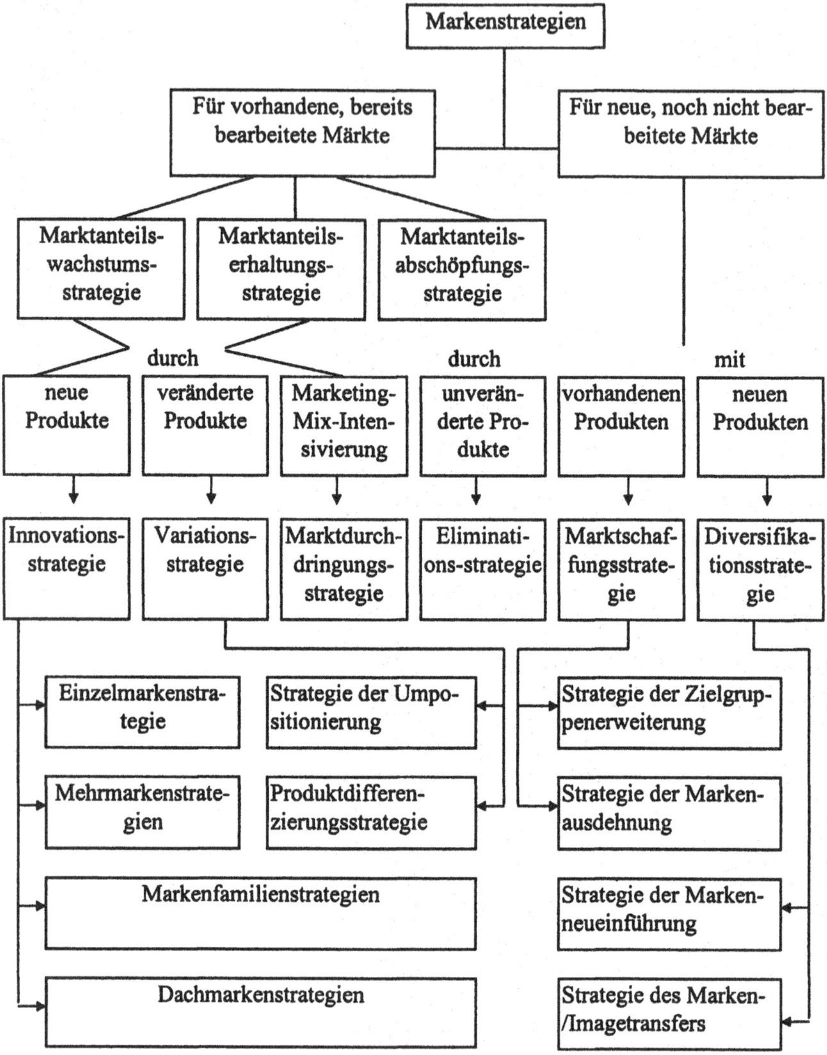

Abbildung 4: Grundtypen von Markenstrategien [236]

---

[236] *Meffert*, aaO.(1992), in *Dichtl/Eggers*, aaO., S. 129f. (136).

2. Kapitel: Recht und Rechtsschutz des EU-weiten Einsatzes besonderer Markierungen

Gesetzlich geschützte, besondere Markierungen spielen für die Funktionsfähigkeit eines Marktes eine wichtige Rolle[1]. Im Folgenden sollen deshalb als nächstes die Schutzrechtssysteme vorgestellt werden, über die ein gesetzlicher Schutz besonderer Kennzeichen in Europa erreicht werden kann:

- Eine erste Möglichkeit einen gesetzlichen Schutz besonderer Kennzeichen in den Ländern der EU zu erhalten, liegt in der parallelen Nutzung der **nationalen Kennzeichenschutzgesetze** der einzelnen Mitgliedsländer[2]. Diese Form eines Schutzes besonderer Markierungen wird allgemein und auf lange Sicht gesehen als die wichtigste Form des Markenschutzes angesehen[3]. Der Grund dafür ist darin zu erblicken, daß Unternehmen in einer Vielzahl von Fällen gar kein Bedürfnis für eine grenzüberschreitende Betätigung besitzen; der nationale Absatzmarkt und deren Sicherung jedoch für diese Unternehmen von großer Bedeutung ist[4]. Zum nationalen Markenschutz zählen auch die nach dem BeNeLux-Markenrecht[5] für die Länder Belgien, Luxemburg und die Niederlande

---

1 Vgl. dazu im 1. Kapitel, II., 2.

2 Dänemark: Gesetz Nr. 341 vom 6. Juni 1991, in seiner heutigen Fassung in Kraft seit dem 1. Januar 1992; Deutschland: MarkenG, in Kraft gesetzt am 1. Januar 1995 durch das Gesetz über den Schutz von Marken und sonstigen Kennzeichen vom 25. Oktober 1995 (BGBl I, 3082), zuletzt geändert durch das Markenrechtsänderungsgesetz vom 19. Juli 1996, in Kraft seit dem 20. Juli 1996; Finnland: Gesetz 7/1964, die aktuelle Version des Gesetzes Nr. 1715 datiert vom 22. Dezember 1995. Veränderungen des Gesetzestextes ergaben sich mit dem Gesetz Nr. 715 vom 21. April 1995 welches seit dem 1. April 1996 in Kraft ist; Frankreich: Gesetz 91-7/91 vom 4. Januar 1991, jetzt als „Livre VII", Art. L. 711f., Bestandteil des „Code de la propriété Intellectuel, in seiner heutigen Fassung in Kraft seit dem 28. Dezember 1992; Griechenland: Markengesetz Nr. 2239/1994, erstmalig in Kraft seit dem 25. September 1992, die Umsetzungsverordnung, mit der der Richtlinie Rechnung getragen wurde, ist am 25. September 1993 in Kraft getreten; Irland: Irisches Markengesetz in seiner heutigen Fassung in Kraft seit dem 1. Juli 1997, die Verabschiedung durch das Parlament erfolgte am 16. März 1996; Italien: Decreto Legislativo No. 480/1992, in seiner heutigen Fassung in Kraft seit dem 4. Dezember 1992; Österreich: Markenschutzgesetz Nr. 1993/109; Portugal: Decreto-Lei 16/95 als 4. Kapitel (Art. 165f.) des „Código da Propriedade Industrial", in seiner heutigen Fassung in Kraft seit Juni 1995; Schweden: Markengesetz SFS 1960:644, zuletzt geändert durch Gesetz Nr. 1715 vom 22.12.1995, die Vorschriften zur Umsetzung der Harmonisierungsrichtlinie wurden am 25. Januar 1993 vom Parlament verabschiedet, der aktuelle Gesetzestext ergibt sich aus dem Gesetz SFS 1995:1277; Spanien: „Ley de marcas", in seiner heutigen Fassung in Kraft seit dem 12. Mai 1989; Vereinigtes Königreich von Großbritannien: Trade Mark Act 1994, in seiner heutigen Fassung in Kraft seit dem 31.10.1994.

3 So bereits in der Denkschrift über die Schaffung einer EWG-Marke (Bulletin der Europäischen Gemeinschaften, Beilage 8/76; GRUR Int. 1976, 481).

4 So schon *Hefermehl/Fezer*, Der Schutz der Marke im gemeinsamen Markt, in *Hefermehl/Ipsen/Schluep/Sieben*, Nationaler Markenschutz und freier Warenverkehr in der Europäischen Gemeinschaft, 1979, S. 2 (10). Vgl. ferner: Erwägungsgrund 5 der GemMVO.

5 Zusammengefaßtes Markenrecht der europäischen Mitgliedsstaaten Belgien, Niederlande und Luxemburg (Niederländisch: „Eenvormige Benelux-Wet Op de Warenmerken", französisch: „Loi uniforme beneluxe sur les marques de produits". Eine deutsche Übersetzung des geltenden Rechts vor der Einführung des Schutzes von Dienstleistungsmarken und der Umsetzung der MRiLi ist abgedruckt in Bl.f.PMZ 1970,

gemeinsam entstehenden Schutzrechte.

- o Neben der Möglichkeit einer parallelen Nutzung der nationalen Kennzeichnungsrechte kann ein Schutz Kraft Registrierung in den Mitgliedsländern der EU auch mittels eines **gebündelten Schutzrechtsanmeldeverfahrens** nach dem Madrider Markenabkommen über die internationale Registrierung von Fabrik- und Handelsmarken[6] erlangt werden. Auf diesem Weg war es bislang noch nicht möglich alle europäischen Staaten zu erreichen[7]. Eine Änderung hat sich jedoch durch die Verabschiedung des Madrider Protokolls[8] ergeben, da sich dadurch der Kreis derjenigen Länder, für die ein gesetzlicher Schutz besonderer Kennzeichen erzielt werden kann, wesentlich erweitert hat[9]. Im EWR-Abkommen[10] sind zudem alle Mitgliedsländer der EU die Verpflichtung eingegangen, Mitglied des Madrider Protokolls zu werden. Sobald schließlich Irland diesem Protokoll beigetreten ist, kann auch über diesen Weg ein gesetzlicher Schutz in allen Mitgliedsstaaten der Gemeinschaft erworben werden.

- o Neben[11] diese beiden Möglichkeiten eines Schutzrechtserwerbs in den Ländern der EU ist die vom „Harmonisierungsamt für den Binnenmarkt (Marken, Muster und Modelle)" erteilte **Gemeinschaftsmarke** getreten[12]. Die Gemeinschaftsmarke gewährt Kraft Eintragung einen, im gesamten Gebiet der Europäischen Gemeinschaft einheitlich geltenden Schutz[13].

Im folgenden sollen diese Schutzrechtssysteme genauer erläutert werden:

---

218 ff. Mit der Einführung der Dienstleistungsmarke am 1. Januar 1987 durch das Protokoll zur Änderung des einheitlichen Benelux Warenzeichengesetzes (deutsche Übersetzung in GRUR Int. 1988, 226 ff) wurde das Gesetz in Benelux Markengesetz umbenannt. Die niederländische Abkürzung „BMW" ist auch in Belgien üblich und wird im folgenden verwendet.

6 Madrider Markenabkommen über die internationale Registrierung von Fabrik- und Handelsmarken, für die Bundesrepublik Deutschland verbindlich in der Stockholmer Fassung vom 14.7.1967, Bundesgesetzblatt 1970, II, 418, im folgenden kurz „MMA" genannt.

7 Von den heutigen Mitgliedsstaaten der Europäischen Union gehören lediglich die BeNeLux-Staaten, Deutschland, Frankreich, Italien, Österreich, Portugal und Spanien dem Madrider Markenabkommen an.

8 Protokoll zum Madrider Markenabkommen über die internationale Registrierung von Marken (im folgenden kurz: „MP", angenommen in Madrid am 27. Juni 1989, GRUR Int. 1989, 775f.; hierzu die Verordnung vom 23. 4. 1996, BGBl II, S. 562f.

9 Dem Protokoll sind mit Wirkung zum 1. April 1996 die (weiteren) europäischen Mitgliedsstaaten Dänemark, Deutschland, Finnland, Schweden, Spanien und das Vereinigte Königreich von Großbritannien beigetreten (ferner China und Cuba), vgl. WIPO Mitteilung vom 31. Januar 1996. Als bisher letztes Land ist Griechenland dem Madrider Protokoll mit Wirkung vom 10. August 2000 beigetreten.

10 Abgedruckt in BlPMZ 1994, 70f., vgl. Art. 5 Abs. I Buchstabe d des Protokolls Nr. 28 über geistiges Eigentum.

11 Die Gemeinschaftsmarke trat als Alternative zu den nationalen Markensystemen lediglich hinzu. Dies schließt folglich den kumulativen (einzelstaatlichen und gemeinschaftsrechtlichen) Markenschutz nicht aus. Vgl. bereits die Denkschrift über die Schaffung einer EWG-Marke, Bulletin der EG, Beilage 8/76, Nr. 64f., GRUR Int. 1976, 481, aus der damaligen Literatur z.B. schon *v. Mühlendahl*, Koexistenz und Einheitlichkeit im europ. Markenrecht, GRUR Int. 1976, 27f.

12 Gemeinschaftsmarkenverordnung (Verordnung (EG) Nr. 40/94 des Rates über die Gemeinschaftsmarke (GemMVO)) vom 20. Dezember 1993 (ABl. 1994, L 11/1), in Kraft getreten am 14. Januar 1994 (vgl. Art. 143 GemMVO), geändert durch Verordnung vom 22. Dezember 1994 (ABl. L 349/83).

13 Zu Einzelheiten des Schutzes der Gemeinschaftsmarke vgl. nachfolgend im 2. Kapitel, II.

I. Nationaler Markenschutz in den Mitgliedsländern der EU

Alle Mitgliedsstaaten der EU besitzen Gesetze zum Schutz besonderer Kennzeichen[14]. Ein erster Weg, einen EU-weiten Schutz für besondere Markierungen zu erlangen, steht deshalb über diese nationalen Kennzeichenschutzsysteme offen.

1. Die territoriale Reichweite national gewährten Kennzeichenschutzes

Kennzeichenrechte aus nationalen Vorschriften entwickeln grundsätzlich ihre Schutzwirkung nur in dem jeweiligen, schutzgewährenden Land. Dieser Grundsatz der Territorialität gilt in allen Mitgliedsstaaten der EU[15]. Er ergibt sich aus dem allgemeinen völkerrechtlichen Grundsatz, daß die aus der Souveränität eines Staates fließenden Befugnis, Recht zu sprechen (Gerichtshoheit), sich grundsätzlich nur auf das eigene Staatsgebiet erstreckt. Kein Staat darf deshalb seine Rechtspflegeorgane auf dem Gebiet eines anderen Staates tätig werden lassen, es sei denn, daß dies ausdrücklich gestattet wird.

Für Deutschland gilt der Grundsatz der Territorialität von Kennzeichenrechten seit der „Hengstenberg"-Entscheidung des Reichsgerichtes[16]. Dieser Entscheidung lag der nachfolgend wiedergegebene Sachverhalt zugrunde:

Die im Deutschen Reich ansässige Klägerin ist Inhaberin von mehreren nationalen Zeichenrechten, die jeweils ein springendes Pferd darstellen. Die Warenzeichen sind für Konserven geschützt. Die Beklagte, eine in Italien ansässige Gesellschaft, ist ebenfalls Inhaberin von Markenrechten, die aufgrund internationaler Registrierung u.a. in Deutschland Schutz genießen und ebenfalls für Konserven eingetragen sind. Nach der Behauptung der Klägerin sind die beiderseitigen Zeichen verwechslungsfähig.

Die Klägerin begehrt Unterlassung der Verwendung der gegnerischen Marke in Deutschland. Zusätzlich soll in die Schutzentziehung der international registrierten Marke für das Reichsgebiet eingewilligt und Schadensersatz nach Rechnungslegung geleistet werden. Die Beklagte verlangt im Wege der Widerklage Unterlassung der Verwendung des Kennzeichens der Klägerin in denjenigen Ländern, in denen die Bezeichnung der Beklagten durch die internationale Registrierung geschützt ist. Ferner wird ebenfalls Schadensersatz nach Rechnungslegung begehrt.

Die Besonderheiten des Falles lagen darin, daß beide Parteien in rechtmäßiger Weise

---

14 Vgl. Fußnote 2 des 2. Kapitels.

15 Vgl. dazu eingehend *Hefermehl/Fezer*, aaO in *Hefermehl/Ipsen/Schluep/Sieben*, aaO, Seite 16f.

16 Reichsgericht, Urteil v. 20. September 1927 – Springendes Pferd, RGZ 118, 76 = GRUR 1927, 890.

Marken verwendeten, denen jeweils[17] ein rechtlicher Schutz im Inland zukam[18]. Aufgrund der gegebenen Gefahr von Verwechslungen zwischen den sich gegenüberstehenden Zeichen hatte das Reichsgericht zu entscheiden, welche Reichweite den jeweiligen Berechtigungen in geographischer Hinsicht zukommt.

Die Vorinstanzen gaben dabei der deutschen Firma Recht und wiesen die Widerklage der ausländischen Kennzeichnungsrechtsinhaberin zurück. Das Reichsgericht bestätigte diese Entscheidungen. Zur Reichweite des Schutzes führte das Reichsgericht aus:

Nach internationalem Privatrecht hat, wenn mehrere Berechtigungen gleichzeitig in mehreren Staaten bestehen, die inländische Berechtigung niemals der ausländischen im Inland zu weichen, vielmehr gelten beide Berechtigungen in ihrem territorialen Herrschaftsbereich. [...] Auch das deutsche Zeichenrecht wird von dem Grundsatz der Nationalität der Marke beherrscht [...]. Insbesondere geht auch das Madrider Abkommen, dem das Deutsche Reich beigetreten ist, gerade davon aus, daß zum Schutz des Zeichens in den anderen Vertragsländern die Hinterlegung im Ursprungsland nicht genüge, vielmehr eine weitere Hinterlegung in Bern hinzukommen müsse, aufgrund derer erst das Zeichen seine Wirkung in allen Vertragsländern entfalte. Damit ist es nicht verträglich [...], wenn ein Staat für Rechte, die er - wie das Zeichenrecht - für sein Gebiet geschaffen hat, Geltung in der ganzen Welt beanspruchen wollte, und wäre es auch nur für den Fall des Vorliegens eines inländischen Gerichtsstandes. Schon hieraus ergibt sich, daß auch die im Ausland geschützte Marke räumlich begrenzt ist und daher nicht in den deutschen Herrschaftsbereich herrüberwirken kann [...].

Mit dieser Entscheidung wurde in Deutschland eine bis dahin geübte Rechtspraxis aufgegeben, die sogar von einer Universalität der Rechte an besonderen Kennzeichnungen ausging[19].

---

17 Auf seiten der Klägerin aufgrund der nationalen deutschen Marken; auf seiten der Beklagten aufgrund einer internationalen Registrierung einer Marke, deren Schutz sich auch auf Deutschland erstreckt.

18 Dabei ist die Besonderheit zu beachten, daß der IR-Marke der Beklagten - ohne Berücksichtigung der Priorität des nationalen, deutschen Rechts der Klägerin - ein Schutz in Deutschland aufgrund des Beitritts des Deutschen Reichs zum Madrider Markenabkommens gewährt wurde. Dabei sah Art. 4 des MMA und § 7 der Verordnung über die internationale Registrierung von Fabrik- und Handelsmarken vom 9. November 1922 vor, daß die internationale Registrierung einer ausländischen Marke für Deutschland die gleiche Wirkung zukam, wie wenn die Marke für die dabei angegebenen Waren in die deutsche Zeichenrolle eingetragen wäre. Eine Prüfung nach Maßgabe der deutschen Gesetze (vgl. § 3 des Reichsgesetzes über den Beitritt des Reichs zum Madrider Abkommen) fand jedoch bei denjenigen international registrierten Marken nicht statt, die bereits vor dem 1. Dezember 1922 (sog. Übergangsmarken) international registriert wurden. In den Fällen dieser Übergangsmarken konnte die Rechtsgültigkeit nur auf dem gleichen Weg angefochten werden, wie bei in die Rolle eingetragenen Zeichen. Dies erklärt die besonders gestellten Anträge.

19 Aufgrund des universalen Charakters, den zuvor den Warenzeichenrechten beigemessen wurde, konnte ein Inhaber eines national deutschen Warenzeichens im Jahre 1886 sogar eine in den Vereinigten Staaten von Amerika vorgenommene Verletzungshandlung unter Berufung auf seine nationale Marke unterbinden, obwohl ihm dort überhaupt keine Rechte zustanden. Entscheidend für das erkennende Gericht war allein, daß der Beklagte, der für die Rechtsverletzung eine Mitursache setzte, einen Wohnsitz im Inland hatte (Urteil des I. Zivilsenats des Reichsgerichts vom 2. Oktober 1886, Az.: I 237/86, RGZ 18, 28 – Hoff). An der Rechtsprechung des Reichsgerichts, das von der Universalität des Warenzeichenrechts ausging, wurde noch längere Zeit festgehalten. Im Ergebnis wiederholten sich die Argumente in verschiedenen Entscheidungen des Reichsgerichts (RGZ 45, 143 (145); RGZ 51, 267 (268); RGZ 108, 9 (12)).

Für Unternehmen bedeutet der Grundsatz der Territorialität, daß – für den Fall, daß ein Rechtserwerb aufgrund nationaler Vorschriften erfolgen soll – grundsätzlich in jedem einzelnen Staat gesondert Schutz für die verwendeten, besonderen Kennzeichnungen erworben werden muß[20]. Hinderlich ist, daß dabei die jeweils geltenden nationalen Besonderheiten zu berücksichtigen sind. Dies gilt für den Schutzrechtserwerb genauso wie für die Durchsetzung der sich ergebenden Kennzeichnungsrechte. Für das Führen von EU-weit einheitlichen, besonderen Kennzeichen[21] sind diese Umstände wenig förderlich.

2. Die unterschiedlichen Möglichkeiten eines Rechtserwerbs auf nationaler Ebene

Ein gesetzlicher Schutz besonderer Kennzeichen kann gemäß der einzelstaatlichen Regelungen zunächst Kraft Eintragung in die dafür eröffneten Register erworben werden. Diese Möglichkeit eines Schutzrechtserwerbs kennen alle nationalen Kennzeichenschutzgesetze. Daneben steht die Möglichkeit einen Schutz besonderer Kennzeichen durch den Erwerb von Verkehrsgeltung durch Benutzung der besonderen Kennzeichnung zu erwerben. Diese Möglichkeit des Schutzrechtserwerbs ist in den einzelnen Mitgliedsländern der EU höchst unterschiedlich geregelt.

a) Schutzrechtserwerb kraft Benutzung

Rechtsgrund für die Zuerkennung eines gesetzlichen Schutzes ist nach dem heute in der Literatur und der Rechtsprechung anerkannten Verständnis[22] regelmäßig das auf erworbener Verkehrsgeltung beruhende, sachliche Markenrecht. Dies bedeutet, daß ein gesetzlicher Schutz einer besonderen Markierung zunächst allein mittels einer, durch Benutzung der Bezeichnung im Verkehr erworbenen Geltung erreicht werden kann.

Der Schutz nicht eingetragener Marken ist jedoch EU-weit höchst uneinheitlich geregelt[23]. In der Mehrheit der EU-Mitgliedsländern wird ein Schutz nicht eingetragener Marken über die Gesetze zur Bekämpfung unlauteren Wettbewerb oder entsprechender Materien gewährt. In anderen Ländern ist dagegen der Schutz in den Kennzeichenschutzgesetzen selbst geregelt[24]. Beispielsweise regelt das deutsche MarkenG unter dem Oberbegriff der „geschäft-

---

20 Eine Ausnahme bietet insoweit allein das BeNeLux-Markenrecht, das gemeinsam für die Länder Belgien, Niederlande und Luxemburg einen einheitlichen Schutz gewährt.

21 Vgl. zu den Grundzügen einer globalen Markenstrategie oben im 1. Kapitel, V., 7.

22 Vgl. hierzu zusammenfassend: *Fezer*, aaO, MarkenG § 4, Rdnr. 9.

23 Einen Überblick über die unterschiedliche, rechtliche Behandlung nicht registrierter, besonderer Kennzeichen gibt *Kur*, Die Harmonisierung der europäischen Markengesetze, Resultate – offene Fragen – Harmonisierungslücken, GRUR 1997, 241f.

24 Wie beispielsweise in Deutschland (vgl. § 4 Nr. 2 MarkenG). Auch andere nationale Gesetze zum Schutz besonderer Kennzeichen kennen einen Schutzrechtserwerb durch Benutzungsaufnahme. Vgl. insoweit § 3 Abs. I Nr. 2 dän.VML: Nach dem dänischen Recht wird besonderen Kennzeichen ein voller und inhaltlicher Schutz bereits aufgrund bloßer Benutzung gewährt, sofern diese Kennzeichen Unterscheidungskraft besitzen.

lichen Bezeichnungen" auch den Schutz dieser Unternehmenskennzeichen (§ 1 Nr. 2, § 5 Abs. I und II MarkenG, früher § 16 UWG a.F.)[25]. Der im deutschen Markenrecht ebenfalls unter diesen Oberbegriff fallende besondere Schutz von Werktiteln (§ 5 Abs. III MarkenG, früher ebenfalls § 16 UWG a.F.), also der Namen und besonderen Bezeichnungen von Druckschriften, Film-, Ton-, Bühnenwerken oder sonstigen vergleichbaren Werken, wie z.B. Spiele mit geistigem Inhalt[26] oder Computerprogramme[27], betrifft ebenfalls Produktkennzeichen im weiteren Sinne, die in Deutschland alle in einem einheitlichen Kennzeichenschutzgesetz, dem MarkenG, geregelt sind[28].

Für die Voraussetzungen und die Reichweite des Schutzes der nicht registrierten Kennzeichen bestehen deshalb bereits bei den schutzgewährenden Rechtsquellen von Land zu Land innerhalb der EU beachtliche Unterschiede. Für Unternehmen, die bei der Vermarktung ihrer Angebote auf dem Gemeinsamen Markt besondere Kennzeichen verwenden und dabei alleinig auf den Schutzrechtserwerb durch Erlangung von Verkehrsgeltung vertrauen, hat dies weitreichende Konsequenzen: Von diesen Unternehmen wird nämlich eine genaue Kenntnis der einzelstaatlichen Regelungen, die einen gesetzlichen Schutz für benutzte Kennzeichen gewähren, gefordert. Diese Kenntnis läßt sich nur durch eine intensive, rechtliche Beratung durch Rechtskundige der jeweiligen Länder erwerben. Eine derartige Beratung verursacht naturgemäß hohe Kosten und erfordert einen hohen Koordinierungsaufwand innerhalb des Unternehmens.

Hinzu kommt, daß ein spezieller Schutz besonderer Kennzeichen durch Benutzung grundsätzlich nur dort entsteht, wo eine Benutzung der betreffenden, besonderen Kennzeichnung erfolgt. Für das deutsche Markenrecht gilt dabei, daß der durch Benutzung eines Zeichens entstehende Markenschutz nur in dem Territorium entsteht, in dem das benutzte Zeichen im Verkehr als Marke gilt (§ 4 Nr. 2 MarkenG). Bei einer regionalen oder bloß lokalen Verkehrsgeltung entsteht ein auf dieses Territorium begrenzter Markenschutz[29]. Die Existenz

---

25 Vgl. Amtliche Begründung zum Entwurf eines Gesetzes zur Reform des Markenrechts und zur Umsetzung der Ersten Richtlinie 89/104/EWG des Rates vom 21. Dezember 1988 zur Angleichung der Rechtsvorschriften der Mitgliedsstaaten über die Marken (Markenrechtsreformgesetz) vom 23. Februar 1996 (BT-Drucksache 12/6581 vom 14. Januar 1994, S. 53) unter A III., 2.

26 Vgl. BGH Urteil vom 21. Januar 1993, I ZR 25/91 (OLG Hamburg), - Zappel-Fisch GRUR 1993, 767.

27 BGH Urteil vom 21. Januar 1993, I ZR 25/91 (OLG Hamburg), - Zappel Fisch, GRUR 1993, 767 (obiter dictum); OLG Hamburg CR 1995, 335; OLG München, - Wincad, MD 1995, 1284. Aus dem Schrifttum vgl. *Lehmann*, Die wettbewerbswidrige Ausnutzung und Beeinträchtigung des guten Rufs bekannter Marken, Namen und Herkunftsangaben, CR 1986, 373; *ders.*, Neuer Titelschutz von Computerprogrammen, CR 1995, 129; *ders.*, Titelschutz von Computerprogrammen, GRUR 1995, 250; *Stratmann*, Titelschutz für Software nach dem neuen Markengesetz, Mitt. 1995, 366; krit. *Betten*, Titelschutz von Computerprogrammen, GRUR 1995, 5.

28 Vgl. die amtliche Begründung zum Entwurf eines Gesetzes zur Reform des Markenrechts und zur Umsetzung der Ersten Richtlinie 89/104 EWG des Rates vom 21. Dezember 1988 zur Angleichung der Rechtsvorschriften der Mitgliedsstaaten über die Marken (Markenrechtsreformgesetz, BT-Drucksache 12/6581 vom 14. Januar 1994, S. 53 f.) A., II., 2.

29 Zum Ausstattungsschutz nach dem WZG: Vgl. RG Urt. v. 13. November 1941, Az. II 78/41 - Goldbronzierte Likörflaschen, abgedruckt in GRUR 1942, 217 (219); BGH Urt. v. 3. Juli 1956, I ZR 137/54 - Ihr Funkberater, abgedruckt in Z 21, 182 (196).

eines einheitlichen Wirtschaftsgebietes ist eine weitere Voraussetzung der Anerkennung einer territorial begrenzten Verkehrsgeltung. Dieses Erfordernis soll eine Aufsplitterung des Markenschutzes verhindern, um damit einer möglichen Marktverwirrung - als Folge des Bestehens einer Vielzahl regionaler und lokaler Rechte - zu begegnen[30].

Anstelle der Kraft Benutzung erworbenen Rechte erscheint es deshalb für die Unternehmen viel sinnvoller sich einen gesetzlichen Schutz der von Ihnen benutzten Kennzeichen auf anderem Weg, nämlich durch deren Registrierung in den dafür eröffneten Registern, zu sichern.

b) Schutzrechtserwerb kraft Registrierung

Die zweite Möglichkeit einer Schutzrechtserlangung aufgrund der nationalen Kennzeichenrechtsordnungen ist die der Eintragung in die nationalen Schutzrechtsregister. Genau genommen handelt es sich bei dieser Variante des Schutzrechtserwerbs sogar um eine Entwicklungsbegünstigung für die Unternehmen, die sich bei der Vermarktung ihrer Angebote besonderer Kennzeichen bedienen. Den Unternehmen wird nämlich bei den durch Registrierung gewährten Rechten die Chance gegeben, sich die für den sachlichen Schutz erforderliche Verkehrsgeltung – mit einer Abwehrmöglichkeit gegen Eingriffe von dritter Seite – zu erobern[31]. Regelmäßig muß nämlich auch bei dem förmlichen[32], durch Registrierung erworbenen Schutz dieser – durch Erwerb von Verkehrsgeltung aufgrund von Benutzung der besonderen Markierung im Verkehr – zu einem sachlichen Schutz erstarken. Dies zeigt sich deutlich an den Vorschriften des Benutzungszwangs (in Deutschland: § 25 MarkenG). Dort wird nämlich bestimmt, daß der Inhaber eines formalen Rechts (das Gesetz spricht von einer eingetragenen Marke), die sich daraus ergebenden Rechte (§ 4 Nr. 1 MarkenG) nicht geltend machen kann, wenn die Marke innerhalb der letzten fünf Jahre vor Geltendmachung des Anspruchs nicht benutzt wurde. Die dabei im Gesetz verankerte Benutzungsschonfrist (Vgl. beispielsweise für das deutsche Markenrecht: § 26 MarkenG) definiert diesbezüglich einen Zeitraum, innerhalb dessen eine Benutzung der durch Eintragung geschützten Marke begonnen werden muß[33]. Dies bedeutet, daß den Unternehmen die Vorteile, die sich durch den vorgeschalteten registerrechtlichen Schutz für die von ihnen gewählten besonderen Bezeichnungen ergeben, nicht unendlich lange, sondern lediglich innerhalb der Benutzungsschonfrist gewährt werden.

Auch im Bereich der Kraft Registrierung erworbenen Rechte wiesen die nationalen

---

30 Vgl. dazu eingehend: *Fezer*, aaO, § 4 MarkenG, Rdnr. 128f.

31 Vgl. *Baumbach/Hefermehl*, aaO, Einleitung WZG, Rdnr. 44; *Schricker/Stauder*, Handbuch des Ausstattungsrechts, S. 215f., Rdnr. 6; Vgl. BGH, Urteil v. 29. März 1960, I ZR 89/58 - Dreitannen, abgedruckt als BGHZ 32, 133 und in GRUR 1961, 33f. (35).

32 Es handelt sich in diesen Fällen um sog. „förmliche" Rechte. Dieser Begriff wird im Gegensatz zu dem „sachlichen" – aufgrund eines Erwerbs von Verkehrsgeltung durch Benutzung der besonderen Kennzeichnung – Schutzes verwendet. Vgl. Baumbach/Hefermehl, Warenzeichenrecht, Einl. WZG, Rdnr. 26, 29, 38.

33 Vgl. zur Benutzungsschonfrist allg. Art 19 TRIPs-Abkommen (Übereinkommen über Handelsbezogene Aspekte der Rechte des Geistigen Eigentums vom 15. April 1994: BGBl 1994 II, S. 1730 = BlPMZ 1995, S. 23 f.).

Kennzeichnungsrechte der einzelnen Mitgliedsländer der EU noch zu Beginn der 80er-Jahre z.T. erhebliche Unterschiede auf[34]. Diese Unterschiede und die grundsätzlich territorial beschränkte Wirkung nationaler Kennzeichnungsrechte[35] konnte zu Wettbewerbsverzerrungen und zu einer Beschränkung des Freiverkehrs innerhalb des Gemeinsamen Marktes führen. Hierzu sollen einige Erläuterungen folgen:

3. Nationale Kennzeichenschutzrechte und Freiverkehr innerhalb des Gemeinsamen Marktes

Die Gemeinschaftsziele der Verwirklichung eines Binnenmarktes (Art. 3 Abs. I lit. c EGV) und eines unverfälschten Wettbewerbs innerhalb dieses Binnenmarktes (Art. 3 Abs. I lit. g EGV) stehen im Widerspruch zu den territorial beschränkten, nationalen Kennzeichenschutzrechten. Aufgrund ihrer territorial begrenzten Geltung können die sich aus den nationalen, kennzeichenrechtlichen Vorschriften ergebenden Rechte den Gemeinsamen Markt in nationale Teilmärkte aufteilen und sind deshalb grundsätzlich geeignet den Wettbewerb auf dem Binnenmarkt zu verfälschen[36].

Der Inhaber eines nationalen Kennzeichnungsrecht in einem Mitgliedsstaat kann nämlich grundsätzlich die Einfuhr einer mit seiner besonderen Kennzeichnung versehenen Ware aus einem anderen Mitgliedsstaat durch Dritte unter Berufung auf sein Markenrecht verhindern (vgl. für Deutschland: §§ 14, 15 MarkenG), wenn die mit seiner Marke gekennzeichnete Ware nicht von ihm selbst in den Verkehr gebracht wurde (vgl. für Deutschland: § 24 MarkenG). Die Möglichkeit einer Aufteilung des Gemeinsamen Marktes ist somit durch den Einsatz gesetzlich geschützter, besonderer Kennzeichen gegeben. Bestehende unterschiedliche Voraussetzungen für einen Rechtserwerb und voneinander abweichende Inhalte der nationalen Kennzeichnungsrechte können zusätzlich auch den Wettbewerbs auf dem Binnenmarkt verfälschen. Insoweit ist allein an den Fall zu denken, daß ein Schutzrecht für ein Unternehmen mit Sitz in einem Mitgliedsland der EU leichter zu erwerben ist als der Schutz, den ein – möglicherweise sogar konkurrierendes – Unternehmen in einem anderen Land der EU erlan-

---

34 Vgl. die für die Tagung für Rechtsvergleichung am 21. September 1991 erstellten „Zwischenberichte" zum Stand der Harmonisierungsarbeiten von *Kunz-Hallstein*, Perspektiven der Angleichung des gewerblichen Rechtsschutzes in der EWG (Generalbericht), GRUR Int. 1992, 81f.; *Verkade*, Angleichung des nationalen Markenrechts in der EWG: BeNeLux-Staaten, GRUR Int. 1992, 92f.; *Llewelyn*, Angleichung des nationalen Markenrechts in der EWG: Vereinigtes Königreich von Großbritannien, GRUR Int. 1992, 97f.; *Ubertazzi*, Angleichung der nationalen Markenrechte in der EWG: Italien, GRUR Int. 1992, 101f.

35 Vgl. oben im 2. Kapitel, I., 1.

36 Vgl. Kommission der Europäischen Gemeinschaften, neues Markensystem für die Gemeinschaft, Vorschlag für eine Richtlinie, Vorschlag für eine Verordnung, in: Bulletin der Europäischen Gemeinschaften, Beilage 5/80, S. 55; auch die Rechtsprechung auf der Ebene des EuGH hat die Notwendigkeit einer solchen Rechtsvereinheitlichung in seinem Urteil in der Rechtssache Sirena anerkannt. In dem Urteil (Urt. v. 18. Februar 1971, Rs. 50/70, Slg. 1971, 69 - Sirena; GRUR Int. 1971, 279f.) heißt es wörtlich: „*Da die innerstaatlichen Vorschriften über die gewerblichen Schutzrechte noch nicht auf Gemeinschaftsebene vereinheitlicht worden sind, können sich aus der Beschränkung dieser Rechte auf das jeweilige Staatsgebiet Hindernisse für den freien Verkehr mit Markenartikeln und für das Wettbewerbssystem der Gemeinschaft ergeben*".

gen möchte. In diesem Fall bestehen zweifellos wettbewerbliche Vorteile für das Unternehmen, das den gesetzlichen Schutz für die von ihm benutzten Kennzeichen leichter erwerben kann, weil sich dieses Unternehmen allein schon viel besser gegen Konkurrenzunternehmen (auch aus anderen EU-Ländern) verteidigen kann. Gleiches gilt auch für voneinander abweichende Schutzrechtsinhalte.

Damit die Ziele der Europäischen Gemeinschaft in Bezug auf die Verwirklichung eines einheitlichen Binnenmarktes mit unverfälschten Wettbewerbsbedingungen realisiert werden können, waren deshalb Schritte erforderlich, die diese negativen Auswirkungen nationaler Kennzeichnungsrechte beseitigen oder zumindest eindämmen. Der Rechtssetzung der Europäischen Gemeinschaft waren dabei enge Grenzen gesetzt:

- Der EU steht zunächst ganz allgemein keine umfassende Rechtsetzungskompetenz zu. Dies führt dazu, daß die Mitgliedsstaaten der EU durch einen europäischen Rechtssetzungsakt nicht in jeder beliebigen Weise verpflichtet werden können.
- Das Gemeinschaftsrecht muß zudem grundsätzlich die Eigentumsordnungen der Mitgliedsländern der EU unberührt lassen (Art. 295 EGV). Rechte, die sich an besonderen Kennzeichen ergeben, werden diesen Eigentumsordnungen zugerechnet[37].

Diese beiden Beschränkungen und die Erkenntnis, daß ein nationaler Kennzeichenschutz für viele Unternehmen, die lediglich einen auf ein Land beschränkten Auftritt planen, läßt eine gänzliche Abschaffung oder Ersetzung der nationalen Kennzeichenschutzgesetze insgesamt nicht zu, obgleich die zwangsläufig territorial ausgerichteten Strukturen binnenmarktwidrig sind. Zur Eindämmung der bestehenden Unterschiede wurden deshalb zwei unterschiedliche Wege eingeschlagen:

- Die nationalen Markenrechte der einzelnen Mitgliedsländer sollen einander angeglichen werden, um die wettbewerbsverzerrenden Unterschiede zu beseitigen und
- zusätzlich sollte den Unternehmen die Möglichkeit eröffnet werden Schutzrechte zu erwerben, die vom Bestand nationaler Schutzrechtsgrenzen unabhängig sind.

Für die Harmonisierung der nationalen Kennzeichnungsrechte wurde die Erste Richtlinie des Rates zur Angleichung der Rechtsvorschriften der Mitgliedsstaaten über die Marken (MRiLi)[38] erlassen. Erklärtes Ziel dieser MRiLi ist, daß in allen Mitgliedsländern der Europäischen Union für den Erwerb und die Aufrechterhaltung[39] von **eingetragenen Marken** und deren Schutzumfang[40] gleiche Bedingungen gelten. Einheitlich geltende Schutzrechte können

---

37 Vgl. BVerfGE 51, 193 – Weinbergsrolle = GRUR 1979, 773: „Das schutzfähige Warenzeichen ist eine durch Art. 14 Abs. I Satz 1 GG geschützte Rechtsposition". Ferner eingehend: *Ipsen*, Inhalt und Grenzen gemeinschaftsrechtlicher Einwirkungen auf die Marke als Eigentum, in *Hefermehl/Ipsen/Schluep/Sieben*, aaO, S. 163 f. (166f.).

38 Erste Richtlinie des Rates zur Angleichung der Rechtsvorschriften der Mitgliedsstaaten über die Marken (89/104 EWG) vom 21. Dezember 1988, GRUR Int. 1989, 294f. Im folgenden werden auch die Abkürzung „MRiLi" oder „Markenrechtsrichtlinie" verwendet.

39 Erste Richtlinie des Rates zur Angleichung der Marktvorschriften der Mitgliedsstaaten über die Marken (89/104 EWG), Erwägungsgrund 7.

seit dem 1. Januar 1996[41] über die Verordnung über die Gemeinschaftsmarke (GemMVO)[42] erworben werden.

Beide Vorhaben wurden zunächst einheitlich verfolgt[43]. Sie nahmen jedoch in der Folge einen unterschiedlichen Verlauf. So verzögerte sich die Verabschiedung der GemMVO unerwartet, da auf politischer Ebene zunächst keine Einigung über den Sitz[44] und die Sprachenregelung[45] für das Harmonisierungsamt erzielt werden konnte[46].

---

40 Erste Richtlinie des Rates zur Angleichung der Marktvorschriften der Mitgliedsstaaten über die Marken (89/104 EWG), Erwägungsgrund 9.

41 Mit Priorität des 1. April 1996. Vgl. Art. 143 GemMVO.

42 Verordnung (EG) Nr. 40/94 des Rates über die Gemeinschaftsmarke vom 20. Dezember 1993, ABl. EG Nr. 11 vom 14. Januar 1994, S. 1. Durch die Verordnung (EG) Nr. 3288/94 des Rates vom 22. Dezember 1994 (ABl. EG Nr. L 349 vom 31. Dezember 1994, S. 83) ist die GemMVO in geringfügigem Umfang (Art. 5 Abs. I lit. b/d, Art. 7 Abs. I lit j, Art. 29 Abs. I und V GemMVO) geändert worden, um Verpflichtungen der Gemeinschaft aus dem im Rahmen des Übereinkommens zur Errichtung der Welthandelsorganisationen abgeschlossenen „TRIPs-Abkommen" nachzukommen.

43 Vgl. *Ingerl*, Die Gemeinschaftsmarke, S. 17f.

44 Im Gespräch waren Städte fast aller europäischen Staaten. Einen Überblick über die kontrovers geführte Diskussion gibt *Lewinsky*, München: Ein Gemeinschaftsamt für EG Patente und EG Marken - das Europäische Patentamt, Mitt. 1979, 121f. Der Diskussionsstand zu einem späteren Zeitpunkt wird wiedergegeben von *Bodewig*, Aktuelle Berichte: Europäische Gemeinschaften: Marken- und Musteramt nach Alicante, Spanien, GRUR Int. 1993, 974f. Schließlich setze sich Alicante, Spanien durch, vgl. *Kretschmer*, Aktuelle Berichte, Ministerrat verabschiedet EG-Markenrecht, GRUR 1994, 95.

45 Die Kommission ging zunächst davon aus, daß nur eine einzige Sprache - Englisch oder Französisch - als Amtssprache gewählt werden sollte. Die Lösung der Sprachenfrage ist in der Folge des Beitritts Spaniens zur EWG noch schwieriger geworden. Auch für die Deutsche Bundesregierung (vgl. Mitt. 1988, 240; 1989, 40 und 120. vgl. ferner *v. Mühlendahl* in seinem Vortrag am 31. Mai 1985 in Braunschweig (Bericht hierüber in GRUR 1985, 870) und *Krieger* auf dem „Markenrechtsforum 85" des Markenverbandes am 24.10.1985 in München (Bericht in MA 1986, 43/44)) setzte sich im Rahmen der Verhandlung über das künftige Markenrecht der Europäischen Gemeinschaft - in Übereinstimmung mit den seit Jahren wiederholt vorgetragenen Vorstellungen der Patentanwaltskammer (Mitt. 1983, 79; 1984, 58/60 (zu Artikel 103); 1985, 220 und 1988, 240. Vgl. ferner *Lewinsky*, Verfahrenssprache des künftigen „Markenamtes der Gemeinschaft", Mitt. 1990, 199. Ebenso *Müller*, Internationaler Markenschutz mehrsprachig, GRUR Int. 1984, 669f. Schließlich Deutsche Vereinigung für gewerblichen Rechtsschutz und Urheberrecht in GRUR 1982, 478, Ziffer 2; Exekutivkomitee der FICPI in Mitt. 1982, 180; AIPPI in Mitt. 1985, 160 und GRUR Int. 1985, 463 (467/468) zu Artikel 103) - für Deutsch als gleichberechtigte Verfahrenssprache ein. Das Ergebnis des Sprachenkompromisses besteht gemäß Art. 115, 116 GemMVO (Regeln 95-99 GemM-DV) zunächst darin, daß fünf Amtssprachen der Gemeinschaft zu „Sprachen des Amtes" erklärt wurden. Es sind dies gem. Art. 115 Abs. II GemMVO: Deutsch, Englisch, Französisch, Italienisch und Spanisch. Die Tätigkeit des Amtes ist aber keineswegs auf diese Sprachen beschränkt. So erfolgen die Registereintragungen und alle vorgeschriebenen Veröffentlichungen im Gemeinschaftsmarkenblatt in allen elf Amtssprachen der Gemeinschaft (Art. 116, Abs. I, II GemMVO, Regel 85 Abs. V, VI GemM-DV), während das Amtsblatt des Harmonisierungsamtes grundsätzlich „nur" in den fünf Sprachen des Amtes herausgegeben wird (Regel 86 Abs. II GemM-DV. Vgl. dazu ausführlich: *v. Mühlendahl*, Das neue Markenrecht der Europäischen Union, in FS 100 Jahre Marken-Amt, 1994, S. 215 (220f.) und *Ingerl*, aaO, 1996, S. 144f.

46 Zur Entstehungsgeschichte der Gemeinschaftsmarkenverordnung allgemein und zusammenfassend: *Schönfeld*, Die Gemeinschaftsmarke als selbständiger Vermögensgegenstand eines Unternehmens, S. 16f. m.w.N.; Zu früheren Entwicklungsstadien vgl. nur Denkschrift Nr. 3 f; *Beier*, Ziele und Leitgedanken des europäischen Markenrechts, GRUR Int. 1976, 363; *Gloy*, Notwendigkeit und Grenzen der Harmonisierung des Warenzeichenrechts in der EG, in FS *von Gamm*, 1990, S. 257; *Heydt*, Benutzung und Benut-

4. Die Richtlinie zur Angleichung der Rechtsvorschriften der Mitgliedsstaaten über die Marken

Der Ministerrat der Europäischen Gemeinschaften am hat 21. Dezember 1988 die erste Richtlinie des Rates zur Angleichung der Rechtsvorschriften der Mitgliedsstaaten über die Marken (89/104 EWG)[47] erlassen[48]. Der Erlaß der MRiLi wurde auf den Vertrag zur Gründung der Europäischen Wirtschaftsgemeinschaft und insbesondere auf Artikel 100a EWGV gestützt[49]. Art. 100a EWGV bezweckt die Erleichterung der Rechtsangleichung zur Verwirklichung des Binnenmarktes. Das umfaßt auch die Beseitigung von Wettbewerbsverfälschungen[50], denen Unternehmen in den Mitgliedsstaaten ausgesetzt sind[51]. Die Regelungskompetenz des Ministerrats der Europäischen Gemeinschaften war damit auf diejenigen Vorschriften beschränkt, deren Angleichung als notwendig für die Vollendung des Gemeinsamen Marktes anzusehen waren[52].

Die MRiLi enthält zur Erreichung ihrer Ziele in 16 Artikeln[53] gemeinschaftsrechtliche

---

zungszwang im europäischen Gemeinschaftsmarkenrecht, GRUR Int. 1978, 2 und 61; *ders.*, Nationale Markenrechte und sonstige Rechte in dem Entwurf einer Verordnung über die Gemeinschaftsmarke, GRUR Int. 1979, 123; *Krieger*, Zur Weiterentwicklung des Markenrechts - Perspektiven aus der Sicht der Bundesregierung, GRUR Int. 1986, 75f. (76f.); *ders.*, aaO, GRUR Int. 1979, 279; *Martino*, Auf dem Weg zur Gemeinschaftsmarke - Ein Zwischenbericht, WRP 1978, 92; *Mitscherlich*, Anmelde- und Widerspruchsverfahren vor dem Europäischen Markenamt, GRUR 1980, 638; *Schawel*, Zum Vorschlag einer Verordnung des Rates über die Gemeinschaftsmarke, Mitt. 1981, 166; *Schwanhäusser*, Entwicklung und zukünftige Gestaltung der EWG-Marke, WRP 1984, 1; *Schwartz*, aaO, GRUR Int. 1975, 71; *Tilmann*, Grundfragen des EWG-Markenrechts, GRUR 1979, 20.

47 Die nationalen Gesetzgeber sind gemäß Art 189 Unterabsatz 3 EWG-Vertrag bei der Umsetzung der MRiLi angehalten, dieser nur hinsichtlich ihrer Ziele, nicht jedoch bezüglich der Form und der Wahl der Mittel zu entsprechen.

48 Erste Richtlinie des Rates zur Angleichung der Rechtsvorschriften der Mitgliedsstaaten über die Marken (89/104 EWG) vom 21. Dezember 1988, GRUR Int. 1989, 294f. Vgl. allg. zur MRiLi: *Heydt*, Zum Entwurf einer Richtlinie zur Angleichung des Markenrechts der Mitgliedsstaaten der EWG, GRUR Int. 1980, 71; *Kunz-Hallstein*, aaO, GRUR Int. 1992, 81; *ders.*, Europäisierung und Modernisierung des deutschen Warenzeichenrechts, GRUR Int. 1990, 747.

49 Vgl. die einleitenden Bemerkungen zur Ersten Richtlinie des Rates der EG Nr. 89/104 zur Angleichung der Rechtsvorschriften der Mitgliedsstaaten über die Marken.

50 Wie die voranstehende Darstellung wesentlicher Entscheidungen des EuGH (vgl.: 2. Kapitel, I., 3.) erkennen läßt, waren nationale Schutzrechte mit unterschiedlichen Schutzinhalten ein Mittel, Wettbewerbsverfälschungen zu erzeugen. Sie stellen damit ein Hinderungsgrund für die Vollendung des Gemeinsamen Marktes dar.

51 Vgl. *Pipkorn* in *Groeben/Thiesing/Ehlermann*, Kommentar zum EWG-Vertrag, 4. Auflage, 1991, Art. 100 a, Rdnr. 17; vgl. auch EuGH vom 11. Juni 1991, Rs C-300/89, Slg. 1991, 2867 (2899) - Titandioxyd.

52 Vgl. Erwägungsgrund 3 der MRiLi am Ende.

53 Die amtlichen Überschriften zu den einzelnen Artikeln der MRiLi lauten: Art. 1: Anwendungsbereich; Art. 2: Markenformen; Art. 3: Eintragungshindernisse - Ungültigkeitsgründe; Art. 4: Weitere Eintragungshindernisse oder Ungültigkeitsgründe bei Kollision mit älteren Rechten; Art. 5: Rechte aus der Marke; Art. 6: Beschränkung der Wirkungen der Marke; Art. 7: Erschöpfung des Rechts aus der Marke; Art 8: Lizenz; Art. 9: Verwirkung durch Duldung; Art. 10: Benutzung der Marke; Art. 11: Sanktionen in Gerichts- oder Verwaltungsverfahren für die Nichtbenutzung einer Marke; Art. 12: Verfallgründe; Art. 13: Zurückweisung, Verfall oder Ungültigkeit nur für einen Teil der Waren oder Dienstleistungen; Art 14: Nachträgliche Feststellung der Ungültigkeit oder des Verfalls einer Marke; Art. 15: Besondere Bestim-

Vorgaben zur Neuordnung des materiellen Markenrechts der Mitgliedsländer[54].

a) Umsetzung der MRiLi

Alle 15 europäischen Mitgliedsstaaten haben zwischenzeitlich die MRiLi in geltendes nationales Recht umgesetzt[55].

Das erstes Land, das die Umsetzung in nationales Recht vornahm, war Spanien[56]. Die Umsetzung erfolgte dort sogar schon kurz vor der Veröffentlichung des endgültigen Textes der MRiLi. In der Umsetzung folgten Frankreich[57], Dänemark[58], Griechenland[59] und Italien[60]. Alle diese Länder kamen folglich ihrer Umsetzungspflicht rechtzeitig nach[61]. Die damals noch als Mitgliedschaftskandidaten zu bezeichnenden Länder Österreich[62], Finnland[63], Schweden[64] glichen als nächstes ihre Markenrechte an die MRiLi an und traten der EU mit Wirkung vom 1. Januar 1995 bei. Das neue englische Markenrecht[65] wurde am 31. Oktober 1994 in Kraft gesetzt. In Deutschland trat zur Umsetzung der MRiLi am 1. Januar 1995[66] das

---

mungen für Kollektiv-, Garantie- und Gewährleistungsmarken; Art. 16: Einzelstaatliche Durchführungsvorschriften aufgrund dieser Richtlinie (Art. 17: Adressaten).

54 Da Art. 234 EWG-Vertrag bestimmt, daß völkerrechtliche Verpflichtungen der Mitgliedsstaaten zu respektieren sind, waren zusätzlich die für das Kennzeichnungsrecht relevanten Vorschriften der PVÜ zu beachten und - soweit es sich bei den Mitgliedsländern um Mitgliedsländer des MMA handelt - ein Einfügen in dieses Schutzrechtssystem zu gewährleisten.

55 Zu Einzelheiten der Umsetzung der MRiLi in den einzelnen Mitgliedsländern der EU vgl. die beiden Aufsätze von *Kur*, aaO, GRUR 1997, 241f. *dies.*, Harmonization of the Trademark Laws in Europe - An Overview, IIC 1997, 1f.

56 „Ley de marcas", in Kraft seit dem 12. Mai 1989.

57 Gesetz 91-7/91 vom 4. Januar 1991, in Kraft seit dem 28. Dezember 1992.

58 Gesetz Nr. 341 vom 6. Juni 1991, in Kraft seit dem 1. Januar 1992.

59 Warenzeichengesetz Nr. 2239/1994, erstmalig in Kraft seit dem 25. September 1992.

60 Decreto Legislativo No. 480/1992, in Kraft seit dem 4. Dezember 1992.

61 Gemäß Art. 16 MRiLi hätte eine Umsetzung der Markenrechtsrichtlinie bis zum 28. Dezember 1991 in nationales Recht erfolgen müssen. Diese Frist ist durch Beschluß des EG-Ministerrats vom 19. Dezember 1991 (ABl. EG 1992 Nr. L 6 S. 35) bis zum 31. Dezember 1992 verlängert worden.

62 Markenschutzgesetz Nr. 1993/109, Allerdings handelte es sich bei der Angleichung des nationalen Markenrechts eher um eine „kleine Markenrechtsnovelle". Insbesondere fehlt noch die Anpassung an das Gemeinschaftsmarkenrecht (Gebühren, Umwandlungsverfahren). Zudem - und insoweit nimmt Österreich eine EG-weite Sonderstellung ein - besteht nach wie vor das Erfordernis eines Geschäftsbetriebes bei der Anmeldung. Eine weitere Schwäche des österreichischen Markengesetzes ist, daß am Ende des Löschungsverfahrens und des Verletzungsverfahrens jeweils unterschiedliche Instanzen stehen, so daß - je nach dem welcher Weg beschritten wird - unterschiedliche Ergebnisse herauskommen können.

63 Die aktuelle Version des Gesetzes Nr. 1715 datiert vom 22. Dezember 1995. Veränderungen des Gesetzestextes ergaben sich mit dem Gesetz Nr. 715 vom 21. April 1995, welches seit dem 1. April 1996 in Kraft ist. Eine deutsche Übersetzung des Gesetzestextes ist GRUR Int. 1996, 1017f.

64 Der aktuelle Gesetzestext ergibt sich aus dem Gesetz SFS 1995:1277. Eine deutsche Übersetzung ist abgedruckt in GRUR Int. 1996, 1027f.

65 Trade Mark Act 1994 („TMA 1994), in seiner heutigen Fassung in Kraft seit dem 31. Oktober 1994.

66 Die Verzögerung bei der Umsetzung der MRiLi in geltendes deutsches Recht wurde vornehmlich mit der Verhinderung des Gesetzgebers durch die erfolgte Wiedervereinigung Deutschlands begründet, vgl. Be-

Markenrechtsreformgesetz (MRRefG) und mit ihm das neue Markenrecht - das Markengesetz (MarkenG)[67] - in Kraft. Im Juni 1995 glich in der Folge Portugal sein Markenrecht an[68]. Die Benelux-Staaten zogen am 1. Januar 1996[69] nach. Schließlich wurde die Reihe von Irland am 1. Juli 1996[70] beendet.

aa) Umsetzung bindender Vorgaben

Soweit die in der MRiLi enthaltenen Regeln bindenden Charakter[71] haben, mußten sie von den nationalen Gesetzgebern bei der Umsetzung in national geltendes Recht zwingend beachtet werden (Art. 189 Unterabsatz 3 EWG-Vertrag). Abweichende oder ungenügende Regelungen stellen einen Verstoß gegen EG-Recht dar, der vor dem EuGH geltend gemacht werden kann (Art. 170 EWG-Vertrag). Insgesamt lassen die Umsetzungsregelungen deshalb ein hohes Maß an Bereitschaft erkennen, den Vorgaben der MRiLi Folge zu leisten. Nicht selten sind sogar die in der MRiLi enthaltenen Vorschriften wortgleich in die nationalen Gesetze aufgenommen worden[72].

Ein eindeutiges Beispiel für eine unzureichende Umsetzung zwingender Vorgaben ist Art. 32 des spanischen Markengesetzes von 1988[73], der die Erschöpfung des Markenrechts nur dann eintreten lassen will, wenn der Inhaber dem Inverkehrsetzen in Spanien zugestimmt hat. Es ist ganz offensichtlich, daß diese Bestimmung mit der zwingenden Vorschrift des Art. 7 MRiLi nicht in Einklang steht und damit zumindest dem Grundsatz der gemeinschaftsweiten Erschöpfung weichen muß[74].

bb) Umsetzung fakultativer Vorgaben

Obwohl bei Erlaß der MRiLi nur eine beschränkte Regelungskompetenz[75] bestand,

---

gründung zum Gesetzesentwurf des Gesetzes zur Reform des Markenrechts und zur Umsetzung der MRiLi, abgedruckt im Sonderheft zum BlPMZ 1994, S. 48, liSp.

67 Vgl. allg. zur Markenrechtsreform in Deutschland: *Berlit*, Das neue Markenrecht, WiB 1995, 49 = ZRP 1995, 466; *Dreiss/Klaka*, Das neue Markenrecht, 1995; *v. Gamm*, aaO, WRP 1993, 793; *ders.*, Schwerpunkte des neuen Markenrechts, GRUR 1994, 775; *Ingerl*, Der Regierungsentwurf zum neuen Markengesetz: Zwischenstation auf dem Weg zum europäischen Markenrecht, WiB 1994, 109; *Ingerl/Rohnke*, Die Umsetzung der Markenrechtsrichtlinie durch das deutsche Markengesetz, NJW 1994, 1247; *v. Mühlendahl*, Das neue deutsche Markenrecht, Innovation und Management 11-12/93, 1; *ders.*, Deutsches Markenrecht, S. 1f.; *Schmieder*, Neues deutsches Markenrecht nach europäischen Standard, NJW 1994, 1241.

68 Decreto-Lei 16/95 als 4. Kapitel (Art. 165f.) des „Código da Propriedade Industrial".

69 Ein Abdruck des heute gültigen Gesetzestextes - unter Einarbeitung des Änderungsprotokolls vom 2. Dezember 1996, in Kraft getreten am 1. Januar 1996; in deutscher Sprache - findet sich in GRUR Int. 1997, 29f.

70 Irisches Markengesetz („TMA 1996"), in seiner heutigen Fassung in Kraft seit dem 1. Juli 1997, die Verabschiedung durch das Parlament erfolgte am 16. März 1996.

71 Beispiel: Art. 3, Abs. 1 der Richtlinie: „Folgende Zeichen sind von der Eintragung ausgeschlossen [...]".

72 Vgl. bsplw. Art. 7 MRiLi und § 24 MarkenG.

73 „Ley de marcas", in Kraft seit dem 12. Mai 1989.

74 Vgl. Casado Cerviño, Das neue Markenrecht Spaniens und der Europäischen Gemeinschaft, GRUR Int. 1992, 107f. (116).

75 Vgl. oben im 2. Kapitel, I., 4.

wurden in die MRiLi auch eine Reihe von Bestimmungen aufgenommen, die es den nationalen Gesetzgebern freistellten, bestimmte Regelungen zu erlassen[76]. Die wichtigsten Bereiche, die lediglich in Form einer Option für die nationalen Gesetzgeber aufgenommen wurden, sind der Schutz bekannter Marken außerhalb des Ähnlichkeitsbereichs[77] und die Aufgabe des Bindungsprinzips[78].

Eine Angleichung der nationalen Markenrechte hat in aller Regel auch bei den lediglich fakultativen Vorschriften der MRiLi stattgefunden. Eine bemerkenswerte Ausnahme stellt insoweit das österreichische Recht dar, das am Bindungsprinzip zwischen Marke und Geschäftsbetrieb jedenfalls insoweit festhält, als Existenz und Fortbestand eines Geschäftsbetriebes als unerläßlich für den Erwerb und die Aufrechterhaltung von Markenrechten angesehen werden[79] und das auch keine Vorschrift über den erweiterten Schutz bekannter Marken in das national geltende Markenrecht aufgenommen hat[80]. Der Grund dafür dürfte darin liegen, daß in Österreich lediglich eine Minimallösung bei der Umsetzung der MRiLi verfolgt wurde und ohnehin noch eine weitere Anpassung (Einbindung des Gemeinschaftsmarkenrechts) in das nationale Recht erfolgen muß. In Österreich bestehen deshalb bereits Pläne für eine Gesetzesänderung, die eine stärkere Annäherung an das Vorbild des europäischen Markenrechts herbeiführen sollen. Diese Pläne haben jedoch noch keine konkreteren Formen angenommen[81]. Ein weiteres Land, das dem Vorbild der GemMVO zunächst nicht in vollem Umfang

---

76 Beispiel: Art. 3, Abs. 2 der Richtlinie: „Jeder Mitgliedsstaat *kann* vorsehen [...]".

77 Vgl. dazu unten im 4. Kapitel III. 2.

78 Bei der rechtlichen Betrachtung der Funktionen einer besonderen Markierung stand über lange Zeit alleine die Herkunftsfunktion im Vordergrund (vgl. BGH in GRUR 1964, 202 (204) - Maja; BGH in GRUR 1971, 573f. - Nocado; OLG Düsseldorf in GRUR Int. 1965, 204 - Revlon IV; *Baumbach-Hefermehl*, aaO, 1985, Einl. Rdz. 15f.; *Beier*, Anmerkung zum Maja-Urteil in GRUR Int. 1964, 205f.; *v. Gamm*, WZG, 1965, § 1 WZG, Nr. 2, S. 43, *Schluep*, Das Markenrecht als subjektives Recht, S. 69; *Riehle*, Markenrecht und Parallelimport, S. 107; *Sack*, Die rechtlichen Funktionen des Warenzeichens, GRUR 1972, 402 (405 re.Sp.); *Beier/Krieger*, Wirtschaftliche Bedeutung, Funktionen und Zweck der Marke, GRUR Int. 1976, 125 (126 li.Sp.)). Die besondere Markierung von Waren und Dienstleistung hatte danach die vornehmliche Aufgabe, die gleichbleibende Herkunft - und damit regelmäßig auch die gleichbleibende Beschaffenheit - von Angeboten anzugeben. Dafür war es zwingend erforderlich, daß eine enge Bindung zwischen Warenzeichen und herstellenden Geschäftsbetrieb besteht. Nur aufgrund dieser rechtlich zwingenden Vorgabe konnte überhaupt davon ausgegangen werden, daß eine gleiche Markierung einen Rückschluß auf eine gleichmäßige Herkunft zuläßt. Dieses als „Bindungsprinzip" bezeichnete Grundverständnis einer Marke war im Laufe der Zeit durch wirtschaftliche Veränderungen nicht mehr haltbar und wurde deshalb im modernen Verständnis von Markenrechten allmählich aufgegeben. Vgl. insoweit bereits die bemerkenswerten Ausführungen von *Isay*, Die Selbständigkeit des Rechts an der Marke, GRUR 1929, 23 und *Reimer*, Bericht für den Londoner Kongreß der AIPPI, GRUR 1931, 11, die bereits schon sehr früh ein Abrücken von der strengen Akzessorietät forderten, sich jedoch mit ihren Ansichten damals (noch) nicht durchsetzen konnten.

79 Kritisch dazu *Pöschhacker* in *Koppensteiner* (Hrsg.), Österreichisches und europäisches Wirtschaftsprivatrecht, S. 109f., (122).

80 Das österreichische MarkenSchutzgesetz enthält in seinen §§ 14, 31 lediglich eine Definition des Begriffs der Verwechslungsgefahr sowie die Anordnung der Löschung im Falle verwechslungsfähiger Zeichen. Abwehransprüche gegen eine unautorisierte Benutzung besonderer Bezeichnungen können deshalb nur aufgrund des Gesetzes zur Bekämpfung unlauteren Wettbewerbs geltend gemacht werden.

81 Im Hinblick auf die Umsetzung zum Schutz bekannter Marken ist dabei u.a. zu bedenken, daß Art. 16.3 des „TRIPs-Abkommens" eine Verpflichtung zum Schutz notorischer Marken außerhalb des Ähnlich-

gefolgt ist, ist Griechenland[82].

Bei der ansonsten erfolgten, weitgehenden Angleichung der nationalen Kennzeichnungsrechte an die lediglich fakultativen Vorschriften der MRiLi hat sicherlich der Wunsch der Mitgliedsländer eine Rolle gespielt, einen weitgehenden „Gleichlauf“[83] zwischen den Regelungen der Gemeinschaftsmarke und den Vorschriften über die eigenen nationalen Marken herbeizuführen.

b) Fortbestehende Unterschiede nach Umsetzung der MRiLi im nationalen Recht

Obwohl alle Mitgliedsländer die Vorschriften der MRiLi zwischenzeitlich in geltendes nationales Recht umgesetzt haben, bestehen immer noch Unterschiede in den einzelnen nationalen Schutzgesetzen[84]. Ursächlich ist dafür zunächst, daß der Umfang der Umsetzung in nationales Recht in den einzelnen Mitgliedsländern der EU höchst unterschiedlich ausfiel. So wurde beispielsweise in Deutschland eine umfassende Gesetzesreform durchgeführt, die eine grundlegende Neustrukturierung der Regelungen über den Schutz besonderer Kennzeichen mit sich brachte. Dafür war der Umstand mitursächlich, daß das bis dahin gültige deutsche WZG viele Anachronismen enthielt und daher besonders reformbedürftig war. Demgegenüber beruhte beispielsweise das einheitliche BeNeLux-Markengesetz bereits in seiner vor Erlaß der MRiLi geltenden Fassung auf einem modernen wirtschaftlichen Ansatz des Markenschutzes. Die Umsetzung der MRiLi brachte deshalb dort nicht so große Veränderungen mit sich. Auch in anderen Ländern[85] wurde die Umsetzung der MRiLi im wesentlichen auf das erforderlich Erachtete beschränkt.

Ein weiterer Grund für immer noch bestehende Unterschiede bei den nationalen Kennzeichnungsrechten liegt in dem Spielraum, der den nationalen Gesetzgebern bei der Umsetzung fakultativer Vorgaben blieb. Die nationalen Gesetzgeber sind schließlich gemäß Art 189 Unterabsatz 3 EWG-Vertrag bei der Umsetzung der MRiLi angehalten, dieser nur hinsichtlich ihrer Ziele, nicht jedoch bezüglich der Form und der Wahl der Mittel, zu entsprechen. Schließlich wurden in der MRiLi weite Bereiche des materiellen und formellen Kennzeichen-

---

keitsbereiches (bei Vorliegen bestimmter Voraussetzungen) enthält. Der Schutz gem. Art. 16.3 des „TRIPs-Abkommens“ muß jedoch streng genommen lediglich ausländischen, von der Konvention begünstigten Markeninhabern gewährt werden und verpflichtet den Gesetzgeber nicht zur Einführung eines generellen, auch nationalen Markeninhabern zur Verfügung stehenden Sonderschutzes.). Auch das spanische Markengesetz enthält keine ausdrücklichen Vorschriften über den Schutz bekannter Marken außerhalb des Ähnlichkeitsbereiches.

82 Hier war die isolierte Übertragung von Marken in der ursprünglichen Fassung der Umsetzungsverordnung untersagt worden. Mit Hinblick auf Art. 21 des „TRIPs-Abkommens“ wurde diese Regelung jedoch zwischenzeitlich geändert. Vgl. dazu *Pfisterer*, Das neue griechische Markengesetz, GRUR Int. 1995, 488f.

83 So die Formulierung von *Sack*, Sonderschutz bekannter Marken de lege ferenda, BB 1993, 869f. (871).

84 Vgl. *Kur*, aaO, GRUR 1997, 241f.; dies., aaO, IIC 1997, 1f. Vgl. ferner die Länderberichte anläßlich des 10. Ringberg-Symposiums des Max-Planck-Instituts zur Neuordnung des Markenrechts vom 16. - 21. September 1996, Bericht von *Albert* abgedruckt in GRUR Int. 1997, 449 (Beginn der Länderberichte ab S. 457).

85 Insbesondere Österreich, aber auch Schweden und Finnland.

recht der Mitgliedsländer überhaupt nicht geregelt. So geht die MRiLi selbst davon aus, daß

es [...] gegenwärtig nicht notwendig [erscheint], die Markenrechte der Mitgliedsstaaten der Mitgliedsländer vollständig anzugleichen. Es ist ausreichend, wenn sich die Angleichung auf diejenigen innerstaatlichen Rechtsvorschriften beschränkt, die sich am unmittelbarsten auf das Funktionieren des Binnenmarktes auswirken.[86]

Der Umstand, daß die MRiLi als „Erste Richtlinie" des Rates zur Angleichung der Rechtsvorschriften der Mitgliedsstaaten über die Marken bezeichnet wird, läßt den Schluß zu, daß sich der Rat der Europäischen Gemeinschaften zumindest die Option offenhält, eine (oder mehrere) weitere Richtlinie(n) zur Angleichung der Rechtsvorschriften der Mitgliedsstaaten über die Marken zu erlassen.

c) Bereiche, die in der MRiLi nicht geregelt wurden

Der Erlaß weiterer Richtlinien, die die Angleichung nationaler Rechtsvorschriften auf dem Gebiet des Kennzeichnungsrecht fortsetzt, kann dadurch geboten sein, daß kennzeichnungsrechtliche Bereiche existieren, die vom Regelungsgehalt der MRiLi überhaupt nicht umfaßt waren. Der Grund dafür ist zunächst darin zu erkennen, daß die begrenzte Erlaßkompetenz des Ministerrates der Europäischen Gemeinschaften für die MRiLi eine direkte Einflußnahme nur auf diejenigen nationalen Vorschriften der Mitgliedsländer zuließ, die sich unmittelbar auf die Vollendung des Gemeinsamen Marktes auswirkten. Daneben bestanden jedoch auch tatsächliche Probleme, die den Ministerrat der Europäischen Union davon abhielten eine weitergehendere Rechtsangleichung vorzunehmen. Davon betroffen ist insbesondere der in den einzelnen Ländern der EU höchst unterschiedlich geregelte Schutz nicht eingetragener Marken[87]. Dieser Bereich wurde nämlich aus dem Regelungsgehalt der MRiLi gänzlich ausgeklammert[88]. Damit bestehen die zuvor erwähnten Unterschiede in diesem Bereich fort.

Diese Unterschiede im Bereich des Schutzes nicht eingetragener Marken wirken sich, außer im nationalen Recht, auch auf die Anwendung der zwischenzeitlich erlassenen GemMVO aus. Nach Art. 8 Abs. 4 GemMVO können die Inhaber nicht eingetragener Rechte gegen eine jüngere Gemeinschaftsmarke Widerspruch einlegen, soweit das ältere Recht nicht lediglich örtliche Bedeutung besitzt[89]. Was dabei unter einer „mehr als örtlichen Bedeutung" in diesem Sinn zu verstehen ist, ist nach gemeinschaftsrechtlichen Kriterien zu bestimmen[90]. Die

---

86 Vgl. Erwägungsgrund 3 der MRiLi

87 Vgl. zu den Unterschieden beim Rechtserwerb an besonderen Kennzeichen aufgrund Benutzung, oben im 2. Kapitel, I., 2., a).

88 Vgl. den in Art. 1 MRiLi definierten Anwendungsbereich, der sich ausschließlich auf eingetragene oder zum Schutz angemeldete Marken beschränkt.

89 Vgl. auch Art. 107 GemMVO, demzufolge der Inhaber von Marken und sonstigen Rechten von lediglich örtlicher Bedeutung dem Inhaber einer Gemeinschaftsmarke die Benutzung der Marke innerhalb des örtlichen Schutzbereichs verbieten kann, wenn das nationale Recht dies vorsieht.

90 So *Knaak*, Das Verhältnis älterer Handelsnamen zur eingetragenen Marke, GRUR Int. 1987, 560f. (570).

Maßstäbe des nationalen Rechts[91] spielen dabei allerdings eine wichtige Rolle, da sie darüber befinden, ob ein älteres Recht überhaupt zur Entstehung gelangt ist. Dies wird in der Arbeit des Harmonisierungsamtes dazu führen, daß das Schicksal einer Gemeinschaftsmarke häufig von der rechtlichen Situation in denjenigen Ländern abhängt, die im Hinblick auf den Schutz für nicht eingetragene Marken großzügige Maßstäbe[92] anwenden. Aus dieser Situation heraus dürfte sich in der Praxis ein besonderer Angleichungsdruck auch in Hinblick auf die bislang ausgeklammerten Fragen des Schutzes nicht eingetragener besonderer Kennzeichen ergeben.

Weitere Beispiele für Bereiche, die durch die MRiLi nicht geregelt wurden, sind die Gestaltung des Eintragungsverfahrens[93] und der Bereich der Rechtsdurchsetzung von Rechten aus eingetragenen Marken.

d) Bereiche, in denen das Recht des Schutzes besonderer Kennzeichen aufgrund unterschiedlicher Rechtsansichten über die Auslegung der MRiLi noch nicht angeglichen sind

Die Herausbildung einer einheitlichen Rechtslage in allen Mitgliedsstaaten der Europäischen Union in bezug auf Rechte, die sich aus besonderen Kennzeichen ergeben, wird zudem dadurch erschwert, daß die MRiLi[94] eine Reihe von unklaren Formulierungen enthält, die zu unterschiedlichen Interpretationen in den einzelnen Mitgliedsländern führen können. Ein Beispiel dafür ist die in der MRiLi enthaltene Voraussetzung, daß eine Marke graphisch darstellbar sein muß, um eintragbar zu sein (Art. 2 MRiLi). In Dänemark und Schweden wurde - soweit ersichtlich - im Gegensatz zu den anderen Ländern der EU in der Literatur sowie vom Patentamt erklärt, daß Hörmarken diese Voraussetzung nicht erfüllen können[95].

Zu den unklaren Formulierungen gehört ferner die Beurteilung der kennzeichenrechtlichen Verwechslungsgefahr einschließlich der Gefahr des „gedanklichen Inverbindungbringens". Des weiteren sind Fragen der Ähnlichkeit von Produkten und Dienstleistungen[96] genauso betroffen wie die Voraussetzungen und der Inhalt des Schutzes der bekannten Marke[97].

---

91 Einen Überblick über die unterschiedliche Behandlung der nicht registrierten besonderen Kennzeichen bietet *Kur*, aaO, GRUR 1997, 241f. (253, 254).

92 Bsplw. werden in Dänemark nicht eingetragene besondere Kennzeichen bereits aufgrund bloßer Benutzung voller und inhaltlich umfassender markenrechtlicher Schutz gewährt, sofern sie Unterscheidungskraft besitzen. Vgl. § 3 Abs. I Nr. 2 dän. vml.

93 Vgl. Erste Richtlinie des Rates zur Angleichung der Marktvorschriften der Mitgliedsstaaten über die Marken (89/104 EWG), Erwägungsgrund 5.

94 Ebenso wie die z.T. darauf basierenden, in nationales Recht umgesetzten Vorschriften.

95 Vgl. Kur, aaO, GRUR 1997, 241f. (FN.: 47).

96 Vgl. hierzu: *Kliems*, Relativer Ähnlichkeitsbegriff bei Waren/Dienstleistungen im neuen Markenrecht?, GRUR 1995, 198f.; *Teplitzky*, Verwechlungsgefahr und Warenähnlichkeit im neuen Markenrecht, GRUR 1996, 1f.; *Kunz-Hallstein*, Ähnlichkeit und Verwechslungsgefahr, GRUR 1996, 6f.; *Piper*, Der Schutz der bekannten Marken, GRUR 1996, 429f. (431f.).

97 Vgl. dazu *Schweer*, Die erste Markenrechtsrichtlinie der Europäischen Gemeinschaft und der Rechtsschutz bekannter Marken, 1992, S. 1f.; *Keller*, Der Schutz eingetragener Marken gegen Rufausnutzung nach deutschem und europäischem Recht, 1994, S. 1f.; *Ernst-Moll*, Die berühmte und die bekannte Mar-

Schließlich ist die Frage offen, ob das Recht an der Marke lediglich durch eine kennzeichenmäßige Benutzung des Zeichens verletzt wird, oder auch dann, wenn die Marke lediglich zu Dekorationszwecken oder in anderer Weise, beispielsweise in einer anlehnenden oder vergleichenden Werbung verwendet wird[98]. Letztendlich gehört in diesen Bereich auch die Regelung über die Erschöpfung von Markenrechten. Auf die sich daraus ergebenden Fragen soll später eingegangen werden[99].

II. Schutz besonderer Kennzeichen nach dem Madrider Markenabkommen bzw. dem Madrider Protokoll in den Mitgliedsländern der EU

Der zweite Weg einen gesetzlichen Schutz besonderer Kennzeichen in den Ländern der EU Kraft einer Registrierung[100] bei den dafür zuständigen, nationalen Schutzerteilungsbehörden zu erhalten, geht über mehrseitige internationale Abkommen, die das für die Schutzerlan-

---

ke, GRUR 1993, 8f.; *Rößler*, Die Ausnutzung der Wertschätzung bekannter Marken im neuen Markenrecht, GRUR 1994, 559f.; *Kur*, Die notorisch bekannten Marke im Sinne von Art. 6bis PVÜ und die „bekannte Marke“ im Sinne der Markenrechtsrichtlinie, GRUR 1994, 330f.; *Sack*, Sonderschutz bekannter Marken, GRUR 1995, 81f.; *Piper*, aaO, GRUR 1996, 429f., vgl.: 4. Kapitel, III.

98 Während die herrschende Meinung in Deutschland auf dem Standpunkt steht, daß - soweit nicht, wie in den BeNeLux-Staaten, von der Option des Art. 5 Abs. V MRiLi Gebrauch gemacht worden ist (vgl. Art. 13 A Abs. I d) BMW) - ohne eine kennzeichenmäßige Benutzung keine Markenverletzung angenommen werden kann (vgl. *Keller*, aaO, S. 12, 75f.; *ders.*, Die zeichenmäßige Benutzung im Markenrecht, GRUR 1996, Heft 8-9 (Festschrift für Hefermehl), 607f.; *v. Gamm*, aaO, WRP 1993, 773f. (797f.); *Sack*, aaO, GRUR 1995, 81f. (93, 94); *Deutsch*, Zur Markenverunglimpfung, GRUR 1995, 319f. (321); *Krüger*, Zum gedanklichen Inverbindungbringen im Sinne der §§ 9 I 2, 14 II 2 MarkenG, GRUR 1995, 527f. (528f.); *Piper*, aaO, GRUR 1996, 429f. (434); a.A.: *Fezer*, Rechtsverletzende Benutzung einer Marke als Handeln im geschäftlichen Verkehr, GRUR 1996, Heft 8-9 (Festschrift für Hefermehl), 566f. (568f.); *Starck*, Markenmäßiger Gebrauch - Besondere Voraussetzung für die Annahme einer Markenverletzung?, GRUR 1996, Heft 8-9 (Festschrift für Hefermehl), 688f. (690, 691).), herrscht in anderen Ländern (so etwa in Frankreich und im Vereinigten Königreich [vgl. die Entscheidung des High Court, Chancery Division (J.Jacobs) v. 7. Februar 1996 - Robertsons vs. British Sugar] eine andere Auffassung. Das aus Art. 5 Abs. V MRiLi folgende Argument - daß nämlich die vorstehenden Absätze der Vorschrift sich nur auf eine Unterscheidung dienende Benutzung von Marken bezieht - ist aus der Sicht des englischen Rechts nicht überzeugend, da auch die Verwendung der Marke als Hinweis auf die Herkunft vom Markeninhaber Unterscheidungszwecken dient.) die gegenteilige Auffassung vor. Soweit allerdings die Nennung von Marken in der vergleichenden Werbung betroffen ist, besteht allgemein, d.h. auch in den beiden zuvor genannten Ländern, Einigkeit darüber, daß dies regelmäßig nicht zu einer Verletzung von Markenrechten führt. (Die prinzipielle Zulässigkeit der Nennung von Marken in der vergleichenden Werbung wurde auch in der Annahme der GemMVO durch den Rat unstreitig gestellt. Das Sitzungsprotokoll (wiedergegeben bei *Gielen*, [1996] 2 EIPR, 83, 88) vermerkt dazu: „Re Article 9 - The Council and the Commission consider that the reference to advertising in paragraph 2 (d) does not cover the use of a Community Trade Mark in comparative advertising“. In Frankreich wird dies aus der ausdrücklichen Regelung der vergleichenden Werbung im Code de consommation abgeleitet; im Vereinigten Königreich ergibt es sich aus der liberalen Interpretation der einschlägigen Vorschrift des Art. 10 Abs. VI TMA 1994 durch die Rechtsprechung).

99 Vgl. dazu im 5. Kapitel, II.

100 Die in den nationalen Kennzeichenschutzrechten parallel vorgesehene Möglichkeit eines Schutzrechtserwerb durch Benutzung kennen die Schutzrechtssysteme nach MMA und MP nicht!

gung erforderliche Anmeldeverfahren bündeln. Derartige Möglichkeiten sieht das Madrider Markenabkommen (MMA) vom 14. April 1894[101] und das darauf aufbauende Protokoll zum Madrider Markenabkommen (MP) vom 27. Juni 1989[102] vor.

1. Das Madrider Markenabkommen (MMA)

Das Madrider Markenabkommen vom 14. April 1894 trug einem Bedürfnis der Wirtschaft nach Vereinfachung und Verbilligung des Markenschutzes in mehreren Ländern Rechnung. Es ermöglicht dem Schutzsuchenden mittels eines einzigen Antrages, in einer einzigen Sprache[103], Schutz in mehreren fremden Ländern als sogenannte „International registrierte Marke" [104] zu erwerben[105]. Dieser Rechtserwerb setzt voraus, daß

- o der Schutzsuchende seinen Wohnort oder seinen Sitz in einem Mitgliedsland des MMA[106] hat (Art. 1 Abs. II MMA, ergänzt durch die Vorschrift des Art 2 MMA, vgl. Art. 2 und 3 PVÜ) und
- o Inhaber einer sogenannten „Basisregistrierung" (Art. 1 Abs. II MMA) ist[107].

Liegen diese Voraussetzungen vor, so kann der Antrag auf Schutzerstreckung des gesetzlichen Schutzes der Heimatregistrierung – über die jeweilige nationale Schutzerteilungsbehörde – bei der WIPO[108] in Genf eingereicht werden (Art. 3 MMA). Die dortige Registrie-

---

101 In der revidierten Stockholmer Fassung in BGBl 1970 II, S. 193 und geändert in BGBl 1984 II, S. 799 - Textabdruck u.a. in *Busse/Stark*, aaO, Internationales Zeichenrecht, MMA.

102 Protokoll zum Madrider Markenabkommen über die Internationale Registrierung von Marken (im folgenden kurz: „MP"), angenommen in Madrid am 27. Juni 1989 (Der Text des MP ist in deutscher Sprache abgedruckt in BlPMZ 1996, 49f., der Text des MP in englischer Sprache ist abgedruckt in GRUR Int. 1989, 775-781). Gesetz zu dem Protokoll vom 27. Juni 1989 zum Madrider Abkommen über die internationale Registrierung von Marken vom 7. Dezember 1995, BGBl 1995 II 1016f., BlPMZ 1996, 49.

103 Im Rahmen des MMA einigte man sich 1894 auf Französisch als einzige Verfahrenssprache. Vgl. Regel 7 der Ausführungsordnung zum Madrider Abkommen über die internationale Registrierung von Marken, Inkraftgetreten am 1. Januar 1989, angenommen am 22. April 1988.

104 Im folgenden wird regelmäßig die allgemein übliche Kurzbezeichnung „IR-Marke" verwendet.

105 Leitfaden für die internationale Registrierung von Marken, Ausgabe April 1990, S. 1f.

106 Aufzählung der Mitgliedsstaaten nach dem Stand 15. Januar 2001 (wiedergegeben nach BlPMZ 2001, 124): Ägypten, Albanien, Algerien, Armenien, Aserbeidschan, Belgien, Bhutan, Bosnien-Herzegowina, Bulgarien, Volksrepublik China, Deutschland, Frankreich (einschließlich aller überseeischer Départements und Gebiete), Italien, Jugoslawien, Kasachstan, Kenia, Kirgisistan, Demokratische Volkrepublik Korea, Kroatien, Kuba, Lesotho, Lettland, Liberia, Liechtenstein, Luxemburg, Marokko, Mazedonien (ehem. jugoslawische Republik), Republik Moldau, Monaco, Mongolei, Mosambik, Niederlande, Österreich, Polen, Portugal, Rumänien, Russische Föderation, San Marino, Schweiz, Sierra Leone, Slowakei, Slowenien, Spanien, Sudan, Swasiland, Tadschikistan, Tschechische Republik, Ukraine, Ungarn, Usbekistan, Vietnam, Weißrußland.

107 Dies ist seit der Haager Fassung (6. November 1925) „enregistrées" klargestellt. Die bis dahin gültige Washingtoner Fassung (2. Juli 1911) gab durch die Formulierung „acceptées au depot" diesbezüglich noch Anlaß zu Zweifel.

108 WIPO = World Intellectual Property Organisation. Die französische Bezeichnung dieser internationalen Institution lautet OMPI (= Organisation Mondial pour la Proprieté Industrielle).

rung des Schutzgesuches begründet für die im Ursprungsland eingetragene Marke in den einzeln zu benennenden Staaten, die dem Verband angehören, den jeweils dort gewährten Markenschutz (Art. 4 MMA) auf 20 Jahre (Art. 7 MMA). Begründet wird folglich kein eigenständiges internationales Schutzrecht. Vielmehr hat eine erfolgte Schutzerstreckung in dem jeweiligen Land lediglich die gleiche Wirkung wie eine dort erfolgte nationale Registrierung (vgl. für Deutschland: §§ 107 f. MarkenG). Sie unterliegt damit in vollem Umfang dem jeweiligen nationalen Markenrecht (Art. 5 MMA). Dies bedeutet, daß das Schutzgesuch von den nationalen Schutzerteilungsbehörden sowohl auf das Vorliegen von absoluten als auch von relativen Schutzversagungshindernissen geprüft wird, sofern dies das nationale Recht vorsieht. Dabei können folglich auch verwechslungsfähige, ältere nationale Markenrechte durch deren Inhaber der beantragten Schutzerstreckung entgegengehalten werden[109]. Die IR-Marke ist zudem für die Dauer von fünf Jahren von der Heimateintragung abhängig (Art. 6 Abs. II MMA). Diese Abhängigkeit hat zur Folge, daß die internationale Registrierung ihre Wirkung verliert, wenn die Basismarke während dieser Fünfjahresfrist gelöscht wird. Erst nach Ablauf dieser Frist wird die IR-Marke unabhängig (Art. 6 Abs. II MMA).

Das damit begründete „Bündel nationaler Marken" mit der insoweit überzogenen Bezeichnung „International Registrierte Marke" darf nicht darüber hinwegtäuschen, daß auf diesem Weg kein allumfassender, flächendeckender Markenschutz erreicht werden kann. Neben den USA und Japan, als führende Handelsnationen, bestehen in der Reihe der Mitgliedsländer des MMA auch innerhalb der EU[110] beachtliche Lücken. So gehören weder Dänemark noch Griechenland, oder Länder wie Irland und das Vereinigte Königreich[111] dem MMA an. Bislang war deshalb auf dem Weg der IR-Marke (noch) kein EU-weiter Schutz einer besonderen Kennzeichnung zu erreichen[112]. Die bestehenden Schutzrechtslücken waren Anlaß im Rahmen der Mitgliedsstaaten der Pariser Union[113] Versuche zu unternehmen zu einem tatsächlich weltweiten Markenabkommen zu gelangen.

Diesem Wunsch nachkommend ist zunächst der Trademark Registration Treaty (TRT)[114] entstanden, der am 7. Februar 1980[115] in Kraft getreten ist. Es ist jedoch nicht davon

---

109 Vgl. Art. 5 MMA iVm Regel 16 Abs. II lit. vi der Ausführungsordnung zum Madrider Abkommen über die internationale Registrierung von Marken (in Kraft getreten am 1. Januar 1989, angenommen am 22. April 1988).

110 Von den heutigen Mitgliedsstaaten der Europäischen Union gehören nur die Benelux-Staaten, Deutschland, Frankreich, Italien, Österreich, Portugal und Spanien dem Madrider Markenabkommen an.

111 Ein Grund für die unterbliebenen Beitritte des Vereinigten Königreichs und Irlands ist, daß das Registerverfahren dieser Länder eine Vorprüfung auf absolute und relative Schutzhindernisse kennt und diese Länder deshalb fürchteten, dies könne durch den Beitritt unterlaufen werden.

112 Eine Änderung hierzu hat sich durch die Annahme des Protokolls zum Madrider Markenabkommen über die internationale Registrierung von Marken (vgl.: 2. Kapitel, II., 2.) ergeben, da dem MP bereits weitere EU-Mitgliedsstaaten beigetreten sind und im übrigen die EWR-Staaten ohne Ausnahme die Verpflichtung eingegangen sind, Mitglied der MP zu werden.

113 Internationale Übereinkunft zum Schutz des gewerblichen Eigentums (Pariser Verbandsübereinkunft) vom 20. März 1883. Revidiert in Brüssel am 14. Dezember 1900, in Washington am 2. Juni 1911, in Haag am 6. November 1925, In London am 2. Juni 1934, in Lissabon am 31. Oktober 1958 und in Stockholm am 14. Juli 1967. BGBl. 1970 II S. 391 (geändert am 2. Oktober 1979 – BGBl. 1984 II S. 799).

114 Die deutsche Übersetzung des Vertragsentwurfes ist abgedruckt in GRUR Int. 1972, 456f.

auszugehen, daß der TRT für Schutzrechtsgesuche in den Mitgliedsländern der EU Bedeutung erlangen wird. Art. 25 TRT sieht nämlich ausdrücklich vor, daß den an dem Gemeinschaftsmarkensystem beteiligten Staaten die Möglichkeit offensteht, ihr nationales Register für TRT-Registrierungen zu schließen und TRT-Anmeldungen ausschließlich auf den Weg der europäischen Marke zu verweisen. Nach dem Inkrafttreten der Gemeinschaftsmarke ist nunmehr davon auszugehen, daß die Mitgliedsländer der EU von dieser Option aus Gründen der Verfahrensökonomie Gebrauch machen werden. Auch im Übrigen scheint das Interesse an einer Weiterverfolgung des TRT eher gering. Bislang hat jedenfalls noch kein Mitgliedsland den TRT ratifiziert[116].

Das offensichtliche Scheitern des TRT ließ deshalb die vorhandene Kritik an verschiedenen Regelungen des MMA – insbesondere von den nicht dem MMA angehörenden Staaten – wieder lauter werden.

Im Vordergrund der Kritik stand

- das Erfordernis einer Heimateintragung als Basis für die Registrierung der IR-Marke sowie
- die grundsätzliche Abhängigkeit der IR-Marke von der Basiseintragung innerhalb der ersten fünf Jahre nach der Registrierung der IR-Marke.

Das Erfordernis der Heimateintragung hielt vor allem die Länder von einem Beitritt zum MMA ab, deren Schutzrechtsordnung eine starke Amtsprüfung der Neuanmeldung vorsieht. Dort wurde eine Unterwanderung des eigenen Schutzrechtssystems befürchtet. Die grundsätzliche Abhängigkeit von einer Basiseintragung innerhalb der ersten fünf Jahre nach Registrierung der IR-Marke wurde kritisiert, da der Schutz, der über die IR-Marke erreicht werden soll, bei einem erfolgreichen Zentralangriff gegen die Heimatregistrierung in sich zusammenfällt[117].

Da sich zudem die Zahl der Mitgliedsstaaten des MMA nicht wesentlich erweiterte, wurde Mitte der 80er Jahre ein erneuter Versuch unternommen, das einzige Schutzsystem des internationalen Markenwesens mit überregionaler Bedeutung, das MMA, zu modernisieren[118]:

2. Das Madrider Protokoll (MP)

Da die Mitgliedsstaaten des MMA mit ihrem Schutzrechtssystem zufrieden waren, entschied man sich - wie bereits zuvor beim TRT - gegen eine Revision des MMA. Statt dessen

---

115 Durch den Beitritt der damaligen Sowjetunion neben den Entwicklungsländern Gabun, Obervolta, Tongo und Kongo.

116 Vgl. *Kolle*, Aktuelle Informationen, WIPO - Trademark Registration Treaty tritt im August in Kraft, GRUR Int. 1980, 193f. Ferner Übersicht über die Mitgliedsländer des TRT, abgedruckt in BlPMZ 1999, 148.

117 Zu den sich daraus ergebenden Problemfällen vgl. unten im 3. Kapitel.

118 Hintergrund der Bemühungen war ferner die Befürchtung der WIPO, daß - anläßlich der Schaffung der Gemeinschaftsmarke - das europäische Interesse am MMA nachlassen könnte.

wurde auf einer in Madrid im Juni 1989 tagenden diplomatischen Konferenz ein Protokoll zur Ergänzung des MMA beschlossen[119]. Das sogenannte „Madrider Protokoll" (=MP) wurde am 28. Juni 1989 neben Deutschland von insgesamt 16 weiteren Staaten unterzeichnet[120]. Es trat mit einer Frist von 3 Monaten ab dem Zeitpunkt, in dem mindestens vier Ratifizierungs- bzw. Beitrittsurkunden hinterlegt wurden, in Kraft[121].

Das MP enthält weitgehend Regelungen, die mit denen des MMA übereinstimmen. In einigen wesentlichen Punkten sind jedoch Abänderungen enthalten, die denjenigen Staaten, die bislang nicht Mitgliedsländer des MMA waren, die Teilnahme an diesem internationalen Schutzsystem ermöglichten. Als erster wesentlicher Unterschied kann dabei angeführt werden, daß ein Gesuch auf eine internationale Registrierungen nach dem MP nunmehr bereits auf eine in einem Mitgliedsstaat hinterlegte Schutzrechtsanmeldung gestützt werden kann (Art. 2 MP)[122]. Des weiteren kann die IR-Marke nach dem MP zwar weiterhin wegen Wegfalls der Basismarke (Heimateintragung) gelöscht werden (Art. 6 Abs. II MP)[123]. In diesem Fall kann jedoch das IR-Markenschutzgesuch im Wege der Transformation auf Antrag des Schutzsuchenden in nationale Schutzrechtsanmeldungen in jedem Land, in dem die IR-Marke schutzerstreckt war, umgewandelt werden (Art. 9^{quinquis} MP). Die alte Priorität des IR-Markenschutzgesuches nach dem MP bleibt dabei erhalten[124]. Die Schutzdauer wurde auf

---

119 Protokoll zum Madrider Markenabkommen über die Internationale Registrierung von Marken (im folgenden kurz: „MP"), angenommen in Madrid am 27. Juni 1989 (Der Text des MP ist in deutscher Sprache abgedruckt in BlPMZ 1996, 49f., der Text des MP in englischer Sprache ist abgedruckt in GRUR Int. 1989, 775-781). Gesetz zu dem Protokoll vom 27. Juni 1989 zum Madrider Abkommen über die internationale Registrierung von Marken vom 7. Dezember 1995, BGBl 1995 II 1016f., BlPMZ 1996, 49.

120 Ägypten, Belgien, Deutschland, Dänemark, Frankreich, Italien, Jugoslawien, Liechtenstein, Luxemburg, Marokko, Mongolei, Nord-Korea, Portugal, Schweiz, Sowjetunion, Spanien und das Vereinigte Königreich von Großbritannien.

121 Davon mußten mindestens je eine von einem Mitgliedsstaat des MMA und einem Nichtmitgliedsstaat stammen. Vgl. *Bodewig*, Aktuelle Informationen, Internationales - Neuigkeiten zu internationalen Abkommen, GRUR Int. 1990, 400. Die Ratifizierung erfolgte zwischenzeitlich von Antigua und Barbuda (17. März 2000), Armenien (19. Oktober 2000), Belgien (1. April 1998), Bhutan (4. August 2000), der Volksrepublik China (1. Dezember 1995), Dänemark (13. Februar 1996; Anwendbarkeit auf den Färöer und Grönland ausgeschlossen), Deutschland (20. März 1996), Estland (18. November 1998), Finnland (1. April 1996), Frankreich (7. November 1997), Georgien (20. August 1998), Griechenland (10. August 2000), Island (15. April 1997), Italien (17. April 2000), Japan (14. März 2000), Jugoslawien (17. Februar 1998), Kenia (26. Juni 1998), Demokratische Volksrepublik Korea (3. Oktober 1996), Kuba (26. Dezember 1995), Lesotho (12. Februar 1999), Lettland (5. Januar 2000), Liechtenstein (17. März 1998), Litauen (15. November 1997), Luxemburg (1. April 1998), Marokko (8. Oktober 1999), Republik Moldau (1. Dezember 1997), Monaco (27. September 1996), Mosambik (7. Oktober 1998), Niederlande (1. April 1998), Norwegen (29. März 1996), Österreich (13. April 1999), Polen (4. März 1997), Portugal (20. März 1997), Rumänien (28. Juli 1998), Russische Föderation (10. Juni 1997), Schweden (1. Dezember 1995), Schweiz (1. Mai 1997), Sierra Leone (28. Dezember 1999), Singapur (31. Oktober 2000), Slowakei (13. September 1997), Slowenien (12. März 1998), Spanien (1. Dezember 1995), Swasiland (14. Dezember 1998), Tschechische Republik (25. September 1996), Türkei (1. Januar 1999), Turkmenistan (28. September 1999), Ukraine (29. Dezember 2000), Ungarn (3. Oktober 1997) und dem Vereinigten Königreich (1. Dezember 1995; Ratifizierung gilt auch für die Isle of Man).

122 Der Text des MP spricht diesbezüglich vom „Basisgesuch". Vgl. Art. 2 MP.

123 Vgl. dazu im Gegensatz die fast übereinstimmende Formulierung des Art. 6 Abs. I MMA.

124 In diesem Zusammenhang tritt die Frage auf, ob Art. 6^{quinquis} PVÜ auch dann auf Schutzversagungen

zehn Jahre verkürzt (Art. 7 MP). Als Verfahrenssprache kann unter dem MP auch Englisch gewählt werden[125]. Die Verfahrensvorschriften sehen damit zum Vorteil der Verwender besonderer Kennzeichen Erleichterungen und Vergünstigungen vor, die das bisherige MMA nicht bietet.

Nach dem Madrider Protokoll kann jedoch eine internationale Schutzerlangung im Vergleich zum bisherigen Verfahren nach dem MMA erheblich teurer werden[126]: Die Vertragsstaaten können nämlich eine „individuelle Gebühr" bis zur Höhe der nationalen Anmeldegebühren für eine zehnjährige Schutzfrist verlangen (Art. 8 Abs. VII MP). Diese Wahlmöglichkeit sollte ein weiteres Hemmnis für den Beitritt derjenigen Länder mit Prüfungsverfahren beseitigen, da diese nunmehr kostendeckende Gebühren selbst festlegen können. Allerdings ist diese Option nicht auf diejenigen Länder, die eine Vorprüfung durchführen, beschränkt[127].

Auch wenn zur Zeit noch immer Schutzlücken für das Gebiet der EU bestehen[128], sind alle Mitgliedsländer der Europäischen Union im EWR-Abkommen von 1992[129] die Verpflichtung eingegangen, Vertragspartei des Madrider Protokolls zu werden[130]. Es ist darüber hinaus auch zu erwarten, daß in den nächsten Jahren die meisten der heutigen Mitgliedsländer des MMA und auch zahlreiche weitere Länder dem MP beitreten werden. Dies ergibt sich insbesondere aus der enormen Sog-Wirkung, die der Beitritt des Vereinigten Königreichs auf viele Länder, insbesondere die Commonwealth-Länder, ausüben wird. Ein typisches Beispiel dieser Sogwirkung ist der derzeitige Trend dieser Länder, ihre nationalen Markengesetze zu modernisieren, wobei sie ganz wesentlich von dem neuen Britischen MarkenG und damit indirekt auch von der MRiLi beeinflußt werden.

---

nach dem Protokoll Anwendung findet, wenn und solange der internationalen Registrierung nur eine Anmeldung bei der Heimatbehörde zugrundeliegt, denn diese Vorschrift verlangt ausdrücklich eine Heimateintragung. Ihrem Sinn und Zweck nach muß diese Vorschrift allerdings entsprechend gelten.

125 Vgl. Regel 6 Abs. I b) der Gemeinsamen Ausführungsordnung zum Madrider Abkommen über die internationale Registrierung von Marken und zum Protokoll zu diesem Abkommen vom 18. Januar 1996 (BGBl 1996 II S. 563): Internationale Gesuche, für die ausschließlich das Protokoll oder sowohl das Abkommen als auch das Protokoll maßgebend sind, sind nach Vorschrift der Ursprungsbehörde in Englisch oder Französisch abzufassen, wobei die Ursprungsbehörde dem Hinterleger die Wahl zwischen Englisch und Französisch freistellen kann (wie in Deutschland erfolgt). Für andere Mitteillungen als internationale Gesuche gilt Regel 6 Abs. II der Gemeinsamen Ausführungsverordnung.

126 Vgl. dazu eine Aufstellung der Kosten für ein internationales Markenschutzgesuch unter Benennung aller europäischer Mitgliedsstaaten: Anhang 1.

127 Deutschland hat bislang von dieser Option keinen Gebrauch gemacht. Dies ist auch momentan nicht beabsichtigt. Vgl. Denkschrift zu dem Protokoll vom 27. Juni 1989 zum Madrider Abkommen über die internationale Registrierung von Marken (BlPMZ 1996, 55f.), II. Zu den Bestimmungen des Protokolls im einzelnen, zu Art. 8 MP a.E. (BlPMZ 1996, 55 (60 re.Sp.)).

128 Es fehlt derzeit noch der Beitritt Irlands.

129 Gesetz zu den Abkommen vom 2. Mai 1992 über den Europäischen Wirtschaftsraum (EWR-Abkommen) vom 31. März 1993, vgl. BlPMZ 1994, 70f.

130 Vgl. Art. 5 Abs. I Buchstabe d des Protokolls 28 über geistiges Eigentum, BGBl. 1993 UU S. 266, 1294. Die Ratifizierung hätte nach dieser Bestimmung bereits vor dem 1. Januar 1995 erfolgen sollen. Spätere Termine gelten für Finnland und Irland (1. Januar 1996) und Island (1. Januar 1997).

Da das MMA und das MP eng miteinander verzahnt sind[131], wird deshalb schon bald auch über dieses Schutzrechtssystem die Möglichkeit bestehen, einen EU-weiten Schutz besonderer Kennzeichen Kraft Eintragung zu erwerben.

Das Schutzrechtssystem des MP erscheint jedoch auch aus einem weiteren Grund für die Verwender besonderer Kennzeichen interessant[132]: So ist bis zum heutigen Tage nicht ausgeschlossen, daß auch die Vereinigten Staaten von Amerika diesem Schutzrechtssystem beitreten. Das von den Amerikanern gegen einen Beitritt zum MP vorgebrachte Argument, daß die EU als internationale Organisation im Rahmen des MP ein Stimmrecht hat und damit die Stimmen der Mitgliedsländer der EU ein doppeltes Gewicht erhalten, kann jedenfalls als vorgeschobener Grund angesehen werden. Der wahre Grund dürfte vielmehr darin liegen, daß der amerikanische Markt wegen seiner Größe den meisten amerikanischen Markeninhabern genügt. Sofern es sich bei dem schutzsuchenden Unternehmen um ein international agierenden amerikanischen Konzern handelt, hat dieser mit Sicherheit in einem der Mitgliedsländer des MP eine Niederlassung. Diese Niederlassung kann formell Inhaber einer IR-Marke werden, so daß diese Unternehmen ohnehin an allen Annehmlichkeiten dieses Schutzrechtssystems teilhaben kann. Das praktische Bedürfnis an einem Beitritt zum MP wird deshalb allgemein als nicht sehr hoch bewertet. Jedenfalls hat das US-amerikanische Außenministerium in einer Stellungnahme vom 9. Mai 1994 bekanntgegeben, daß die USA dem MP nicht beitreten werden. Der Unterausschuß des Repräsentantenhauses für Intellectual Property und Juridical Administration hat allerdings am 16. Juni 1994 den schon länger vorliegenden und beratenen Gesetzentwurf für einen Beitritt zum MP überarbeitet, in der neuen Fassung verabschiedet und dem Rechtsausschuß zugeleitet[133]. Zudem stehen interessierte Kreise in den USA[134] voll hinter einem Beitritt der Vereinigten Staaten von Amerika zum MP und werden sich auch weiterhin intensiv dafür einsetzen. Der Beitritt der USA zum MP ist damit nach wie vor offen. Ein Beitritt der Vereinigten Staaten von Amerika würde ebenfalls einen großen Einfluß auf andere Länder, wie z. B. Kanada ausüben. Nach allgemeiner Meinung[135] bedeutet ein unterbleibender Beitritt der Vereinigten Staaten von Amerika zum MP nicht das Scheitern des MP. Sollte dagegen ein Beitritt dieses wirtschaftlich sehr interessanten Landes erfolgen, so würde dies die Attraktivität dieser Möglichkeit eines Schutzrechtserwerbs wesentlich steigern.

---

131 Vgl. zur Verzahnung des MMA mit dem MP unten im 2. Kapitel, IV.

132 Dies betrifft zwar nicht die Verwendung besonderer Kennzeichen in der EU, sondern eher einen internationalen Markenschutz. Dennoch soll dieser Punkt an dieser Stelle Erwähnung finden.

133 Vgl. *Bodewig*, Aktuelle Informationen, USA - Unterausschuß verabschiedet Gesetz zum Beitritt zum Madrider Protokoll unter Bedingungen, GRUR Int. 1994, 645; Trademark World, Country by Country, June 1994, 6.

134 Vgl. bsplw. den Bericht der INTA (International Trademark Association): INTA meets with European Commission on Madrid Protocol", INTA Bulletin, Vol. 52, No. 20, vom 15. November 1997.

135 Vgl. beispielsweise nur *Meister*, Grußwort eines Mitglieds der Geschäftsführung des Markenverbandes anläßlich des Festaktes anläßlich des 100jährigen Bestehens des Warenzeichengesetzes von 1894 mit dem Titel: Deutsches Patentamt - 100 Jahre Markenamt, MA 1994, 316; befürwortend ebenso *Dreyer*, EG-Marke im Mittelpunkt - Vier Fragen an Dr. Dreyer, Vorsitzender des Rechtsausschusses des Markenverbandes (Interview der Zeitschrift Markenartikel), MA 1994, 83 (84))

III. Das Gemeinschaftsmarkensystem der EU

Die harmonische Entwicklung des Wirtschaftslebens innerhalb der EU und eine beständige und ausgewogene Wirtschaftsausweitung sind durch die Vollendung und das reibungslose Funktionieren des Binnenmarktes, der mit einem einzelstaatlichen Markt vergleichbare Bedingungen bietet, zu fördern. Um einen solchen Markt zu verwirklichen und seine Einheit zu stärken, müssen nicht nur die Hindernisse für den freien Waren- und Dienstleistungsverkehr beseitigt und ein System des unverfälschten Wettbewerbs innerhalb des gemeinschaftlichen Marktes errichtet, sondern auch rechtliche Bedingungen geschaffen werden, die es den Unternehmen ermöglichen ihre Tätigkeiten in den Bereichen der Herstellung und der Verteilung von Waren und des Dienstleistungsverkehrs an die Dimensionen eines gemeinsamen Marktes anzupassen[136]. Zur Erreichung dieser Ziele wurde das Gemeinschaftsmarkensystem geschaffen.

Die dritte Möglichkeit einen gesetzlichen Schutz besonderer Kennzeichen mittels Registrierung[137] zu erreichen, ist deshalb das neu geschaffene Gemeinschaftsmarkenrecht. Es ist dies der zweite Schritt[138], den die EU zum Abbau bestehender Handelsschranken, die sich aus der Verwendung national geschützter, besonderer Kennzeichen innerhalb des Gemeinsamen Markts ergeben[139], unternommen hat. Den Verwendern besonderer Kennzeichen wurde mit der GemMVO die Möglichkeit gegeben Schutzrechte ohne Rücksicht auf Landesgrenzen zwischen den einzelnen Mitgliedsstaaten zu erwerben[140].

Bereits bei der Konzeption dieser neuen Schutzmöglichkeit wurde Wert auf eine hohe Attraktivität gelegt[141]. Damit soll erreicht werden, daß sich möglichst viele Verwender besonderer Kennzeichen diesem Schutzsystem zuwenden, um schließlich die Zahl, der in ihrer Wirkung territorial beschränkten, nationalen Schutzrechte zu verringern. Schließlich stehen diese Schutzrechte der Verwirklichung der Ziele eines Gemeinsamen Marktes mit einem unverfälschten Wettbewerb entgegen[142].

Dafür hat der Ministerrat der Europäischen Union hat am 20. Dezember 1993 die Ver-

---

136 Vgl. Erwägungsgrund 1 der 2. Verordnung (EG) Nr. 40/94 des Rates über die Gemeinschaftsmarktes vom 20. Dezember 1993 (ABl. EG Nr. L 11 vom 14. Januar 1994, S. 1) geändert durch Verordnung Nr. 3288/94 (EG) des Rates vom 22. Dezember 1994 (ABl. EG Nr. L 349 vom 31. Dezember 1994, S. 83).

137 Genauso wie bei der Schutzmöglichkeit nach MMA und MP scheidet ein Schutzerwerb im Fall der Gemeinschaftsmarke durch bloße Benutzung aus.

138 Der erste Schritt lag in der Verabschiedung der MRiLi, die das Ziel einer Rechtsangleichung der nationalen Vorschriften auf dem Gebiet des Kennzeichnungsrechtes verfolgte. Vgl. dazu oben im 2. Kapitel, I., 4.

139 Vgl. dazu bereits oben im 2. Kapitel, I., 3.

140 Vgl. zur Zielsetzung der GemMVO deren Erwägungsgrund 1. Grundlegend auch die Denkschrift Nr. 8f.; Einleitung zur Amtlichen Begründung zum Dokument KOM (80) 635 endg. /2 vom 27. November 1980 (GRUR Int. 1981, 86).

141 Vgl. *Beier*, Ziele und Leitgedanken des europäischen Markenrechts, GRUR Int. 1976, 363f. mwN.

142 Vgl. dazu oben im 2. Kapitel, I., 3.

ordnung über die Gemeinschaftsmarke (GemMVO)[143] verabschiedet[144]. Sie wurde am 14. Januar 1994 im Amtsblatt der EG veröffentlicht[145] und trat 60 Tage später in Kraft (vgl. Art. 193 Abs. I GemMVO). Durch die Verordnung (EG) Nr. 3288/94 des Rates vom 22. Dezember 1994[146] ist die GemMVO in geringfügigem Umfang (in Art. 5 Abs. I lit. b/d, Art 7 Abs. I lit. j, Art. 29 Abs. I und V GemMVO) geändert worden, um Verpflichtungen der Gemeinschaft aus dem „TRIPs-Abkommen"[147] nachzukommen.

Weder die römischen Verträge noch der Maastrichter Unionsvertrag enthalten Bestimmungen über ein Markenschutzsystem für die Gemeinschaft[148]. Das geltende Gemeinschaftsmarkenrecht ist folglich ausschließlich sekundäres Gemeinschaftsrecht. Es besteht im wesentlichen aus vom Rat erlassenen Verordnungen sowie den darin vorgesehenen, von der Kommission erlassenen Durchführungsvorschriften.

Die Verordnung ist hinsichtlich der Erlaßkompetenz des Rates auf die Auffangvorschrift des damals gültigen Art. 235 EWGV gestützt[149]. Der EuGH hat dies obiter dictum gebilligt[150]. In ihren 143 Artikeln enthält die GemMVO eine detaillierte Regelung einer im gesamten Gebiet der Europäischen Gemeinschaft einheitlich gültigen Gemeinschaftsmarke[151]. Ihrer Rechtsnatur sowie ihrem sachlichen, räumlichen und zeitlichen Geltungsbereich nach kann die Gemeinschaftsmarke als ein zur Kennzeichnung von Produkten bestimmtes, durch Registereintragung förmlich zu begründendes, vom Bestand - auch nationalen Schutzes - unabhängiges Ausschließlichkeitsrecht mit einheitlich gemeinschaftsweitem Schutzgebiet, selb-

---

143 Verordnung (EG) Nr. 40/94 des Rates über die Gemeinschaftsmarke vom 20. Dezember 1993, ABl. EG Nr. 11 vom 14. Januar 1994, S. 1.

144 Durch die Verordnung (EG) Nr. 3288/94 des Rates vom 22. Dezember 1994 (ABl. EG Nr. L 349 vom 31. Dezember 1994, S. 83) ist die GemMVO in geringfügigem Umfang (Art. 5 Abs. I lit. b/d, Art. 7 Abs. I lit j, Art. 29 Abs. I und V GemMVO) geändert worden, um Verpflichtungen der Gemeinschaft aus dem im Rahmen des Übereinkommens zur Errichtung der Welthandelsorganisationen abgeschlossenen „TRIPs-Abkommen" nachzukommen. Vgl. näher zum „TRIPs-Abkommen": 3. Kapitel, III., 1.

145 Verordnung (EG) Nr. 40/94 des Rates über die Gemeinschaftsmarke vom 20. Dezember 1993 - Amtsblatt der EG v. 14. Januar 1994 - Nr. L 11, Textabdruck in BlPMZ 1994, 192f.

146 Abl. EG. Nr. L 349 vom 31.12.1994, S. 83.

147 Trade Related Aspects of International Property Rights (TRIPs) - Übereinkommen über handelsbezogene Aspekte der Rechte des geistigen Eigentums vom 15. April 1994; BGBl. 1994 II S. 1730, BlPMZ 1995, 23. Vgl. näher zum „TRIPs-Abkommen": 2. Kapitel, III., 1.

148 In Art. 36 S. 1 EWGV ist mit dem „[...] Schutz des [...] gewerblichen und kommerziellen Eigentums [...]" auch das Kennzeichenrecht angesprochen. Diese Nennung erfolgt jedoch nur in Hinblick auf die nationalen Schutzrechte.

149 Vgl. ErwGr. 4 zur GemMVO.

150 EuGH Urt. v. 29. Juni 1995, Rs. 4-456/93, - Zentrale zur Bekämpfung unlauteren Wettbewerbs vs. Privatkellerei Franz Wilhelm Langgut, GRUR Int. 1995, 903 (905).

151 Vgl. u.a.: *Schwartz*, Zur Politik der Europäischen Kommission im Hinblick auf eine Europa-Marke, GRUR Int. 1975, 71; Grundlegend auch: Denkschrift der EU-Kommission über die Schaffung einer EWG-Marke, GRUR Int. 1976, 481f.; *Krieger*, Europäisches Markenrecht im Werden, GRUR Int. 1979, 279; *Heil*, Gemeinschaftsmarke: Der Sprung ins Ungewisse, MA 1987, 308f.; *v. Mühlendahl*, Das neue Markenrecht der Europäischen Gemeinschaft, MA 1989, 38f.; vgl. allg. zur Gemeinschaftsmarke: *Ingerl*, aaO, 1996, S. 1f. m.w.N.

ständiger Übertragbarkeit und beliebig verlängerbarer Schutzdauer charakterisiert werden.

1. Produktkennzeichen

Durch die GemMVO ist kein umfassendes Schutzsystem für alle geschäftlichen Kennzeichen auf Gemeinschaftsebene errichtet worden. Vielmehr beschränkt sich die Regelung auf den Schutz von „Marken für Waren oder Dienstleistungen" (Art. 1 Abs. I GemMVO). Marken sind danach Zeichen zur Unterscheidung der Waren oder Dienstleistungen eines Unternehmens von denjenigen anderer Unternehmen (Art. 4 GemMVO). Dementsprechend kann eine Gemeinschaftsmarke stets nur für bestimmte, bei der Anmeldung in einem Verzeichnis zu nennende Waren und Dienstleistungen angemeldet und eingetragen werden (Art. 26 Abs. I lit. c. GemMVO, Regel 2 GemM-DV). Damit steht ein gemeinschaftsrechtlicher Schutz nur für Produkt- und/oder Dienstleistungskennzeichen, nicht aber für die zur Individualisierung von Unternehmen oder deren Inhaber dienenden Unternehmenskennzeichen[152], als solcher zur Verfügung[153]. Der Regelungsbereich des Gemeinschaftsmarkenrechts ist somit hinsichtlich der Kennzeichenart[154] wesentlich enger als das deutsche MarkenG[155]. Auch die Kennzeichenart der geographischen Herkunftsangabe ist – mit Ausnahme der Gemeinschaftskollektivmarke (Art. 64 Abs. I GemMVO) – nicht Gegenstand des Gemeinschaftsmarkenrechts[156].

Die Beschränkung des gemeinschaftsmarkenrechtlichen Schutzes auf Marken im rechtstechnischen Sinn bedeutet jedoch nicht, daß die anderen Kennzeichenarten[157] für das Gemeinschaftsmarkenrecht bedeutungslos wären. Vielmehr erkennt die GemMVO auch die übrigen Kennzeichenarten als möglicherweise kollidierende, ältere Rechte nationalen Ursprungs ausdrücklich an[158]. Diese Rechte können folglich einer Eintragung und Benutzung

---

152 Geschäftliche Namen, Firma, sonstige Geschäftsbezeichnungen und Geschäftsabzeichen.

153 Unberührt bleibt natürlich die Möglichkeit, ein auch zur Produktkennzeichnung eingesetztes Unternehmenskennzeichen mittelbar über eine Gemeinschaftsmarke zu schützen.

154 Zu den unterschiedlichen Arten besonderer Kennzeichen: vgl.: 1. Kapitel, III.

155 Vgl. zu den geschützten Kennzeichenarten nach deutschem Recht oben im 2. Kapitel, I., 2. Mittelbarer gemeinschaftsrechtlicher Kennzeichenschutz kann für die nach deutschen Recht geschützten geschäftlichen Bezeichnungen nur in Form einer Gemeinschaftsmarke für auf dem Werk beruhende Waren (z.B. Druckschriften, Bild- und Tonträger, Software etc.) und gegebenenfalls für werknutzende Dienstleistungen erlangt werden, sofern Unterscheidungskraft nicht nur im weniger strengen titelschutzrechtlichen Sinn des deutschen Rechts (vgl. nur BGH Urteil vom 27. September 1990, I ZR 87/89 (OLG Frankfurt a.M.) - Pizza & Pasta, GRUR 1991, 153; Jacobs/Lindacher/*Teplitzky*, UWG Großkommentar, § 16 Rdnr. 204 m.w.N.) gegeben ist, sondern auch entsprechend der gemeinschaftsrechtlichen Anforderungen.

156 Für die geographische Herkunftsangabe bestehen vielmehr spezielle, gemeinschaftsrechtliche Schutzsysteme, wie sie insbesondere für Weinbauerzeugnisse und Spirituosen, aber auch für die übrigen Agrarerzeugnisse und Lebensmittel errichtet worden sind. Vgl. Art. 142 GemMVO und Verordnung (EWG) Nr. 2081/92 des Rates vom 24. Juli 1992 zum Schutz von geographischen Angaben und Ursprungsangaben für Agrarerzeugnisse und Lebensmittel (Abl EG Nr. L 108 vom 24. Juli 1992, S. 1); GRUR Int. 1992, 750.

157 Für einen Überblick über die verschiedenen Kennzeichenarten vgl.: 1. Kapitel, III., 3.

158 Vgl. zum Schutz nicht eingetragener Marken nach nationalem Recht: 2. Kapitel, II., 2., c), bb).

einer Gemeinschaftsmarke entgegengehalten werden[159].

2. Förmliches Recht

Das Recht an einer Gemeinschaftsmarke kann nur durch Anmeldung und Eintragung in das beim Harmonisierungsamt geführte Register für Gemeinschaftsmarken erworben werden (Art. 6, 83 GemMVO). Die Gemeinschaftsmarke ist damit ein reines Registerrecht[160]. Gemeinschaftsrechtlicher Markenschutz kann also nicht schon durch bloße Benutzung einer Produktkennzeichnung erworben werden[161]. Auch insoweit ist das Gemeinschaftsmarkenrecht weniger umfassend als das deutsche MarkenG[162], das auch den Markenerwerb durch Benutzung kennt, sobald das Zeichen Verkehrsgeltung erlangt hat[163].

3. Unabhängigkeit

Die Gemeinschaftsmarke ist ein vom Bestand einzelstaatlichen Markenschutzes für das angemeldete Zeichen unabhängiges, gemeinschaftsrechtliches Schutzrecht. Dafür geht die GemMVO von einer Koexistenz[164] nationaler Schutzrechte und deren Weitergeltung parallel zu der Gemeinschaftsmarke aus. Entgegen früherer Vorschläge eines Doppelschutzverbotes[165] ist somit auch die Kumulation von einzelstaatlichem und gemeinschaftsrechtlichem Markenschutz nicht ausgeschlossen[166]. Vielmehr zeigt sich die Möglichkeit einer Koexistenz von nationalen und EU-weiten Schutzrechten deutlich an den Art. 34 und 35 GemMVO, die die Möglichkeit eröffnen, den Zeitrang einer älteren identischen Markenanmeldung in Anspruch

---

159 Zu den sich daraus ergebenden Harmonisierungsdruck bei Kennzeichen, die aufgrund Benutzung im Verkehr erworben werden, oben im 2. Kapitel, I., 4., 4., c).

160 Es handelt sich folglich um ein rein „förmliches" Recht. Vgl. zum Unterschied zwischen förmlichen und sachlichen Recht oben im 2. Kapitel, I., 2. Zu dieser Unterscheidung ferner: *Baumbach/Hefermehl*, Warenzeichenrecht, Einl. WZG Rdnr. 26, 29, 38.

161 Vgl. zum Schutz besonderer Kennzeichen aufgrund des Erwerbs von Verkehrsgeltung aufgrund Benutzung der besonderen Kennzeichen im Verkehr oben im 2. Kapitel, I., 2., a).

162 Auch andere nationalen Gesetze zum Schutz besonderer Kennzeichen kennen einen Schutzerwerb bereits durch Benutzungsaufnahme bzw. durch Erwerb von Unterscheidungskraft. Allerdings bestehen in diesem Bereich große Unterschiede. Für eine Darstellung dieses Problemkreises vgl. nachfolgend im 2. Kapitel II., 2., c), bb)

163 Vgl. dazu bereits oben im 2. Kapitel, I., 2., a): § 4 Nr. 2 MarkenG als „Nachfolgeregelung" des früheren § 25 WZG.

164 *Ingerl* (aaO, 1996, S. 28f.) weist jedoch darauf hin, daß der Begriff der „Koexistenz" unzutreffend oder zumindest mißverständlich gewählt ist. Zur Begründung dieser Auffassung weist er darauf hin, daß das Verhältnis einer Gemeinschaftsmarke zu den nationalen Kennzeichnungsrechten anderer Inhaber sich nicht nach einem Koexistenzgrundsatz richtet, sondern im Rahmen der Kollisionstatbestände streng nach dem alle Kennzeichenrechtsordnungen beherrschenden Prioritätsgrundsatz zu lösen ist. Dem ist zu folgen.

165 Vgl. Dokument III/D/753/78 vom Juli 1978, Nr. 67, Art. 98 Abs. I, GRUR Int. 1978, 432; Dokument KOM (80) 635 endg./2 vom 27. November 1980, Art. 81, GRUR Int. 1981, 100 mit Begründung, GRUR Int. 1981, 86; Dokument KOM (84) 470 endg. (ABl.EG Nr. C 230 vom 31. August 1984, S. 1f., Art. 81; aus der Literatur (beispielsweise): *Heydt*, aaO, GRUR Int. 1979, 123)

166 Vgl. bsplw. *v. Mühlendahl*, aaO, GRUR Int. 1976, 27f.). *Ingerl* (aaO, 1996, S. 28f.)

zu nehmen.

Es handelt sich folglich bei der Gemeinschaftsmarke nicht um ein zunächst auf innerstaatlicher Rechtsgrundlage angemeldetes Markenrecht, das – wie im Fall der internationalen Registrierung nach dem Madrider Markenabkommen und/oder dem Madrider Protokoll[167] – auf andere Länder erstreckt wird. Die Eintragung als Gemeinschaftsmarke kann unabhängig davon beantragt werden, ob der Anmelder bereits nationale Eintragungen erlangt hat[168] oder ihm nationaler Schutz aufgrund Benutzung in einem oder allen Mitgliedsstaaten zusteht. Hiervon zu unterscheiden ist die auch im Gemeinschaftsmarkenrecht eröffnete Möglichkeit der Inanspruchnahme der Priorität einer früheren nationalen Markenanmeldung innerhalb oder außerhalb der Gemeinschaft für eine Gemeinschaftsmarke[169].

4. Ausschließlichkeitsrecht

Die Gemeinschaftsmarke gewährt ihrem Inhaber ein subjektives, ausschließliches Recht, das es ihm gestattet, Dritten die Verwendung identischer oder ähnlicher Zeichen im geschäftlichen Verkehr unter den weiteren Voraussetzungen der Kollisionstatbestände (vgl. Art. 9 Abs. I GemMVO)[170] zu verbieten[171]. Ob die Eintragung der Gemeinschaftsmarke darüber hinaus sogar ein positives Benutzungsrecht gewährt, ist dagegen strittig[172] und davon abhängig, was unter einem „positiven Benutzungsrecht" verstanden werden soll.

Für den Fall, daß unter dem positiven Benutzungsrecht an Kennzeichnungsrechten eine (fast) allumfassende Zuweisung von Rechtspositionen angesehen wird, die neben der Abwehr von Verletzungen auch die Möglichkeit umfaßt die Schutzrechte einer wirtschaftlichen Verwertung zuzuführen, kann tatsächlich in der Eintragung der Gemeinschaftsmarke ein positives Benutzungsrecht gesehen werden. Dies zeigt sich deutlich an der Vergabemöglichkeit von Lizenzen an denjenigen Rechten, die sich aus der Eintragung von Gemeinschaftsmarken (Art. 22 GemMVO) ergeben. Diese neben dem bloßen Recht auf Verwendung der besonderen Kennzeichnung stehende, anderweitige Nutzungsmöglichkeit ermöglicht nach dem neuen

---

167 Vgl. zum Schutz einer besonderen Markierung von Waren und/oder Dienstleistungen nach dem MMA: 2. Kapitel, II. 1. Ferner zum Schutz nach dem MP: 2. Kapitel, II, 2.

168 Dies fordert das Madrider Markenabkommen (vgl.: Art. 3 MMA). Demgegenüber reicht beim Madrider Protokoll bereits die Inhaberschaft an einer nationalen Markenanmeldung aus (vgl.: Art. 2 MP).

169 Zu den Einzelheiten des Prioritätsrechts bei und aufgrund Gemeinschaftsmarken, vgl. *Ingerl*, aaO, 1996, S. 46 f.

170 Zum Ausnahmefall der Erforderlichkeit einer Heimateintragung wegen fehlender Gegenseitigkeit siehe Art. 5 Abs. III GemMVO.

171 Die Voraussetzungen für die Errichtung einer Marktzutrittsschranke (vgl. oben im 1. Kapitel, II.) sind damit auf dem Wege eines gemeinschaftsrechtlichen Markenschutzes gegeben.

172 Ein durch die Eintragung der Gemeinschaftsmarke begründetes positives Benutzungsrecht sehen *Schönfeld*, aaO, 1994, S. 92f.; *Lehmann/Schönfeld*, Die neue europäische und deutsche Marke, Positive Handlungsrechte im Dienste der Informationsökonomie, GRUR 1994, 481f. (484); vgl. auch *Beier*, aaO, GRUR Int. 1976, 363 (370). und auch Denkschrift über die Schaffung einer EWG-Marke, Bulletin der EG, Beilage 8/76, Nr. 106 (GRUR Int. 1976, 481) als gegeben.

deutschen Markenrecht die erleichterte Rechtfertigung für ein vom Verschulden unabhängigen Bereicherungsanspruch gegen den Verletzer[173] bei einem möglicherweise schuldlos erfolgten Eingriff in das fremde Kennzeichnungsrecht.

Soweit jedoch unter dem positiven Benutzungsrecht auch ein Abwehranspruch gegen eine Inanspruchnahme aus prioritätsälteren, verwechslungsfähigen Marken angenommen wird, ist dem zu wiedersprechen. Unzweifelhaft kann nämlich der Verwender einer besonderen Kennzeichnung mit besserer Priorität erfolgreich die Beseitigung der Registrierung der prioritätsschlechteren Gemeinschaftsmarke verlangen, soweit die Voraussetzungen des Art. 52 GemMVO gegeben sind. Dabei bestimmt Art. 54 GemMVO, daß die in der Verordnung vorgesehenen Rechte aus der Gemeinschaftsmarke (insb. auch die negativen Verbietungsrechte gem. Art. 9 GemMVO) als von Anfang an nicht eingetreten gelten.

Daraus wird deutlich, daß die Gemeinschaftsmarke zunächst ein Verbietungsrecht, nicht aber gleichzeitig auch ein generelles positives Benutzungsrecht verschafft. Diese Auffassung entspricht der deutschen Rechtslage (vgl. §§ 14, 15 MarkenG). Die Eintragung als solche bietet folglich weder einen Schutz vor den Verbietungsrechten Dritter aus älteren Kennzeichnungsrechten noch vor Benutzungsverboten, die sich aus außerkennzeichenrechtlichen Vorschriften ergeben.

5. Einheitlichkeit

Der Grundsatz der Einheitlichkeit der Gemeinschaftsmarke besagt, daß die Gemeinschaftsmarke Schutz in der gesamten Gemeinschaft genießt. Eine Gemeinschaftsmarke kann nur für dieses gesamte Gebiet eingetragen oder übertragen werden. Schlagwortartig ist dies auch als „Alles-oder-Nichts"-Prinzip bezeichnet worden[174].

Für eine eventuelle Benutzungsuntersagung gilt dieser Einheitlichkeitsgrundsatz allerdings nur eingeschränkt. Die auf einen Mitgliedsstaat oder auch auf einen kleineren geographischen Bereich beschränkte Untersagung der Benutzung einer Gemeinschaftsmarke aufgrund älterer nationaler oder örtlicher Rechte ist nämlich gem. Art. Art. 106, 107 GemMVO generell zulässig. Schließlich steht der Einheitlichkeitsgrundsatz einer Benutzungsuntersagung, für einen Teil des Gemeinschaftsgebietes von Anfang an dann nicht entgegen, wenn ein solches Verbot auf außermarkenrechtlichen[175] nationalen Vorschriften beruht (vgl. Art. 14 Abs. II GemMVO). Dieser Umstand spricht eine deutliche Sprache für eine höhere Wertigkeit der einheitlich geltenden Gemeinschaftsmarke gegenüber bloß lokalen Rechten, die durch Benutzung eines Kennzeichen im Verkehr entstanden sind.

Der Einheitlichkeitsgrundsatz schlägt auch nicht auf die Einräumung von Lizenzen durch. Art. 22 Abs. I GemMVO läßt nämlich die Einräumung von Lizenzen an Gemein-

---

173 Vgl. *Bumiller*, Durchsetzung der Gemeinschaftsmarke in der Europäischen Union, S. 96f.

174 Vgl. *Schwanhäusser*, aaO, WRP 1984, 1 mwN; oder: *Brandi-Dohrn*, Die kommende Neuordnung des Kennzeichenrechts: Das Markenrechtsreformgesetz, BB 1994, Beilage 16, 1 (14).

175 Insbesondere sind dabei das Delikts- und/oder das Wettbewerbsrecht zu nennen.

schaftsmarken ausdrücklich auch nur für Teile des Gemeinschaftsgebietes zu. Das gleiche gilt für schuldrechtliche Unterlassungs-, Vorrechts- und Abgrenzungsvereinbarungen. Die gemeinschaftsmarkenrechtliche Zulässigkeit derartiger Nutzungsregelungen läßt jedoch Beschränkungen aufgrund kartellrechtlicher Verbote nach Art. 85, 86 EWGV unberührt[176].

6. Selbständige Übertragbarkeit

Die Gemeinschaftsmarke ist „ein von dem Unternehmen, dessen Waren oder Dienstleistungen sie bezeichnet, unabhängiger Gegenstand des Vermögens"[177]. Sie kann folglich selbständig übertragen[178], mit dinglichen Rechten belastet oder Gegenstand von Zwangsvollstreckungs- und Insolvenzverfahren sein (Art. 17f. GemMVO). Dies gilt auch schon für die Gemeinschaftsmarkenanmeldung und entspricht dem heutigen deutschen Recht (vgl. §§ 27f. MarkenG), in das die selbständige Übertragbarkeit von Marken unabhängig von dem dazu gehörenden Geschäftsbetrieb erst zum 1. Mai 1992 durch das Erstreckungsgesetz[179] eingeführt wurde (vgl. § 47 ErstG).

7. Verlängerbarkeit

Die Eintragung einer Gemeinschaftsmarke erfolgt zunächst für zehn Jahre. Dieser Zeitraum wird vom Tag der Anmeldung beginnend gerechnet (Art. 46 Satz 2 GemMVO). Die Gemeinschaftsmarke wird auf Antrag (Art. 36 Satz 2, 47 GemMVO) beliebig oft um weitere zehn Jahre verlängert, wofür pro Verlängerung weitere Gebühren zu entrichten sind (Regel 29 und 30 GemM-DV). Ein Nachweis der Benutzung der Gemeinschaftsmarke braucht dabei nicht zu erfolgen. Dieser im Rahmen der Beratungen zum Entstehen des Gemeinschaftsmarkenrechts noch vorhandene Gedanke wurde nicht weiterverfolgt. Die Arbeitsgruppe hat diesem Aspekt zunächst besonderes Gewicht beigemessen, weil er in entscheidender Weise zur Verringerung der bestehenden Konflikte hätte beitragen können.

In der theoretisch unbegrenzten Geltungsdauer spiegelt sich auch auf Gemeinschaftsebene ein gleichermaßen für die Kraft Eintragung erworbenen Markenrechte[180] typischer Un-

---

176 Vgl. zu Abgrenzungsvereinbarungen nur EuGH, Urteil vom 30. Januar 1985, Rs. 35/83 - Toltecs/Dorcet II, GRUR Int. 1985, 399; dazu *Schwanhäusser*, Die Auswirkungen der Toltecs-Entscheidung des Europäischen Gerichtshofs auf Abgrenzungsvereinbarungen, GRUR Int. 1985, 816f.; *Fezer*, Zur gemeinschaftsrechtlichen Integration nationaler Markenrechte, in: Festschrift 25 Jahre BPatG, S. 405f. (412); *Schluep*, Kartellrechtliche Grenzen von warenzeichenrechtlichen Abgrenzungsverträgen (besonders nach Art. 85 EWGV), GRUR Int. 1985, 534; *Kraft*, Kartellrechtliche Fragen zu Abgrenzungsvereinbarungen und Vorrechtserklärungen im Kennzeichenrecht, Mitt. 1986, 21.

177 Vgl. dazu Erwägungsgrund 10 zur GemMVO.

178 Nach früherer Auffassung galt eine strenge Akzessorietät zwischen der Marke und dem für die Herstellung der Ware (bzw. den für die Erbringung der Dienstleistung) erforderlichen Geschäftsbetrieb (vgl. §§ 1, 8 WZG a.F.). Die nunmehr von diesem Geschäftsbetrieb losgelöste Übertragbarkeit der Gemeinschaftsmarke unterstreicht deren modernen Charakter.

179 Gesetz über die Erstreckung von gewerblichen Schutzrechten vom 23. April 1992 (BGBl. I, S. 938)

180 Vgl. beispielsweise für Deutschland: § 47 MarkenG mit einem geringfügig abweichenden Ende der Schutzdauer (Monatsende).

terschied des Kennzeichenrechts gegenüber den ausnahmslos befristeten, technischen und sonstigen gewerblichen Schutzrechten und Urheberrechten wieder[181]. Von der beliebigen Verlängerbarkeit der Marken ist jedoch die, sich auch im Gemeinschaftsmarkenrecht aus dem Benutzungszwang ergebende zeitliche Beschränkung der Unangreifbarkeit unbenutzter Marken in Gestalt der fünfjährigen Benutzungsschonfrist, (Art. 15 GemMVO) zu unterscheiden.

8. Seniorität

Die Zielsetzung mittels des neu geschaffenen Gemeinschaftsmarkenrecht die Zahl der in ihrer Wirkung territorial beschränkten, lediglich national geltenden Kennzeichenschutzrechte einzudämmen[182], wird durch die Vorschriften des Gemeinschaftsmarkenrechts über die Seniorität (Art. 34, 35 GemMVO) verfolgt. Es soll damit eine Integration nationaler Marken in das Gemeinschaftsmarkensystem erfolgen[183].

Voraussetzung für das in Anspruch nehmen des „Zeitrangs“[184] einer nationalen Marke gemäß Art. 34 GemMVO ist, daß hinsichtlich Inhaber und Zeichen (auch in Bezug auf das Waren- und Dienstleistungsverzeichnis) Identität besteht. Die Wirkung einer Inanspruchnahme nach Art. 35 GemMVO setzt weiterhin voraus, daß die nationale Marke nach Eintragung der Gemeinschaftsmarke freiwillig durch Verzicht oder Erlöschenlassen mangels Verlängerung untergeht. Art. 34 Abs. II GemMVO beschreibt die in diesem Fall eintretende Wirkung dahingehend, daß dem Gemeinschaftsmarkeninhaber

weiter die selben Rechte zugestanden werden, die er gehabt hätte, wenn die ältere Marke weiterhin eingetragen wäre.

Auf den ersten Blick scheint damit das gewünschte Ziel der Verringerung der nationalen Kennzeichnungsrechte nicht zu erreichen zu sein, da damit die territoriale Beschränkung der Wirkung nicht fortfällt. Bei einer genaueren Betrachtung stellt sich jedoch heraus, daß bereits rein nominal die Zahl der nationalen Kennzeichnungsrechte sinken wird. Aber auch tatsächlich werden sich – sofern die Gemeinschaftsmarkeninhaber diese Option überhaupt in Anspruch nehmen – positive Auswirkungen auf die Zielsetzungen der Schaffung des Gemeinsamen Marktes mit einem unverfälschten Wettbewerb ergeben: In der Fallkonstellation, die die Inanspruchnahme der Seniorität zuläßt, ist nämlich immer davon auszugehen, daß der Gemeinschaftsmarkeninhaber bereits ein EU-weit einheitlich geltendes Schutzrecht besitzt und ihm deshalb sein parallel geltendes, nationales, inhaltlich übereinstimmendes Markenrecht für

---

181 Vgl. dazu bereits oben im 1. Kapitel, II., 4.

182 Vgl. dazu bereits oben im 2. Kapitel, I., 3 und im 2. Kapitel, III. am Anfang.

183 Vgl. eingehend zu den Vorschriften über die Seniorität: Ingerl, aaO, S. 47f.

184 *Ingerl* (aaO, S. 48f.) weist zu Recht darauf hin, daß die Terminologie des „Zeitrangs“ unglücklich gewählt ist, da die Gemeinschaftsmarke als solche unverändert fortbesteht. Keineswegs erfolgt durch die Inanspruchnahme des „Zeitrangs“ eine partielle auf das betreffende Land bezogene Vorverlegung der Priorität der Gemeinschaftsmarke. Vielmehr richtet sich lediglich der Umfang der fortbestehenden Rechtsposition des untergehenden, nationalen Kennzeichenrechts nach den für das ältere Recht anwendbaren nationalen Bestimmungen. *Ingerl* setzt sich deshalb für die Übernahme der englischen Terminologie der „Seniority“ ein.

eine Aufteilung des Gemeinsamen Marktes in nationale Teilmärkte ohnehin nicht nutzt. Die wirklich relevanten Fälle dieser Regelung ergeben sich damit bei Fragen der Priorität gegenüber Rechten, die sich aufgrund einer Benutzung von verwechslungsfähigen Zeichen durch Dritte auf einem nationalen Teilmarkt ergeben. Die Anzahl derartiger Fälle wird jedoch mit voranschreitenden Zeitablauf immer geringer werden, so daß davon ausgegangen werden kann, daß letztlich das Ziel der Verringerung der Anzahl von territorial beschränkten, nationalen Kennzeichenrechten zu verwirklichen sein wird, zumal sich durch die Inanspruchnahme der Seniorität einer nationalen Marke Kosten in Form von nationalen Verlängerungsgebühren ohne Rechtsverluste einsparen lassen.

IV. Verbindung der unterschiedlichen Schutzsysteme und deren Bedeutung für eine Schutzerlangung in den Mitgliedsstaaten der EU

Die drei voranbeschriebenen Schutzrechtssysteme, die einem Unternehmen Schutz für die verwendeten besonderen Kennzeichen bieten, sind grundsätzlich parallel nebeneinander nutzbar. Dies belegen bereits die parallele Nutzungsmöglichkeit von nationalen Kennzeichenschutz und der GemMVO[185] und die Voraussetzung des Bestehens oder der Anmeldung eines Heimatrechts für eine Schutzausdehnung im Wege des MMA und/oder des MP.

Zudem bestehen zwischen den einzelnen Schutzrechtssystemen Verflechtungen, die eine Kombination der unterschiedlichen Kennzeichenschutzsysteme ermöglichen. Auf diese Verzahnungen der einzelnen Systeme soll im folgenden eingegangen werden:

1. Internationale Vereinbarungen

a) Die Pariser Verbandsübereinkunft (PVÜ)

Die PVÜ ist die älteste und grundlegende internationale Übereinkunft des gewerblichen Rechtsschutzes[186]. Sie gilt für alle Mitgliedsstaaten der EU[187]. Deutschland ist der Pariser Verbandsübereinkunft nach längerem Zögern am 21. März 1903 beigetreten. Auch ohne eine formelle Mitgliedschaft der EU in der PVÜ ist das Gemeinschaftsmarkenrecht von Anfang an so konzipiert worden, daß es den Verpflichtungen der PVÜ auf dem Gebiet des Markenrechts voll entspricht.

Auf internationaler Ebene erleichtert die PVÜ den Erwerb von Kennzeichenrechten insbesondere durch den Grundsatz der Inländerbehandlung, der Unionspriorität und den *telle-*

---

185 Vgl. oben im 2. Kapitel, III, 3.

186 Die PVÜ wird sogar als das „Grundgesetz" des internationalen gewerblichen Rechtsschutzes bezeichnet, vgl. *v. Mühlendahl/Ohlgart*, Die Gemeinschaftsmarke, S. 11f.

187 Vgl. dazu die Übersicht über die Mitgliedsstaaten der PVÜ, abgedruckt in BlPMZ 2001, 120.

quelle-Grundsatz.

aa) Grundsatz der Inländerbehandlung

Mit dem Grundsatz der Inländerbehandlung (Art. 2 Abs. I PVÜ) wird zum Ausdruck gebracht, daß ein verbandsangehöriger Staat hinsichtlich des Schutzes seines gewerblichen Eigentums keinen Unterschied zwischen in- und ausländischen Schutzsuchenden machen darf. Mit anderen Worten: Ein verbandsangehöriger Ausländer darf nicht schlechter gestellt sein als ein Inländer.

Für den Rechtserwerb an besonderen Kennzeichen bedeutet dies, daß – gleichgültig welches Schutzrechtssystem letztlich gewählt wird – keine Rechtsnachteile aufgrund der von diesen Unternehmen angestrebten EU-weiten Marktauftritts entstehen dürfen.

bb) Unionspriorität

Die Unionspriorität stellt das gemeinsame Bindeglied für alle unterschiedlichen Schutzrechtssysteme dar. Die in einem der Verbandsstaaten erstmals und ordnungsgemäße Anmeldung einer Fabrik- oder Handelsmarke (Erstanmeldung), sichert den Zeitvorrang für eine sechsmonatige Frist (Art. 4 C. Abs. I PVÜ). Die innerhalb dieser Frist vorgenommenen, weiteren Schutzrechtsanmeldungen für diese besondere Kennzeichnung in einem anderen Verbandsstaat (Zweitanmeldung) werden – bei Beanspruchung der Priorität – so behandelt, als ob sie am Tag der Erstanmeldung vorgenommen worden wären. Dabei ist das spätere Schicksal der Erstanmeldung unerheblich. Der Zeitvorrang wird gewahrt, auch wenn die Eintragung versagt wird (Art. 4 Abs. III PVÜ).

Für die Verwender besonderer Markierungen bedeutet dies, daß grundsätzlich eine prioritätsbegründende Schutzrechtsanmeldung in einem Land der EU erfolgen kann und der Schutzrechtsanmelder daraufhin ein halbes Jahr lang entscheiden kann in welchen anderen Ländern Schutz erworben werden soll. Unter Ausnutzung dieses Vorteils können die Kosten für die Erreichung von Markenschutz Kraft Registrierung in mehreren Ländern gestaffelt werden und einem Mißbrauch der Kennzeichnung durch einen Dritten im Ausland während der Prioriätsfrist begegnet werden.

cc) Telle-quelle Schutz

Die Telle-quelle-Klausel[188] nach Art. $6^{quinquis}$ PVÜ besagt schließlich, daß eine im Ursprungsland vorschriftsmäßig eingetragene Marke auch im Einfuhrland zu schützen ist, sogar wenn sie nicht den dortigen Bestimmungen des nationalen Markenrechts entspricht.

Dies vereinfacht eine Schutzerlangung Kraft Registrierung der besonderen Bezeichnung in anderen Ländern. Hat der Verwender einer besonderen Markierung für diese einen gesetzlichen Schutz Kraft Registrierung erworben, so kann er aufgrund dieser Vorschrift grundsätzlich davon ausgehen, daß er auch in anderen EU-Ländern einen Schutz Kraft Eintragung in die dafür zur Verfügung stehenden Register erreichen kann. Umstritten ist jedoch, ob sich der

---

[188] Telle-quelle bedeutet unverändert oder in derselben Beschaffenheit.

telle-quelle-Grundsatz nur auf die Form[189] oder auch auf den Inhalt bezieht[190].

b) Das TRIPs-Abkommen

Eine wesentliche Erweiterung des internationalen Markenrechts der PVÜ hat sich mit der Verabschiedung des TRIPs-Abkommens[191] ergeben[192]. Das TRIPs-Abkommen ist Teil der Verhandlungsergebnisse der Urugay-Runde des GATT[193], die nach über 7-jähriger Verhandlungsdauer[194] am 15. Dezember 1993 in Genf beschlossen wurden.

Sinn und Zweck des „TRIPs-Abkommens" ist die weltweite Verstärkung und Harmonisierung des Schutzes des geistigen Eigentums. Allgemein betrachtet, stellt das „TRIPs-Abkommen" Regelungen bereit, die unmittelbar in die jeweiligen nationalen Rechtsordnungen übernommen werden müssen[195]. Für das hier besonders interessierende Markenrecht (Art. 15 mit 23 TRIPs-Abkommen) muß sich der Mindestschutz auf 7 Jahre mit unbeschränkter Verlängerungsmöglichkeit belaufen (Art. 18 TRIPs-Abkommen). Wird ein Benutzungszwang für die Marke eingeführt, so darf die Schonfrist[196] 3 Jahre nicht unterschreiten (Art. 19 TRIPs-Abkommen). Die Benutzung darf dabei nicht durch Sondervorschriften wie etwa durch Zulassung der Benutzung nur gemeinsam mit einer anderen Marke oder nur in besonderer Form, erschwert werden.

---

189 So *Pinzger*, Das deutsche Warenzeichenrecht, Art. 6 PVÜ, Anm. 3.

190 Vgl. dazu *Beier*, Unterscheidungskraft und Freihaltebedürfnis. Zur Markenschutzfähigkeit individueller Herkunftsangaben nach § 4 WZG und Art. 6^{quinquis} PVÜ, GRUR Int. 1992, 243f.

191 Trade Related Aspects on Intellectual Property Rights („TRIPs-Abkommen") - Übereinkommen über handelsbezogene Aspekte der Rechte des geistigen Eigentums vom 15. April 1994; BGBl. 1994 II S. 1730, abgedruckt in BlPMZ 1995, 23, Textabdruck in der englischen Fassung in GRUR Int. 1994, 128f.

192 So *Knaak* im Referat über das materielle Markenrecht im TRIPs-Abkommen anläßlich des 10. Ringberg-Symposius des Max-Planck-Instituts vom 16. – 21. September 1996 über die Neuordnung des Markenrechts, Bericht darüber von *Albert*, (GRUR Int. 1997, 449 (450 re.Sp.).

193 General Agreement on Tariffs and Trade = Allgemeines Zoll- und Handelsabkommen.

194 Ausgangspunkt war die Ministererklärung von Punta del Este vom 20. September 1986. Die Vertreter der Regierungen und der Europäischen Gemeinschaften, die die Schlußakte abgefaßt haben, sind übereingekommen, daß deren Inkrafttreten am 1. Januar 1995 oder sobald wie möglich nach diesem Zeitpunkt wünschenswert sei. Die Schlußakte enthält ein Abkommen zur Errichtung der Welthandelsorganisation (WTO-Abkommen). Damit wird ein gemeinsamer institutioneller Rahmen für die Regelung der Handelsbeziehungen zwischen den Mitgliedern geschaffen. Dieses Abkommen enthält selbst keine Sachbestimmungen. Diese finden sich in den Anhängen, die verschiedene „multilaterale" Handelsübereinkünfte umfassen, die Bestandteil des WTO-Abkommens sind.

195 Der deutsche Gesetzgeber hat dem Übereinkommen bereits mit Gesetz vom 30. August 1994 (BGBl. 1994, II S. 1438) zugestimmt. Nach der „Bekanntmachung über das Inkrafttreten des Übereinkommens zur Errichtung der Welthandelsorganisation" vom 18. Mai 1995 (BGBl. 1995, II S. 456) ist es für Deutschland am 1. Januar 1995 in Kraft getreten.

196 D.h. der Zeitraum (gerechnet von der Eintragung), in dem die Marke noch nicht unbedingt benutzt werden muß, um so nach Registrierung eine gewisse Vorbereitungsphase für die Einführung der Marke zu ermöglichen.

Bei dem TRIPs-Abkommen handelt es sich nicht um ein eigenständiges internationales Markenschutzsystem, sondern um eine Vereinbarung der Unterzeichnerstaaten mit dem Ziel, einen einheitlichen Markenschutz in den jeweiligen nationalen Rechtsordnungen herzustellen. Da die nationalen Markenrechte der Mitgliedsländer der EU, genauso wie das Gemeinschaftsmarkenrecht die im TRIPs-Abkommen als Mindeststandards festgelegten Voraussetzungen bereits entsprechen[197], werden die Auswirkungen auf den Schutz besonderer Kennzeichen innerhalb der EU nicht besonders gravierend sein. Die Bedeutung des TRIPs-Abkommen liegt vielmehr darin, daß weniger weit entwickelte Länder ebenfalls die Möglichkeit eines Markenschutzes bieten werden und daher eine Schutzerlangung in diesen Ländern vereinfacht werden wird.

2. Verbindung zwischen GemMVO und MMA bzw. MP

Die verwaltungstechnische Verbindung zwischen MMA und MP ist sehr eng[198]. Hierfür wurde auf deutscher Ebene eine Gemeinsame Ausführungsordnung zum MMA und MP erlassen[199]. Dies führt dazu, daß auch die IR-Marke auf der Grundlage des MP - wie nach dem bisherigen MMA auch - bei der WIPO in Genf angemeldet werden muß[200]. Für das Verhältnis beider Systeme gilt dabei, daß zwischen Staaten, die sowohl durch das MMA als auch durch das MP verbunden sind, einstweilen nur das MMA Anwendung findet (Art. 9^sexies^ MP). Diese in vielen Fällen bedeutsame Schutzklausel kann jedoch, wenn das MP 10 Jahre in Kraft sein wird, aufgehoben werden. Um diesen Schritt möglich zu machen, hat die Konferenz bereits neben den neuen Vorschriften auch die nicht geänderten Vorschriften des MMA in das MP aufgenommen, das sich deshalb wie ein „MMA II“ liest[201].

Noch bedeutsamer ist jedoch, daß internationale Organisationen, die ein eigenes Markenamt haben, selbst Vertragspartei des MP werden können (Vgl. Art. 14 Abs. I lit. b MP)[202]. Diese Bestimmung zielt maßgeblich auf das Gemeinschaftsmarkenrecht ab und wird in Zukunft die Möglichkeit eröffnen die Schutzrechtssysteme der Gemeinschaftsmarke und der IR-

---

197 Die in dem TRIPs-Abkommen enthaltenen Mindeststandards sind beispielsweise im reformierten deutschen Markengesetz bereits im vollen Umfang berücksichtigt. Dies hat seinen Grund darin, daß die maßgeblichen Bestimmungen als Teil des sog. „Draft Financial Act (auch nach dem seinerzeitigen Generaldirektor des GATT „Dunkeltext“ genannt) bereits im Jahr 1991 vorlagen. Vgl. auch *Kur*, aaO, GRUR Int. 1994, 987 f.

198 Vgl. dazu allgemein: *Kunze*, Zur internationalen Registrierung von Marken unter der gemeinsamen Ausführungsordnung zum MMA und zum Protokoll, Mitt. 1996, 199f.

199 Gemeinsame Ausführungsverordnung zum Madrider Abkommen über die internationale Registrierung von Marken und zum Protokoll zu diesem Abkommen vom 18. Januar 1996, BGBl 1996 II S. 563.

200 Vgl. insoweit die gleichlautenden Art. 3 MMA und Art. 3 MP.

201 So die Formulierung von *Kretschmer*, Aktuelle Berichte: Madrider Markenabkommen: Diplomatische Konferenz erfolgreich, GRUR 1989, 659 (660)).

202 Dieser Umstand wird von der Vereinigten Staaten von Amerika als vorgeschobener Grund gegen einen Beitritt zum MP verwendet: Es wird vorgetragen, daß diese Option den Mitgliedsländern der EU ein doppeltes Stimmgewicht verleiht. Hierzu bereits oben im 2. Kapitel, II., 2.

Markenregistrierung miteinander zu kombinieren[203].

Die EU hat dafür das Protokoll bereits unterzeichnet[204]. Es ist derzeit beabsichtigt, daß die EU das Protokoll bald ratifizieren wird. Die hierfür notwendigen Verordnungen sind in Vorbereitung[205]. Leider ist dabei festzustellen, daß auch die EU für eine individuelle Gebühr optieren wird (Art. 8 MP). Es bleibt allerdings zu hoffen, daß sie diese individuelle Gebühr nicht in voller Höhe der in Alicante zu bezahlenden Gebühren[206] festsetzen wird. Die Kommission plant, um Kosten einzusparen, die auch unter der GemMVO zur Ingangsetzung der Widerspruchsfrist erforderliche Veröffentlichung der Anmeldung im Falle der Benennung der EU in einer internationalen Registrierung nur in abgekürzter Form, nämlich unter Verweisung auf die im Blatt für internationale Registrierungen in Genf erfolgte Veröffentlichung, vorzunehmen. Derartige Ersparnisse sind bei der Festlegung der individuellen Gebühr zu berücksichtigen. Allerdings haben die nordischen Staaten und das Vereinigte Königreich bereits von der Möglichkeit, eine individuelle Gebühr zu verlangen, Gebrauch gemacht und sie der Höhe nach praktisch an die nationale Anmeldegebühr angeglichen[207]. Für das Votum der EU in dieser Frage stimmt dies eher wenig hoffnungsvoll.

Sobald die Verbindung beider Schutzrechtssysteme vollendet ist, wird es möglich sein entweder die EU als Schutzrechtsgebiet im Rahmen eines Gesuchs auf internationale Registrierung einer IR-Marke zu benennen oder eine Gemeinschaftsmarke (oder eine Gemeinschaftsmarkenanmeldung) selbst zur Grundlage eines IR-Markenschutzgesuches zu machen[208].

Für diesen speziellen Fall wird diskutiert[209], daß im Fall des Wegfalls des Basisschutzgesuches in Form einer Gemeinschaftsmarke(nanmeldung) vorgesehen werden könnte, daß im Rahmen des MP eine vom Amt in Alicante verweigerte Schutzausdehnung auf die EU direkt in Schutzausdehnungen der internationalen Registrierung auf die Mitgliedsländer der EU umgewandelt wird. Dies würde allerdings voraussetzen, daß alle Mitgliedsländer der EU auch Mitglieder des MP sind[210]. Diesem Vorschlag wäre wünschenswerter Weise auch nach-

---

203 So wie dies bislang nach dem MMA und dem gemeinsamen BeNeLux-Markenrecht bereits möglich gewesen ist.

204 Diese Möglichkeit eröffnete sich für die EU als internationale Organisation gem. Art. 14 Abs. I lit. b MP, da die EU in Alicante mit dem Harmonisierungsamt für den Binnenmarkt (Marken, Muster und Modelle) ein eigenes Markenamt besitzt.

205 Eine Verordnung wird die Ratifizierung des Protokolls beinhalten, die andere die technischen Vorschriften, die zur Anpassung der Vorschriften der GemMVO und ihrer DurchführungsVO an das System der internationalen Registrierung notwendig sind.

206 2075, - ECU für eine Eintragung in bis zu drei Klassen. Zu den Kosten der Erlangung von Markenschutz vergleiche unten im Anhang.

207 Vgl. *Kunze*, aaO, Festschrift f. Hefermehl, GRUR 1996, 627f.

208 Die sich aus der Kombination der beiden Schutzrechtssysteme ergebenden Problemstellungen werden im 3. Kapitel behandelt und untersucht.

209 *Kunze*, Festschrift f. Hefermehl, GRUR 1996, 627 f. (630).

210 Vgl. dazu oben im 2. Kapitel, II., 2.: Alle Mitgliedsländer der EU sind im EWR-Abkommen die Verpflichtung eingegangen Mitglied des MP zu werden.

zukommen, da so der einheitliche Charakter einer internationalen Registrierung gewahrt werden könnte. Auch die Vorteile einer solchen internationalen Registrierung, wie z. B., daß ein Wechsel des Inhabers oder Änderungen seines Namens oder seiner Adresse im internationalen Register unter Zahlung einer geringen Gebühr mit Wirkung für alle benannten Vertragsstaaten eingetragen und daß eine einheitliche Erneuerung mit Wirkung für alle benannten Vertragsstaaten vorgenommen werden kann, blieben erhalten. Auch Gebühren könnten in den Vertragsparteien des Protokolls gespart werden, die nicht für die individuelle Gebühr optiert haben[211].

[211] Wie z. B. Deutschland, aber in Zukunft auch sicher noch andere Länder.

3. Kapitel Die Wahl des geeigneten Schutzrechtssystem

Die Schutzrechtssysteme des nationalen Markenschutzes, der IR-Markenregi-strierung nach dem MMA und bzw. oder dem MP sowie der Gemeinschaftsmarke stehen parallel für einen Schutzrechtserwerb an besonderen Kennzeichen in der EU zur Verfügung[1]. Für die Unternehmen stellt sich deshalb die Frage, welcher der beschriebenen Wege beschritten werden soll. Aufgrund der bestehenden Verflechtungen der verschiedenen Schutzrechtssysteme untereinander[2] ist zudem zu klären, wie eine sinnvolle Strategie für einen Schutzrechtserwerb aufgebaut werden kann. Diesen Fragen soll im dritten Kapitel nachgegangen werden.

I. Gesetzlicher Schutz besonderer Kennzeichen über die nationalen Kennzeichenrechtsordnungen

Da alle Mitgliedsländer der EU einen gesetzlichen Schutz besonderer Kennzeichen aufgrund nationaler Vorschriften bieten und zudem bei dieser Schutzrechtsalternative zwei unterschiedliche Erwerbstatbestände normiert sind[3], ist zunächst dieser Weg und die dabei zu beachtenden Besonderheiten einer näheren Untersuchung zu unterziehen.

1. Schutzrechtserwerb durch Benutzung oder durch Registrierung?

Für einen Schutzrechtserwerb an besonderen Kennzeichen aufgrund der nationalen Kennzeichenrechtsordnungen stehen im wesentlichen zwei unterschiedliche Möglichkeiten zur Verfügung: Der gesetzliche Schutz der besonderen Kennzeichnung kann entweder durch den Erwerb von Verkehrsgeltung oder durch Registrierung erworben werden. Aufgrund dieser, nur für die Nutzung der nationalen Kennzeichenrechtsordnungen zur Verfügung stehenden Alternative[4] stellt sich für die Schutzsuchende die zunächst erste Frage, wie ein Schutzrechtserwerb für die zum Einsatz kommenden, besonderen Markierungen erfolgen soll. Die hierbei abzuwägenden Vor- und Nachteile der unterschiedlichen Möglichkeiten eines Schutzrechtserwerbs stellen sich wie folgt dar:

---

1 Vgl. zu den unterschiedlichen, in den Mitgliedsländern der EU geltenden Schutzrechtssystemen, oben im 2. Kapitel.

2 Vgl. zu den Verflechtungen der einzelnen, in den Mitgliedsländern der EU geltenden Schutzrechtssystemen, oben im 2. Kapitel, IV.

3 Vgl. zu den unterschiedlichen Erwerbstatbeständen nach nationalem Recht, oben im 2. Kapitel, I., 2.

4 Ein Schutzrechtserwerb kraft bloßer Benutzung der besonderen Kennzeichnung im Verkehr sehen weder die GemMVO noch die Schutzrechtssysteme des MMA und/oder des MP vor.

a) Uneinheitliche gesetzliche Regelungen beim Rechtserwerbs aufgrund Benutzung

Für einen Schutzrechtserwerb kraft Registrierung der besonderen Kennzeichnung in die dafür eröffneten Register spricht zunächst, daß von Land zu Land höchst unterschiedliche gesetzliche Regelungen bestehen, die einen Schutz besonderer Markierungen kraft Benutzung gewähren. Hierzu wurde bereits darauf hingewiesen[5], daß in der Mehrheit der EU-Mitgliedsländer ein Schutz nicht eingetragener Marken über die Gesetze zur Bekämpfung unlauteren Wettbewerbs oder entsprechender Materien gewährt wird[6]. In anderen Ländern ist dagegen der kraft Benutzung zu erwerbende Schutz in den nationalen Kennzeichenschutzgesetzen selbst geregelt[7].

Somit bestehen bereits von Land zu Land Unterschiede bei den regelnden Schutzrechtsmaterien. Dies ist regelmäßig mit einem hohen Beratungsbedarf mit entsprechend hohen Kosten verbunden, da der rechtliche Rat bei einer Vielzahl von lokalen Beratern eingeholt werden muß. Die bestehenden Unterschiede setzen sich bei den Voraussetzungen für einen Schutzrechtserwerb, bei den jeweiligen Schutzrechtsinhalten und der Durchsetzung der sich kraft Benutzung ergebenden Rechte fort. So wird beispielsweise nach dänischem Recht (vgl. insoweit § 3 Abs. I Nr. 2 dän. VML) den besonderen Kennzeichen bereits aufgrund Benutzung ein voller inhaltlicher Schutz gewährt, sofern diese Kennzeichen Unterscheidungskraft besitzen. Der Schutzrechtserwerb ist damit vergleichsweise einfach möglich, der Schutzumfang der sich ergebenden Rechte groß. In anderen Ländern, insbesondere in denjenigen Ländern, in denen sich der Schutz besonderer Kennzeichen aus den Vorschriften zur Sicherung des lauteren Wettbewerbs ergeben[8], ist der Schutzrechtserwerb problematischer und der Schutzumfang der sich ergebenden Rechte geringer.

Grund dafür ist die bislang unterbliebene Rechtsangleichung in diesem Bereich[9], die wegen des Bestehens tatsächlicher Probleme von einer Harmonisierung der nationalen Vorschriften ausgeklammert wurde[10]. Solange in diesem Bereich keine weitergehendere Rechtsangleichung erfolgt[11], haben sich die Unternehmen mit den sich aus den von Land zu Land existierenden Unterschieden auseinanderzusetzen.

---

5 Vgl. zu den Unterschieden beim Schutz nicht eingetragener Kennzeichen bereits oben im 2. Kapitel, I., 2., a).

6 Für einen Überblick sorgt Kur, Die Harmonisierung der europäischen Markengesetze, Resultate – offene Fragen – Harmonisierungslücken, GRUR 1997, 241f.

7 Wie beispielsweise in Deutschland (vgl. § 4 Nr. 2 MarkenG). Auch andere nationale Gesetze zum Schutz besonderer Kennzeichen kennen einen Schutzrechtserwerb durch Benutzungsaufnahme. Vgl. insoweit § 3 Abs. I Nr. 2 dän.VML.

8 Vgl. dazu für einen Überblick: *Kur*, aaO, GRUR 1997, 241f.

9 Die bislang erlassene erste MRiLi betrifft ausdrücklich nur eine Vereinheitlichung der Rechte, die sich aus registrierten Rechten ergeben. Vgl. Erwägungsgrund 4 und die ständige Beschränkung des Regelungsgehaltes der MRiLi auf die „eingetragene Marke".

10 Vgl. dazu *Kur*, aaO, GRUR 1997, 241f.

11 Zum Harmonisierungsdruck im Bereich der nicht eingetragenen Bereiche vgl. oben im 2. Kapitel, I., 4., c.

Die sich daraus für die Verwender besonderer Markierungen erbenden Probleme[12] sind das zunächst erste Argument für einen Schutz besonderer Markierungen kraft Registrierung. In diesem Bereich hat sich bereits eine gewisse Angleichung des materiellen Markenrechts innerhalb der Mitgliedsländer der EU vollzogen, womit den Verwendern der besonderer Kennzeichen verläßliche Rechtsgrundlagen zur Verfügung stehen.

b) Entwicklungsbegünstigungen zugunsten des Rechtserwerbs kraft Eintragung in die dafür vorgesehenen Register

Ein weiterer Vorteil des Schutzrechtserwerb für besondere Markierungen kraft Registrierung, liegt in den Entwicklungsbegünstigungen, die den Schutzsuchenden im Rahmen eines derartigen Schutzrechtserwerbs gewährt werden. Diese ergeben sich sowohl in Bezug auf die jeweils geschützten Waren- und Dienstleistungen als auch in Bezug auf die territoriale Reichweite des Schutzes.

aa) Die Entwicklungsbegünstigungen für das Unternehmen bei einem Rechtserwerbs kraft Eintragung in Hinblick auf die zu vermarktenden Angebote

Ein gesetzlicher Schutz besonderer Kennzeichen kraft Eintragung in die dafür vorgesehenen Register wird zunächst (nur) für bestimmte Waren und/oder Dienstleistungen gewährt (vgl. für Deutschland: § 32 Abs. II Nr. 3 MarkenG). Diese Waren und/oder Dienstleistungen, für die ein Schutz beansprucht werden soll, sind bei der Anmeldung anzugeben (vgl. für Deutschland: §§ 14f. MarkenV). Mit der Eintragung der Marke (vgl. für Deutschland: § 4 MarkenG) wird dem Rechtsinhaber das ausschließliche Recht gewährt, die Marke zur Kennzeichnung der im Waren- und Dienstleistungsverzeichnis bezeichneten Angebote nutzen zu können (vgl. für Deutschland: § 14 Abs. I MarkenG). Innerhalb der Grenzen des Benutzungszwangs für eingetragene Marken (vgl. für Deutschland: § 25 MarkenG) kann sich so der Inhaber der kraft Eintragung erworbenen Marke einen sachlichen Markenschutz für alle im Waren- und Dienstleistungsverzeichnis genannten Waren aufbauen. Eingriffe in diese Position aufgrund von jüngeren Rechten kann er unter Berufung auf sein bestehendes Registerrecht abwehren.

Bei einer Schutzgewährung kraft Eintragung können damit für derartige Marken bereits mit der Schutzrechtsanmeldung Waren und/oder Dienstleistungen angegeben werden, für die zu diesem Zeitpunkt noch gar keine Benutzung erfolgt. Im Rahmen einer schon früh konzipierten Markentransferstrategie[13] können somit potentielle, zukünftige Geschäftsfelder mit einer Marktzutrittsbarriere[14] versehen werden. Um dafür ein Beispiel zu nennen, wird auf die häufig erfolgende Verbindung von Markenanmeldungen in den Bereichen „Bekleidungsstücke“ (Klasse 25), „Parfümerien“ (Klasse 3), Lederartikel (Klasse 18) und schließlich Brillen

---

[12] Vgl. zu den Problemen, die sich beim Schutz besonderer Kennzeichen aufgrund Benutzung ergeben, oben im 2. Kapitel, I., 2.

[13] Vgl. zur Markentransferstrategie oben im 1. Kapitel, V.,1., e).

[14] Vgl. zum Grund des Einsatzes besonderer Markierungen und insbesondere zur Schaffung von Marktzutrittsbarrieren durch besondere Kennzeichen oben im 1. Kapitel, II., 4.

(Klasse 9) hingewiesen[15]. Die frühzeitige Nutzung dieser Option begünstigt eine (spätere) Ausdehnungen der Geschäftstätigkeit eines Unternehmens, das sich zunächst nur einem der genannten Bereiche widmet.

Dabei muß eine möglicherweise erst später aufzunehmende Benutzung der Marke noch nicht einmal durch den Anmelder selbst erfolgen. Vielmehr kann eine Lizensierung der sich aus der Eintragung der ergebenden Rechte (auch nur für bestimmte Waren und/oder Dienstleistungen) erfolgen (vgl. für Deutschland: § 30 MarkenG). Die Benutzung der Marke durch den Lizenznehmer wird dabei dem Markeninhaber zugerechnet (vgl. für Deutschland: § 26 Abs. II MarkenG), so daß seine rechtliche Position als Kennzeichnungsrechtsinhaber durch diese Vorgehensweise nicht beeinträchtigt wird. Im Bereich der kraft Benutzung erworbenen Rechte kann dagegen diese Zuordnung nicht so eindeutig zu Gunsten des Kennzeichnungsberechtigten vorgenommen werden, da in diesen Fällen der Rechtserwerb im Zweifel wohl beim Benutzenden selbst erfolgt.

Ein auf bloße Benutzung abgestütztes Recht kann zudem nur einen Schutz für diejenigen Waren und Dienstleistungen entwickeln, für die eine Benutzung im Verkehr auch tatsächlich erfolgt (vgl. für Deutschland: § 4 Nr. 2 MarkenG). Dies bedeutet gleichzeitig, daß dem Gewerbetreibenden in Bezug auf die in der Zukunft in den Verkehr zu bringenden Angebote keine Entwicklungsbegünstigung der voran geschilderten Art zukommt. Unternehmen, die einen gesetzlichen Schutz allein durch eine im Verkehr mittels Benutzung erworbene Verkehrsgeltung erwerben, vergeben damit eine unternehmerische Chance, die anderen Unternehmen, die den anderen Weg eines Schutzrechtserwerbs kraft Eintragung einschlagen, gewährt wird.

bb) Die Entwicklungsbegünstigungen für das Unternehmen bei einem Rechtserwerbs kraft Eintragung in Hinblick auf den territorialen Schutzumfang

Hinzu kommt, daß ein gesetzlicher Schutz besonderer Kennzeichen durch Erwerb von Verkehrsgeltung in geographischer Hinsicht grundsätzlich nur dort entsteht, wo eine Benutzung der besonderen Kennzeichnung im Verkehr erfolgt (vgl. für Deutschland: § 4 Nr. 2 MarkenG)[16]. Um eine Aufsplitterung des Markenschutzes zu verhindern und damit einer möglichen Marktverwirrung – als Folge des Bestehens einer Vielzahl regionaler und lokaler Rechte – zu begegnen[17], ist dabei sogar die Existenz eines einheitlichen Wirtschaftsgebietes eine weitere Voraussetzung der Anerkennung einer territorial begrenzten Verkehrsgeltung.

Der Schutzbereich territorial begrenzter Rechte aus besonderen Kennzeichen bestimmt sich in Deutschland nach der höchstrichterlichen Rechtsprechung, die sich zum territorialen

---

[15] Eine derartige Verbindung ist insbesondere bei den Marken von Modeschöpfern, die in mehreren Bereichen tätig sind, (Beispiel: Giorgio Armani) weit verbreitet.

[16] Vgl. dazu *Fezer*, Markenrecht - Kommentar, § 4 MarkenG, Rdnr. 21f.

[17] Vgl. dazu eingehend: *Fezer*, aaO, § 4 MarkenG, Rdnr. 128f.

Schutzbereich der Ausstattung nach § 25 WZG entwickelt hat[18]. In den übrigen Ländern der EU, deren Rechtsordnungen einen Schutzerwerb kraft Benutzung kennen[19], sind die Rechte ebenfalls auf das Gebiet beschränkt, in dem eine Benutzung erfolgt. Dieses Gebiet deckt sich dabei nicht automatisch mit dem Staatsgebiet in dem das Recht kraft Benutzung entsteht. Im Gegenteil: Bei einer regionalen oder bloß lokalen Verkehrsgeltung der besonderen Markierung entsteht ein nur auf dieses Territorium begrenzter Markenschutz.

Demgegenüber besitzt der kraft Eintragung in die dafür vorgesehenen Register erworbene Schutz eine Gültigkeit im gesamten Schutzrechtsgebiet[20] und zwar zunächst ohne Rücksicht darauf, ob eine Benutzung der geschützten Bezeichnung im gesamten Schutzrechtsraum erfolgt oder nicht. Dies bedeutet wiederum eine Entwicklungsbegünstigung für diejenigen Unternehmen, die sich einen gesetzlichen Schutz ihrer besonderen Kennzeichen kraft Eintragung sichern. Es kann nämlich kraft Registrierung der verwendeten, besonderen Bezeichnung ein Schutz innerhalb eines in der Regel wesentlich größeren Wirtschaftsraumes erworben werden, ohne daß dafür im gesamten Gebiet eine Benutzung aufgenommen werden muß[21].

c) Privilegierung der kraft Eintragung erworbenen, nationalen Rechte in Verletzungsstreitigkeiten

Einen weiteren Vorteil bieten die kraft Registrierung erworbenen Rechte gegenüber den kraft Benutzung erworbenen Rechten im Falle von Verletzungsstreitigkeiten vor den ordentlichen Gerichten.

Im Falle der kraft Eintragung erworbenen Rechte genügt der Anspruchsteller seiner ihm obliegenden Darlegungs- und Beweispflicht durch die Vorlage der Registrierungsurkunde zum geschützten, besonderen Kennzeichen, aus dem Rechte hergeleitet werden. Dabei besteht sogar eine gesetzliche Vermutung für die Rechtsinhaberschaft (vgl. für Deutschland: § 28 MarkenG). Die Verletzungsgerichte haben damit in diesen Fällen für die geltend gemachten Rechte keine andere Möglichkeit als von dem Bestand der Kennzeichnungsrechte auszugehen. Dies gilt sogar dann, wenn das angerufene Verletzungsgericht eigene Zweifel an der Schutzfähigkeit der registrierten Kennzeichnung wegen eventuell entgegenstehender, absoluter Schutzversagungsgründe (vgl. für Deutschland: § 8 MarkenG) besitzt. Sogar für den Fall, daß sich der auf Unterlassung in Anspruch genommene mit einem Hinweis auf die Schutzunfähigkeit des klägerischen Zeichens verteidigt und einen eigenen Löschungsantrag bei der Schutzerteilungsbehörde stellt (vgl. für Deutschland: § 50 MarkenG), so wird einem, daraufhin von der Beklagtenseite gestellten Aussetzungsantrag[22] von den Verletzungsgerichten –

---

18 Vgl. dazu *Fezer*, aaO, § 14 MarkenG, Rdnr. 17 mwN. Zum Ausstattungsschutz nach dem WZG: Vgl. RG Urt. v. 13. November 1941, Az. II 78/41 - Goldbronzierte Likörflaschen, abgedruckt in GRUR 1942, 217 (219); BGH Urt. v. 3. Juli 1956, I ZR 137/54 - Ihr Funkberater, abgedruckt in Z 21, 182 (196).

19 Vgl. dazu im 2. Kapitel, II., 2., c), bb).

20 Zur Territorialität des so gewährten Schutzes vgl. oben im 2. Kapitel, I., 1.

21 Vgl. dazu insbesondere zum Vorteil eines Gemeinschaftsmarkenregistrierung gegenüber Rechten, die nach nationalen Vorschriften bzw. dem MMA und/oder dem MP in den Mitgliedsländern der EU erworben werden: unten im 3. Kapitel, II., 2., c).

22 Eine derartige Möglichkeit sieht das deutsche Prozeßrecht nach § 148 ZPO vor.

auch wenn die Vorgreiflichkeit dieser Rechtsfrage außer Zweifel steht – regelmäßig nicht stattgegeben[23].

d) Privilegierung der kraft Eintragung erworbenen, nationalen Rechte gegenüber der Benutzung von Gemeinschaftsmarken

Schließlich sind die kraft Eintragung erworbenen Rechte an besonderen Kennzeichen aus einem weiteren Grund gegenüber denjenigen Rechten, die sich aus einer bloßen Benutzung ergeben, privilegiert. Dies betrifft die Stellung, die die jeweiligen, nach nationalen Vorschriften erworbenen Schutzrechte im Verhältnis zu Gemeinschaftsrechten Dritter einnehmen.

Für das Entstehen bzw. den Bestand von Gemeinschaftsmarken sind die eingetragenen, nationalen Rechte an besonderen Kennzeichen als ältere Rechte zunächst genauso beachtlich, wie die kraft Benutzung erworbenen Rechte[24]. Der Grund dafür ist darin zu sehen, daß auch diese Rechtspositionen eigentumsrechtlich geschützt sind und die EU diese nationalen Rechtspositionen nicht antasten darf (Art. 295 EGV). Die Rechtsfolgen bei einer festgestellten Gefahr von Verwechslungen zwischen jüngerer und älterer Kennzeichnung sind jedoch unterschiedlich ausgestaltet.

Während ein erfolgreicher Widerspruch, der auf eine eingetragene, rechtsbeständige, nationale Marke gestützt wird, immer zu einer Versagung des gesamten Gemeinschaftsmarkenschutzes führt (vgl. Art. 45 GemMVO)[25], kann ein Widerspruch, der lediglich auf ein territorial beschränktes, kraft Benutzung erworbenes Recht gestützt ist, zu diesem Ergebnis nur dann führen, wenn das kraft Benutzung erworbene Recht, auf das der Widerspruch gestützt wird, „*mehr als örtliche Bedeutung*" besitzt (Art. 8 Abs. IV GemMVO). Hierbei deutet bereits die auslegungsbedürftige Formulierung des Gesetzestextes an, daß Probleme für die Rechtsinhaber der kraft Benutzung erworbenen Rechte entstehen können:

Grundsätzlich ist die Frage, was unter einer „*mehr als örtlichen Bedeutung*" zu verstehen ist, nach gemeinschaftsrechtlichen Kriterien zu bestimmen[26]. Die diesbezüglichen Wertvorstellungen der EU sind damit in die Auslegung der Rechtsvorschrift einzubeziehen. Dabei ist beachtlich, daß die Grundintention bei der Schaffung des Gemeinsamen Marktes mit unverfälschtem Wettbewerb und in der Folge der Schaffung des Gemeinschaftsmarkenrechts als Ziel die Eindämmung der national geltenden Schutzrechte, wegen deren territorial beschränkten Wirkung, verfolgt[27]. Dies muß – de maiore ad minus - erst Recht für Rechte gelten, die eine weitere Aufspaltung des Gemeinsamen Marktes in noch kleinere Teilmärkte bewir-

---

23 Vgl. zur Bindungswirkung der abschließend dem deutschen Patent- und Markenamt übertragenen Sachentscheidung über die Eintragbarkeit von Marken: *Fezer*, aaO, § 21, Rdnr. 21 und 414.

24 Vgl. Art. 8 Abs. I und II GemMVO für eingetragene, nationale Marken bzw. Art. 8 Abs. IV GemMVO für kraft Benutzung erworbener Rechte.

25 Vgl. zum „Alles-oder-Nichts"-Prinzip des Gemeinschaftsmarkenrecht: oben im 2. Kapitel, III., 5.

26 Vgl. *Knaak*, Des Verhältnis älterer Handelsnamen zur eingetragenen Marke, GRUR Int. 1987, 560f. (570), mwN.

27 Vgl. zum Spannungsverhältnis zwischen nationalem Markenschutz und dem Freiverkehr innerhalb der Gemeinschaft, oben im 2. Kapitel, II., 3. mwN.

ken. Es ist deshalb davon auszugehen, daß den kraft Benutzung erworbenen Rechten in der Auslegung der genannten Vorschriften eher skeptisch entgegen getreten wird. Für die schutzsuchenden Unternehmen bedeutet dies, daß bei dieser Möglichkeit eines Schutzrechtserwerbs eher Zurückhaltung geboten ist.

Der selbe Unterschied zwischen eingetragenen Marken und durch Benutzung erworbenen Kennzeichnungsrechten wird gemäß Art. 106, 107 GemMVO gemacht. Dort kann eine Benutzungsuntersagung zu einer eingetragenen Gemeinschaftsmarke aufgrund eines lokal beschränkten, kraft Benutzung erworbenen Rechts sogar das „Alles-oder-Nichts"-Prinzips des Gemeinschaftsmarkenrecht[28] durchbrechen. Dies demonstriert wiederum die Vorrangstellung, die den gemeinschaftsweit gültigen Rechten gegenüber kraft Benutzung erworbenen, lokalen Rechten eingeräumt wird:

Die Durchbrechung des „Alles-oder-Nichts"-Prinzips setzt die Inhaberschaft an einem Kennzeichnungsrecht mit „*örtlicher*" Bedeutung voraus. Zunächst wird damit weniger gefordert als bei einem Widerspruch aus einem kraft Benutzung erworbenen Kennzeichenrecht. Dafür ist die Rechtsposition des Inhabers der kraft Benutzung erworbenen Kennzeichnungsrechte viel schlechter, als die Position, die ein Rechtsinhaber eines Kraft Eintragung erworbenen Rechts einnimmt: Im Ergebnis kann die Regelung der Art. 106, 107 GemMVO nämlich immer nur dazu führen, daß der Rechtsinhaber des kraft Benutzung erworbenen Rechts die Verwendung der Gemeinschaftsmarke nur innerhalb seines „Bekanntheitskreises" verbieten kann. Diese Rechtsfolge bedeutet für den Inhaber des kraft Benutzung erworbenen Kennzeichnungsrechtes nur einen Pyrrhussieg. Immerhin stößt der zunächst Obsiegende in den übrigen Gebieten der gesamten EU auf das dann uneingeschränkt gültige Gemeinschaftsmarkenrecht, das ihm dort die Benutzung seines Kennzeichens unmöglich macht. An eine Ausdehnung der wirtschaftlichen Betätigung des Rechtsinhabers des kraft Benutzung erworbenen Rechts ist in diesen Fällen nicht mehr zu denken. Wäre der Anspruchsteller dagegen Inhaber eines kraft Registrierung erworbenes Rechts gewesen, so hätte er erfolgreich gegen die Eintragung der Gemeinschaftsmarke vorgehen können. Letztendlich wäre damit seine nunmehr erfolgende, lokale Beschränkung fortgefallen.

Zusammenfassend ist deshalb die Eingangs gestellte Frage eindeutig zugunsten eines Schutzrechtserwerbs aufgrund Registrierung der besonderen Bezeichnung in die dafür vorgesehenen Register zu beantworten.

2. Schutzrechtserwerb in den Mitgliedsländern der EU aufgrund der nationalen Kennzeichenrechtsordnungen

Die in ihrer Wirkung territorial beschränkten Rechte eines nationalen Kennzeichenschutzes stehen der Verwirklichung der Ziele der Errichtung eines einheitlichen Binnenmarktes entgegen[29]. Sie sind jedoch als Teile der Eigentumsordnungen der Mitgliedsländern von

[28] Vgl. zum „Alles-oder-Nichts"-Prinzip im Gemeinschaftsmarkenrecht, oben im 2. Kapitel, III., 5.

[29] Vgl. zum Spannungsverhältnis zwischen nationalen Kennzeichenschutzrechte und Freiverkehr innerhalb des Gemeinsamen Marktes, oben im 2. Kapitel, I., 3.

den Institutionen der EU zu respektieren (vgl. Art. 195 EGV) und können deshalb nicht beseitigt werden. Die nationalen Kennzeichenschutzsysteme werden zudem auf absehbare Zeit als der wichtigste Weg für den Erwerb von Markenschutz angesehen[30]. Dies hat jedoch vornehmlich seinen Grund darin, daß viele Unternehmen überhaupt nicht grenzüberschreitend tätig werden wollen, sondern allein ein rein nationaler Markt und dessen Sicherung im Blickfeld der wirtschaftlichen Betätigung steht. Für Unternehmen mit dieser Zielsetzung bietet sich bereits aus Kostengründen[31] fast zwangsläufig die Möglichkeit einer Nutzung des nationalen Kennzeichnungsrechts an.

Da die vorliegende Bearbeitung jedoch die Verwendung besonderer Bezeichnungen im gesamten Gemeinsamen Markt betrachten möchte, stellt sich die weitergehende Frage, ob ein Schutzerwerb in mehreren (oder gar allen) Mitgliedsländern der EU durch eine parallele Nutzung der nationalen Kennzeichenschutzsysteme sinnvoll erscheint. Zur Beantwortung dieser Frage sollen die Vor- und die Nachteile einer derartigen Vorgehensweise einander gegenübergestellt werden.

a) Vorteile einer parallelen Nutzung der nationalen Kennzeichenschutzsysteme

Die Vorteile einer parallelen Nutzung der nationalen Kennzeichenschutzsysteme sind:

- Die parallele Nutzung der nationalen Kennzeichenschutzsysteme ist ein Garant für **Flexibilität**. Nur auf diesem Weg der Schutzrechtserlangung kann den Besonderheiten eines nationalen Teilmarktes – beispielsweise bei der Packungsgestaltung – Rechnung getragen werden[32].
- Aufgrund der grundsätzlich **territorialen Wirkung** der nationalen Kennzeichenrechte können – unter Beachtung bestimmter Voraussetzungen – mittels des Einsatzes besonderer Kennzeichen sogar nationale Teilmärkte untereinander abgegrenzt werden[33].
- Mittels der parallelen Nutzung der nationalen Kennzeichenschutzsysteme lassen sich die dafür anfallenden **Kosten staffeln**, wenn eine Ausdehnung in andere Märkte erst nach und nach geplant ist.

---

[30] Vgl. beispielsweise bereits die Denkschrift über die Schaffung der EWG-Marke (Bulletin der Europäischen Gemeinschaften, Beilage 8/76; GRUR Int. 1976, 481); ferner *Hefermehl/Fezer*, Der Schutz der Marke im Gemeinsamen Markt in: *Hefermehl/Ipsen/Schluep/Sieben*, Nationaler Markenschutz und freier Warenverkehr in der Europäischen Gemeinschaft, S. 2 (10).

[31] Vgl. zu dem Kosten des Erwerbs nationalen Markenschutz in den Mitgliedsländern der EU unten im Anhang.

[32] Vgl. zu der multinationalen Markenstrategie oben im 1. Kapitel, V., 2., a).

[33] Vgl. zum Spannungsverhältnis zwischen nationalem Markenschutz und Freiverkehr innerhalb der EU, oben im 2. Kapitel, I., 1.

b) Nachteile einer parallelen Nutzung der nationalen Kennzeichenschutzsysteme

Der parallelen Nutzung der nationalen Kennzeichenschutzsysteme stehen dagegen die folgenden Nachteile gegenüber:

- Eine derartigen Vorgehensweise ist mit **hohen Kosten**[34] verbunden. Bei einer Schutzerlangung kraft Eintragung in die dafür vorgesehenen Register sind für jedes einzelne Land die nationalen Anmelde- bzw. Eintragungsgebühren zu entrichten (vgl. für Deutschland: § 32 Abs. IV MarkenG). Zusätzlich ist in jedem einzelnen Land ein Inlandsvertreter (vgl. für Deutschland: § 96 MarkenG) zu bestellen[35]. Hohe Kosten entstehen darüber hinaus auch bei der Aufrechterhaltung des Schutzes, da dafür wiederum in jedem einzelnen Land – unter Beachtung der jeweiligen Fristen und Einschaltung eines Inlandsvertreters – nationale Gebühren zu entrichten sind.
- Die parallele Nutzung der nationalen Kennzeichenrechtsordnungen ist – insbesondere für den Fall, daß eine Schutzerlangung durch den Erwerb von Verkehrsgeltung erfolgen soll – zwangsläufig mit einer **detaillierten Kenntnis** aller Einzelheiten der nationalen Kennzeichenrechtsordnungen verbunden. Dies erfordert in der Regel einen hohen Beratungsbedarf und einen großen Koordinationsaufwand im Unternehmen.
- Da sich die Rechtsinhalte der nach nationalen Kennzeichenschutzsystemen erworbenen Rechte allein nach dem jeweiligen, nationalem Recht richten, ergeben sich Nachteile bei der **Aufrechterhaltung des Schutzes**. Da alle nationalen Kennzeichenrechtsordnungen der Mitgliedsländer der EU einen Benutzungszwang für eingetragene Marken kennen[36], sind alle nationalen Rechte durch Benutzung in jedem einzelnen Land aufrecht zu erhalten.
- Es ergibt sich ferner eine **erschwerte Rechtsdurchsetzung**, da dabei wiederum die jeweils geltenden nationalen Kennzeichenrechte maßgeblich sind.

c) Abwägung

Unter Abwägung der voranstehenden Argumente kann Unternehmen, die besondere Kennzeichen auf dem gesamten Gemeinsamen Markt einsetzen wollen, nicht angeraten werden, den unübersichtlichen und dazu auch noch teuren Weg von parallelem Markenschutz in den einzelnen Mitgliedsländern der EU zu beschreiten.

---

[34] In Anhang sind die Kosten für den Erwerb von nationalen Markenschutzes in den Mitgliedsländern der EU aufgelistet. Aus der dortigen Aufschlüsselung kann auch der (hypothetische) Gesamtbetrag für eine Schutzerlangung für alle Mitgliedsländer der EU durch die parallele Nutzung der nationalen Kennzeichenschutzrechte ermittelt werden.

[35] In den übrigen Ländern der EU bestehen übereinstimmende Vorschriften. Vgl. dazu auch Art. 2 Abs. III PVÜ, der die entsprechenden, nationalen Bestimmungen – auch unter dem Blick der Inländergleichbehandlung – ausdrücklich zuläßt. Allerdings kann vorausschauend davon ausgegangen werden, daß für den innereuropäischen Raum generell das Erfordernis des Inlandsvertreters fällt. Insoweit sind – zumindest in Deutschland – die gesetzgeberischen Verfahren bereits angelaufen.

[36] Vgl. dazu Art. 19 TRIPs-Abkommen.

Dem Argument der Flexibilität ist dabei entgegenzuhalten, daß dieses nur bei einer Verwendung von Land zu Land unterschiedlichen Bezeichnungen zum Tragen kommen kann[37]. Dies ist jedoch mit einem Verzicht auf Synergien[38] verbunden. Die Möglichkeiten der Abgrenzung nationaler Teilmärkte werden ohnehin in Hinblick auf das Ziel der Errichtung eines Gemeinsamen Marktes mit unverfälschten Wettbewerb durch Gesetzgebung und Rechtsprechung beschränkt, so daß auch dieser Vorteil geringer werden wird. Auch die Möglichkeit einer Kostenstaffelung durch zeitlich versetzte Markenanmeldungen in den Mitgliedsländer der EU besteht nur rein theoretisch. Schließlich würde dies voraussetzen, daß der Verwender der besonderen Kennzeichnung erfolgreich gegen entstehende Zwischenrechte auf nationalen Märkten, die er zunächst außer Acht gelassen hat, vorgehen kann. Dies wird nur während des Laufes der Prioritätsfrist überhaupt möglich sein[39]. Ansonsten besteht diese Möglichkeit nur unter den engen Voraussetzungen der notorisch bekannten Marke[40], die in der Regel – insbesondere bei Unternehmen, die am Beginn ihrer wirtschaftlichen Betätigung stehen – nicht vorliegen dürften.

Festzuhalten ist deshalb, daß der Weg einer Schutzerlangung mittels paralleler nationaler Schutzrechtsanmeldungen für alle Länder der EU ausscheidet.

3. Verbleibende Bedeutung der nationalen Kennzeichenrechtsordnungen

Dennoch ist es nicht möglich, die nationalen Schutzrechtssysteme bei der Konzeption von Schutzrechtserwerbsstrategien völlig aus dem Auge zu lassen. Die Gründe dafür sind:

- Die Schutzerlangung nach dem MMA und dem MP sieht vor, daß derartige Schutzgesuche nach den nationalen Markenrechten zu prüfen sind (Art. 4 MMA und Art. 4 MP). Für den Fall einer Schutzgewährung werden die international registrierten Marken wie nationale Markenrechte behandelt (vgl. für Deutschland §§ 107 bzw. 109 MarkenG). Dies gilt vornehmlich auch für die Durchsetzung im Rahmen von Verletzungsprozessen.
- Das Gemeinschaftsmarkensystem sieht vor, daß eine Gemeinschaftsmarkenanmeldung, der ein Schutz für die Gemeinschaft versagt wird, auf Antrag in nationale Einzelanmeldungen umgewandelt werden kann (vgl. Art. 108f. GemMVO). Auch für diesen Fall sind die nationalen Kennzeichenschutzsysteme[41] beachtlich.

---

37 Bei von Land zu Land inhaltlich übereinstimmenden Kennzeichnungsrechten würde die Geltendmachung der Rechte gegenüber Mitbewerbern als eine Maßnahme gleicher Wirkung wie eine mengenmäßige Beschränkung angesehen werden, die gemäß Art. 28 EGV verboten wäre.

38 Vgl. zu den Vorteilen einer globalen Markenstrategie, oben im 1. Kapitel, V., 2., b).

39 Die Prioritätsfrist beträgt sechs Monate, die mit dem Anmeldetag einer Marke in einem Verbandsstaat des PVÜ beginnt, vgl. zur Priorität oben im 2. Kapitel, IV., 1., a), bb).

40 Vgl. zur notorisch bekannten Marke im deutschen Recht: § 4 Nr. 3 MarkenG und im Übrigen Art. 6bis PVÜ.

41 Diese Aussage bezieht sich sowohl auf die jeweilig geltenden Besonderheiten bei dem Erwerb des Markenschutzes als auch bei der Rechtsdurchsetzung in Verletzungsprozessen.

- Auch ein Schutzgesuch unter dem MP, dem die Grundlage des Heimatgesuchs innerhalb der Bindungsfrist des Art. 6 Abs. II MP entzogen wird, kann schließlich ebenfalls in nationale Schutzrechtsanmeldungen umgewandelt werden (vgl. Art. 9^quinquis^ MP). Wiederum gilt in der Konsequenz das voran Dargestellte.

4. Die Nutzung der nationalen Kennzeichenschutzsysteme bei einem Schutzinteresse in nicht allen Ländern der EU

Schließlich können die nationalen Kennzeichenrechtsordnungen auch noch für diejenigen Unternehmen interessant sein, die bei ihrer wirtschaftlichen Betätigung nicht den gesamten Gemeinsamen Markt im Auge haben, sondern nur einige wenige nationale Märkte bearbeiten wollen. Für diese Unternehmen kann es durchaus sinnvoll sein, sich dafür einen gesetzlichen Schutz an den zum Einsatz kommenden, besonderen Markierungen über eine parallele Nutzung der nationalen Kennzeichenrechtsordnungen zu verschaffen.

Die Grenze, wann das Beantragen einer IR-Marke nach dem MMA bzw. dem MP oder gar das Beantragen eines gemeinschaftsweit einheitlichen Schutzrechts vorzuziehen ist, hängt im wesentlichen von der Anzahl derjenigen Länder ab, an denen ein Schutzinteresse besteht. Es ist dies ein Aspekt, der vornehmlich die Kostenseite in Betracht zieht. Dabei spielen jedoch gleichzeitig auch weitere Faktoren, beispielsweise die Frage in welchen Ländern Schutz erlangt werden soll, eine Rolle. Immerhin haben bereits einige Länder, die dem MP beigetreten sind, für eine nationale Gebühr (Art. 8 Abs. VII MP) optiert. Dieser Umstand wird insbesondere nach Aufhebung der Schutzklausel (Art. 9^sexies^ MP) besonders beachtlich[42], da sich dann der Kreis derjenigen Länder, für die eine nationale Gebühr zu entrichten ist, schlagartig vergrößern wird. Da beim Beantragen einer IR-Marke zudem Gebühren an die WIPO zu entrichten sind, kann es sogar sein, daß das Beantragen von nationalem Markenschutz billiger ist, als der Weg einer IR-Marke nach dem MP (unter der Voraussetzung der Benennung nur weniger Staaten).

Die Frage wann parallele nationale Markenanmeldungen sinnvoll sind oder das Schutzrechtssystem der IR-Marke nach MMA und/oder MP günstiger ist oder gar eine Gemeinschaftsmarke die erste Wahl ist, hängt damit von den konkreten Umständen des Einzelfalls ab und kann nicht allgemeingültig beantwortet werden.

II. Schutz besonderer Kennzeichen in allen Mitgliedsländern der EU

Die parallele Nutzung der nationalen Kennzeichenrechtsordnungen für eine Schutzerlangung von Kennzeichenrechten in allen Mitgliedsländern der EU scheidet bereits aus Kos-

---

42 Vgl. zur Schutzklausel nach Art. 9^sexies^ MP, die derzeit eine vorrangige Anwendung des MMA vorsieht, wenn das betreffende Land sowohl dem MMA als auch dem MP angehört, oben im 2. Kapitel, IV., 2.

tengründen aus[43]. Für eine Schutzrechtserlangung in den Mitgliedsländern der EU stehen jedoch immer noch zwei unterschiedliche Schutzrechtssysteme zu Verfügung:

- o Die Gemeinschaftsmarke, die einen gleichmäßigen Schutz in allen Mitgliedsländern der EU bietet und
- o die IR-Marke nach dem MMA und/oder dem MP, die zu einem Bündel nationaler Marken führt.

Derzeit ist es zwar noch nicht möglich auf dem zweiten Weg einen Schutz besonderer Kennzeichen in allen Mitgliedsstaaten der EU zu erreichen. Dem MMA gehören lediglich die europäischen Mitgliedsländer Belgien, Dänemark, Deutschland, Frankreich, Griechenland, Italien, Luxemburg, Niederlande, Österreich , Portugal und Spanien an[44]. Dem MP sind bislang nur die zusätzlichen europäischen Mitgliedsländer Dänemark, Finnland, Schweden und das Vereinigte Königreich[45] beigetreten[46] und haben dieses Abkommen ratifiziert. Im Kreis der Mitgliedsstaaten der EU bestehen damit noch eine Schutzrechtslücke in Bezug auf Irland. Es ist jedoch zu erwarten, daß auch dieses Land schon bald dem MP beitreten und damit die derzeit noch bestehenden Lücken geschlossen werden. Im Rahmen des EWR-Abkommens[47] sind nämlich alle Mitgliedsstaaten der EU die Verpflichtung eingegangen, zumindest Mitglied des MP zu werden.

Es wird deshalb schon bald möglich sein auch über den Weg einer IR-Marke nach dem MMA und dem MP einen flächendeckenden Schutz eines besonderen Kennzeichens für den gesamten Gemeinsamen Markt zu erhalten. Diese Alternative tritt damit dann in direkte Konkurrenz zum Gemeinschaftsmarkensystem. Es stellt sich deshalb wiederum die Frage, welche Alternative von den schutzsuchenden Unternehmen gewählt werden soll. Zur Beantwortung auch dieser Frage soll wiederum eine Gegenüberstellung der Vor- und Nachteile beider Schutzrechtssysteme erfolgen.

---

43 Vgl. zum Kostenargument gegen die parallele Nutzung der nationalen Kennzeichenschutzsysteme, oben im 3. Kapitel, I., 2., b).

44 Vgl. Aufstellung in BlPMZ 2001, 124f.

45 Vgl. Aufstellung in BlPMZ 2001, 124f.

46 Wegen der Schutzklausel des Art. 9^sexies MP werden bei dieser Aufstellung diejenigen Mitgliedsstaaten der EU, die neben ihrer Mitgliedschaft im MMA bereits Mitgliedsland des MP geworden sind, nicht genannt. Es sind dies Belgien, Deutschland, Frankreich, Luxemburg, Niederlande, Österreich und Spanien.

47 Vgl. Art. 5 Abs. I Buchstabe D des Protokolls 28 über das geistige Eigentum, BGBl. 1993, UU S. 266, 1294.

1. Vorteile des Gemeinschaftsmarkensystems gegenüber der Schutzerlangung in den Ländern der EU nach dem MMA bzw. dem MP

a) Vorteil des einheitlichen Verfahrens

Das Gemeinschaftsmarkenrecht gewährt die Möglichkeit mittels eines einzigen Schutzerteilungsverfahrens[48] einen einheitlich geltenden Schutz für den gesamten Gemeinsamen Markt zu erwerben. Für die schutzsuchenden Unternehmen bedeutet dies, daß während des gesamten Verfahrens für einen Schutzrechtserwerb, einschließlich etwaiger Beschwerdeverfahren gegen ablehnende Entscheidungen des Amtes (vgl. Art. 57 f. GemMVO), lediglich Kontakt zu einer einzigen Schutzerteilungsbehörde gehalten werden muß. Dies gilt auch für das Widerspruchsverfahren, das ebenfalls zentral vor dem Harmonisierungsamt für den Binnenmarkt geführt wird.

Vor dem Harmonisierungsamt besteht dabei kein umfassender Vertreterzwang (vgl. Art. 88 Abs. I GemMVO). Nur Personen (oder Unternehmen) ohne (Wohn-)Sitz oder Niederlassung in der Gemeinschaft benötigen für Verfahrenshandlungen einen zur Vertretung vor dem Harmonisierungsamt berechtigten Vertreter (vgl. Art. 88 Abs. II GemMVO).

Demgegenüber kann der Schutz im Wege einer IR-Marke nach dem MMA und/oder dem MP zwar grundsätzlich auch über eine einzige Anmeldung erreicht werden. Diese ist der WIPO über die Heimatschutzbehörden zuzuleiten (Art. 3 MMA bzw. die (fast) gleichlautende Vorschrift des Art. 3 MP). Allerdings sind im Folgenden die Schutzvoraussetzungen für jedes benannte Land nach nationalen Vorschriften zu beurteilen (Art. 5 MMA bzw. die (fast) gleichlautende Vorschrift des Art. 5 MP). Sollten in diesen nationalen Verfahren Beanstandungen im Rahmen der Schutzerteilung erfolgen, so hat der Schutzsuchende in jedem betreffenden Land einen Vertreter einzuschalten und über diesen mit den nationalen Schutzerteilungsbehörden zu kommunizieren (vgl. dazu beispielsweise für Deutschland: §§ 107f. bzw. 109f. iVm § 96 MarkenG). Da die Beanstandungen der beantragten Schutzausdehnung sowohl absolute als auch relative Schutzversagungsgründe betreffen können, ist die Wahrscheinlichkeit, daß im Verfahren zumindest ein weiterer, nationaler Vertreter eingeschaltet werden muß, vergleichsweise hoch.

b) Vorteil einer erleichterten Schutzerlangung

Der zweite, wesentliche Vorteil eines Schutzes einer besonderen Bezeichnung über das Gemeinschaftsmarkenrecht besteht darin, daß es im Vergleich zu den nach nationalem Recht zu beurteilenden Schutzgesuchen[49] einfacher ist, eine Eintragung der Gemeinschaftsmarke zu

---

48 Zu den Einzelheiten des Schutzerteilungsverfahrens des Harmonisierungsamtes für den Binnenmarkt (Marken, Muster und Modelle) vgl. beispielsweise *Ingerl*, Die Gemeinschaftsmarke, S. 125f.; *v.Mühlendahl/Ohlgart*, Die Gemeinschaftsmarke, S. 91f.

49 Hierzu gehören nationale Schutzrechtsanmeldungen genauso wie die Schutzausdehnungsgesuche im Rahmen von internationalen Registrierungen nach dem MMA und/oder dem MP, da diese internationalen Schutzrechtssysteme vorsehen, daß die Schutzerstreckungsgesuche jeweils nach dem nationalen Recht, das für die benannten Schutzrechtsgebiete maßgeblich ist, zu prüfen sind.

erreichen. Jedenfalls wird das Harmonisierungsamt für den Binnenmarkt stets bemüht sein, eher Gemeinschaftsmarken einzutragen, als sie zurückzuweisen. In diese Richtung weist zunächst eine Bemerkung in den vom Amt im März 1996 veröffentlichten Prüfungsrichtlinien[50]. Dort wird unter Punkt 2.1. ausdrücklich bestimmt, daß es nicht

die Aufgabe der Prüfer ist, die Anmelder zu behindern, sondern vielmehr ihnen [beim Erwerb des Gemeinschaftsmarkenschutzes] behilflich zu sein.

Dies ergibt sich schon aus der Interessenlage des Gemeinschaftsmarkenrechts. Es will für Markenanmelder attraktiv sein[51]. Der Wunsch nach Attraktivität des Gemeinschaftsmarkenrechts ist auch in den Motiven zur GemMVO erkennbar: Dort ist niedergelegt, daß das reibungslose Funktionieren des Binnenmarktes mit unverfälschtem Wettbewerb im Vordergrund der Bemühungen steht[52]. Die Möglichkeit der Verwendung von Marken, mit denen Unternehmen ihre Waren oder Dienstleistungen in der gesamten Gemeinschaft ohne Rücksicht auf Grenzen kennzeichnen können, wurde für ein Erreichen dieses Ziels als besonders geeignetes, rechtliches Mittel angesehen[53]. Durch die Möglichkeit der Inanspruchnahme der „Seniorität" einer nationalen Marke[54] wird zudem das Ziel verfolgt, die Anzahl der nationalen Marken allmählich einzudämmen und damit das Gemeinschaftsmarkensystem abermals zu stärken. Diesen Vorgaben kann sich das Harmonisierungsamt für den Binnenmark (Marken, Muster und Modelle) nicht durch eine restriktive Eintragungspraxis entziehen.

Im Gegenteil zeichnet sich sogar im Bereich der eigentlich miteinander harmonisierten Vorschriften über die absoluten Schutzversagungsgründe die Tendenz ab, daß eine wesentlich liberalere Handhabung dieser Vorschriften durch das Harmonisierungsamt für den Binnenmarkt erfolgt, als dies bei den nationalen Schutzerteilungsbehörden der Fall ist. So werden nach nationalem Recht Registrierungsgesuche für Marken beanstandet, die vom Harmonisierungsamt für den Binnenmarkt zur Registrierung zugelassen werden[55].

---

50 Richtlinien für die Verfahren vor dem Harmonisierungsamt für den Binnenmarkt, Teil B. Richtlinie für das Prüfungsverfahren (ABl. HABM 9/96, S. 1300).

51 Die Attraktivität für die Anmelder war von Anbeginn der Bemühungen zur Schaffung eines Gemeinschaftsmarkensystems (neben der Ausgewogenheit, der Marktrelevanz und der Modernität) ein vordringliches Ziel des Normgebers. Vgl. dazu nur *Beier*, aaO, GRUR Int. 1976, 363f.

52 Vgl. zu den Konsequenzen der EU zu den Problemen, die sich aus der grundsätzlich nur territorial beschränkten Gültigkeit nationaler Rechte und dem daraus resultierenden, negativen Einflüssen auf den Freiverkehr innerhalb der EU ergeben, oben im 2. Kapitel, I., 3. a.E.

53 Vgl. Erwägung 1 zur GemMVO und EuGH-Urteil v. 17. Oktober 1990, Rs. C-10/89, Slg. 1990, I-3711 - Hag II, GRUR Int. 1990, 960 (in Ziffer 13 der Entscheidungsgründe). Ferner EuGH, Urt. v. 22. Juni 1994, Rs. C-9/93, Slg. 1994, I-2789 - Ideal Standard, Rdnr. 37, GRUR Int. 1994, 614; EuGH, Urt. v. 11. Juli 1996, Rs. C-232/94 - MPA Pharma/Rhône-Poulenc Pharma, Rdnr. 16, GRUR Int. 1996, 1151; EuGH, Urt. v. 11. Juli 1996, Rs C-71/94, C-72/94, C-73/94 - Eurim-Pharm./.Beiersdorf, Rdnr. 30, GRUR Int. 1996, 1150; EuGH, Urt. v. 11. Juli 1996, Rs. C-427/93, C-429/93, C-436/93 - Bristol-Myers Squibb/Paranova, GRUR Int. 1996, 1144.

54 Vgl. zur „Seniorität" im Gemeinschaftsmarkenrecht, oben im 2. Kapitel, III., 8.

55 So kann es vorkommen, daß eine Marke in Österreich eingetragen wird (Registernummer: 176 417). Der Schutz einer darauf aufbauenden IR-Marke (Registernummer 698 228) in Deutschland versagt wird und

Auch bei Widersprüchen gegen die Eintragung von Gemeinschaftsmarken, wird das Harmonisierungsamt für den Binnenmarkt (Marken, Muster und Modelle) – zumindest soweit der Widerspruch auf Rechte gestützt wird, die sich aus einer bloßen Benutzung ergeben – eher eintragen als zurückweisen. Die Richtlinie für das Widerspruchsverfahren[56] eröffnet hierfür die entsprechenden Möglichkeiten: Nach Art. 42 Abs. III GemMVO kann der Widersprechende zur Stützung seines Widerspruchs Tatsachen, Bemerkungen und Beweismittel vorbringen. Im Falle einer Widerspruchserhebung aufgrund eines nationalen, aufgrund Benutzung erworbenen Rechts wird diese „Kannbestimmung" zu einer „Mußvorschrift". Schließlich kann der auf einen derartigen Widerspruchsgrund gestützte Widerspruch nur dann Erfolg haben, wenn nach dem für den Schutz des Kennzeichens maßgeblichen Recht des Mitgliedsstaates Rechte an diesem Kennzeichen vor dem Tag der angefochtenen Anmeldung erworben worden sind und dieses Kennzeichen seinem Inhaber das Recht verleiht, die Benutzung einer jüngeren Marke zu untersagen (Art. 8 Abs. IV GemMVO). Die im Rahmen eines derartigen Verfahrens aufgeworfenen, komplexen Fragen wird das Harmonisierungsamt für den Binnenmarkt – anders als beispielsweise bei einer Widerspruchserhebung aufgrund einer eingetragenen Gemeinschaftsmarke[57] – nicht selbst klären können und deshalb immer auf die Informationen des Widersprechenden angewiesen sein. Die für die Vorlage einzuhaltenden Fristen sind aus Gründen der Gleichbehandlung der am kontradiktorischen Verfahren beteiligten Parteien relativ kurz (in der Regel: zwei Monate). Legt der Widersprechende keine einschlägigen Unterlagen vor, so kann das Amt auch ohne diese Unterlagen nach Aktenstand entscheiden (Regel 20 (3) der GemMDVO). Dabei ist davon auszugehen, daß der Nachweis des Rechtserwerbs nach nationalem Recht zu erfolgen hat und gleichzeitig der erforderliche Rechtsumfang nachgewiesen werden muß. Die Beschaffung der erforderlichen Unterlagen wird regelmäßig in der Kürze der dafür zur Verfügung stehenden Zeit nicht möglich sein. Die damit nach Aktenstand zu treffende Entscheidung wird den eingelegten Widerspruch zurückweisen.

c) Vorteile beim Benutzungszwang

Wie die harmonisierten nationalen Markenrechte der Mitgliedsstaaten[58] sieht auch das Gemeinschaftsmarkenrecht eine fünfjährige Benutzungsschonfrist ab Eintragung der Marke vor (Art. 15 GemMVO). Wird innerhalb dieses Zeitraums keine „ernsthafte" Benutzung der Marke aufgenommen, so wird die Marke löschungsreif. In Verletzungsprozessen und/oder Widerspruchsverfahren sind dann die sich aus der Registrierung ergebenden Rechte nicht mehr durchsetzbar. Diese negative Rechtsfolge tritt lediglich dann nicht ein, wenn ganz besondere Rechtfertigungsgründe für eine Nichtbenutzung vorliegen (vgl. Art. 15 Abs. I

---

die identische Marke als Gemeinschaftsmarke (Anmeldenummer: 000405068) zur Registrierung zugelassen wird.

[56] Richtlinien für die Verfahren vor dem Harmonisierungsamt für den Binnenmarkt, Teil C. Richtlinie für das Widerspruchsverfahren (ABl. HABM 10/97, S. 964).

[57] Für diesen Fall bestimmen die Richtlinien für das Widerspruchsverfahren ausdrücklich (vgl. Punkt 1.3 des Teils C der Richtlinien und Regel 16 (2) der Durchführungsrichtlinie), daß eine Vorlage einer Kopie entbehrlich ist, da das Amt bereits über die entsprechenden Informationen verfügt.

[58] Vgl. zum Einfluß der MRiLi auf die nationalen Kennzeichenschutzsysteme, oben im 3. Kapitel, I., 4.

GemMVO, bzw. für das deutsche Markenrecht: § 26 Abs. I MarkenG). Entsprechendes gilt bei späteren Benutzungsunterbrechungen von mehr als fünf Jahren[59].

Aufgrund der im wesentlichen übereinstimmenden Vorschriften des harmonisierten, nationalen Rechts und der GemMVO ergibt sich der in diesem Bereich für das Gemeinschaftsmarkenrecht sprechende Vorteil erst auf den zweiten Blick: Die Voraussetzungen für die Aufrechterhaltung der gemeinschaftsweiten Markenrechte sind nämlich in verschiedener Hinsicht relativ großzügig und bevorzugen damit wiederum das Gemeinschaftsmarkensystem im Vergleich zu Schutzrechten, die nach nationalem Recht[60] zu beurteilen sind:

Besonders weitreichende Folgen ergeben sich dabei aus dem Umstand, daß zur Aufrechterhaltung der Rechte aus einer Gemeinschaftsmarke unstreitig nicht erforderlich ist, die Gemeinschaftsmarke im gesamten oder auch nur in einem überwiegenden Teil der EU in Benutzung zu nehmen oder zu halten[61]. Fraglich ist dagegen, in welchem geographischen Raum eine Benutzung der Marke zu erfolgen hat, damit die oben geschilderten, negativen Rechtsfolgen nicht eintreten:

Die maßgeblichen Vorschriften des Gemeinschaftsmarkenrechts (insbesondere Art 15 GemMVO) verlangen, daß eine Benutzung „*in der Gemeinschaft*“ zu erfolgen hat. Aus dieser Formulierung laßt sich für die hier interessierende Frage nach dem geographischen Raum, in dem eine Benutzung zu erfolgen hat, nichts weiter ableiten, außer der Selbstverständlichkeit, daß Benutzungshandlungen außerhalb der EU unbeachtlich sind. Die Entstehungsgeschichte des Gemeinschaftsmarkenrecht[62] zeigt bezüglich der Frage nach dem geographischen Gebiet, in dem die Benutzung der Gemeinschaftsmarke zu erfolgen hat, auch nur auf, daß der ursprüngliche Gedanke, eine Benutzung in mindestens drei Ländern zu fordern, fallen gelassen wurde. Eine an Grenzen der Mitgliedsstaaten orientierte Betrachtung stünde ohnehin im Widerspruch zum europäischen Ziel, der Herstellung eines gemeinsamen Marktes ohne derartige Handelsbarrieren[63]. Fest steht deshalb auch, daß eine starre Beachtung von Ländergrenzen mit dem Konzept der Gemeinschaftsmarke nicht vereinbar ist. In einer jüngeren Protokollerklä-

---

59 Kaum ein anderes Thema des Gemeinschaftsmarkenrechts ist so intensiv vom deutschen Schrifttum begleitet worden wie der Benutzungszwang. Vgl. dazu insbesondere die Arbeiten von *Heydt*, Der Benutzungszwang im Vorentwurf eines Abkommens über ein europäisches Markenrecht, GRUR Int. 1973, 540f.; *ders.*, Der Benutzungszwang in der Denkschrift der EG-Kommission zur Schaffung einer EWG-Marke, GRUR Int. 1977, 47f.; *ders.*, Benutzung und Benutzungszwang im europäischen Gemeinschaftsmarkenrecht, GRUR Int. 1978, 2f. und 61f.; *ders.*, Nationale Markenrechte und sonstige Rechte in dem Entwurf einer Verordnung über die Gemeinschaftsmarke der EG-Kommission, GRUR Int. 1979, 123f.; *ders.*, Zum Entwurf einer Richtlinie zur Angleichung des Markenrechts der Mitgliedsstaaten der EWG, GRUR Int. 1980, 71f.), aber auch die grundlegende Monographie von *Hackbarth*, Grundfragen des Benutzungszwangs im Gemeinschaftsmarkenrecht.

60 Dabei spielt es keine Rolle, ob sich das Schutzrecht aufgrund einer nationalen Markenregistrierung oder aufgrund einer Schutzstaatsbenennung im Wege einer international registrierten Marke ergibt.

61 Dieses Ergebnis wird in der Literatur insgesamt nicht angezweifelt (vgl. zusammenfassend *Hackbarth*, aaO, S. 113 f. mwN.).

62 Zur Entstehungsgeschichte des Gemeinschaftsmarkenrecht ausführlich *Hackbarth*, aaO, S. 111 f.

63 Vgl. schon Denkschrift über die Schaffung einer EWG-Marke, Bulletin der EG, Beilage 8/76 (GRUR Int. 1976, 481).

rung ist allerdings wiederum der Hinweis darauf zu finden, daß schon eine Benutzung der Marke in einem einzigen Land als ausreichend für eine Rechtserhaltung angesehen wird[64]. Dies stößt zumindest in Bezug auf die kleineren Mitgliedsstaaten der EU auf Bedenken, weswegen allgemein[65] eine Benutzung in einem Wirtschaftsraum gefordert wird, der eine gewisse Mindestbedeutung besitzen muß[66].

Festzuhalten ist deshalb, daß zur Auslegung dieser Vorschrift am besten überhaupt keine bestimmte räumliche Ausdehnung gefordert werden sollte[67]. Vielmehr sollte es zu einer wertenden Gesamtbetrachtung aller maßgeblichen Umstände kommen. Dabei könnte dann berücksichtigt werden, ob die Benutzung nach der Größe des betreffenden Unternehmens, der Art der Produkte und in einem Wirtschaftsraum mit einer gewissen Mindestbedeutung erfolgt und deshalb als „ernsthaft" anerkannt werden kann.

Zusammenfassend kann deshalb davon ausgegangen werden, daß zur Rechtserhaltung der Rechte aus der Registrierung einer Gemeinschaftsmarke jedenfalls **keine** Benutzung auf dem gesamten Gemeinsamen Markt erfolgen muß. Dieser Vorteil der Gemeinschaftsmarke spricht deshalb ganz besonders aus strategischen Aspekten für eine frühe Nutzung dieses Schutzrechtssystems:

Eine frühzeitige Gemeinschaftsmarkeneintragung und eine nach fünf Jahren auf ein relativ kleines Teilgebiet beschränkte Benutzung der besonderen Markierung hat zur Folge, daß der erworbene Schutz für die gesamte EU aufrechterhalten wird. Für den Schutzrechtsinhaber eröffnet sich damit langfristig die Möglichkeit zur Nutzung seines Kennzeichens auch in denjenigen Ländern, in denen die besondere Kennzeichnung (noch) gar nicht benutzt wird[68]. Durch das Bestehen dieser Rechte werden andere Unternehmen in allen Ländern der EU an der Einführung identischer oder ähnlicher Marken gehindert. Daraus ergibt sich die Option, eine wirksame Marktzutrittsschranke[69] gegenüber Mitbewerbern für den gesamten Gemeinsamen Markt zu errichten. Ist also die Gemeinschaftsmarke erst einmal registriert, hat deren Inhaber auf praktisch unbegrenzte Zeit[70] die Option erworben, seine Geschäftstätigkeit unter der von ihm gewählten besonderen Bezeichnung über seinen herkömmlichen, vielleicht bisher

---

64 Diese Auffassung des Rates und der Kommission ist als Feststellung zu Art. 15 GemMVO anläßlich der Verabschiedung der GemMVO ausdrücklich in das Ratsprotokoll mit aufgenommen worden. Vgl. *Kunze*, aaO, GRUR 1996, 627f.

65 Vgl. zum Diskussionsstand: *Hackbarth*, aaO; S. 113f.

66 Möglicherweise ist dabei davon auszugehen, daß die kleinsten Mitgliedsländer der EU diesen Wirtschaftsraum mit gewisser Mindestbedeutung noch nicht repräsentieren. Vielleicht stellen dagegen größere Teilgebiete eines einzelnen Landes, also etwa Bayern, oder übergreifende Regionen wie der Alpenraum (Oberbayern, Tirol und Südtirol) diesen Wirtschaftsraum mit gewissen Mindestbedeutung dar.

67 So auch *Ingerl*, aaO, S. 103.

68 Vgl. in diesem Zusammenhang bereits das zugunsten eines Schutzrechtserwerbs kraft Registrierung vorgebrachte Argument bzgl. der territorialen Schutzausdehnung dieser Rechte im Vergleich zu denjenigen Rechten, die Kraft Benutzung erworben werden: oben im 3. Kapitel, I., 1., b).

69 Vgl. ausführlich zu den Gründen für den Einsatz besonderer Markierungen: 1. Kapitel, II.

70 Die Schutzfristen sind beliebig oft verlängerbar (vgl. dazu: 2. Kapitel, I., 2., g).), womit sich ein theoretisch unbefristetes Recht ergeben kann.

erst langsam internationalisierten Betätigungsraum hinaus zu erweitern. Es ergeben sich so Vorteile mit nicht zu unterschätzender Bedeutung für eine langfristige Unternehmensstrategie[71]. Diese sind nicht nur für räumliche Expansionspläne bedeutsam, sondern auch für eine geplante Ausdehnung in ganz neue Angebotsbereiche[72], die in den ersten Jahren zunächst nur in einem wirtschaftlich eng begrenzten Raum angeboten werden. Diese „inhaberfreundliche" Handhabung des Benutzungszwangs führt tendenziell auch zu einer Begünstigung der frühzeitig durch Gemeinschaftsmarkenanmeldungen aktiv gewordenen Unternehmen und umgekehrt langfristig zu erheblichen Nachteilen für Newcomer, die gemeinschaftsweit oder auch nur in weiter entfernteren Teilgebieten mit verwechslungsfähigen Marken für ähnliche Produkte auf den Markt kommen wollen.

Derselbe positive Effekt, der hier für die Nutzung des Gemeinschaftsmarkensystems spricht, läßt sich mittels eines Bündels nationaler Eintragungen[73] nicht erzielen. Kraft der zwingenden Regelung der MRiLi müssen nämlich die national eingetragenen Marken im Gebiet des jeweiligen Mitgliedsstaates benutzt werden, um den kraft Eintragung erworbenen Schutz aufrechtzuerhalten[74]. Dies bedeutet, daß in jedem einzelnen Land eine ernsthafte (vgl. Art. 10 MRiLi) Benutzung erfolgen muß. Beschreitet also ein Unternehmen den Weg einer Schutzrechtserlangung über ein Bündel nationaler Rechte, so genießt es in allen Ländern, in denen es einen Schutz der besonderen Bezeichnung erreichen kann, lediglich den Vorteil während des Laufs der dort gewährten Benutzungsschonfrist. Läuft diese ab, so droht ein Rechtsverlust in denjenigen Staaten, in denen keine Benutzung erfolgt. Das Unternehmen steht folglich unter einem erheblichen zeitlichen Druck bei der EU-weiten Einführung eines Angebots.

d) Vorteile bei Verletzungsprozessen

Der nächste Vorteil, der für die Wahl des Gemeinschaftsmarkenrechts spricht, liegt darin, daß dieses eine einheitliche Verfolgung von grenzüberschreitend erfolgenden Rechtsverletzungen zuläßt[75]. Hierfür sieht die GemMVO für eine ganze Reihe von Sachentscheidungen[76] eine exklusive Zuständigkeit für Gemeinschaftsmarkengerichte vor. Die entsprechenden Gerichte wurden von den Mitgliedsstaaten der EU benannt. Diese waren aufgefordert, für ihre Gebiete eine möglichst begrenzte Anzahl nationaler Gerichte erster und zweiter Instanz auszuwählen, welche die zusätzlichen und neuen Funktionen der Gemeinschaftsmarkengerichte wahrnehmen sollten (vgl. Art. 91 Abs. I GemMVO). Die damit bezweckte, starke Konzentra-

---

[71] Ebenso *Harte-Bavedamm/v. Bomhard*, Strategische Aspekte der Gemeinschaftsmarke, WRP 1996, 534f.

[72] Vgl. zur Übersicht zu den einzelnen Strategien zur Profilierung von Marken in Abbildung 4 am Ende des 1. Kapitels.

[73] Entweder aufgrund paralleler nationaler Markenrechte oder als IR-Marke nach MMA und/oder MP.

[74] Das gleiche gilt natürlich auch für eine Benelux-Marke und für eine mit Wirkung für einen Mitgliedsstaat oder für die BeNeLux-Staaten geschützte internationale Registrierung.

[75] Vgl. zu dieser Thematik umfassend: *Bumiller*, Durchsetzung der Gemeinschaftsmarke in der Europäischen Union.

[76] Unterlassungsklagen (Art. 92 Buchstabe a iVm Art. 9 Abs. I, II GemMVO), negative Feststellungsklagen (Art. 92 Buchstabe b iVm beispielsweise Art. 12 GemMVO), Widerklagen auf Erklärung des Verfalls oder der Nichtigkeit der Gemeinschaftsmarke (Art. 92 Buchstabe d iVm Art. 96 GemMVO).

tion der zuständigen Spruchkörper wurde allerdings – insbesondere in Mitgliedsländern mit föderaler Struktur – nicht erreicht. So hat beispielsweise Deutschland in § 125 e Abs. I MarkenG bestimmt, daß sämtlichen Landgerichte die Aufgabe der Gemeinschaftsmarkengerichte erster Instanz zu übernehmen haben. Lediglich den Bundesländern wurde dabei aufgegeben, eine weitere Konzentration auf weniger Gerichte vorzunehmen. Dies hat jedoch nicht zu dem gewünschten Ergebnis (ein Gemeinschaftsgericht pro Bundesland[77]) geführt[78].

In anderen Mitgliedsländern der EU[79] konnte dagegen erreicht werden, daß nur ein einziges Gericht mit dieser Aufgabe betraut wird. Mit einem zunehmendem Konzentrationsgrad der Gemeinschaftsgerichte in einem Land wird das Gewicht der Entscheidungen dieses Gerichts innerhalb der Gemeinschaft wachsen. Leider hat sich deshalb Deutschland in diesem wichtigen Bereich in den Hintergrund gerückt.

Im Rahmen der in Art. 92 GemMVO geregelten, exklusiven Zuständigkeit der Gemeinschaftsmarkengerichte kommen international zunächst die Gemeinschaftsmarkengerichte am Sitz bzw. der Niederlassung des Beklagten, des Klägers oder des Harmonisierungsamtes für den Binnenmarktes in Betracht (vgl. Art. 93 GemMVO). Falls der Beklagte einen Sitz in der Gemeinschaft hat, ist vorrangig dort zu klagen. Andernfalls kann der Kläger das Gemeinschaftsmarkengericht an seinem eigenen Sitz oder Niederlassungsort anrufen, falls dieser in der Gemeinschaft liegt. Haben weder Beklagter noch Kläger einen Sitz oder eine Niederlassung in der Gemeinschaft, so ist das für Alicante zuständige Gemeinschaftsmarkengericht zuständig. Art. 93 Abs. V GemMVO eröffnet darüber hinaus die Möglichkeit, an dem Ort zu klagen, an dem die Verletzungshandlung begangen wurde oder droht.

Allerdings besteht unter strategischen, zeitlichen und finanziellen Gesichtspunkten ein wesentlicher Unterschied zwischen einer Klage vor einem Gericht am Sitz der Parteien oder des Amtes einerseits und der Wahl eines Gerichtes am Ort der Begehung andererseits: Nach Art. 94 Abs. II GemMVO sind nämlich nur die erstgenannten Gerichte für Verletzungshandlungen in allen Ländern der EU zuständig, während sich die Zuständigkeit des Gemeinschaftsmarkengerichts am Ort der Verletzung, wie herkömmlich, auf den Bereich desjenigen Mitgliedsstaates beschränkt, in dem es seinen Sitz hat. Allerdings ist dabei zu beachten, daß sich über den Unterlassungsanspruch hinausgehende Ansprüche des Markeninhabers wie Auskunfts- und Schadensersatzansprüche nach den durch das jeweilige Gericht anzuwendenden nationalen Vorschriften richtet, was wiederum für die Wahl eines Gemeinschaftsmarkengerichtes am Ort der Verletzung sprechen kann. Damit hat der Markeninhaber bei länderübergreifenden Verletzungsfällen häufig eine Abwägungsentscheidung zwischen den Gemeinschaftsmarkengerichten verschiedener Mitgliedsstaaten zu treffen. Die Parameter, die diese Entscheidung bestimmen, sind vom jeweiligen Einzelfall abhängig.

---

77 Vgl. *Over*, Die neue Gemeinschaftsmarke - Anmelden oder Abwarten, WRP 1996, 274.

78 Vgl. zur Übersicht über die zu Gemeinschaftsmarkengerichten bestimmten Gerichte: Fezer, aaO, § 125e Rdnr. 5.

79 Beispielsweise im Vereinigten Königreich und in Dänemark.

Die Urteile der nach dem Sitz des Beklagten oder Klägers gewählten Gerichte[80] sind für die gesamte Gemeinschaft unmittelbar verbindlich. Diese neuartige Ausdehnung der nationalen Gerichtsbarkeit auf Sachverhalte in anderen Ländern und die unmittelbare Verbindlichkeit der Entscheidungen in allen Mitgliedsländern verhindert widersprüchliche Entscheidungen nationaler Gerichte in parallel verlaufenden Verletzungsprozessen. Zudem bietet die gewählte Regelung die Möglichkeit, die besonderen Erfahrungen im Markenrecht, im internationalen Rechtsverkehr generell und nicht zuletzt auch in rein sprachlicher Hinsicht zu konzentrieren. Diese Regelung bietet jedoch wiederum Vorteile für die Verteidigung einer Gemeinschaftsmarke im Vergleich zu national oder international registrierten Marken. Im Falle eines in mehreren Mitgliedsstaaten der EU bestehenden Markenkonfliktes können nämlich damit Parallelprozesse vermieden werden. Dies trägt dem allgemeinen Bedürfnis der Verwender besonderer Kennzeichen nach einem effektiven Rechtsschutz[81] besonders gut Rechnung.

Das Bündel nationaler Marken aufgrund paralleler nationaler Markenanmeldungen oder aufgrund einer IR-Markenregistrierung nach MMA und/oder MP bietet diesen Vorteil nicht. Die Inhaber dieser Rechte müssen eine in mehreren Ländern der EU erfolgende Verletzung ihrer Kennzeichnungsrechte jeweils national – mit den entsprechenden Risiken von eventuell voneinander abweichenden Entscheidungen – verfolgen. Selbstverständlich ist dabei wiederum auch ein Kostennachteil verbunden, da in jedem einzelnen Land, in dem die Rechtsverletzung erfolgen soll, Anwälte eingeschaltet werden müssen.

e) Kostenvorteile einer Gemeinschaftsmarke

Der Erwerb einer Gemeinschaftsmarke ist schließlich auch noch billiger als ein EU-weiter Schutz einer besonderen Kennzeichnung über das Schutzsystem der internationalen Registrierung nach MMA und/oder MP. Die amtlichen Gebühren für die Eintragung einer Gemeinschaftsmarke belaufen sich zur Zeit auf lediglich ECU 2.075, -[82]. Hinzu kommen die Vertreterkosten, die im Fall einer Gemeinschaftsanmeldung nur ein einziges Mal anfallen.

Dem gegenüber ist der IR-Markenschutz für einen flächendeckenden Schutz in der gesamten EU wesentlich teurer. Bereits die amtlichen Gebühren sind wesentlich höher[83]. Da sich zudem die Prüfung der Schutzerteilungsverfahren nach nationalem Recht richtet (Art. 5

---

80 Vernachlässigt werden an dieser Stelle die übereinstimmend vom Beklagten oder Kläger gewählten Gerichte, für die nach dem jeweiligen Sitz der Parteien oder des Amtes zuständigen Gerichte.

81 Vgl. zu dem Bedürfnis der Verwender besonderer Markierungen an einem effektiven Rechtsschutz: 1. Kapitel, II., 4.

82 Wenn die Gemeinschaftsmarkenanmeldung auf Waren und Dienstleistungen beschränkt wird, die gemäß der internationalen Klassifizierung von Waren und Dienstleistungen in bis zu drei Klassen fallen.

83 Für eine Berechnung der Kosten vgl. unten im Anhang. Die Einschränkung („mindestens") erfolgt, da zum jetzigen Zeitpunkt noch nicht abzuschätzen ist, ob – und wenn ja in welcher Höhe – sich Griechenland und Irland für eine nationale Gebühr entscheiden werden.

MMA, bzw. Art. 5 MP) können zudem für jedes einzelne Land bei einer Beanstandung der Schutzrechtsanmeldung weitere Kosten entstehen[84].

2. Nachteile des Gemeinschaftsmarkensystems gegenüber der Schutzerlangung in den Mitgliedsländern der EU nach dem MMA und/oder dem MP

a) Nachteil der langen Verfahrensdauer

Allerdings birgt das Gemeinschaftsmarkenrecht auch Nachteile für die Anwender. Der erste Nachteil ist dabei eine systemimmanente, längere Verfahrensdauer. So kann das Widerspruchsverfahren gegen die Eintragung einer Gemeinschaftsmarke nicht vor Ablauf von neun bis zehn Monaten nach Anmeldung beginnen. Diese Aussage gilt auch nur dann, wenn sich keine weiteren Verzögerungen im Eintragungsverfahren ergeben. Diese können sich beispielsweise durch Beanstandungen im Rahmen der absoluten Schutzversagungsgründe (Art. 38 GemMVO) oder aber auch bei einem Rückstau bei der Bearbeitung von Fällen ergeben.

Aufgrund der zwischen Widerspruchserhebung und Verfahrensbeginn geschalteten „Cooling-Off"-Periode (Regel 19 der GemMDVO) tritt eine weitere Verfahrensverzögerung bei der endgültigen Schutzerlangung ein, sofern ein Widerspruch gegen die Registrierung der Gemeinschaftsmarke eingelegt wird und keine Einigungsmöglichkeit mit dem Widersprechenden gegeben ist.

Diese systemimmanent lange Verfahrensdauer steht ein relativ zügiges Eintragungsverfahren auf dem Weg des Erwerbs einer IR-Marke gegenüber. Das Verfahren sieht nach dem Eingang des Antrages auf Ausdehnung des Markenschutzes eine Veröffentlichung der sofort erfolgenden Registrierung vor (Art. 3 Abs. IV MMA bzw. Art. 3 Abs. IV MP). Nach der erfolgten Veröffentlichung werden Fristen in Gang gesetzt, innerhalb derer die nationalen Schutzerteilungsbehörden der benannten Staaten Schutzversagungshindernisse absoluten Charakters für ihr Schutzrechtsterritorium und/oder die Inhaber besserer (älterer) Rechte ihre relativen Schutzversagungsgründe vorbringen müssen. Da bei erfolgenden Schutzbeanstandungen immer nur ein Verfahren in dem jeweils betreffenden Land in Gang gesetzt wird, kann es sogar sein, daß zunächst der einheitlich beantragte Schutz in den einzelnen, benannten Ländern zu unterschiedlichen Zeitpunkten beginnt. Jedenfalls für den Fall, daß keine Beanstandung gegen den beantragten Schutz erhoben werden, besitzt dieses Schutzrechtssystem einen unschlagbaren Zeitvorteil gegenüber der langen Verfahrensdauer des Gemeinschaftsmarkenrechts. Dies wiederum macht eine Kombination beider Schutzrechtssysteme so interessant.

b) Nachteil des „Alles-oder-Nichts"-Prinzips bei der Gemeinschaftsmarke

Wie bereits aufgezeigt[85], kann bereits ein einzelner Widerspruch aufgrund eines nationalen Rechts dazu führen, daß ein Schutzgesuch auf Erteilung einer Gemeinschaftsmarke ver-

---

[84] Zu den Kosten, die bei Einschaltung eines nationalen Vertreters bei einer Beanstandung eines IR-Markenschutzgesuches pro Land entstehen können vgl. zusammenfassend Anhang.

sagt wird (vgl. dazu Art. 43 Abs. V GemMVO). Dabei können Widersprüche gegen die Registrierung einer Gemeinschaftsmarke auch aufgrund nicht registrierter Rechte erhoben werden (vgl. Art. 8 Abs. IV GemMVO)[86]. Dies macht es grundsätzlich unmöglich, im Vorfeld einer europäischen Markenanmeldung die Anzahl von möglichen Widersprüchen abzuschätzen. Im Gegensatz zur deutschen Praxis[87] sieht die GemMVO zusätzlich vor, daß die in einem Widerspruchsverfahren unterliegende Partei die Kosten des Verfahrens zu tragen hat (vgl. Art. 81 Abs. I GemMVO).

In der Literatur ist im Rahmen der Entstehung des Gemeinschaftsmarkenrechts vehement gegen diese beiden Bestimmungen argumentiert worden[88]. Die Träger der Idee der gemeinschaftsweiten gewerblichen Schutzrechte befürchteten, daß damit die Attraktivität des Gemeinschaftsmarkenschutzsystems verlorengeht, da für die Anmelder das Kostenrisiko bei der Anmeldung einer Gemeinschaftsmarke unüberschaubar wird. Es wurde deshalb mehrfach die Forderung nach einer praktikablen Lösung im Rahmen der Durchführungsverordnung laut[89].

Diese liegt vor[90] und sieht zur Klärung der voranstehenden Problematik folgende Regelung vor:

o Mit der Mitteilung eines Widerspruchs beim Anmelder der Gemeinschaftsmarke beginnt eine sog. „Cooling-off-Period“ (vgl. Regel 19 GemM-DVO). Der Anmelder einer Gemeinschaftsmarke hat während dieser zweimonatigen Frist Zeit zu überlegen, ob er seine Anmeldung zurückziehen oder die Liste der angemeldeten Waren und Dienstleistungen zweckmäßig einschränken will. Dem Anmelder der Gemeinschaftsmarke steht es damit frei, den einen oder anderen, besonders gefährlichen Widerspruch auszuräumen. Die Widersprechenden müssen dafür in der Widerspruchsschrift angeben, gegen welche der Waren und/oder Dienstleistungen der Gemeinschaftsmarkenanmeldung sich ihr Widerspruch richtet und auf welche Waren und/oder Dienstleistungen der Widerspruchsmarke der Widerspruch gegründet ist. Wird während des Laufs der „Cooling-off-

---

85 Vgl. zur Einheitlichkeit der Gemeinschaftsmarke und dem dort bereits zitierten „Alles oder Nichts“-Prinzip: 2. Kapitel, I., 2., e). bzw. der unterschiedlichen Behandlung eingetragener und kraft Benutzung erworbener Rechte im Rahmen von Widersprüchen, die gegen die Entragung von Gemeinschaftsmarken erhoben werden: oben im 3. Kapitel, I., 1., d).

86 Zu den Problemen, die sich bei einer Widerspruchserhebung gegen die Eintragung von Gemeinschaftsmarken aufgrund der kraft Benutzung erworbenen Rechte ergeben: oben im 3. Kapitel, I., 1., d).

87 Vgl. § 63 Abs. I Satz 3 MarkenG. Eine einseitige Kostenauferlegung in Widerspruchsverfahren kommt dabei nur in ganz besonders gelagerten Ausnahmefällen zum Tragen.

88 Vgl. dazu beispielsweise *Beier*, aaO, GRUR Int. 1976, 363 f.; *Gloy*, Notwendigkeit und Grenzen der Harmonisierung der Warenzeichenrechte in der EG, FS *von Gamm*, 1990, S. 257f.; *Heydt*, Nationale Markenrechte und sonstige Rechte in dem Entwurf einer Verordnung über die Gemeinschaftsmarke, GRUR Int. 1979, 123; *Mitscherlich*, Anmelde- und Widerspruchsverfahren vor dem Europäischen Markenamt, GRUR 1980, 638; *Schawel*, Zum Vorschlag einer Verordnung des Rates über die Gemeinschaftsmarke, Mitt. 1981, 166f.; *Tilmann*, Grundfragen des EWG-Markenrechts, GRUR 1979, 20f.

89 Vgl. dazu beispielsweise nur *Beier*, aaO, GRUR Int. 1976, 363f.

90 Durchführungsverordnung Gemeinschaftsmarke - Verordnung (EG) Nr. 2868/95 der Kommission vom 13. Dezember 1995 zur Durchführung der Verordnung (EG) Nr. 40/94 des Rates über die Gemeinschaftsmarke (ABlEG v. 15. Dezember 1995, L 303, S. 1-32) = BlPMZ 1996, 111f.

Period" der Antrag auf Eintragung der Gemeinschaftsmarke vom Anmelder zurückgezogen, so bekommt der Widersprechende die mit dem Widerspruch zu entrichtende Widerspruchsgebühr zurückerstattet. Die eventuellen Kosten eines Vertreters trägt der Widersprechende in diesem Fall selbst[91]. Der Markenanmelder bekommt dagegen in diesem Fall jedoch nicht die mit der Anmeldung entrichteten Gebühren zurück.

- Zudem wurden die Gebühren, die im Falle eines Unterliegens in einem Widerspruchsverfahren zu erstatten sind, auf Höchstsätze begrenzt (vgl. Regel 94 GemM-DVO). Auch damit konnte erreicht werden, daß das Kostenrisiko bei Anmeldung einer Gemeinschaftsmarke überschaubarer wurde. Allerdings gilt der entsprechende Vorteil in beide Richtungen, so daß auch das Kostenrisiko für den Widersprechenden überschaubar wird. Dies könnte das Erheben von Widersprüchen begünstigen.

- Schließlich besteht – auch darauf wurde schon mehrfach hingewiesen - bei einer endgültigen Schutzversagung der Gemeinschaftsmarkenanmeldung die Möglichkeit der Umwandlung in nationale Anmeldungen unter Wahrung des Anmeldedatums und gegebenenfalls einer in Anspruch genommenen Priorität der Gemeinschaftsmarkenanmeldung. Daraus ergibt sich, daß der Anmelder einer Gemeinschaftsmarke, die wegen eines dagegen gerichteten Widerspruchs nicht zur Eintragung gelangt, kaum Rechtsnachteile erleidet. Die ihm in diesem Falle entstehenden Nachteile bestehen allein in den Kosten, die er für seine gescheiterte Gemeinschaftsmarkenanmeldung investiert hat, gegebenenfalls den Kosten der erfolgreichen Widerspruchspartei(en) und im endgültigen Schutzverlust in dem oder den Ländern, aus dem/denen die erfolgreichen Widersprüche erhoben wurden. In diesen Ländern scheidet nämlich eine Umwandlung der Gemeinschaftsmarkenanmeldung in eine nationale Schutzrechtsanmeldung gemäß Art. 108 Abs. II lit. b GemMVO aus.

Durch die voranstehenden, in einem Gesamtzusammenhang stehenden Regelungen, ist das Kostenrisiko bei Anmeldung einer Gemeinschaftsmarkenanmeldung tatsächlich kalkulierbar geworden.

- Der Anmelder muß immer damit rechnen, daß er die Gebühren für die Anmeldung der Gemeinschaftsmarke vergeblich aufwendet.

- Für den Fall, daß seine Gemeinschaftsmarkenanmeldung bereits registriert und bekannt gemacht wurde und von dritter Seite Widersprüche gegen die Markenregistrierung erhoben wurden, kann der Anmelder während der „Cooling off Period" versuchen, mit dem oder den Widersprechenden eine außeramtliche Regelung herbeizuführen. Aufgrund der insoweit eindeutigen Kostenregelung in der GemMVO wird es allerdings regelmäßig Inhalt dieser Abgrenzungsvereinbarungen sein, daß der Anmelder die Kosten des Widersprechenden übernimmt.

---

[91] Die sich aus Art. 81 Abs. III GemMVO ergebende Kostentragungspflicht eines Anmelders, der seine Anmeldung zurückzieht, besteht erst nach Beginn des Widerspruchsverfahrens, d.h. frühestens nach Ablauf der erwähnten Zweimonatsfrist, wenn der Anmelder diese Frist nicht dazu benutzt hat, seine Anmeldung zurückzunehmen oder zweckdienlich einzuschränken.

- Für den Fall, daß derartige Vereinbarungen mit den Widersprechenden nicht möglich sind, läßt sich das Kostenrisiko aufgrund der bestimmten Höchstsätze relativ genau abschätzen.

Der mögliche Nachteil der für eine zurückgewiesene Gemeinschaftsmarkenanmeldung vergeblich aufgewandten Kosten fällt also im Regelfall im Verhältnis der Gesamtkosten, für die im Wege der Umwandlung vorzunehmenden nationalen Anmeldungen aufzubringenden Kosten nicht mehr so sehr ins Gewicht. Schließlich wären diese Kosten jedoch in gleicher Weise angefallen, wenn der Anmelder von Anfang an den Weg nationaler Anmeldungen beschritten hätte.

c) Nachteil der fehlenden Flexibilität im Gemeinschaftsmarkenrecht

Die IR-Marke nach dem MMA und/oder dem MP besitzt gegenüber dem Gemeinschaftsmarkensystem zudem den Vorteil der Flexibilität. Während die Gemeinschaftsmarkenanmeldung nur einen Schutz für die gesamte Gemeinschaft führen kann (oder eben nicht), kann im Rahmen eines IR-Markengesuches von vorneherein bestimmt werden, in welchen Ländern ein Schutz erreicht werden soll. Dabei muß sich der Kreis der Länder nicht unbedingt mit denjenigen Mitgliedsstaaten der EU decken. Vielmehr können manche Länder im Rahmen des Schutzbegehrens ausgeschieden werden, beispielsweise wenn von vorneherein feststeht, daß dort ein Schutz entweder wegen entgegenstehender Rechte Dritter oder wegen des Bestehens absoluter Schutzversagungsgründe nicht erlangt werden kann. Sofern diese Probleme nicht von vorneherein feststehen (beispielsweise weil ein Widerspruch gegen die Eintragung durchdringt), könnten diese Länder im Rahmen des IR-Markengesuches auch nachträglich wieder fallen gelassen werden.

d) Nachteil des Erfordernis eines Sitzes in einem Mitgliedsstaat des Madrider Verbundes

Als schließlich letzter Nachteil der IR-Marke nach MMA und/oder MP gegenüber dem Gemeinschaftsmarkensystem könnte das Erfordernis eines Sitzes oder einer Niederlassung für die beantragende Partei in einem Mitgliedsland des Madrider Verbundes gewertet werden. Unternehmen, die ihren Sitz nicht in einem der Mitgliedsländer des Madrider Verbandes[92] haben, ist nämlich grundsätzlich der Weg des gebündelten Anmeldeverfahrens nach dem MMA oder dem MP verwehrt (vgl. Art. 1 Abs. I MMA und/oder Art. 1 MP). Dies ist beispielsweise (noch) bei denjenigen Unternehmen der Fall, die ausschließlich in den wirtschaftlich bedeutsamen Staaten Amerika oder Kanada beheimatet sind[93]. Eine derartige Beschränkung kennt das Gemeinschaftsmarkenrecht nicht, womit dieses System offener ist als das der IR-Marke.

---

[92] Der „Madrider Verband" setzt sich zusammen aus den Vertragsländern des Madrider Markenabkommens und den Vertragsparteien des Madrider Protokolls. Eine aktuelle Übersicht über die Mitgliedsländer findet sich in BlPMZ 1999, 132.

[93] Vgl. hierzu die Bemerkungen zum Beitritt der Vereinigten Staaten von Amerika zum MMA bzw. dem MP im 2. Kapitels, II. a.E. und im 2. Kapitel, IV., 2.

Dem ist jedoch entgegenzuhalten, daß Unternehmen aus Ländern, die nicht dem Madrider Verbund angehören, in der Regel zumindest eine Zweigniederlassung in einem der Mitgliedsländer des Madrider Verbandes haben werden, so daß auch für diese Gruppe von Unternehmen der Weg der gebündelten Anmeldung nach MMA und MP grundsätzlich eröffnet ist. Tatsächlich handelt es sich deshalb dabei nicht um ein Argument, das für oder gegen die Nutzung einer der beiden Schutzrechtsalternativen spricht.

3. Abwägung

Unter Abwägung der voranstehenden Vor- und Nachteile der parallel zur Verfügung stehenden Wege einer Schutzrechtserlangung für die Länder der EU nach dem Gemeinschaftsmarkenrecht und der IR-Marke nach MMA und/oder MP kann abgeleitet werden, daß sich der einzig wirkliche Nachteil des Gemeinschaftsmarkenrechts im Falle der Zurückweisung einer Gemeinschaftsmarkenanmeldung in den Kosten der Gemeinschaftsmarkenanmeldung, die sich häufig nur auf 975,-- € belaufen werden, ausdrückt. Der Nachteil der längeren Verfahrensdauer fällt m.E. nicht so sehr ins Gewicht, zumal sich dieser Nachteil durch das parallele Beantragen einer internationalen Registrierung, die auf der Gemeinschaftsmarkenanmeldung oder einer parallelen, eventuell prioritätsbegründenden, nationalen Markenanmeldung aufbaut, kompensieren läßt[94]. Diese Nachteile werden sowohl durch den Kostenvorteil im Falle der erfolgreichen Eintragung der Gemeinschaftsmarke wie auch durch die weiteren mit einer solchen Eintragung verbundenen Vorteile[95] mehr als aufgewogen.

Daraus ergibt sich für Unternehmen, die an einem Schutz der von ihnen verwendeten, besonderen Markierung in der Europäischen Gemeinschaft interessiert sind, daß eindeutig der Weg der Gemeinschaftsmarkenanmeldung gegenüber dem Schutzrechtssystem des MMA und/oder dem MP vorzuziehen ist. Das Gleiche gilt im Übrigen bei der Frage des Schutzrechtsweges bei bereits bestehenden, nationalen Marken. Zu den bereits erwähnten Vorteilen, die für das Beantragen einer Gemeinschaftsmarke sprechen, kommt in diesem Falle insbesondere noch hinzu, daß u.U. der Zeitrang oder zumindest die Seniorität[96] dieser bestehenden nationalen Eintragungen für das dann einheitlich geltende Gemeinschaftsmarkenrecht in Anspruch genommen werden kann (Art. 34 und 35 GemMVO) . Dies führt zumindest für die Zukunft zur Einsparung von Erneuerungsgebühren ohne das ein Rechtsverlust – beispielsweise in Form des Verlustes einer Rechtsposition (Priorität) – zu erleiden ist. Ist eine Marke in allen Mitgliedsstaaten der Gemeinschaft durch benutzte nationale Eintragungen geschützt, dürfte zudem die Eintragung einer identischen Gemeinschaftsmarke unproblematisch sein. Ist die betreffende, besondere Bezeichnung zudem nur in einem Teil der Gemeinschaftsmarke benutzt, oder nicht in allen Mitgliedsstaaten eingetragen, so kann durch das Beantragen des

---

94 Zur Kombination der Schutzrechtserwerbsmöglichkeiten nach dem Gemeinschaftsmarkensystem und der IR-Marke nach MMA und/oder MP vgl. bereits oben im 3. Kapitel, IV., 2.

95 Problemlosere Eintragung, Vorteile beim Benutzungszwang und bei der Rechtsdurchsetzung im Rahmen von Verletzungsprozessen.

96 Vgl. zur Integration nationaler Marken in Gemeinschaftsmarken (Seniority) bereits oben im 2. Kapitel, III., 8 und ausführlich bei *Ingerl*, Die Gemeinschaftsmarke, S. 47f.

gemeinschaftsweit einheitlichen Schutzes der Gemeinschaftsmarke die bestehenden Schutzrechtslücken geschlossen werden.

III. Verbleibende Bedeutung des Schutzrechtssystems des MMA und/oder des MP

Der Raum, der damit für den Einsatz des Schutzrechtssystems nach MMA und/oder MP verbleibt, beschränkt sich im wesentlichen auf zwei Fälle. Das Schutzrechtssystem nach MMA und/oder MP bietet sich an, wenn:

- o von vorneherein feststeht, daß eine Schutzerlangung in der gesamten EU in einem oder mehrere Länder auf ein unüberwindbares Schutzhindernis stößt und/oder
- o neben den Mitgliedsstaaten der EU ein weitergehendes Schutzinteresse an Ländern besteht, die nicht über die Gemeinschaftsmarke erreicht werden können.

1. Wahl des Schutzrechtssystems nach MMA und/oder MP für einen Schutz innerhalb der EU

Für den ersten Fall kommt für schutzrechtssuchende Unternehmen eine Nutzung des Schutzrechtssystems nach MMA und/oder MP in Betracht, da ein wesentlicher Vorteil dieses Schutzrechtssystems genutzt werden kann: die Flexibilität dieses Systems[97].

Nur auf diesem Weg können nämlich von vorneherein Länder ausgeschieden werden, bei den schon vor einer Schutzrechtsanmeldung feststeht, daß ein Schutz in einem oder mehreren Mitgliedsstaaten der EU nicht erreicht werden kann. Aufgrund des „Alles-oder-Nichts"-Prinzips[98] des Gemeinschaftsmarkenrechts scheidet diese Schutzrechtsvariante in diesen Fällen grundsätzlich aus.

Allerdings sollten sich die Verwender einer besonderen Kennzeichnung, die sich nicht in allen Ländern der EU einsetzen läßt, die Frage stellen, ob ein derartiges Vorgehen überhaupt sinnvoll wäre: Immerhin bedeutet diese Vorgehensweise einen Verzicht auf die Möglichkeit eines einheitlichen Auftritts auf dem gesamten Gemeinsamen Markt. Dies geht mit einem Verzicht auf Synergieeffekte einher[99]. Schließlich wird es in derartigen Situationen immer sehr schwierig sein, eine eigenständige Markenpersönlichkeit auch in den verbleibenden Ländern, in denen die Bezeichnung durch das Unternehmen genutzt werden kann, aufzubauen. Regelmäßig wird nämlich die in den übrigen Ländern entgegenstehende Bezeichnung, die die Verfolgung einer allgemeinen internationalen Strategie verhindert, auch über die Grenzen hinweg das Markenimage der eigenen Marke verwässern. Bei einem, von vorneher-

---

97 Vgl. zur Flexibilität des Schutzrechtssystems nach MMA und/oder MP, oben im 3. Kapitel, II., 2., c).

98 Vgl. zum „Alles-oder-Nichts-Prinzip" bereits oben im 2. Kapitel, III., 5.

99 Vgl. zu den Synergieeffekten bei Verfolgung einer globalen Markenstrategie, bereits oben im 1. Kapitel, V., 2., b).

ein geplanten Auftritt des Unternehmens auf dem gesamten Gemeinsamen Markt sollten deshalb besondere Kennzeichen zum Einsatz kommen, die nicht in Teilgebieten der EU auf absolute Schutzversagungsgründe stoßen oder denen Rechte Dritter entgegenstehen[100].

2. Wahl des Schutzrechtssystems nach MMA und/oder MP bei einem Schutzinteresse an Ländern außerhalb der EU

Eine Nutzung des Schutzrechtssystem nach MMA und/oder MP macht schließlich immer dann Sinn, wenn die besondere Markierung, für die Schutz erlangt werden soll, in der EU und darüber hinaus in vielen anderen Ländern oder gar weltweit geschützt werden soll.

Zahlreiche Länder außerhalb der EU können nämlich mit einer internationalen Registrierung abgedeckt werden[101]. In ein paar Jahren wird es möglich sein, mit einer einzigen internationalen Markeneintragung in Genf Schutz in über 80, vielleicht gar über 100 Ländern zu erlangen. Dies wird möglich sein, da sich immer mehr Länder dem MP anschließen werden. Dies bedeutet, daß ein an einem internationalen oder gar weltweiten Schutz seiner besonderen Kennzeichen interessiertes Unternehmen am System der internationalen Registrierung unter der gemeinsamen Ausführungsordnung zum MMA und zum Protokoll nicht vorbeikommen wird.

Unter diesen Umständen wäre es jedoch sicherlich nicht folgerichtig, zusätzlich zu einer internationalen Registrierung eine isolierte Gemeinschaftsmarkenanmeldung vorzunehmen. Vielmehr bietet sich auch für diese Konstellation eine Kombination beider Systeme[102] geradezu an, damit die sich ergebenden Vorteile nicht verlorengehen.

IV. Kombinierte Nutzung der zur Verfügung stehenden Schutzrechtssysteme

Wie dargestellt wurde, bietet sich eine Kombination der zur Verfügung stehenden Schutzrechtssysteme an, damit die jeweils bestehenden Nachteile kompensiert werden können.

Eine Kombination des IR-Markenschutzsystems nach MMA und/oder MP mit dem der Gemeinschaftsmarke wird möglich sein, sobald die EU, die als internationale Organisation dem MP bereits beigetreten ist, die entsprechende Ratifizierung des Beitritts vorgenommen und die notwendigen Verordnungen für die verwaltungstechnische Verbindung beider Schutz-

---

100 Wie derartige, besondere Bezeichnungen gefunden werden können und was bei der Suche zu beachten ist, wird unten im 4. Kapitel dargestellt.

101 Wie erwähnt, hat das MMA heute 49 Mitglieder, davon dreizehn in der EU, d. h. 36 außerhalb der EU.

102 Die kombinierte Nutzung der Schutzrechtssysteme des MMA und/oder des MP mit dem der Gemeinschaftsmarke wird ausführlich unten im 3. Kapitel, IV. beschrieben.

rechtssysteme erlassen hat[103]. Zu diesem Zeitpunkt werden voraussichtlich auch alle Mitgliedsländer der EU dem MP angehören[104]. Dies ist schließlich eine weitere Voraussetzung dafür, daß überhaupt eine Kombination der Schutzrechtssysteme nach MMA und/oder MP mit der Gemeinschaftsmarke erfolgen kann. Es ist nämlich andernfalls davon auszugehen, daß die nationalen Schutzerteilungsbehörden von Mitgliedsländern der EU, die dem MP nicht angehören, nicht verpflichtet werden könnten – für den Fall einer Schutzversagung für die Benennung der EU – einer Umwandlung in nationale Benennungen zuzustimmen.

Eine Kombination des IR-Markenschutzsystems nach MMA und/oder MP mit dem der Gemeinschaftsmarke kann dann auf zwei unterschiedliche Wegen vorgenommen werden:

- Die EU kann im Rahmen eines IR-Markenschutzgesuches, welches auf eine bereits bestehende Heimatregistrierung aufbaut, als Schutzausdehnungsgebiet benannt werden.
- Eine Gemeinschaftsmarke(nanmeldung) kann zur Basis eines IR-Markenschutzgesuches gemacht werden.

Bei beiden Alternativen können Probleme unterschiedlicher Art entstehen. Diese Probleme sollen im Folgenden – unter der Annahme, daß die EU als internationale Organisation und alle seine Mitgliedsländer[105] dem MP beigetreten sind und die entsprechenden Ratifizierungen vorgenommen haben – aufgezeigt werden. In einem fiktiven Beispielsfall soll dafür davon ausgegangen werden, daß:

Ein international operierendes Unternehmen mit Sitz in Deutschland möchte eine besondere Kennzeichnung für ein Angebot verwenden und das konkrete Angebot in der gesamten EU vermarkten. Das Hauptaugenmerk des Unternehmens soll dabei auf dem Export seiner Angebote liegen. Neben dem damit bestehenden Interesse an einem EU-weiten Schutz soll die besondere Bezeichnung auch in Norwegen und der Schweiz geschützt werden. Schließlich soll auch nach China exportiert werden. Die Einführung des neuen Produkts ist zunächst in Italien und im Vereinigten Königreich von Großbritannien geplant.

In unterschiedlichen Fallvarianten soll davon ausgegangen werden, daß die gewählte, besondere Bezeichnung in Deutschland und/oder Spanien auf Schutzversagungsgründe absoluter und relativer Natur stößt.

Die Wahl des Sitzes des Unternehmens aus dem Beispielsfall ist mit Deutschland völlig willkürlich gewählt. Ebenso könnte jedes andere Land, das Mitglied des Madrider Verbandes ist, gewählt werden[106]. Der Export soll für das Beispielsunternehmen im Vordergrund stehen, damit nicht das vorrangige Interesse an einem nationalen Markt unterstellt werden kann. Auch

---

103 Es wird davon ausgegangen, daß die genannten Bedingungen etwa Ende des Jahres 2001 erfüllt sein werden.

104 Damit liegt den nachfolgenden Betrachtungen eine andere Situation zugrunde als den Ausführungen von *Hansmann/Schmetz* in deren Betrachtungen zum „Supranationalen Markenschutz“ in MA 1990, 221f.

105 Die Mitgliedsländer der EU sind dazu im EWR-Abkommen (BlPMZ 1994, 70f., vgl. Art. 5 Abs. I Buchstabe d des Protokolls Nr. 28 über geistiges Eigentum) eine Verpflichtung eingegangen.

106 Dies ist jedoch Voraussetzung dafür, daß der Weg einer IR-Markenanmeldung überhaupt eröffnet ist (Art. 1 Abs. I MMA bzw. Art. 1 MP).

die benannten Staaten des weitergehenden Schutzinteresses (Norwegen und Schweiz) sind willkürlich gewählt. Die Wahl fiel auf die genannten Länder, weil die Schweiz dem MMA und Norwegen (ausschließlich) dem MP angehört. Die Unterschiede beider Systeme können deshalb anhand der so gewählten Länder aufgezeigt werden. Schließlich ist auch China als deutlich außereuropäisches Land nicht zielgerichtet ausgewählt worden. Die zusätzliche Aufnahme von Großbritannien (als Mitgliedsland des MP) und Italien (als Mitgliedsland des MMA) erfolgte, damit die Kombinationsmöglichkeiten, die sich aufgrund eines schnell zu erwerbenden Schutzes ergeben, dargestellt werden können.

1. Benennung der EU im Rahmen eines IR-Markenregistrierungsgesuches

Zunächst soll die erste Alternative untersucht werden, nämlich der Fall, daß das Unternehmen des Beispielsfalles, basierend auf einem (deutschen) Heimatrecht, ein Gesuch auf internationale Registrierung seiner Marke bei der maßgeblichen Ursprungsbehörde stellt.

Gemäß der Definition der Regel 1 (XXVI) der ab dem 1. April 1996 auch für internationale Gesuche unter dem MMA maßgebenden gemeinsamen Ausführungsordnung unter dem MMA und dem MP ist *„Ursprungsbehörde"* die Behörde des in Art. 1 Abs. III MMA bezeichneten Ursprungslandes oder die in Art. 2 Abs. II MP bezeichnete Ursprungsbehörde bzw. beide. Ursprungsbehörde unter Art. 2 MP ist entweder die Behörde des Vertragsstaates, in dem im konkreten Fall der Gesuchsteller die Anforderungen erfüllt, um eine internationale Registrierung hinterlegen zu können, oder die entsprechende Behörde der entsprechenden Vertragsorganisation, d.h. das Harmonisierungsamt in Alicante. In dem die gemeinsame Ausführungsordnung für MMA und MP ebenfalls nur auf die Ursprungsbehörde abstellt, wird das Problem der unterschiedlichen Ansatzpunkte der beiden Verträge (Ursprungsland unter dem MMA, Ursprungsbehörde unter dem MP) umgangen.

Bei diesem Gesuch auf internationale Registrierung sollen zunächst die EU[107], das Vereinigte Königreich und Norwegen als Schutzausdehnungsgebiete benannt werden. Da die genannten Gebiete ausschließlich dem MP angehören, regelt sich die Benennung dieser Schutzerstreckungsgebiete allein nach diesen Vorschriften. Für die Benennungen dieser Schutzerstreckungsgebiete müssen dabei aufgrund einer entsprechenden Optierung gemäß Art. 8 MP individuelle Gebühren bezahlt werden. Da die Benennung dieser Länder allein nach dem MP geregelt wird, könnte das schutzsuchende Unternehmen sein entsprechendes Gesuch auf internationale Schutzgewährung auch auf eine (deutsche) Markenanmeldung stützen (vgl. Art. 2 MP).

Im Rahmen des Gesuchs auf internationale Registrierung sollen ferner Italien, die Schweiz sowie China als Schutzstaaten bezeichnet werden. Die Benennung dieser Staaten regelt sich allein nach dem MMA. Dies gilt auch für die Vertragsstaaten des MMA, die bereits

---

[107] Die Tatsache, daß damit für Deutschland ein Doppelschutz erreicht wird, da ja die Gemeinschaftsmarkenbenennung ebenfalls das Gebiet Deutschlands mit abdeckt, ist kein Hinderungsgrund. Die GemeinschaftsmarkenVO schließt einen solchen Doppelschutz nicht aus. Vgl. dazu: 2. Kapitel, III.

das Protokoll ratifiziert haben (wie z. B. China) und ergibt sich aus der Sicherungsklausel des Art. 9^sexies MP. Danach findet zwischen den Vertragsstaaten des MMA das MP keine Anwendung. Damit diese Vertragsstaaten benannt werden können, muß das schutzsuchende Unternehmen in seinem Heimatland über eine Basisregistrierung verfügen. Will das (deutsche) Unternehmen dagegen seine internationale Registrierung bereits basierend auf seiner (deutschen) Basisanmeldung vornehmen, so muß es sich zunächst auf die Benennung von Vertragsstaaten des Protokolls beschränken, die nicht Mitglied des MMA sind. Auch dies ist ein durchaus gangbarer Weg, da ein Unternehmen, sobald seine Basisanmeldung eingetragen ist, gemäß Regel 24 der gemeinsamen Ausführungsordnung zu MMA und MP ein Gesuch um nachträgliche Benennung der Vertragsstaaten seines Interesses, die dem MMA angehören, bei der Heimatbehörde einreichen kann. Es muß dafür allerdings erneut eine Basisgebühr für dieses nachträgliche Gesuch in Höhe von sFr 300,-- bezahlt werden.

Das Gesuch auf internationale Registrierung unter gemischter Nennung von Vertragsstaaten des MP und des MMA wird von der Heimatbehörde innerhalb von zwei Monaten an die WIPO nach Genf weitergeleitet (vgl. Regel 17 der Gemeinsamen Ausführungsverordnung)[108]. Entsprechend der Art. 4 MMA und Art. 4 MP wird nun jedes benannte Land – ebenso wie die als Vertragspartei benannte EU – das Schutzgesuch in gleicher Weise prüfen, wie als wenn die besondere Bezeichnung bei diesen Behörden direkt zum Schutz angemeldet worden wäre.

Wird der WIPO innerhalb der Frist der Art. 5 MMA bzw. MP keine Schutzverweigerung mitgeteilt oder wird eine solche später wieder zurückgenommen, so ist die besondere Kennzeichnung in den benannten Ländern bzw. der EU ebenso geschützt, wie als wenn sie von den betreffenden Behörden eingetragen worden wäre (vgl. Art. 4 Abs. I MMA bzw. Art. 4 MP).

Realistischerweise wird dieser Idealfall, bei dem überhaupt keine Probleme im Rahmen des Schutzerteilungsverfahrens auftreten, nur in ganz seltenen Fällen eintreten. Viel wahrscheinlicher ist dagegen, daß an der einen oder der anderen Stelle des Schutz-erwerbs Probleme auftreten. Dabei sind die nachfolgend geschilderten Problemstellungen denkbar:

- Die (deutsche) Basiseintragung kann nach Erreichen der Unabhängigkeit von Basisgesuch und IR-Marke wegfallen (unten a).
- Die (deutsche) Basiseintragung kann ferner nach Beantragen der IR-Marke gemäß des MMA und/oder des MP aber schon vor Erreichen der Unabhängigkeit von Basisgesuch und IR-Marke wegfallen (unten b). Für diese Fälle ist insbesondere zu untersuchen, was mit den Schutzbenennungen nach dem MP geschieht, da insoweit eine Umwandlungsmöglichkeit nach Art. 9^quinquis MP besteht.

---

[108] Gemeinsamen Ausführungsverordnung zum Madrider Abkommen über die internationale Registrierung von Marken und zum Protokoll zu diesem Abkommen vom 18. Januar 1996 (BGBl. 1996 II, S. 563).

- Ein Schutz in einem benannten Vertragsgebiet kann versagt werden (unten c). Auch hierbei sind vornehmlich die Konsequenzen für das benannte Schutzausdehnungsgebiet der EU interessant.
- Dem Basisgesuch kann schließlich der Schutz entzogen werden, nachdem eine Schutzausdehnung zuvor versagt wurde (unten d). Probleme entstehen dabei wiederum, wenn es sich dabei um sie Versagung einer beantragten Schutzausdehnung für die EU handelte.

Im Einzelnen:

a) Wegfall des (deutschen) Basisgesuchs nach Eintritt der Unabhängigkeit von Basisregistrierung und IR-Marke

Ein Wegfall der Basiseintragung nach einem Eintritt der Unabhängigkeit von Basisregistrierung und IR-Marke kann erfolgen, wenn beispielsweise die Verlängerungsgebühren zur Basisregistrierung nicht bezahlt werden und/oder der Inhaber eines älteren Rechts erfolgreich gegen die jüngere, als Basiseintragung fungierende Marke im Wege einer Löschungsklage vorgeht und die Unabhängigkeit von Basisgesuch und IR-Marke zum Zeitpunkt der Löschung des Basisgesuches bereits eingetreten ist.

Die Fälle, in denen die Basisregistrierung nach Erreichen der Unabhängigkeit der internationalen Registrierung von der Basiseintragung wegfällt, sind völlig unproblematisch. Die einzige Folge ist, daß der Schutz im entsprechenden Ursprungsland wegfällt. Die darauf aufbauende IR-Markenregistrierung nach MMA und/oder MP bleibt dagegen bestehen.

Für den Beispielsfall würde dies bedeuten, daß das in Deutschland ansässige Unternehmen für die von ihm benutzte Kennzeichnung in Deutschland keinen nationalen markenrechtlichen Schutz mehr besitzt. In den übrigen Ländern würde dagegen der Schutz, der im Wege der Registrierung der IR-Marke unter Benennung der verschiedenen Schutzausdehnungsgebiete entstanden ist, fortbestehen. Damit bleibt letztendlich ein Schutz in Deutschland über den in der internationalen Markenregistrierung integrierten Schutz der EU, der selbstverständlich auch einen Schutz in Deutschland bewirkt, erhalten.

b) Wegfall des (deutschen) Basisgesuches vor Eintritt der Unabhängigkeit von Basisregistrierung und IR-Marke

Der zweite Fall, nämlich ein Wegfall eines Basisgesuch vor Eintritt der Unabhängigkeit von Basisregistrierung und IR-Marke, kann beispielsweise dann eintreten, wenn ein gegen die Eintragung des Basisgesuches gerichteter Widerspruch erfolgreich ist und dem Basisgesuch damit der Schutz entzogen wird. Dasselbe kann – zumindest für den Fall, daß im Rahmen des Schutzausdehnungsgesuches lediglich Mitgliedsländer des MP benannt wurden und dafür das Gesuch auf eine (bloße) Schutzrechtsanmeldung gestützt wurde – dann eintreten, wenn der Schutzrechtsanmeldung die Registrierung in dem entsprechenden Register endgültig versagt wurde.

Die damit zunächst eintretende Folge ist, daß die internationale Registrierung auf Antrag der Heimatbehörde gelöscht wird (vgl. Art. 6 Abs. IV MMA bzw. Art. 6 Abs. IV MP). Beim Wegfall des Basisgesuchs sind jedoch die Folgen für die benannten Staaten im MP anders geregelt als beim MMA. Für das Schicksal der benannten Schutzausdehnungsgebiete ist deshalb zu unterschieden:

aa) Folgen für die Benennungen eines Schutzausdehnungsstaates nach dem MMA

Da die erste Folge des Wegfalls der Heimateintragung der ist, daß die IR-Markenregistrierung auf Antrag der Heimatbehörde gelöscht wird (vgl. Art. 6 Abs. IV MMA bzw. Art. 6 Abs. IV MP), ist der Versuch, einen Schutz in denjenigen Ländern, die alleine dem MMA angehören[109], herbeizuführen, zunächst gescheitert. Für diese Länder besteht auch keine Umwandlungsmöglichkeit. In Folge der Sicherungsklausel des Art. 9^sexies^ MP gilt dies auch für diejenigen Länder, die sowohl dem MP als auch dem MMA angehören.

Das schutzsuchende Unternehmen hat deshalb in diesen Ländern lediglich die Möglichkeit, die besondere Bezeichnung neu und nunmehr national anzumelden. Die Priorität des ursprünglichen Schutzgesuches ist dabei – aufgrund der zwischenzeitlich verstrichenen Zeitspanne – aller Voraussicht nach verloren.

bb) Folgen für die Benennungen eines Schutzausdehnungstaates nach dem MP

Ein Schutzausdehnungsgesuch nach dem MP kann bereits auf eine Schutzrechtsanmeldung gestützt werden (vgl. Art. 2 MP). Eine Schutzrechtsanmeldung läuft jedoch leichter Gefahr, nach Eintragung der internationalen Registrierung wegzufallen (z. B. wegen einer Zurückweisung aus absoluten Gründen, weil die Marke als beschreibend etc. angesehen wird) als eine bereits erfolgte Registrierung. Die Gefahr eines gänzlichen Wegfalls des Schutzes der internationalen Registrierung wäre deshalb für diese Fälle nicht akzeptabel gewesen. Art. 9^quinquies^ Protokoll sieht deshalb für diese Fälle vor, daß die internationale Registrierung in den benannten Vertragsstaaten innerhalb von drei Monaten nach Löschung in nationale Anmeldungen unter Wahrung des Eintragungsdatums und gegebenenfalls der Priorität der internationalen Registrierung umgewandelt werden können. Dafür müssen jedoch dann nationale Anmeldegebühren entrichtet werden[110].

Als Folge der Umwandlungsmöglichkeit nach dem MP (vgl. Art. 9^quinquis^ MP) kann damit das schutzsuchende Unternehmen im Beispielsfall innerhalb von drei Monaten im Vereinigten Königreich und in Norwegen unter Wahrung des Datums der internationalen Registrierung eine nationale Markenanmeldung vornehmen. Hinsichtlich der für das Vereinigte Königreich umgewandelten Markenanmeldung kann das Unternehmen sogar auf eine baldige Ein-

---

109 Für den gebildeten Beispielsfall sind dies: China, Italien und die Schweiz.

110 Zu diesen Gebühren vgl. im Anhang.

tragung hoffen, da das britische Amt gemäß eigener Werbung[111] nicht auf Hindernisse stoßende Anmeldungen innerhalb von 35 Wochen einträgt.

Für das deutsche Markenrecht sieht § 125 Abs. 6 MarkenG für derartige Fälle übrigens vor, daß eine entsprechende, deutsche Anmeldung – für den Fall, daß der internationalen Registrierung der Schutz in Deutschland bereits gewährt worden wäre – ohne weitere Prüfung und ohne die Möglichkeit eines Widerspruchs vom DPMA eingetragen wird.

cc) Folgen für die Schutzausdehnung auf die EU

Gleichzeitig kann auch eine Umwandlung der Benennung der EU als Vertragspartei in eine Gemeinschaftsmarkenanmeldung erfolgen[112]. Insbesondere für Italien ist für das Unternehmen aus dem Beispielsfall nach erfolgter Umwandlung allein das Schicksal dieser Gemeinschaftsmarkenanmeldung maßgeblich. Auch die Eintragung der umgewandelten Gemeinschaftsmarkenanmeldung[113] ist jedoch keineswegs gesichert. Der Schutz der umgewandelten Gemeinschaftsmarkenanmeldung kann vielmehr sogar aus denselben Gründen versagt werden, die zum Wegfall der Basiseintragung führten. So ist sogar davon auszugehen, daß für den Fall, daß die Basisregistrierung aufgrund eines dagegen gerichteten Widerspruchs zu Fall gebracht wurde, der selbe Grund auch der Registrierung der Gemeinschaftsmarke entgegensteht.

Für den Fall einer deshalb zusätzlich anzunehmenden Schutzverweigerung der Gemeinschaftsmarke kann das Unternehmen aus der Fallstudie abermals entscheiden, die Bemühungen um einen Schutz für die besondere Kennzeichnung in Europa fortzuführen.

Hierzu müsste dann erneut umgewandelt werden. Maßgeblich dafür wären dann die Vorschriften der Art. 108ff. GemMVO. Das Unternehmen kann danach ihre bereits schon einmal umgewandelte Gemeinschaftsmarke erneut innerhalb von drei Monaten nach der Schutzversagung durch das Harmonisierungsamt in Alicante in den Mitgliedsländern der EU umwandeln. In dem Land, das für die Schutzverweigerung der EU-Benennung maßgeblich war, ist jedoch eine Umwandlung ausgeschlossen, da einer dortigen Anmeldung der gleiche Grund, der zur Schutzverweigerung der Gemeinschaftsmarkenanmeldung führte, existiert (vgl. Art. 108 Abs. II Buchstabe b GemMVO). Immerhin kann für die übrigen Länder die Priorität des ursprünglichen Schutzgesuches erhalten werden. Allerdings müssen dafür die Gebühren, nunmehr zum dritten Mal, bezahlt werden. Sicherlich wird dabei keine Umwandlung für das Vereinigte Königreich beantragt werden. Dort ist bereits eine nationale Anmel-

---

[111] Vgl. die Broschüre „The UK as a gateway to Europe", The Patent Office, 1996. Diese Ankündigung deckt sich zudem mit den entsprechenden Bemühungen der britischen Anwaltschaft, die sich besonders auf dem amerikanischen Markt als Anwälte, die eine Zulassung beim Harmonisierungsamt in Alicante besitzen, bemühen.

[112] Natürlich müssen genau für die Vertragsparteien, für deren Benennung bereits individuelle Gebühren zu bezahlen waren, erneut die nationalen Anmeldegebühren und die Gebühren für die Gemeinschaftsmarkenanmeldung bezahlt werden.

[113] Als Folge der Umwandlung der unter dem MP benannten EU.

dung als Folge der Umwandlung des internationalen Schutzgesuches anhängig. Diese Gebühren können also jedenfalls gespart werden.

c) Schutzversagung der territorialen Ausdehnung

Neben den bislang behandelten Problemen, die entstehen, wenn die Basisregistrierung wegfällt, soll nun eine andere Variante des Falles beleuchtet werden: Es soll dafür angenommen werden, daß (zunächst[114]) nicht die (deutsche) Basiseintragung wegfällt, sondern vielmehr die Ausdehnung der vorgenommenen internationalen Registrierung scheitert. Dabei sind wiederum mehrere Fälle zu unterscheiden:

aa) Schutzversagung bezüglich eines Mitgliedsstaates des Madrider Verbandes

Zunächst völlig unproblematisch sind diejenigen Fälle, in denen eine Schutzversagung für ein Mitgliedsstaat des Madrider Verbandes erfolgt. Dabei spielt es keine Rolle, ob dieses Land dem MMA oder dem MP (oder beiden Abkommen) angehört. Die einfache Folge der Schutzverweigerung ist, daß in dem betreffenden Staat kein Schutz auf dem Weg der IR-Markenregistrierung erlangt werden kann. Das schutzsuchenden Unternehmen braucht in diesem Fall auch nicht auf eine nationale Schutzrechtsanmeldung auszuweichen, da davon auszugehen ist, daß dieser die selben Versagungsgründe entgegenstehen.

bb) Schutzversagung bezüglich der Schutzausdehnung auf die EU

Problematischer sind dagegen die Fälle, in denen die Schutzversagung die beantragte Schutzausdehnung auf die EU betrifft. Für die Beurteilung dieser Fallvariante soll davon ausgegangen werden, daß die Gründe für das Scheitern der Schutzgewährung für die EU nicht in demjenigen Land liegen, daß den Ursprung für das IR-Markenschutzgesuch bildet. Es kommt deshalb in diesem Bereich diejenige Fallvariante zum Tragen, in dem der beantragte Schutz für die EU versagt wird, weil gegen die Schutzerteilung in der EU erfolgreich Widerspruch aus einem nationalen spanischen Recht erhoben wurde oder dem gemeinschaftsrechtlichen Schutz ein regional begrenztes Schutzhindernis in Spanien entgegensteht (vgl. Art. 7 Abs. II GemMVO).

Auch in diesem Fall muß das schutzsuchende Unternehmen die Benennung der EU als Vertragsstaat des MP in eine Gemeinschaftsmarkenanmeldung umwandeln können (vgl. Art. $9^{quinquis}$ MP).

Zum jetzigen Zeitpunkt sind jedoch die Vorschriften der GemMVO auf diesen Fall (noch) nicht direkt anwendbar. Art. 108 GemMVO spricht nämlich von der Umwandlung einer Gemeinschaftsmarkenanmeldung, während es sich in der zu behandelnden Fallvariante um eine territoriale Ausdehnung des Schutzes der internationalen Eintragung auf die EU unter dem MP handelt. Dieser sprachliche Unterschied wird jedoch aller Voraussicht nach in der Verordnung geregelt werden, die den Beitritt der EU zum MP regelt und die dafür notwendigen Vorschriften enthalten wird. Würde dieser Punkt nämlich nicht geregelt, so würden keine

---

114 Vgl. zu dieser weiteren Fallvariante: 3. Kapitel, VI., 1., d).

territoriale Ausdehnung von geschützten Basisrechten auf die EU erfolgen. Dies ist jedoch gerade Sinn und Zweck der gewollten Kombinationsmöglichkeiten beider Schutzrechtssysteme.

Davon ausgehend, daß die Umwandlung allgemein möglich wird, muß das schutzsuchende Unternehmen aus dem fiktiv gebildeten Fall entscheiden, in welchen Ländern nationale Anmeldungen mit der Priorität des ursprünglichen Schutzgesuches vorgenommen werden sollen. Für den zu untersuchenden Beispielsfall ist dies diesmal in Spanien nicht möglich[115]. Um Kosten zu sparen, wird das zu betrachtende Unternehmen auch keine neuen Anmeldungen in Italien, Deutschland[116] und im Vereinigten Königreich vornehmen[117].

In Zusammenhang mit der Entscheidung des schutzsuchenden Unternehmens, in welchen Staaten Europas, nach der endgültigen Schutzverweigerung bezüglich der Benennung der EU, eine Umwandlung erfolgen soll, ist noch eine andere Variante erwähnenswert, für deren Verwirklichung die interessierten Kreise sowohl in Brüssel als auch in Genf eintreten[118]. Es könnte nämlich vorgesehen werden, daß im Rahmen des MP eine vom Amt in Alicante verweigerte Schutzausdehnung auf die EU direkt in Schutzausdehnungen der internationalen Registrierung auf die Mitgliedsländer der EU umgewandelt werden kann, die Mitglied des MP sind. Als Vorteil dieser Möglichkeit bliebe der einheitliche Charakter der internationalen Registrierung gewahrt. So wäre es beispielsweise ganz unproblematisch möglich einen Wechsel des Inhabers oder Änderungen seines Namens oder seiner Adresse nur im internationalen Register unter Zahlung einer geringen Gebühr mit Wirkung für alle benannten Vertragsstaaten einzutragen. Ferner könnte auch eine einheitliche Erneuerung mit Wirkung für alle benannten Vertragsstaaten vorgenommen werden. Schließlich könnten auch Gebühren in den Vertragsparteien des MP gespart werden, die nicht für die individuelle Gebühr optiert haben.

Eine derartige, direkte Umwandlungsmöglichkeit könnte deshalb durchaus von Vorteil sein. Es ist jedoch darauf hinzuweisen, daß diese direkte Umwandlungsmöglichkeit auch mit Nachteilen behaftet sein kann. Diese können dann eintreten, wenn ein nachträglicher Wegfall

---

115 Zur Erinnerung: Es soll bei den jetzigen Betrachtungen davon ausgegangen werden, daß der Schutz in der als Vertragsgebiet benannten EU versagt werden muß, da dem EU-weiten, einheitlichen Schutz ein relatives Schutzhindernis aufgrund eines älteren Rechts (in Spanien) entgegensteht. Auch in diesem Fall ist eine Umwandlung in eine nationale Schutzrechtsanmeldung in dem betreffenden Staat (hier Spanien) gemäß Art. 108 Abs. II b) GemMVO nicht möglich, weil der gleiche Hinderungsgrund der zur Schutzversagung der Gemeinschaftsmarke führte, auch dem nationalen Schutzgesuch (in Spanien) entgegenstehen würde.

116 Interessanterweise wäre es an sich möglich, eine solche Umwandlung auch in Deutschland vorzunehmen, da Deutschland in diesem Fall nicht Ursprungsland ist. Die Umwandlung fände nämlich unter der GemeinschaftsmarkenVO und nicht unter dem Protokoll statt, womit Art. 3bis Satz 2 MP keine Anwendung findet.

117 Das im Beispielsfall betrachtete Unternehmen besitzt bereits in Deutschland eine Markeneintragung. Italien und das Vereinigte Königreich sind zusätzlich zur EU in der internationalen Registrierung als Schutzausdehnungsstaaten benannt worden.

118 Vgl. *Kunze*, Die Verzahnung der Gemeinschaftsmarke mit dem System der Internationalen Registrierung von Marken unter der gemeinsamen Ausführungsordnung zum Madrider Markenabkommen und dem Madrider Protokoll in Festschrift für Hefermehl, GRUR 1996, 627f. (630).

der Basisregistrierung erfolgt. Dies hätte zur Folge, daß die gesamte IR-Markenregistrierung zu Fall gebracht wird. Bei einer direkten Umwandlung des versagten Gemeinschaftsmarkenschutzes in Schutzstaatenbenennungen nach dem MP würde damit der entsprechende Schutz in den benannten Ländern insgesamt entfallen[119]. Derartige Nachteile gilt es für den Fall, daß der erwähnten Option näher getreten wird, nach Möglichkeit auszuschalten.

d) Nachträglicher Wegfall der (deutschen) Basiseintragung nach Schutzversagung der territorialen Ausdehnung auf die EU

Um die Liste der möglichen Komplikationen zu vervollständigen, soll schließlich angenommen werden, daß die (deutsche) Heimatregistrierung beispielsweise ein Jahr nach der Schutzversagung der territorialen Ausdehnung auf die EU, aber immer noch innerhalb der fünfjährigen Abhängigkeit der internationalen Registrierung wegfällt.

Diese Situation kann z. B. wegen eines Konflikts der Marke des schutzsuchenden Unternehmens mit einer Firma, die einen mit der Marke identischen Namen mit besserer Priorität führt, eintreten oder weil ein langjähriges Widerspruchsverfahren gegen die (deutsche) Basiseintragung schließlich zum Erfolg führt[120].

In diesem Fall stellt sich die vorrangige Frage, ob der spätere Wegfall der Basisregistrierung Einfluß auf die bereits unter dem Gemeinschaftsmarkenrecht erfolgten Umwandlungen der zuvor zurückgewiesenen Benennung der EU in nationale Markenanmeldungen haben wird. Diese Frage ist zu verneinen, da der nachträgliche Wegfall der deutschen Basiseintragung eine ex nunc-Wirkung besitzt. Gemäß Art. 6 MP kann der erlangte Schutz *„nicht mehr in Anspruch genommen werden"*. Diese Formulierung weist darauf hin, daß der bis dahin gewährte Schutz nicht nachträglich entzogen wird. Die vorgenommenen Umwandlungen der Schutzausdehnung auf die EU bleiben also wirksam.

Fraglich bleibt jedoch, wie in diesem Fall die übrigen Schutzausdehnungen der internationalen Registrierung zu behandeln sind. Die beantragten Schutzausdehnungen auf Mitgliedsstaaten des MMA (im Beispielsfall waren dies China, Italien und die Schweiz) sind wiederum endgültig verloren. Die Benennungen nach dem MP (im Beispielsfall das Vereinigte Königreich und Norwegen) können dagegen in nationale Anmeldungen mit der ursprünglichen Priorität umgewandelt werden. Dies ist insbesondere für das Vereinigte Königreich wichtig, da das im Beispielsfall betrachtete Unternehmen keine Umwandlung ihrer zurückgewiesenen EU-Ausdehnung für das Vereinigte Königreich vorgenommen hatte.

Allerdings mag dabei das schutzsuchende Unternehmen bedauern, daß es nicht innerhalb der Frist von drei Monaten nach Schutzversagung der Benennung der EU eine nationale Anmeldung in Italien oder gar in Deutschland vorgenommen hat. Diese Möglichkeit steht dem Unternehmen aufgrund der Sicherungsklausel des Art. 9^{sexies} MP nicht mehr offen. Dies zeigt, daß die Sicherungsklausel nicht immer von Vorteil ist. Es wird deshalb interessant sein

---

119 Vgl. zu den Umwandlungsmöglichkeiten bereits oben im 3. Kapitel, VI., 1., d).

120 Dieser Fall ist von dem, der im 3. Kapitel, VI,. 1., a) behandelt wurde, aufgrund der zeitlichen Reihenfolge der Schutzversagung, zu unterscheiden.

zu sehen, ob das schutzsuchende Unternehmen aus der Fallstudie aus diesem Grund besser eine ausschließlich vom MP geregelte Gemeinschaftsmarke als Basis für eine internationale Registrierung wählen soll, um damit die Nachteile der Sicherungsklausel zu vermeiden[121].

Zu dieser speziellen Fallgestaltung ist jedoch zunächst noch einmal auf die in der Diskussion befindliche Variante der Umwandlung der Gemeinschaftsmarkenbenennung in Benennungen der dem MP angehörenden Mitgliedstaaten der EU unter dem Protokoll zurückzukommen[122].

In dieser, zugegebenermaßen wohl nicht allzu häufig auftretenden Fallgestaltung[123], ist warnend darauf hinzuweisen, daß diese Variante in dieser speziellen Konstellation von Nachteil ist. Die im Wege der Umwandlung unter dem MP vorgenommenen Benennungen der EU-Mitgliedstaaten sind nämlich Bestandteil der zu löschenden internationalen Registrierung[124]. Auch die Tatsache, daß diese Benennungen unter dem MP erfolgt sind, hilft in dieser Konstellation nicht viel weiter. Soweit die betreffenden Vertragsstaaten auch dem MMA angehören, schließt die Sicherungsklausel des Art. 9^{sexies} MP eine Umwandlung aus. Für Mitgliedsländer des MP ist zwar auch jetzt noch Umwandlung unter Wahrung der Priorität möglich, aber damit fallen erneut Gebühren an[125].

Dies zeigt, daß dem Unternehmer im Falle einer Zurückweisung seiner Gemeinschaftsmarkenbenennung eine Wahlmöglichkeit zwischen den beiden diskutierten Umwandlungsmöglichkeiten, nämlich erstens einer Umwandlung in nationale Markenanmeldungen in den Mitgliedsländern der EU und zweitens Umwandlung in Schutzbenennungen nach dem MP, gegeben werden sollte.

Kann das schutzsuchende Unternehmen einigermaßen sicher sein, daß ihm seine (deutsche) Basiseintragung erhalten bleibt, so ist eine Umwandlung in eine Schutzsausdehnung der internationalen Registrierung auf die Mitgliedsstaaten der EU vorzuziehen, die zugleich Vertragsstaaten des MP sind, um von den mit dieser Lösung verbundenen Vorteilen[126] zu profitieren. Muß das schutzsuchende Unternehmen dagegen damit rechnen, daß seine deutsche Basiseintragung noch innerhalb der Abhängigkeit der internationalen Registrierung von dieser Ba-

---

121 Vgl. zur Sicherungsklausel des Art. 9sexies MP, die eine Vorrangstellung des MMA gegenüber dem MP bestimmt, wenn das betreffende Land Mitglied beider Übereinkünfte ist, oben im 3. Kapitel, VI., 2.

122 Vgl. zu den Umwandlungsalternativen bereits oben im 3. Kapitel, II., 1., c).

123 Nachträglicher Wegfall der deutschen Basisregistrierung nach Umwandlung eines verweigerten Schutzes für die als Vertragsgebiet benannte EU in nationale Schutzrechtsanmeldungen.

124 Mit dem nachträglichen Wegfall des Basisgesuchs ist die gesamte IR-Marke zu löschen. Vgl. Art. 6 Abs. IV MMA bzw. Art. 6 Abs. IV MP.

125 Nachdem ja schon für die Umwandlung der Gemeinschaftsmarkenbenennung für alle diese Staaten individuelle Gebühren zu bezahlen waren.

126 Wahrung des einheitlichen Charakters der internationalen Registrierung; Einsparungen bei den Gebühren in Ländern, die nicht für eine individuelle Gebühr optiert haben; vereinfachte Administration; einheitliche Umschreibung, Verlängerung etc.

sis wegfällt[127], wird er es vorziehen, von der in der GemMVO vorgesehenen Möglichkeit der Umwandlung in nationale Markenanmeldungen in den Mitgliedstaaten Gebrauch zu machen, in denen er sicher mit einer Schutzerteilung rechnen kann. Es bleibt deshalb zu hoffen, daß sowohl die EU als auch die Mitgliedstaaten des MMA und des MP mit einer solchen Wahlmöglichkeit für die Schutzsuchenden zwischen beiden Alternativen einverstanden sein werden. Die zuständigen Stellen in der Kommission haben dies jedenfalls vorgeschlagen[128].

Im Falle einer Schutzverweigerung der Benennung der EU gibt es jedoch auch noch eine weitere Möglichkeit, Kosten einzusparen. Das schutzsuchende Unternehmen kann nämlich gleich zu Beginn zusätzlich zur Benennung der EU für den geringen Betrag von 7 x sFr 94, d. h. insgesamt sFr 658, - eine Benennung von neun Mitgliedsländern der EU vornehmen, die zugleich Mitglied des MMA sind[129]. Wird nach dieser präventiven Maßnahme der Benennung der EU im Rahmen des internationalen Schutzgesuches der Schutz versagt, kann sich der Schutzsuchende für diese neun Länder die teure Umwandlung in nationale Markenanmeldungen unter Bezahlung der nationalen Gebühren ersparen.

2. Die Gemeinschaftsmarke als Basis für die IR-Marke

Im folgenden soll die zweite Alternative untersucht werden, die dem schutzsuchenden Unternehmen aus der Fallstudie zur Verfügung steht. Das betreffende Unternehmen reicht zunächst eine Gemeinschaftsmarkenanmeldung für die besondere Markierung in Alicante ein und beantragt darauf basierend eine Schutzerstreckung im Wege einer IR-Marke nach dem MMA und/oder dem MP.

Im Rahmen des auf die Gemeinschaftsmarke(nanmeldung) gestützten IR-Markenschutzgesuches werden „Schutzausdehnungen" auf das Vereinigte Königreich und Norwegen nach dem MP und auf China, Italien und die Schweiz nach dem MMA beantragt.

Der Begriff der territorialen „Schutzausdehnungen" der auf der Gemeinschaftsmarkenanmeldung basierenden internationalen Registrierung auf Mitgliedsländer der EU ist dabei, rein sprachlich gesehen, falsch. In Wirklichkeit ist nämlich das Gegenteil einer Ausdehnung der Fall. Die „Ausdehnungen" nach Italien und auf das Vereinigte Königreich umfassen ja nur einen Teil des Territoriums der EU und gehen nicht über sie hinaus. Dieses semantische Problem entsteht aus der Tatsache, daß die EU eine Vertragspartei des MP werden kann, deren Mitgliedsländer ebenfalls Vertragsparteien des MP werden können, und somit internationale Registrierungen basierend auf einer Gemeinschaftsmarke vorgenommen werden können. Dieser Umstand wurde offensichtlich beim Abschluß des Protokolls übersehen, da Art. 3ter MP nach wie vor von „territorialen Ausdehnungen" spricht. Da jedoch grundsätzlich ein ku-

---

127 Weil z. B. auch nach der kaum innerhalb kurzer Zeit erfolgten Schutzversagung der Gemeinschaftsmarkenbenennung immer noch ein Widerspruch in Deutschland anhängig ist.

128 Vgl. *Kunze*, aaO, GRUR 1997, 627f.

129 Für die drei BeNeLux-Ländern ist nur einmal der Betrag von sFr 94, - zu zahlen.

mulativer Schutz in der EU möglich ist[130], kann ein Anmelder eine „Ausdehnung" seiner IR-Marke auf Mitgliedsländer der EU vornehmen, auch wenn der Schutz der Marke damit in Wirklichkeit nicht territorial ausgedehnt wird. Mit dem Beitritt der EU zum Protokoll wird deshalb der Begriff „territoriale Ausdehnung" in diesem Sinne neu interpretiert werden müssen. Dieses Scheinproblem ist in der gemeinsamen Ausführungsordnung zu MMA und MP[131] bereits dadurch gelöst, daß anstatt von „Ausdehnungen" bei der Benennung von Ländern unter dem MMA bzw. von Vertragsparteien unter dem MP von der „Benennung" gesprochen wird[132].

a) Maßgeblichkeit des MP

Da die EU nur dem MP angehört, kann dabei – ohne daß das langwierige europäische Eintragungsverfahren abgewartet werden muß – sofort ein Gesuch um eine internationale Registrierung der besonderen Kennzeichnung eingereicht werden. Die Registrierung der Gemeinschaftsmarke braucht dagegen nicht abgewartet zu werden. Auch die Sicherungsklausel des Art. 9^{sexies} MP findet in diesem Fall keine Anwendung. Dies zeigt, daß auch ein Unternehmen, das in einem Mitgliedsland des MMA ansässig ist, seine internationale Registrierung basierend auf einer Markenanmeldung vornehmen und ihren Schutz auf Länder erstrecken kann, die ebenfalls (nur) Mitglied des MMA sind. Allerdings geht dies nur, wenn als Basis eine Gemeinschaftsmarkenanmeldung gewählt wird und der Anmelder der Gemeinschaftsmarke Inhaber einer internationalen Registrierung in einem Mitgliedsland der EU sein kann. Dies ist für ein deutsches Unternehmen natürlich der Fall, woraus sich ergibt, daß deutsche Unternehmen zukünftig zwischen dem Deutschen Patent- und Markenamt und dem Harmonisierungsamt für den Binnenmarkt als Ursprungsbehörden wählen können.

Die generelle Gültigkeit des MP mag mit Nachteilen gepaart sein, mit der das MP aufwartet. So können weitere Länder, die dem MP in Zukunft beitreten, von der dort vorgesehenen Option zur Erhebung individueller Gebühren Gebrauch machen. Für die Schweiz kann beispielsweise davon ausgegangen werden, daß dieses Land die Option in Richtung der individuellen Gebühr ausüben wird. Auch wenn die individuelle Gebühr dabei aller Voraussicht nach niedriger angesetzt wird als die nationale Anmeldegebühr (derzeit sFr. 800,--), so liegt diese jedenfalls jedoch weit über der Schutzausdehnungsgebühr, die nach dem MMA (derzeit sFr. 94,--) zu entrichten ist[133].

---

130 Vgl. zur parallelen Nutzung der unterschiedlichen, in der EU geltenden Schutzrechtssysteme, oben im 2. Kapitel.

131 Gemeinsame Ausführungsordnung zum Madrider Abkommen über die internationale Registrierung von Marken und zum Protokoll zu diesem Abkommen vom 18. Januar 1996 (BGBl. 1996 II, S. 563).

132 In Regel 1 (xv) als Gesuch um Ausdehnung des Schutzes („territoriale Ausdehnung") nach Art. 3ter Abs. 1 oder 2 MMA bzw. Art. 3ter Abs. 1 oder 2 MP definiert.

133 Vgl. zum Schutzausdehnungsverfahren nach MMA und/oder MP bereits oben im 2. Kapitel, II.

b) Schutzverweigerung der Gemeinschaftsmarkenanmeldung

Die eigentlich interessierenden Probleme in diesem Bereich entstehen bei einer Schutzverweigerung der Gemeinschaftsmarke, die als Basis für die beantragte Schutzausdehnung im Wege der IR-Marke nach dem MMA und/oder dem MP dient.

Diese Situation kann entweder durch einen erfolgreichen Widerspruch, der gegen die Registrierung der Gemeinschaftsmarke erhoben wird, eintreten oder sich durch einen Löschungsantrag ergeben, der sich gegen die eingetragene Gemeinschaftsmarke aufgrund des Bestehens älterer Rechte (Art. 55 Abs. I Buchstabe b und c GemMVO iVm Art. 52 GemMVO), wegen des Verfalls der Rechte der Gemeinschaftsmarke (Art. 55 Abs. I Buchstabe a GemMVO iVm Art. 55 GemMVO) oder aufgrund absoluter Schutzversagungsgründe (Art. 55 Abs. I Buchstabe a GemMVO iVm Art. 51 GemMVO) ergeben.

In allen Fällen spielt es dabei keine Rolle, ob der Gemeinschaftsmarke der Schutz innerhalb von fünf Jahren nach Registrierung der internationalen Registrierung versagt wird oder erst danach. In beiden Fällen entfällt das Basiseintragungsgesuch aufgrund der insoweit eindeutigen Vorschrift des Art. 6 Abs. III MP mit der Folge, daß die WIPO auf Antrag des Harmonisierungsamtes für den Binnenmarkt die internationale Registrierung löschen wird (Art. 6 Abs. IV MP).

Fraglich ist deshalb in diesem Zusammenhang, nach welchen Vorschriften eine Umwandlung in nationale Schutzgesuche zu erfolgen hat. In diesem Falle finden zwei Regelwerke parallele Anwendung:

- Eine Umwandlung kann nach dem Gemeinschaftsmarkenrecht (Art. 108f. GemMVO) erfolgen oder
- Eine Umwandlung kann nach dem MP (Art. $9^{quinquis}$ MP) vorgenommen werden.

aa) Umwandlung nach dem Gemeinschaftsmarkenrecht

Für den Fall der endgültigen Schutzversagung der Gemeinschaftsmarkenanmeldung kann das schutzsuchende Unternehmen mittels einer Erklärung, die an das Harmonisierungsamt für den Binnenmarkt zu richten ist (vgl. Art. 109 GemMVO), innerhalb von drei Monaten nach Mitteilung der Schutzversagung (vgl. Art. 108 Abs. VI GemMVO) seine Gemeinschaftsmarkenanmeldung in nationale Markenanmeldungen umwandeln. Das Anmeldedatum (oder ein eventuell vorhandener Prioritätstag oder gar die Seniorität[134]) des ursprünglichen, europäischen Schutzgesuches bleibt dabei erhalten (vgl. Art. 108 Abs. III GemMVO).

Eine Umwandlung in nationale Markenanmeldungen ist lediglich für die Mitgliedsstaaten der EU nicht möglich, in denen, gemäß der Entscheidung des Harmonisierungsamtes für den Binnenmarkt ein Eintragungshindernis oder ein Verfalls- oder Nichtigkeitsgrund entgegensteht. Im Falle einer Schutzversagung aufgrund eines erfolgreichen Widerspruchs aus ei-

[134] Vgl. zur Seniorität oben im 2. Kapitel, III, 8.

ner eingetragenen Gemeinschaftsmarke wäre dies für alle Mitgliedsstaaten der Gemeinschaft der Fall.

bb) Umwandlung nach den Vorschriften des MP

Das schutzsuchende Unternehmen kann ferner innerhalb von drei Monaten nach der Schutzversagung der Gemeinschaftsmarkenanmeldung die Benennungen der Vertragsstaaten des internationalen Schutzgesuches in nationale Markenanmeldungen umwandeln (Art. $9^{quinquis}$ MP). Auch dabei bleibt zumindest das Datum der ursprünglichen Priorität der europäischen Markenanmeldung erhalten.

Im Zweifel läuft die Frist für das Stellen dieses Umwandlungsantrages länger als bei der gleich langen Frist nach der GemMVO, da die Frist in der Regel erst später beginnt.

cc) Umwandlung der parallelen Schutzgebietsbenennungen

Da das Gemeinschaftsmarkenrecht grundsätzlich einen Doppelschutz nach der GemMVO und anderen Schutzrechtssystemen zuläßt, können bei dem auf eine Gemeinschaftsmarke(nanmeldung) gestützte IR-Markenschutzgesuch auch Mitgliedsländer der EU benannt werden.

Hinsichtlich dieser Länder hat das schutzsuchende Unternehmen die Wahl, nach welchen Regeln (entweder Art. 108f. GemMVO oder Art. $9^{quinquis}$ MP) eine Umwandlung erfolgen soll.

- Allgemein gesehen haben dabei die Regeln des MP dabei den Vorteil, daß die Umwandlung in alle Vertragsparteien möglich ist, auf die sich die internationale Registrierung erstreckte[135].
- Eine Umwandlung nach Art. 108f. der GemMVO mag aber je nach den Umständen vorteilhafter sein, da es diese Vorschriften auch erlauben, einen eventuell für die Gemeinschaftsmarke in Anspruch genommenen Zeitrang[136] für die umgewandelten nationalen Anmeldungen in Anspruch zu nehmen (vgl. Art. 108 Abs. III GemMVO).

3. Stellungnahme

Die voranstehenden Betrachtungen haben gezeigt, daß die Kombination der beiden Systeme der Gemeinschaftsmarke mit dem der internationalen Registrierung nach MMA und/oder MP einige unerwartete Probleme[137] mit sich bringen und sehr teuer werden kann[138].

---

[135] Dieser Vorteil wirkt sich in diesem Fall jedoch nicht aus, da das schutzsuchende Unternehmen keine gesonderte Ausdehnung für Spanien vorgenommen hatte.

[136] Zur Seniorität vgl. oben im 2. Kapitel, III., 8.

[137] Die insbesondere mit den Folgen der Bindung des internationalen Schutzgesuches an das Schicksal der Heimateintragung (des Basisgesuches) zusammenhängen.

Diese Aussage gilt sowohl für den Fall, daß - basierend auf einem nationalen Schutzrecht - eine internationale Registrierung der Marke beantragt wird und dabei die EU als Vertragsstaat[139] benannt wird, als auch für den Fall, daß eine Gemeinschaftsmarke zur Basis der internationalen Registrierung[140] gemacht wird.

Allerdings sollte der zuletzt beschriebene Weg nur dann begangen werden, wenn sicher ist, daß die Gemeinschaftsmarkenanmeldung nicht auf Eintragungshindernisse stoßen wird. Sollte zu dieser Frage keine sichere Anwort zur Verfügung stehen, so sollte vorgezogen werden, die Eintragung einer Basisregistrierung in einem der Mitgliedsländer der EU anzustreben[141], um darauf basierend ein Gesuch um internationale Registrierung bei der zuständigen Schutzerteilungsbehörde einzureichen.

In diesem Fall kann im Rahmen des IR-Markenregistrierungsgesuches die EU und sämtliche weiteren Vertragsstaaten, für die ein Schutzinteresse besteht, benannt werden. Es entsteht damit neben dem Basisgesuch eine einheitliche internationale Registrierung, die viel einfacher zu administrieren ist. Dies gilt zwar grundsätzlich auch für die Variante, daß die Gemeinschaftsmarke selbst zur Basis der internationalen Registrierung gemacht wird. Für den Fall, daß die Gemeinschaftsmarke jedoch nicht erfolgreich zu einer Registrierung gebracht werden kann, zerfällt dieses Recht im schlimmsten Fall in vierzehn einzelne Rechte.

Zudem ergeben sich in der hier präferierten Variante echte finanziellen Vorteile für den Fall, daß der Benennung der EU im Rahmen der internationalen Registrierung Schutz gewährt wird. Die EU ist dann nämlich Bestandteil einer einheitlichen internationalen Registrierung. Dies führt unter verschiedenen Gesichtspunkten zu Kosteneinsparungen. So kann die IR-Marke z. B. zusammen mit allen oder nur einem Teil der übrigen Benennungen auf einen neuen Inhaber übertragen werden, ohne daß hierfür getrennt Gebühren anfallen würden. Die Erneuerung der internationalen Registrierung führt ferner automatisch zur Erneuerung der Benennung der EU[142].

V. Zusammenfassung

Als Ergebnis der in diesem Kapitel behandelten Entwicklungen im Markenrecht kann festgehalten werden, daß dem Unternehmer in Europa, der internationalen Schutz für seine Marke erlangen will, in Zukunft eine ungeahnte Fülle von neuen Möglichkeiten[143] zur Verfügung stehen wird. Von welchen der gegebenen Möglichkeiten er im Einzelfall Gebrauch ma-

---

138 Unter Umständen sind bis zu dreimal Gebühren für das Schutzrechtsgesuch für ein einziges Land zu entrichten.

139 Vgl. dazu: 3. Kapitel, II., 1.

140 Vgl. dazu: 3. Kapitel, II., 2.

141 Unter der Annahme, daß deren Schutzaussichten – auch nach Eintragung – einigermaßen gesichert sind.

142 Wobei natürlich auch hierfür wieder eine individuelle Gebühr zu bezahlen ist, deren Höhe zur Zeit noch nicht bekannt ist.

143 Gemeinschaftsmarke, Internationale Registrierung nach MMA und/oder MP, Kombination beider Systeme.

chen sollte und will, wird jeweils von den konkreten Schutzinteressen, insbesondere in geographischer Hinsicht, von den Aussichten auf Schutzerlangung und auch von den damit zusammenhängenden finanziellen Aspekten abhängen.

Im Hinblick auf die komplizierten Erwägungen, die in diesem Zusammenhang anzustellen sein werden, wird der Unternehmer noch mehr als bisher auf den Rat qualifizierter Anwälte angewiesen sein.

4. Kapitel: Das Finden und Führen besonderer Kennzeichen im Gemeinsamen Markt

Die Verwendung besonderer Kennzeichen bei der Vermarktung von Waren und Dienstleistungen bietet gegenüber dem Vertrieb von anonymen Angeboten Vorteile[1]. Besondere Kennzeichen können sich bereits rein äußerlich auf verschiedene Arten darstellen[2] und in unterschiedlicher Weise eingesetzt werden[3]. Eine wesentliche Voraussetzung für ein erfolgreiches Führen besonderer Kennzeichen ist, daß diese einem gesetzlichen Schutz zugeführt werden[4]. Hierfür stehen mehrere Schutzrechtssysteme zur Verfügung, die parallel – oder mit einander kombiniert – genutzt werden können[5]. Der Schutz, der kraft Eintragung der besonderen Kennzeichen in die dafür eröffneten Register erworben werden kann, bietet dabei Vorteile gegenüber dem (lediglich) kraft Benutzung erworbenen Schutz[6].

Fraglich ist deshalb, welche besonderen Kennzeichen – unter Beachtung der absoluten und der relativen Schutzhindernisse – einem gesetzlichen Schutz (kraft Eintragung) zugeführt, wie schutzfähige Bezeichnungen gefunden werden können, die sich zum Einsatz im gesamten Gemeinsamen Markt eignen und welche Grundsätze bei der Führung von Marken zu beachten sind. Diesen Fragen wird im 4. Kapitel nachgegangen:

I. Unterscheidung zwischen schutzfähigen und schutzunfähigen, besonderen Kennzeichen

Die betriebswirtschaftlichen Ansätze für eine Definition des Begriffs des Markenartikels gehen von einem sehr ausgedehnten Begriff einer einheitlichen Markierung als Begriffsmerkmal des Markenartikels aus[7]. So soll nach Teilen der Literatur[8] bereits eine gleichblei-

---

1 Vgl. zu den Vorteilen, die eine Vermarktung besonders gekennzeichneter Angebote gegenüber einer Vermarktung von anonymen Angeboten bietet, oben im 1. Kapitel, II.

2 Vgl. zu den verschiedenen Arten besonderer Kennzeichen, oben im 1. Kapitel, III.

3 Vgl. zu den unterschiedlichen Basismarkenstrategien, oben im 1. Kapitel, V.

4 Vgl. zur Sicherung der sich aus der Verwendung von besonderen Kennzeichen ergebenden Vorteile, oben im 1. Kapitel, II., 2.

5 Vgl. zu den verschiedenen Schutzrechtssystemen und deren Kombination, oben im 2. und 3. Kapitel.

6 Vgl. zu den Vorteilen, die ein Schutz besonderer Markierungen kraft Eintragung in die dafür vorgesehenen Register gegenüber dem Schutz, der lediglich kraft Benutzung erworben wird, bietet, oben im 3. Kapitel, I., 1.

7 Vgl. zur Übersicht über die Merkmale einer Markenartikels, oben im 1. Kapitel, I., 1.

8 Vgl. Kühn, Der Markenartikel. Wesen und Begriff. Seine Entwicklung in der Literatur, 1963, S. 154f.

bende Verpackungsgestaltung – ohne einer weiteren Anbringung von Zusätzen, die die Individualität der Angebote näher bestimmen – die Annahme eines Markenartikels rechtfertigen[9].

Grundsätzlich ist sogar davon auszugehen, daß eine einfache weiß-blaue Verpackungsgestaltung in einer ganz bestimmten Form und Größe mit gleichbleibenden Proportionen eine angebotsidentifizierende Aufgabe für eine bestimmte Gesichts- und Handcreme zukommen kann. Gleiches gilt für Schokolade im lila Papier oder auch für eine Textbearbeitungssoftware mit dem vielsagenden Namen „*Word*".

Die genannten Beispiele sind völlig willkürlich gewählt. Dennoch verdeutlichen sie bereits, daß bereits mit sehr einfachen, besonderen Kennzeichnungen die Gedanken des Lesers in ganz bestimmte Richtungen gelenkt werden können. Es ist jedoch darauf hinzuweisen, daß sich die entsprechenden Produkthinweise in den gewählten Beispielen allein aus deren überragenden Bekanntheit ergeben. Wäre „*Milka*" nicht schon lange in unveränderter Verpackung auf dem Markt, so wäre das lila Papier lediglich eine von vielen Verpackungsmöglichkeiten. Da eine Monopolisierung einer einzelnen Farbe zugunsten eines Anbieters zudem äußerst problematisch erscheint, ist es fraglich, ob das zunächst theoretisch zur individualisierenden Kennzeichnung taugliche Mittel überhaupt einem gesetzlichen Schutz zugeführt werden kann.

Es muß folglich zwischen zwar grundsätzlich geeigneten Kennzeichnungsmitteln und deren Schutzfähigkeit unterschieden werden.

1. Abstrakte Unterscheidungseignung (Markenfähigkeit)

Die Eignung einer besonderen Markierung zur Unterscheidung von Angeboten eines Unternehmers von den Angeboten anderer Anbieter ist zunächst ganz abstrakt zu beurteilen. Es kommt alleine darauf an, ob einer Bezeichnung oder einem sonstigen Merkmal (Zeichen) eine Eignung zur Identifikation von Unternehmensprodukten zukommen kann oder nicht. Ausreichend ist folglich alleine eine Unterscheidungseignung zur Produktidentifikation[10]. Für eine abstrakte Markenfähigkeit ist dagegen nicht erforderlich, daß eine Eignung zur Unterscheidung von Angeboten nach ihrer kommerziellen Herkunft voneinander bestehen muß.

Die modernen Kennzeichenschutzgesetze mit Gültigkeit für den Gemeinsamen Markt[11] gehen alle von einem sehr weitgehenden Markenbegriff aus[12]. Der Grund dafür findet sich in Art. 2 MRiLi. Dieser ist bei der Umsetzung der MRiLi in geltendes nationales Recht[13] zwin-

---

9 Vgl. zum betriebswirtschaftlichen Diskussionsstand: Hansen, Der Markenartikel, Analyse seiner Entwicklung und Stellung im Rahmen des Markenwesens, Betriebswirtschaftliche Schriften, 1970, Heft 36, und aktueller: Dresbach, Wenn Warenzeichen Geschichte schreiben, WamS vom 17. Oktober 1993, S. 46.

10 Vgl. Fezer, Markenrecht, MarkenG, § 3, Rdnr. 203.

11 Hierzu sollen sowohl die harmonisierten nationalen Kennzeichenschutzordnungen als auch das Gemeinschaftsrecht gerechnet werden.

12 Vgl. beispielsweise für Deutschland: Fezer, aaO, § 3 Rdnr. 197f.; für das europäische Markenrecht: v. Mühlendahl/Ohlgart, Die Gemeinschaftsmarke, Seite 23f.

13 Vgl. zur Umsetzung der MRiLi in geltendes nationales Recht, oben im 2. Kapitel, I., 4.

gend gewesen. Es erfolgte zudem eine inhaltsgleiche Übernahme der Vorschrift in das Gemeinschaftsmarkenrecht[14]. Diese Vorschrift besitzt folgende Formulierung:

Marken können alle Zeichen sein, die sich graphisch darstellen lassen, insbesondere Wörter einschließlich Personennamen, Abbildungen, Buchstaben, Zahlen und die Form oder Aufmachung der Ware, soweit solche Zeichen geeignet sind, Waren oder Dienstleistungen eines Unternehmens von denjenigen anderer Unternehmen zu unterscheiden.

Im Rahmen dieses weiten Markenbegriffs wird zunächst keine Kategorie einer abstrakt möglichen Kennzeichnungsart von vorneherein ausgeschlossen. Da damit grundsätzlich alle Zeichenkategorien zum Schutz zugelassen sind, lassen sich auch kaum Beispiele für markenuntaugliche, besondere Kennzeichen finden.

Die Fälle, in denen eine abstrakte Unterscheidungskraft abzulehnen ist, reduzieren sich beispielsweise auf besondere Kennzeichnungen, deren Komplexität von vorneherein verhindert, daß sie zur Unterscheidung bestimmter Waren oder Dienstleistungen in Betracht kommen. Dies ist etwa bei langen Texten oder komplexen Bildfolgen der Fall. Soweit jedoch angenommen wird, daß einzelne Ziffern oder Farben von vorneherein nicht einem gesetzlichen Schutz zugeführt werden können[15], ist dem – bereits wegen der oben gebildeten Beispiele – entgegenzuhalten, daß es keineswegs ausgeschlossen ist, daß derartige, abstrakt zur Kennzeichnung geeignete Markierungen Unterscheidungskraft besitzen oder diese durch Benutzung erlangen können.

2. Konkrete Unterscheidungseignung (Eintragungsfähigkeit)

Die voran geschilderte Markenfähigkeit, die sich allein nach der abstrakten Unterscheidungseignung im Sinne des Art. 2 MRiLi beurteilt, ist von der Schutzfähigkeit besonderer Kennzeichen zu unterscheiden. Während die abstrakte Unterscheidungskraft nur davon abhängt, ob eine besondere Kennzeichnung als solche ihrer Natur nach geeignet ist, Produkte oder Dienstleistungen zu individualisieren, richtet sich die konkrete Unterscheidungskraft einer besonderen Markierung nach ihrer Fähigkeit zur Kennzeichnung der im Einzelfall beanspruchten Waren und Dienstleistungen (vgl. Art. 3 MRiLi). Merkmal der konkreten Unterscheidungskraft ist damit ein gegebener Angebotsbezug[16].

Um hierfür ein Beispiel zu nennen soll auf das Wort „Diesel" verwiesen werden: Für Kraftstoffe (Waren der Klasse 4) besitzt dieses Wort keine konkrete Unterscheidungskraft. Schließlich ist es nicht geeignet den „Diesel" des einen Anbieters von dem eines anderen Anbieters zu unterscheiden. Wird das selbe Wort dagegen zur Kennzeichnung von Bekleidungsstücken (Waren der Klasse 25) eingesetzt, so ist es durchaus geeignet die konkreten Jeans eines Anbieters von den Jeans anderer Anbieter zu unterscheiden.

---

14 Vgl. zum Zusammenhang zwischen MRiLi und der GemMVO, oben im 2. Kapitel, III.

15 Unklar insoweit *Klaka/Schulz*, Die Europäische Gemeinschaftsmarke, S. 19f.

16 Zur Abgrenzung: *Fezer*, aaO, § 3, Rdnr. 204f.

Aufgrund der gegebenen Möglichkeit, daß abstrakt zur Kennzeichnung geeignete Markierungen aufgrund Benutzung im Verkehr eine Unterscheidungskraft erlangen können[17], sind auch derartige, zunächst nicht konkret für eine Unterscheidung geeignete Kennzeichnungen unter besonderen Umständen eintragbar. Eine Eintragbarkeit derartiger Kennzeichen ergibt sich immer dann, wenn sich die betreffenden Kennzeichen bei den beteiligten Verkehrskreisen „durchgesetzt" haben und damit ein wesentlicher Teil der angesprochenen Verkehrskreise mit der betreffenden Kennzeichnung nur noch ein ganz bestimmtes Angebot in Verbindung bringen (vgl. für das Gemeinschaftsmarkenrecht: Art. 7 Abs. III GemMVO und für Deutschland: § 8 Abs. III MarkenG)[18]. Besonders deutlich wird deshalb der Unterschied zwischen abstrakter und konkreter Unterscheidungsfähigkeit an der Eintragbarkeit von besonderen Kennzeichen aufgrund dieser „Verkehrsdurchsetzung".

Auch hierzu ein Beispiel: Die Bezeichnung „*Deutsche Bank*" ist zunächst ganz abstrakt geeignet eine Unterscheidung von Leistungen eines Anbieters von denen eines anderen Anbieters herbeizuführen. Derselben Bezeichnung fehlt jedoch von Hause aus die konkrete Unterscheidungskraft für Dienstleistungen eines Bankhauses (Klasse 36). Ein gesetzlicher Schutz kraft Eintragung der Bezeichnung in die entsprechenden Registern ist deshalb dieser besonderen Bezeichnung verwehrt. Dennoch ist auch diese Bezeichnung eine eingetragene Marke[19]. Der Verwenderin dieser Bezeichnung ist nämlich der Nachweis dafür gelungen, daß sich diese besondere Bezeichnung innerhalb der mit Bankdienstleistungen angesprochenen Verkehrskreisen etabliert hat und diese Verkehrskreise bei dem gewählten Kennzeichnungsmittel nur noch an ein ganz bestimmtes Bankunternehmen denken. Die beispielhaft gewählte Bezeichnung konnte deshalb für die konkrete Dienstleistungen eines Bankunternehmens Eingang in die entsprechenden Register finden.

Festzuhalten ist demnach, daß nach den geltenden Vorschriften (vgl. für Deutschland: § 8 Abs. II Nr. 1 MarkenG, bzw. für das Gemeinschaftsmarkenrecht: Art. 7 Abs. I lit. b) GemMVO) eine besondere Bezeichnung (zunächst) von einer Eintragung in die entsprechenden Register ausgeschlossen ist, wenn dieser eine konkrete Unterscheidungsmöglichkeit für diejenigen Waren- und Dienstleistungen, für die die besondere Bezeichnung zum Einsatz kommen soll, fehlt. Das Fehlen der konkreten Unterscheidungskraft für bestimmte Waren und/oder Dienstleistungen wird damit zu einem absoluten Schutzversagungshindernis.

---

17 Vgl. zum Erwerb eines Kennzeichenschutzrechtes aufgrund Benutzung im Verkehr, oben im 4. Kapitel, I., 1.

18 Vgl. dazu die vorgenannten Beispiele *Nivea*, *Milka* oder *Word* von *Microsoft*.

19 In Deutschland beispielsweise eingetragen als durchgesetztes Zeichen (reine Wortmarke) unter der Eintragungsnummer 2 902 587.

II. Die absoluten Schutzversagungsgründe

1. Allgemeines

Absolute Schutzversagungsgründe für besondere Kennzeichen bestehen nicht zum Schutz der Rechte einzelner, sondern im Interesse der Allgemeinheit. Diese soll beispielsweise vor Irreführungen durch die Verwendung der konkreten Bezeichnung (Beispiel: Verwendung der Gattungsbezeichnung „Whiskey" im Rahmen einer Kennzeichen von billigem Gin) geschützt werden (vgl. Art. 7 Abs. I lit. g GemMVO, bzw. für Deutschland: § 8 Abs. I Nr. 4 MarkenG). Aber auch die Belange des redlichen Rechtsverkehrs der Wettbewerber untereinander werden im Rahmen der absoluten Schutzversagungsgründe berücksichtigt: So kann beispielsweise eine, das konkrete Angebot lediglich glatt beschreibende Angabe grundsätzlich nicht für einen Anbieter monopolisiert werden (Beispiel: „Brezel" für die Kennzeichnung von Backwaren). Durch das entsprechende Verbot in Art. 7 Abs. I lit. e GemMVO (bzw. für Deutschland: § 8 Abs. II Nr. 2 MarkenG) soll erreicht werden, daß derartige, glatt beschreibende Angabe auch von den übrigen Mitbewerbern genutzt werden können.

Da absolute Schutzversagungsgründe den Interessen der Allgemeinheit dienen, sind sie im Rahmen eines Eintragungsverfahrens von Amts wegen zu berücksichtigen (vgl. Art. 38 GemMVO iVm Regel 11 der GemM-DVO; bzw. für Deutschland: §§ 33 Abs. I S. 2, 37 Abs. I MarkenG). Für alle in der EU geltenden Kennzeichenschutzgesetze ergeben sich die absoluten Schutzversagungsgründe aus Art. 3 MRiLi. Bei dieser Vorschrift handelt es sich um eine „Mußvorschrift", die deshalb weitgehend inhaltsgleich in die nationalen Markenrechte[20] (vgl. für Deutschland § 8 MarkenG) und das Gemeinschaftsmarkenrecht (vgl. Art. 7 GemMVO) übernommen wurde. Bei den absoluten Schutzversagungshindernisse ist deshalb von einem „Gleichlauf"[21] der nationalen Rechte und des Gemeinschaftsmarkenrechts auszugehen. Für den Bereich der absoluten Schutzversagungshindernisse ist es für die Wahl einer besonderen Markierung, die im gesamten Gemeinsamen Markt eingesetzt werden soll, grundsätzlich unbeachtlich, welcher Weg für eine Schutzerlangung in den einzelnen Mitgliedsländern der EU eingeschlagen wird[22].

Ein Unterschied zwischen dem nationalen Kennzeichnungsrecht und dem Gemeinschaftsmarkenrecht ergibt sich auf den ersten Blick allein in Bezug auf die Berücksichtigung

---

20 Vgl. zur Umsetzung der zwingenden Vorschriften der MRiLi, oben im 2. Kapitel, I., 4., a), aa).

21 So die Formulierung von *Sack*, Sonderschutz bekannter Marken de lege ferenda, BB 1993, 869f. (871).

22 Zu den unterschiedlichen Wegen einer Schutzgewährung, oben im 2. Kapitel. Die nationalen Vorschriften bezüglich der absoluten Schutzversagungshindernisse gelten sowohl für den Weg paralleler nationaler Markenanmeldungen als auch für den Weg einer Schutzerlangung im Wege der Internationalen Registrierung nach MMA und MP. Die fast inhaltsgleiche Vorschrift des Gemeinschaftsmarkenrechts kommt für Gemeinschaftsmarkenanmeldungen zum Tragen.

außermarkenrechtlicher Benutzungsverbote i.S.d. § 8 Abs. II Nr. 9 MarkenG[23]. Nach der Formulierung des Art. 7 GemMVO („... von einer Eintragung sind ausgeschlossen ...") könnte nämlich davon ausgegangen werden, daß es sich bei den im Allgemeininteresse errichteten Eintragungshindernissen um einen abschließenden Katalog handelt, der es dem Harmonisierungsamt für den Binnenmarkt – anders als bei dem Deutschen Patent- und Markenamt – verwehrt außermarkenrechtliche Benutzungsverbote im Eintragungsverfahren zu berücksichtigen[24].

Dies ist jedoch so nicht zutreffend. In Art. 142 GemMVO wird nämlich ausdrücklich bestimmt, daß sich auch Eintragungshindernisse aus geltendem oder zukünftigen Gemeinschaftsrecht, also auch aus außermarkenrechtlichen Vorschriften, ergeben können. Damit sind insbesondere Vorschriften wie begleitende EG-Verordnungen[25] und/oder Vorschriften des Europäischen Weinrechts gemeint. Es gibt daher auch im europäischen Eintragungsverfahren zu berücksichtigende Schutzhindernisse, die nicht unbedingt mit dem in Art. 7 GemMVO genannten Tatbeständen zusammenfallen. Die gemeinschaftsrechtliche Regelung weicht deshalb auch nicht von der nationalen (deutschen) Regelung ab[26].

Die Berücksichtigung von außermarkenrechtlichen Benutzungsverboten ist in der bestimmten Form auch folgerichtig, da es grundsätzlich besser ist, Kollisionsnormen in die Regelungen aufzunehmen, die das betroffene Rechtsgebiete (z.B. das Weinrecht) insgesamt regeln und das Markenrecht nicht mit Sonderregelungen für bestimmte Wirtschaftsbereiche zu belasten.

2. Überblick über die absoluten Schutzversagungsgründe

Für die Konzeption und insbesondere für die Suche nach besonderen Markierungen, die sich für eine Kennzeichnung von Angeboten auf dem gemeinsamen Markt eignet, ist eine detaillierte Kenntnis der absoluten Schutzversagungshindernisse unumgänglich. Schließlich stehen diese dem Schutzrechtserwerb kraft Eintragung in die dafür eröffneten Register entgegen. Diese Schutzrechtsalternative bietet jedoch den Verwendern besonderer Kennzeichen die größten Vorteile[27].

Bei den absoluten Schutzversagungsgründen handelt es sich insbesondere um:

---

23 Diese Vorschrift hat gemäß der Option des Art. 3 Abs. II lit a) MRiLi Aufnahme in das deutsche Gesetz gefunden. Vgl. dazu allerdings kritisch: *Schweikert*, Zur Bedeutung nichtmarkenrechtlicher Vorschriften für das Eintragungsverfahren, Mitt. 1992, 51.

24 So beispielsweise *Ingerl*, aaO, S. 51. mwN.

25 Beispielsweise Art. 14 der Verordnung (EG) Nr. 2081/92 des Rates vom 14. Juli 1992 über den Schutz von Ursprungsbezeichnungen und geographischen Angaben für Agrarerzeugnisse und Lebensmittel, ABl. EG Nr. L 208, S. 1

26 So auch v. Mühlendahl/Ohlgart, Die Gemeinschaftsmarke, S. 25f.

27 Vgl. zu den Vorteilen eines Schutzrechtserwerbs kraft Eintragung in die dafür vorgesehenen Register, oben im 3. Kapitel, I., 1.

a) Beschreibende Angaben

aa) Beschreibende Angaben im Allgemeinen

Ein Schutzhindernis für beschreibende Angaben besteht im Interesse des redlichen Rechtsverkehrs. Ein Schutz von Angaben, die zur Bezeichnung der Art, der Beschaffenheit, der Menge, der Bestimmung, des Wertes, der Zeit der Herstellung der Ware oder der Erbringung der Dienstleistung oder sonstiger Merkmale der Ware oder Dienstleistung dienen können, trägt dem im Geschäftsverkehr bestehenden Bedürfnis an der Freihaltung solcher Angaben Rechnung (vgl. im Gemeinschaftsmarkenrecht: Art. 7 Abs. I lit. c GemMVO; beispielsweise für Deutschland: § 8 Abs. II Nr. 2 MarkenG). Ob ein Freihaltebedürfnis besteht, ist konkret, also bezogen auf den angemeldeten Begriff als solchen, sowie auf die angemeldeten Waren oder Dienstleistungen festzustellen. Der beschreibende Charakter der Marke muß dabei klar zu Tage treten[28]. Ein Begriff, dessen beschreibender Charakter sich dem Verkehr erst nach einigem Nachdenken erschließt, ist nicht beschreibend im Sinne der schutzverhindernden Vorschriften und steht deshalb einer Eintragung der besonderen Kennzeichnung in die dafür eröffneten Register nicht entgegen.[29].

Auch Abwandlungen von freihaltebedürftigen Begriffen sind grundsätzlich eintragungsfähig, soweit sie nicht mit der beschreibenden Angabe gleichzustellen sind. Ein Beispiel für eine derartige Gleichstellung wäre die Abwandlung „Fahrad" für Landfahrzeuge. Beachtlich ist in diesem Zusammenhang allerdings, daß es dem Inhaber einer durch Eintragung geschützten, besonderen Markierung in der Form einer abgewandelten Bezeichnung nicht das Recht zugestanden wird, Dritten die Verwendung der beschreibenden Angabe unter Verweis auf die Registrierung der abgewandelten, besonderen Bezeichnung zu verwehren (vgl. Art. 12 lit. b GemMVO; für Deutschland: § 23 Nr. 2 MarkenG). Es ist deshalb auch nicht auf diesem Umweg möglich eine beschreibende Angabe für einen Wettbewerber zu monopolisieren.

bb) Geographische Herkunftsangaben

Zu den beschreibenden Angaben gehören auch Angaben, die zur Bezeichnung der geographischen Herkunft dienen (Art. 7 Abs. I lit. c GemMVO; für Deutschland: § 8 Abs. II Nr.

---

28 Für das Gemeinschaftsmarkenrecht insoweit bereits entschieden: „*Investorworld*" nicht eintragbar, vgl. Urteil des Gerichts Erster Instanz der Europäischen Gemeinschaften vom 26. Oktober 2000, Rs T-360/99, Community Concepts AG ./. HABM – GRUR Int. 2001, 239; „*Trustedlink*" nicht eintragbar, vgl. Urteil des Gerichts Erster Instanz der Europäischen Gemeinschaften vom 26. Oktober 2000, Rs T-345/99, Harbinger Corp. ./. HABM – GRUR Int. 2001, 241; „*DOUBLEMINT*" nicht eintragbar, vgl. Urteil des Gerichts Erster Instanz der Europäischen Gemeinschaften vom 31. Januar 2001, Rs T-193/99, – MarkenR 2001, 79; „*CARCARD*" nicht eintragbar, vgl. Entscheidung des HABM vom 12. September 2000, R 477/2000-3 – MarkenR 2001, 82; „*TELE AID*" nicht eintragbar, vgl. Entscheidung des HABM vom 12. September 2000, R 142/2000-3 – MarkenR 2001, 85; eintragbar dagegen „VITALITE" für Babykost und Mineralwässer, vgl. Urteil des Gerichts Erster Instanz der Europäischen Gemeinschaften vom 31. Januar 2001, Rs T-24/00, The Surrender Corporation ./. HABM – GRUR 2001, 332;

29 Für das Gemeinschaftsmarkenrecht insoweit zustimmend: *Fenandéz-Novoa*, El Sistema, S. 126. Für das deutsche Markenrecht vgl. dazu zunächst § 33 Abs. II, S. 2 MarkenG und ausführlich in der Markenanmeldungsrichtlinie (Richtlinie für die Prüfung von Markenanmeldungen (Richtlinie Markenanmeldungen) vom 27. Oktober 1995) III., 4., e.

2 MarkenG). Dieses Schutzversagungshindernis bezieht sich nicht nur auf wörtliche geographische Begriffe. Erfaßt werden vielmehr auch mittelbare geographische Herkunftsangaben, wie regionaltypische (und als solche bekannte) Symbole[30], wie etwa eine bestimmte Tracht, ein typisches Gebäude oder ähnliches[31]. Die genannten Vorschriften tragen damit der Tatsache Rechnung, daß der sui generes Schutz geographischer Herkunftsangaben trotz breitgefächerter Schutzmöglichkeiten aufgrund bilateraler und multinationaler Abkommen sowie vor allem aufgrund der VO (EG) 2081/92 zum Schutz geographischer Herkunftsangaben[32] lückenhaft ist und das Interesse des Verkehrs an der Freihaltung solcher Bezeichnungen fortbesteht.

b) Gattungsbezeichnungen

Ferner sind auch solche „besonderen Bezeichnungen" nicht schutzfähig, die im allgemeinen Sprachgebrauch oder in den redlichen und ständigen Verkehrsgepflogenheiten zur Bezeichnung der beanspruchten Ware oder Dienstleistung üblich geworden sind (vgl. Art. 7 Abs. I lit. d GemMVO; für Deutschland: § 8 Abs. II Nr. 3 MarkenG). In Deutschland sind dies beispielsweise Begriffe wie *„Selters"* für Mineralwasser und/oder *„Rollerblades"* für Inline-Skates. In England werden Kopien oder Kopierer allgemein mit *„Xerox"* oder Staubsauger mit *„Hoover"* bezeichnet. In Spanien wird die Bezeichnung *„tiritas"* allgemein für Heftpflaster verwendet.

Die Anforderungen an die Umwandlung einer Marke in eine Gattungsbezeichnung sind allerdings sehr hoch. Jedenfalls reicht es nicht aus, daß der Endverbraucher die Marke als Gattungsbezeichnung verwendet ohne sich dabei einer bestimmten Herkunftsstätte bewußt zu sein. Allerdings bietet die äußerst schnellebige Computerwelt in diesem Bereich Anschauungsmaterial für relativ schnell zur allgemeinen Gattungsbezeichnung umgewandelte Begriffe: So wurde beispielsweise die Bezeichnung „Web-Space" für Internet-Dienstleistungen, insbesondere für das Zuverfügungstellen von Speicherplatz für Internet-Seiten durch Eintragung in das Markenregister geschützt[33]. Zur gleichen Zeit war der entsprechende Begriff bereits Teil der allgemein im Internet verwendeten Sprache geworden. Ein gegen die erfolgte Eintragung gerichteter, auf § 54 MarkenG iVm § 50 MarkenG gestützter Löschungsantrag ist beim Deutschen Patent- und Markenamt anhängig[34].

---

30 Vgl. dazu auch EuGH, Urteil vom 7. November 2000, Rs. C-312/98 – Warsteiner, GRUR 2001, 64 mit Anmerkung *Obergfell* in GRUR 2001, 313.

31 Vgl. *Fernández-Novoa*, aaO, S. 129.

32 VO (EG) 2081/92 zum Schutz geographischer Herkunftsangaben ABl. EG Nr. L 208, S. 1 = ABl HABM 1996, S. 338 f., hierzu näher *v. Mühlendahl*, ZLR 1993, 187 f., zum Verhältnis zwischen Schutz geographischer Herkunftsangaben und dem Markenrecht vgl. ferner *Berg*, Die geographische Herkunftsangabe – ein Konkurrent für die Marke? – FS Beier, GRUR 1996, 425 f., sowie *Harte-Bavendamm*, Ende der geographischen Herkunfstbezeichnungen? – "Brüsseler Spitzen" gegen den ergänzenden nationalen Rechtsschutz, GRUR 1996, 717 f.

33 Amtliche Eintragungsnummer: 398 06 414

34 Vgl. Markenblatt (Heft 44) 1999, S. 11199.

c) Form oder Aufmachung der Ware

Mit der sehr weitgehenden Annahme einer Markenfähigkeit[35] und der Zulassung von dreidimensionalen Marken[36] wurde ein Sonderfall des Freihaltebedürfnisses bezüglich dieser neuen Markenformen erforderlich. Dreidimensionale, besondere Kennzeichen sind nach Art. 3 Abs. I lit. e MRiLi dann nicht schutzfähig,

- o wenn sie ausschließlich aus der Form der Ware selbst bestehen oder
- o aus einer Form bestehen, die zur Erzielung einer technischen Wirkung notwendig ist oder
- o den wesentlichen Wert der Ware bestimmt

(vgl. Art. 7 Abs. I lit. e GemMVO oder beispielsweise für das deutsche Markenrecht: § 3 Abs. II MarkenG).

Um ein Beispiel für eine Schutzunfähigkeit, die in der Form der Ware begründet ist, zu nennen wird auf eine Banane verwiesen. Eine simple Flasche ohne weitere Verzierungen ist ein Beispiel dafür, daß eine dreidimensionale Marke nicht eintragbar ist, da ihre Form zur Erzielung einer technischen Wirkung, nämlich dem Einschluß einer Flüssigkeit mit einer Ausgußmöglichkeit für dieselbe, erforderlich ist. Schließlich muß eine Flasche ein allseits umschlossenes Gefäß mit einem Ausguß am oberen Ende sein. Zumindest diese Merkmale einer Flasche können deshalb keinem Markenschutz zugeführt werden. Verfügt die Flasche dagegen auch noch über weitere Merkmale, die mit der Funktion der Aufbewahrung von Flüssigkeiten nicht in Zusammenhang stehen (beispielsweise die besonders gestaltete Coca-Cola-Flasche, die mit verschiedenen Einbuchtungen versehen ist), so kann dies eine Schutzfähigkeit als dreidimensionale Marke begründen.

Die voranstehend aufgeführten Schutzversagungsgründe sind im deutschen Recht nicht im Katalog der absoluten Schutzversagungsgründe gemäß § 8 MarkenG verzeichnet, sondern betreffen die Markenfähigkeit nach § 3 MarkenG selbst. Sie überschneiden sich deshalb weitgehend mit dem Erfordernis der Selbständigkeit der Marke von der Ware.

d) Verstoß gegen die öffentliche Ordnung oder gegen die guten Sitten

Besondere Kennzeichnungen, die gegen die öffentliche Ordnung oder gegen die guten Sitten verstoßen, sind ebenfalls von einem gesetzlichen Schutz ausgeschlossen (vgl. für das Gemeinschaftsmarkenrecht: Art. 7 Abs. I lit. f GemMVO; für Deutschland: § 8 Abs. II Nr. 5 MarkenG).

Dabei ist darauf hinzuweisen, daß der Inhalt des Begriffs der „öffentlichen Ordnung" nach dem Gemeinschaftsmarkenrecht von dem Verständnis dieses Begriffs im deutschen Si-

---

35 Vgl. zur Markenfähigkeit, oben im 4. Kapitel, I., 1.

36 Vgl. zur den neuen Markenformen bereits oben im 1. Kapitel, III., 1., d).

cherheits- und Ordnungsrecht[37] abweicht. Im Rahmen der europäischen Vorschrift sollen nur diejenigen Regeln der Gemeinschaft oder der Mitgliedsstaaten beachtlich sein, die für ein geordnetes Zusammenleben in der Gesellschaft wesentlich sind[38]. Die entsprechende Einschränkung ist folgerichtig, da ansonsten Art. 7 Abs. I lit. f GemMVO eine Bedeutung besitzen würde, die nicht mehr durch die Bedürfnisse des Markenschutzes gedeckt wäre.

Die „guten Sitten" im Sinne des Art. 7 Abs. I lit. f GemMVO bezeichnen das kollektive Anstandsgefühl der maßgeblichen Verkehrskreise. Der Begriff ist zur Vermeidung von unnötigen Schutzversagungen eng auszulegen[39]. Im Gemeinschaftsmarkenrecht führt Ziffer 8.7. der Prüfungsrichtlinien dazu erklärend aus, daß beleidigende oder blasphemische Wörter bzw. Abbildungen nicht eintragbar sind[40]. Interessanterweise sind dagegen lediglich „geschmacklose" Marken nicht zurückzuweisen. Auch die diesbezügliche Praxis in Deutschland hat sich im Laufe der Zeit gewandelt: Früher wurde die Bezeichnung „Gefesselter Storch" für Empfängnisverhütungsmittel noch als nicht eintragbar angesehen[41]. Nach der Rechtslage des MarkenG ist dagegen „Cosa Nostra" für Waren der Klassen 3, 14 und 25 als Marke eingetragen worden[42].

e) Täuschungseignung der Marke

Einen besonderen Schutz der Verbraucher bewirkt Art. 7 Abs. I lit. g GemMVO (vgl. für Deutschland: § 8 Abs. I Nr. 4 MarkenG): Nach dieser Vorschrift sind besondere Kennzeichen von einer Eintragung ausgeschlossen, die geeignet sind, das Publikum insbesondere über die Art, die Beschaffenheit oder die geographische Herkunft der Angebote irrezuführen[43]. Dabei kommt es auf tatsächlich bereits vorgekommene Täuschungsfälle nicht an. Vielmehr genügt bereits eine Eignung der Marke zur Irreführung des Publikums, die sich dann allerdings objektiv aus der konkreten Marke ergeben muß. Abzustellen ist dabei auf einen verständigen, aufgeklärten Verbraucher[44].

---

37 Nach dem Verständnis des deutschen Sicherheits- und Ordnungsrechtes ist der Begriff der "öffentlichen Ordnung als Gesamtheit der geschriebenen oder allgemein anerkannten Rechtsregeln" definiert.

38 Vgl. *v. Mühlendahl/Ohlgart*, aaO, S. 32f.

39 Vgl. dazu nach deutschen Recht: BPatG, Beschl. v. 14. November 1995, 24 W(pat) 206/94 – COSA NOSTRA, E 36, 19 = GRUR 96, 408 . Das BPatG geht von einem eigenständigen, im Kern öffentlich-rechtlichen Sittenwidrigkeitsbegriff mit wettbewerbsrechtlicher Auslegung aus.

40 Prüfungsrichtlinien (PrüfRL), in Kraft gesetzt durch Beschluß Nr. EX-96-2 des Präsidenten des Amtes vom 23. März 1996, ABl. HABM 9/96, S. 1300.

41 Vgl. DPA BlPMZ 1956, 151 – Gefesselter Storch.

42 Vgl. BPatG, Beschl. v. 14. November 1995, 24 W(pat) 206/94 - COSA NOSTRA, E 36, 19 = GRUR 1996, 408 – COSA NOSTRA.

43 Vgl. für ein Beispiel für irreführende Angaben, oben im 4. Kapitel, II., 1.

44 Vgl. EuGH Urteil v. 6. Juli 1995, Rs. C-470/93, Slg. 1995, I-1936 – Verein gegen Unwesen in Handel und Gewerbe Köln e.V./Mars GmbH = GRUR Int. 1995, 804 = NJW 1995, 3243 = EuZW 1995, 611.

f) Geschützte Hoheitszeichen, Embleme usw.

Schließlich sind nach Art. 6ter PVÜ geschützte, staatliche Hoheits-, Prüf- und Gewährzeichen (vgl. Art. 7 Abs. I lit. h GemMVO) sowie Abzeichen und Wappen von besonderen öffentlichen Interesse (vgl. Art. 7 Abs. I lit. i GemMVO) von einem Schutzverbot umfaßt (vgl. für Deutschland: § 8 Abs. II Nr. 6, 7 und 8 MarkenG). Eine amtliche Veröffentlichung der geschützten Hoheitszeichen usw. ist dabei keine Voraussetzung für das Eingreifen dieses Eintragungshindernisses. Es soll damit einem Mißbrauch derartiger Kennzeichnungsmittel entgegengewirkt werden.

3. Besonderheiten des Gemeinschaftsmarkenrecht in Bezug auf absolute Schutzversagungsgründe

Eine zentrale Bedeutung für alle absoluten Schutzversagungsgründe kommt auf gemeinschaftsrechtlicher Ebene der Regelung des Art. 7 Abs. II GemMVO zu. Danach ist eine besondere Kennzeichnung schon dann von der Eintragung als Gemeinschaftsmarke ausgeschlossen, wenn ein absolutes Eintragungshindernis „nur in einem Teil der Gemeinschaft" vorliegt. Art. 7 Abs. II GemMVO trägt damit ganz besonders dem Gedanken der Einheitlichkeit der Gemeinschaftsmarke[45] Rechnung. Diese Vorschrift kann für die Erlangung eines einheitlich geltenden Gemeinschaftsmarkenrechts zu einer sehr hohen Zugangsschranke werden.

Die GemMVO stellt mit dem auslegungsbedürftigen Begriff des „Teils der Gemeinschaft" ausdrücklich nicht auf das Vorliegen „in mindestens einem Mitgliedsstaat" ab. Die Kommission hat dazu in der Begründung zum Verordnungsvorschlag 1988 bereits darauf hingewiesen, dieser Teil könne „größer oder kleiner sein als ein Mitgliedsstaat"[46]. Allerdings ist in diesem Zusammenhang eine völlig von den Staatsgebieten der Mitgliedsstaaten losgelöste, rein quantitativ geographische Betrachtungsweise nicht möglich[47]. Es kann nämlich gerade den kleineren Mitgliedsstaaten nicht zugemutet werden, daß ein in ihrem gesamten Staatsgebiet bestehendes Eintragungshindernis nur deshalb unbeachtet bleibt, weil dessen Staatsgebiet im Vergleich zur gesamten EU nur von geringer Größe ist. Hiergegen spricht bereits eine damit möglich werdende Umgehung der parallel zum Gemeinschaftsrecht fortgeltenden, nationalen Markenrechte und der dort aufgestellten absoluten Schutzversagungsgründe. Beachtlich ist zugleich, daß die Schutzversagungsgründe im harmonisierten Recht der Mitgliedsstaaten Europas ohnehin nur im Rahmen der Harmonisierungsvorgaben bestehen können und dadurch letztlich bereits gemeinschaftsrechtlich gebilligt sind.

---

45 Vgl. zur Einheitlichkeit der Gemeinschaftsmarke, oben im 2. Kapitel, III., 5.

46 Vgl. die Amtl. Begründung zu Dokument KOM (80), 635 endg./2 vom 27. November 1980 zu Art. 6 (Verordnungsvorschlag 1980), GRUR Int. 1981, 86f. (87).

47 Vgl. dazu die Ausführungen zur Bedeutung von Rechten, die sich (allein) kraft Benutzung ergeben im Vergleich zu kraft Eintragung erworbenen Gemeinschaftsmarken, oben im 3. Kapitel, I., 1., b).

Daraus folgt, daß ein im gesamten Gebiet eines Mitgliedsstaates vorliegendes Eintragungshindernis den Gemeinschaftsmarkenschutz stets ausschließt[48]. Das gleiche muß für alle Sprachräume der Gemeinschaftsmarke gelten. Auch eine nur in einem kleineren Teilgebiet gesprochene Sprache darf insoweit nicht diskriminiert werden. Auch im übrigen kommen unter der Größe der Mitgliedsstaaten liegende Regionen als „Teil der Gemeinschaft" in Betracht. In allen Fällen sollte die Bejahung der Schutzfähigkeit im ganz überwiegenden Teil der Gemeinschaft stets Anlaß für eine besonders eingehende Prüfung sein, ob das Eintragungshindernis tatsächlich vorliegt und nicht nur auf hypothetischen Überlegungen beruht[49].

III. Der Schutz besonderer Kennzeichen gegenüber Drittzeichen

Die besonderen Kennzeichen von Waren und/oder Dienstleistungen müssen sich jedoch nicht nur von den allgemein üblichen Bezeichnungen für die zu kennzeichnenden Waren bzw. Dienstleistungen abheben[50]. Sie müssen sich ferner auch von denjenigen Bezeichnungen hinreichend unterscheiden, die von anderen Unternehmen verwendet werden. Ohne einen genügenden Abstand von den übrigen, besonderen Markierungen der Mitbewerber – in Extremfällen auch von anderen Kennzeichenmitteln des selben Unternehmens[51] – wäre nämlich eine zweifelsfreie Identifizierung eines konkreten Angebots gar nicht möglich[52]. Eine zweifelsfreie Wiedererkennung konkreter Angebote ist jedoch vom Recht der besonderen Kennzeichnungen gerade bezweckt.

Bei der Beachtlichkeit von Rechten Dritter ist dabei zu unterscheiden:

- Der eigentliche markenrechtliche Schutzbereich besonderer Kennzeichen will die Verwendung von verwechslungsfähigen Bezeichnungen für identische oder „ähnliche" Waren verhindern.
- Darüber hinaus besteht ein wettbewerbsrechtlich orientierter Schutz besonderer Kennzeichen, der das Wirtschaftsgut „Marke" als solches schützen will.

---

48 Vgl. schon Denkschrift über die Schaffung einer EWG-Marke, Bulletin der EG, Beilage 8/76 (GRUR Int. 1976, 481), Nr. 86.

49 Zutreffend deshalb: Denkschrift über die Schaffung einer EWG-Marke, Bulletin der EG, Beilage 8/76 (GRUR Int. 1976, 481), Nr. 86.

50 Vgl. hierzu voranstehend zum allgemeinen Erfordernis der Unterscheidungsmöglichkeit von den üblichen Gattungsbezeichnungen im 4. Kapitel, II., 2., b).

51 Vgl. zur Mehrmarkenstrategie, oben im 1. Kapitel, V., 1., b).

52 Vgl. *Sack*, Die rechtlichen Funktionen des Warenzeichens in GRUR 1972, 402 (404 li.Sp.).

1. Der Schutz innerhalb des Waren- und Dienstleistungsähnlichkeitsbereiches

Für die Abwehr konkurrierender Zeichen gewähren die Kennzeichenschutzsysteme den Inhabern besonderer Markierungen ausschließliche Rechte (vgl. für das europäische Markenrecht: Art. 9 Abs. I GemMVO; beispielsweise für das deutsche Markenrecht: §§ 14 Abs. I, 15 Abs. I MarkenG). Diese sind so ausgestaltet, daß den Rechtsinhabern Unterlassungsansprüche gegen diejenigen zustehen, die verwechselbare Kennzeichen verwenden. Dies verlangt somit stets ein Tätigwerden der Rechtsinhaber gegenüber den Verwendern von verletzenden Kennzeichen. Die Rechte Dritter werden grundsätzlich nicht von Amts wegen berücksichtigt. Die Markenrechte können deswegen mit einem öffentlich-rechtlichen Parkverbot zugunsten eines einzelnen verglichen werden, für dessen Einhaltung der Berechtigte selbst verantwortlich ist.

a) Systematik der Abwehrrechte

- Die Abwehransprüche der Rechtsinhaber setzen bei identischen besonderen Kennzeichnungen, die für identische Waren oder Dienstleistungen verwendet werden, lediglich einen zeitlichen Vorrang beim Anspruchsteller voraus (vgl. Art. 9 Abs. I lit. a GemMVO iVm Art. 29 mit 32 GemMVO bzw. § 14 Abs. II Nr. 1 MarkenG iVm § 6 MarkenG bzw. § 15 Abs. II MarkenG). Allerdings wird diese Fallkonstellation in der Realität nicht sehr häufig vorkommen.
- Neben dem zeitlichen Vorrang wurde mit dem durch die MRiLi eingeführten Sammelkriterium der „Ähnlichkeit“[53] ein Maßstab geschaffen, nach dem entschieden werden kann, ob Bezeichnungen, die sich nicht genau gleich gegenüberstehen, nebeneinander existieren können oder nicht.
- Der Maßstab der „Ähnlichkeit“ findet für alle Fälle von Kollisionen von Kennzeichen eine einheitliche Anwendung. Er kommt deshalb für die relativen Schutzversagungsgründe (Art. 8 GemMVO, bzw. für Deutschland: § 9 MarkenG) genauso zur Anwendung, wie für die eigentlichen Verletzungstatbestände nach Art. 9 Abs. I GemMVO (bzw. §§ 14, 15 MarkenG). Der gleiche Maßstab ist auch bei Nichtigkeitsverfahren wegen des Bestehens „besserer“ (älterer) Rechte gem. Art. 52 GemMVO (bzw. § 51 MarkenG) anzuwenden.

---

[53] Die bisher im deutschen Recht dafür verwendeten Rechtsbegriffe der Übereinstimmung und der Warengleichartigkeit (§§ 5 Abs. IV, 31 WZG) werden aufgegeben. Die Begründung der deutschen Gesetzesnovelle (Begründung zu § 9 MarkenG, S. 71f.) hebt dazu hervor, daß damit auch eine Neubestimmung des Schutzbereiches verbunden sein solle und daß auf die alten Begriffsbestimmungen nicht mehr zurückgegriffen werden könne. Allerdings fällt dazu auch auf, daß die Begründung hier und an vielen anderen Stellen die Rspr. in eine bestimmte Richtung beeinflussen möchte. Bindend kann dies natürlich nicht sein, sondern ist nur ein Auslegungskriterium unter mehreren.

b) Die „Ähnlichkeit" als Beurteilungsmaßstab

Beurteilungsmaßstab für die Entscheidung, ob zwei besondere Kennzeichen nebeneinander bestehen können, ist das nach Art. 4 Abs. I lit. b MRiLi neu eingeführte Sammelkriterium der „Ähnlichkeit"[54]. Die entsprechende Vorschrift aus der MRiLi lautet:

„Eine Marke ist von der Eintragung ausgeschlossen oder unterliegt im Falle der Eintragung der Ungültigkeitserklärung,

(...),

wenn wegen ihrer Identität oder Ähnlichkeit mit der älteren Marke und der Identität oder Ähnlichkeit der durch die beiden Marken erfaßten Waren oder Dienstleistungen für das Publikum die Gefahr von Verwechslungen besteht, die die Gefahr einschließt, daß die Marke mit der älteren Marke gedanklich in Verbindung [55] gebracht wird.

Die Ähnlichkeit zweier Marken kann sich, in Übereinstimmung mit der herkömmlichen Praxis der Mitgliedstaaten, aus klanglichen, begrifflichen oder (schrift)bildlichen Übereinstimmungen ergeben. Diese Kriterien müssen dabei keineswegs kumulativ vorliegen.

Da bei der Gefahr von Verwechslungen auch diejenigen Gefahren mit eingeschlossen sein sollen, daß die beiden, sich gegenüberstehenden, besonderen Kennzeichen „gedanklich in Verbindung gebracht werden", hängt die Bejahung der Verwechslungsgefahr

von einer Vielzahl von Umständen ab, insbesondere dem Bekanntheitsgrad der Marke im Markt, der gedanklichen Verbindung, die das benutzte oder eingetragene Zeichen zu ihr hervorrufen kann, sowie dem Grad der Ähnlichkeit zwischen der Marke und dem Zeichen und zwischen den damit gekennzeichneten Waren oder Dienstleistungen

---

54 Die bisher im deutschen Recht dafür verwendeten Rechtsbegriffe der Übereinstimmung und der Warengleichartigkeit (§§ 5 Abs. IV, 31 WZG) werden aufgegeben. Die Begründung der deutschen Gesetzesnovelle (Begründung zu § 9 MarkenG, S. 71f.) hebt dazu hervor, daß damit auch eine Neubestimmung des Schutzbereiches verbunden sein solle und daß auf die alten Begriffsbestimmungen nicht mehr zurückgegriffen werden könne. Allerdings fällt dazu auch auf, daß die Begründung hier und an vielen anderen Stellen die Rspr. in eine bestimmte Richtung beeinflussen möchte. Bindend kann dies natürlich nicht sein, sondern ist nur ein Auslegungskriterium unter mehreren.

55 Zum relevanten Hintergrund gehören schließlich auch die in Art. 4.1 b) und 5.1 b) der MRiLi enthaltenen ausdrücklichen Regelungen über das Vorliegen eines Eintragungshindernisses bzw. eines Verbietungsrechts bei Vorliegen der Gefahr des gedanklichen Inverbindungbringens mit einer identischen oder ähnlichen Marke bei Benutzung für identische oder ähnliche Waren. Zum Tatbestandsmerkmal des "gedanklichen Inverbindungbringens" bereits eine ganze Reihe von Aufsätzen veröffentlicht worden. An dieser Stelle sei insbesondere auf die folgenden Publikationen aufmerksam gemacht: *Deliège-Sequaris*, Der Schutz der Marke gemäß Art. 1 A, Benelux-Warenzeichengesetz, GRUR Int. 1980, 568 (573f.); *Verkade*, Angleichung des nationalen Markenrechts in der EWG: Benelux Staaten, GRUR Int. 1992, 92 (96); *Lehmann/Schönfeld*, Die europäische und deutsche Marke: Positive Handlungsrechte im Dienste der Informationsökonomie, GRUR 1994, 481f. (484); aus der Rechtsprechung insb. BeNeLux-Gerichtshof Urteil vom 1. März 1975 - Claeryn/Klarein, GRUR Int. 1975, 399.

ab[56]. Erwägungen dieser Art waren bereits dem früheren deutschen Warenzeichenrecht keineswegs fremd. Beispielsweise findet sich schon im „NSU-Fox"-Urteil des BGH[57] in bezug auf mehrteilige Zeichen die Formulierung,

daß bei Einfügung einer geschützten Bezeichnung in eine andere Bezeichnung die Gefahr von Verwechslungen in der Regel nur dann beseitigt wird, wenn die übernommene Bezeichnung ihre Selbständigkeit in der neuen Zusammenstellung derart verloren hat, daß sie aufhört, die Erinnerung an die alte Kennzeichnung wachzurufen.

In ähnlicher Weise lautet der zweite amtliche Leitsatz in der „Corvaton/Corvasal"-Entscheidung des BGH[58]:

Bestehen zwei zu vergleichende Kennzeichnungen aus mehreren Bestandteilen und sind nur einzelne dieser Teile verwechslungsfähig, so kommt es darauf an, ob ihr übereinstimmender Teil in der beanstandeten Gesamtbezeichnung eine gewisse selbständig kennzeichnende Stellung hat und darin nicht untergegangen ist, daß er durch seine Einfügung in die Gesamtkombination aufgehört hat, für den Verkehr die Erinnerung an die zu schützende Kennzeichnung wachzurufen.

Von der „Erinnerung" ist es kein weiter Weg bis zu der „gedanklichen Verbindung".

Fraglich ist deshalb auch, ob die Aufnahme weiterer Kriterien in die Beurteilung der Gefahr von Verwechslungen zweier, sich gegenüberstehender, besonderer Bezeichnungen dazu führt, daß die in Deutschland bislang äußerst strenge Rechtsprechung zu diesem Thema abermals verschärft wird. In diesem Zusammenhang ist nämlich darauf hinzuweisen, daß die menschliche Fähigkeit, Assoziationen herzustellen, so unbegrenzt und unerschöpflich ist, daß nicht jede gedankliche Verbindung, die an ein dem Verkehr neu entgegentretendes Kennzeichen anknüpft, eine markenrechtlich relevante Verwechslungsgefahr hervorrufen darf. Dies muß sogar für die Fälle gelten, in denen eine Erinnerung an eine ältere, möglicherweise sogar bekannte, besondere Markierung hervorgerufen wird, auch wenn sie eine Ursache für die Herstellung einer gedanklichen Verbindung sein mag.

Dementsprechend hat sich bereits der EuGH zur Frage der Assoziation zwischen zwei Marken geäußert. Zu entscheiden war dieser Punkt aufgrund eines Vorabentscheidungsgesuches des BGH[59]. Der Entscheidung des EuGH lag dabei nachfolgend wiedergegebener Sachverhalt zugrunde.

Die niederländische Fa. Sabel BV ist Inhaberin der IR-Marke 540 894, die eine im Lauf (nach rechts) befindliche Raubkatze über dem Schriftzug „sabel" zeigt. Diese IR-Marke soll auch Schutz in Deutschland genießen. Gegen die Schutzgewährung für die IR-Marke in Deutschland erhob die deutsche Firma Puma AG Widerspruch aus zwei Marken. Die eine davon zeigt den Schattenriß einer – ebenfalls nach

---

56 Erste Richtlinie 89/104/EWG des Rates v. 21. Dezember 1988 zur Angleichung der Rechtsvorschriften der Mitgliedsstaaten über die Marken - MRiLi, GRUR Int. 1989, 294f.

57 BGH Urt. v. 30. Oktober 1953, I Z 147, 52 - NSU-Fox/Auto-Fox, GRUR 1954, 123 (125).

58 BGH Urt. v. 15. Oktober 1992, I ZR 259/90 - Corvaton/Corvasal, GRUR 1993, 118.

59 Vgl. Beschluß des BGH vom 29. Juni 1995, I ZB 22/93 – Springende Raubkatze, GRUR Int. 1996, 60.

rechts laufenden – Raubkatze, die zweite zeigt einen Schattenriß einer im Sprungansatz (nach links) befindlichen Raubkatze. Die beiden sich gegenüberstehenden Marken gewähren bzw. Begehren für zum Teil für übereinstimmende Waren Schutz in Deutschland.

Die Prüfungsstelle des Deutschen Patentamtes hat – aufgrund einer Beurteilung der sich ergebenden Gesamteindrücke der sich gegenüberstehenden, besonderen Kennzeichen – die erhobenen Widersprüche zurückgewiesen. Die gegen diese Entscheidung gerichtete Beschwerde der Puma AG hatte vor dem BPatG teilweise Erfolg. Der schutzsuchenden IR-Marke wurde für einen Teil der beanspruchten Waren, wegen der gegebenen Gefahr von Verwechslungen mit der prioritätsälteren Marke, die die nach rechts laufende Raubkatze zeigt, der Schutz verwehrt.

Die zugelassene Rechtsbeschwerde der niederländischen Firma Sabel BV richtete sich gegen diese Schutzversagung. Der BGH machte in seinem Vorlagegesuch Ausführungen zur Rechtslage und kam zu dem Ergebnis, daß nach einer Einschätzung der Sach- und Rechtslage eine maßgebliche Gefahr von Verwechslungen zu verneinen sei. An einer endgültigen Entscheidung sah er sich jedoch wegen der auslegungsbedürftigen Formulierung des Art. 4 Nr. 1 lit. b MRiLi gehindert, da der Wortlaut nicht klar bestimme, ob die rein assoziative gedankliche Verbindung, die der Verkehr über den Begriff der „springenden Raubkatze" mit beiden Bezeichnungen herstellt, es rechtfertigt, der IR-Marke den Schutz für die Bundesrepublik Deutschland für die jeweiligen Waren zu versagen.

Fraglich war damit vornehmlich, ob eine nach der MRiLi beachtliche Verwechslungsgefahr bestand, weil eine unberechtigte Rufbeeinträchtigung oder Schwächung der Unterscheidungskraft der älteren Marke erfolgte. Der EuGH[60] verneinte dies und entschied, daß:

Die rein assoziative gedankliche Verbindung, die der Verkehr über die Übereinstimmung des Sinngehalts zweier Marken zwischen diesen herstellen könnte, begründet für sich genommen keine „Gefahr von Verwechslungen, die die Gefahr mit einschließt, daß die Marke mit der älteren Marke gedanklich in Verbindung gebracht wird", im Sinne des Art. 4 Abs. I Buchstabe b der Ersten Richtlinie 89/104/EWG des Rates vom 21.12.1988 zur Angleichung der Rechtsvorschriften der Mitgliedstaaten über die Marken.

In den dafür relevanten Entscheidungsgründen lautet es dazu:

(18) Art. 4 Abs. I Buchstabe b der Richtlinie ist nur dann anwendbar, wenn wegen der Identität oder Ähnlichkeit sowohl der Marken als auch der erfaßten Waren oder Dienstleistungen „für das Publikum die Gefahr von Verwechslungen besteht, die die Gefahr einschließt, daß die Marke mit der älteren Marke gedanklich in Verbindung gebracht wird". Aus diesem Wortlaut ergibt sich, daß der Begriff der Gefahr der gedanklichen Verbindung keine Alternative zum Begriff der Verwechslungsgefahr darstellt, sondern dessen Umfang genauer bestimmen soll. Bereits nach ihrem Wortlaut ist die Bestimmung daher nicht anwendbar, wenn für das Publikum keine Verwechslungsgefahr besteht.

[...]

(22) Wie bereits in Randnr. 18 festgestellt, ist Art. 4 Abs. I Buchstabe b nicht anwendbar, wenn für den Verkehr keine Verwechslungsgefahr besteht. Insoweit geht aus der zehnten Begründungserwägung der

---

60 Vgl. EuGH Urteil vom 11. November 1997, Rs C-251/95, Slg. 1997, I-6191, Sabel BV ./. Puma AG, Rudolf Dassler Sport, GRUR Int. 1998, 56.

Richtlinie hervor, daß das Vorliegen einer Verwechslungsgefahr „von einer Vielzahl von Umständen ab[hängt], insbesondere dem Bekanntheitsgrad der Marke im Markt, der gedanklichen Verbindung, die das benutzte Zeichen zu ihr hervorrufen kann, sowie dem Grad der Ähnlichkeit zwischen der Marke und dem Zeichen und zwischen den damit gekennzeichneten Waren oder Dienstleistungen". Das Vorliegen einer Verwechslungsgefahr ist also unter Berücksichtigung aller Umstände des Einzelfalls zu beurteilen.

(23) Bei dieser umfassenden Beurteilung ist hinsichtlich der Ähnlichkeit der betreffenden Marken im Bild, im Klang oder in der Bedeutung auf den Gesamteindruck abzustellen, den die Marken hervorrufen, wobei insbesondere die sie unterscheidenden und dominierenden Elemente zu berücksichtigen sind. Aus dem Wortlaut des Art. 4 Abs. I Buchstabe b der Richtlinie, wonach „für das Publikum die Gefahr von Verwechslungen besteht", geht nämlich hervor, daß es für die umfassende Beurteilung der Verwechslungsgefahr entscheidend darauf ankommt, wie die Marke auf den Durchschnittsverbraucher dieser Art von Waren oder Dienstleistungen wirkt. Der Durchschnittsverbraucher nimmt eine Marke aber normalerweise als ganzes wahr und achtet nicht auf die verschiedenen Einzelheiten.

Der EuGH stellt damit den Ähnlichkeitsbegriff, der umfassend unter Beachtung aller Umstände des Einzelfalles zu betrachten ist, in den Vordergrund. Die Assoziationsgefahr ist demgegenüber nur ein Unterfall, der bei der umfassenden Beurteilung der „Ähnlichkeit" eine Rolle spielt[61]. Die Aufgabe dieser umfassenden Beurteilung im Rahmen des Ähnlichkeitsbegriffes ist es, den Schutzumfang – im Vergleich zur bislang geltenden, deutschen Vorstellungen – realistischer und lebensnaher zu fassen[62].

In dieser Richtung geht auch die zweite Entscheidung des EuGH, innerhalb derer zu den neuen Kriterien zur Bestimmung der Gefahr von Verwechslungen Stellung genommen wurde. Zu entscheiden war wiederum eine Vorlagefrage des BGH[63]. Dem Fall lag der nachfolgend beschriebene Sachvortrag zugrunde:

Die japanische Firma Canon Kabushi Kaisha (im folgenden: CKK) ist Inhaberin von deutschen Markenrechten an der Bezeichnung „CANON". Die entsprechenden Marken sind im wesentlichen für die Waren „Laufbildkameras" (u.a.) eingetragen. Aus diesen Rechten wurde Widerspruch gegen die Eintragung der Marke „CANNON" erhoben, die die amerikanische Metro-Goldwyn-Mayer Inc. (im folgenden: MGM) für die Waren „Videofilmkassetten" angemeldet hat.

Unter Annahme der Gleichartigkeit der sich gegenüberstehenden Waren versagte der Erstprüfer des Deutschen Patent- und Markenamtes die Eintragung der prioritätsjüngeren Marke wegen des Vorliegens von Verwechslungsgefahr. Der Erinnerungsprüfer hob diese Entscheidung auf. In der Beschwerdeinstanz verneinte das BPatG ebenfalls die Warengleichartigkeit. CKK legte gegen diesen Beschluß das Rechtsmittel der Rechtsbeschwerde zum BGH ein.

In dem Vorlagebeschluß stellte der BGH die Anwendbarkeit des MarkenG, die klangliche Identität der

---

61 Zu diesem Ergebnis gelangt (mit umfangreicher Begründung) auch *Mansini*, Die Gefahr einer gedanklichen Verbindung zwischen Zeichen im Markenrecht der Gemeinschaft, GRUR Int. 1998, 830f. (833).

62 So auch *Schmieder*, der dies in seinem Aufsatz (aaO, NJW 1994, 1241f.) mit den Worten: "*Es kommt nicht darauf an, einen möglichst weiten Schutzbereich für Marken zu definieren, sondern vielmehr darauf, daß ein richtiger Schutzbereich gefunden wird.*" zum Ausdruck bringt.

63 BGH Beschluß vom 12. Dezember 1996, I ZB 15/94 - Canon, GRUR 1997, 333f.

sich gegenüberstehenden Marken und die Tatsache fest, daß nach der Verkehrsauffassung Videofilmkassetten und Aufnahme- bzw. Abspielgeräte für Videobänder nicht aus dem selben Herstellerbetrieb stammen. Für den BGH stellten sich deshalb Fragen zur Auslegung des Art. 4 Abs. I Buchstabe b der MRiLi.

Diese Fragen wurden vom EuGH[64] dahingehend beantwortet, daß

Art. 4 Abs. I Buchstabe b MRiLi ist dahin auszulegen, daß die Kennzeichnungskraft der prioritätsälteren Marke, insbesondere ihre Bekanntheit, bei der Beurteilung zu berücksichtigen ist, ob die Ähnlichkeit zwischen den durch die beiden Marken erfaßten Waren oder Dienstleistungen ausreicht, um eine Verwechslungsgefahr herbeizuführen.

Eine Verwechslungsgefahr im Sinne von Art. 4 Abs. I Buchstabe b MRiLi kann auch dann bestehen, wenn für das Publikum die betreffenden Waren oder Dienstleistungen an unterschiedlichen Orten hergestellt oder erbracht werden. Dagegen ist das Bestehen einer solchen Gefahr ausgeschlossen, wenn sich nicht ergibt, daß das Publikum glauben könnte, daß die betreffenden Waren oder Erzeugnisse aus demselben Unternehmen oder gegebenenfalls aus wirtschaftlich miteinander verbundenen Unternehmen stammten.

Besonders in der Antwort zur zweiten Vorlagefrage setzte damit der EuGH eine Rechtsprechung fort, die sich bereits in der HAG II-Entscheidung des EuGH[65] anbahnte. In den diesbezüglichen Gründen[66] führte er aus:

[...]

(28) Außerdem besteht nach ständiger Rechtsprechung die Hauptfunktion der Marke darin, dem Verbraucher oder Endabnehmer die Ursprungsidentität der gekennzeichneten Ware oder Dienstleistung zu garantieren, indem sie ihm ermöglicht, diese Waren oder Dienstleistungen ohne Verwechslungsgefahr von Waren oder Dienstleistungen anderer Herkunft zu unterscheiden; damit die Marke ihre Aufgabe als wesentlicher Bestandteil des Systems eines unverfälschten Wettbewerbs, das der Vertrag errichten will, erfüllen kann, muß sie die Gewähr bieten, daß alle Waren oder Dienstleistungen, die mit ihr versehen sind, unter der Kontrolle eines einzigen Unternehmens hergestellt oder erbracht worden sind, daß für ihre Qualität verantwortlich gemacht werden kann. [...]

(29) Daher liegt eine Verwechslungsgefahr im Sinne von Art. 4 Abs. I Buchstabe b MRiLi dann vor, wenn das Publikum glauben könnte, daß die betreffenden Waren oder Dienstleistungen aus demselben Unternehmen oder gegebenenfalls aus wirtschaftlich miteinander verbundenen Unternehmen stammen [67]. Wie der Generalanwalt in Nr. 30 seiner Schlußanträge festgestellt hat, genügt es für die Verneinung dieser Verwechslungsgefahr folglich nicht, lediglich nachzuweisen, daß für das Publikum keine Ver-

---

64 EuGH, Urteil v. 29. September 1998, Rs. C-39/97, - Canon Kabushi Kaika ./. Metro-Goldwyn-Mayer Inc., GRUR Int. 1998, 875f. – CANON.

65 EuGH, Urteil vom 17. Oktober 1990, Rs.: C-10/89, Slg. 1990, I-3711 – HAG II, dort insbesondere Rdnr. 14 und 13.

66 Vgl. insbesondere Rdnr. 28f. des CANON-Urteils des EuGH.

67 An dieser Stelle wird Bezug genommen auf die Puma/Sabel-Entscheidung des EuGH (Urteil vom 11. November 1997, Rs C-251/95, Slg. 1997, I-6191, Sabel BV ./. Puma AG, Rudolf Dassler Sport, GRUR Int. 1998, 56), Rdnr. 16 bis 18.

wechslungsgefahr in bezug auf den Ort besteht, an dem die betreffenden Waren oder Dienstleistungen hergestellt oder erbracht werden.

Erkennbar stellte damit der EuGH wiederum die tatsächlichen Umstände, die die Reichweite des Verwechslungsschutzes bestimmen, in den Vordergrund. Er war nicht gewillt das neue Kriterium der „gedanklichen Verbindung“ zu nutzen, den Schutz besonderer Kennzeichen über das natürliche Maß des Erforderlichen hinaus auszudehnen.

Da jedoch nunmehr innerhalb der Prüfung der „Gefahr von Verwechslungen" jedoch auch die Umstände berücksichtigt werden können, die durch die Markt- und Lebenswirklichkeit geboten werden, kann dennoch auch die Unternehmensleistung, die sich in Form einer Marktstärke der besonderen Markierung ausdrückt[68], bei der Beurteilung der Ähnlichkeit zweier besonderer Kennzeichen Berücksichtigung finden. Hierzu gehört insbesondere die Steigerung der Kennzeichnungskraft der besonderen Bezeichnung durch eine umfangreiche Verwendung dieser Bezeichnung im geschäftlichen Verkehr[69].

Schließlich hatte der EuGH zumvon Verwechslungen in der „Adidas“-Entscheidung[70] erneut Stellung zu nehmen. Dieser Entscheidung lag der nachfolgend wiedergegebene Sachverhalt zugrunde:

Die Niederländische Marca Mode verkaufte in den Niederlanden eine Kollektion Sportbekleidung. Bei einigen der Bekleidungsstücke waren an der Seite zwei in Längsrichtung parallel laufende Streifen angebracht. Die Klägerin ist auch Inhaberin einer BeNeLux-Marke, die aus drei parallel laufenden Streifen besteht und insb. für Spotbekleidung geschützt ist. Aus diesen Rechten nahm die Adidas die Marca Mode auf Unterlassung in Anspruch und bekam in zwei Instanzen Recht. Die Inanspruchgenommene legte daraufhin gegen das Urteil des Gerechtshof Kassationsbeschwerde beim Hoge Raad der Niederlande ein. Gerügt wurde insbesondere, daß das Berufungsgericht seine Entscheidung lediglich auf die Feststellung gestützt habe, daß die Gefahr bestehe, daß das betreffende Publikum die streitigen Zeichen mit der eingetragenen Marke gedanklich in Verbindung bringe. Unter Berufung auf das „Puma-Sabel“-Urteil des EuGH hätte die Entscheidung jedoch auf die Feststellung stützen müssen, daß eine Verwechslungsgefahr bestehe.

Der Hoge Raad mußte nunmehr abermals eine Auslegung des Art. 5 Abs. I lit. b MRiLi vornehmen. Fraglich war, ob allein die Gefahr einer gedanklichen Verbindung zwischen den sich gegenüberstehenden, besonderen Kennzeichen ausreiche einen Verbietungsanspruch zu begründen, oder ob dafür auch die Gefahr von Verwechslungen positiv festgestellt werden muß, also nicht nur nicht ausgeschlossen sein darf.

Der EuGH stellt dazu fest, daß in derartigen Fällen die Verwechslungsgefahr nicht vermutet werden darf[71]. Dazu führt der EuGH aus:

---

68 Vgl. *Fezer*, aaO, MarkenG, § 14, Rdnr. 272.

69 Vgl. dazu zur Beantwortung der ersten Vorlagefrage des BGH zum Canon-Fall, EuGH, Urteil v. 29. September 1998, Rs. C-39/97, - Canon Kabushi Kaika ./. Metro-Goldwyn-Mayer Inc., GRUR Int. 1998, 875f. – CANON.

70 EuGH Urteil v. 22. Juni 2000, Rs C-425/98, - Marca Mode CV ./. Adidas AG und Adidas Benelux CV.

[...]

(34) Art. 5 Abs. I lit. b MRiLi ist nämlich nur dann anwendbar, wenn wegen der Indentität oder Ähnlichkeit sowohl der Marken als auch der gekennzeichneten Waren oder Dienstleistungen „für das Publikum die Gefahr von Verwechslungen besteht, die die Gefahr einschließt, daß das Zeichen mit der Marke gedanklich in Verbindung gebracht wird. Aus diesem Wortlaut ergibt sich, daß daß der Begriff einer gedanklichen Verbindung keine Alternative zum Begriff der Verwechslungsgefahr darstellt, sondern dessen Umfang genauer bestimmen soll. Bereits nach ihrem Wortlaut ist die Bestimmung nicht anwendbar, wenn für das Publikum keine Verwechslungsgefahr besteht. [...] Der Schutz einer eingetragenen Marke hängt also gemäß Art. 5 Abs. I luit. b MRiLi vom Vorliegen einer Verwechslungsgefahr ab [...].

(36) Diese Auslegung wird auch nicht durch Art. 5 Abs. II MRiLi wiederlegt, der für bekannte Marken einen Schutz einführt, dessen Durchführung nicht das Bestehen einer Verwechslungsgefahr verlangt. Diese Vorschrift gilt nämlich für Fälle, in denen die spezifischen Voraussetzungen für den Schutz in einer Benutzung des strittigen Zeichens besteht, die die Unterscheidungskraft oder die Wertschätzung der Marke ohne rechtfertigenden Grund in unlauterer Weise ausnutzt oder beeinträchtigt.

Die Fa. Adidas konnte sich somit nicht mit Erfolg auf die Randnummer 24 der „Puma-Sabel"-Entscheidung des EuGH berufen. Hierzu führte der EuGH weiter aus:

[...] Mit der negativen Formulierung in Randnummer 24 des Urteils Sabèl, daß eine Verwechslungsgefahr nicht auszuschließen ist, wird lediglich die Möglichkeit hervorgehoben, daß aus der Verbindung der beiden untersuchten Faktoren eine Gefahr entsteht. Diese Formulierung impliziert keineswegs die Vermutung einer Verwechslungsgefahr, die sich aus dem Bestehen einer Gefahr der gedanklichen Verbindung im engeren Sinne ergeben würde. Mit dieser Formulierung hat der Gerichtshof stillschweigend auf die Beweiswürdigung verwiesen, die das nationale Gericht nicht von der Notwendigkeit befreit, das Bestehen einer Verwechslungsgefahr, für die Beweis zu erbringen ist, positiv festzustellen . [...]

Letztendlich kommt der EuGH damit zu dem Ergebnis, daß innerhalb der Prüfung der Gefahr von Verwechslungen zwar auch die Umstände berücksichtigt sein können, die durch die Markt- und Lebenswirklichkeit geboten sein können (hierzu gehört beispielsweise die Steigerung der Kennzeichnungskraft der besonderen Bezeichnung durch eine umfangreiche Benutzung dieser Bezeichnung im geschäftlichen Verkehr), diese jedoch nicht zu einem Automatismus bei Verbietungsansprüchen führen. Es wurde damit wiederum der Grundsatz unterstrichen, daß die Verbietungsansprüche nur soweit reichen können, wie tatsächliche Verwechslungen im Markt bestehen.

c) Besonderheiten des Gemeinschaftsmarkenrechts

Die in der EU geltenden nationalen Vorschriften (vgl. beispielsweise für Deutschland: § 14, 15 MarkenG) und das Gemeinschaftsmarkenrecht (vgl. Art. 9 GemMVO) lehnen sich alle an die bindende Vorschrift des Art. 4 MRiLi an. Die Vorschriften sind damit gleichlautend. Die entsprechenden Rechtsbegriffe sind einer einheitlichen, europäischen Auslegung unterworfen. Grundsätzlich ist es deshalb auch für die Untersuchung der Frage, wie weit sich zwei

---

[71] EuGH Urteil v. 22. Juni 2000, Rs C-425/98, - Marca Mode CV ./. Adidas AG und Adidas Benelux CV, Rdnr. 33.

gegenüberstehende Bezeichnungen aneinander annähern dürfen, grundsätzlich unbeachtlich, welcher Weg für eine Schutzerlangung in den einzelnen Mitgliedsländern der EU eingeschlagen wird[72]. Dennoch sind einige Besonderheiten des Gemeinschaftsmarkenrechts zu beachten. Zu diesen Besonderheiten gehören:

aa) Der maßgebliche Empfängerhorizont

Zu klären ist zunächst, auf welchen Empfängerhorizont bei der Wahrnehmung und gegebenenfalls beim Vergleich zweier sich gegenüberstehenden Zeichen abzustellen ist:

In der EuGH-Entscheidung „Mars" stellt die Rechtsprechung auf einen verständigen Verbraucher ab, der ein normales Maß an Aufmerksamkeit aufbringt[73]. Diese Entscheidung ist eher dem Wettbewerbsrecht zuzuordnen. Der verständige Verbraucher sollte jedoch auch der für das Kennzeichnungsrecht maßgebende Maßstab sein. Der EuGH übernimmt für seine kennzeichenrechtlichen Urteile auch den „Durchschnittsverbraucher" zur Konkretisierung des Rechtsbegriffs des Publikums[74]. Er trägt damit dem Umstand Rechnung, daß bei der Bestimmung des Adressatenkreises auch immer eine Rolle spielen wird, ob es sich bei den besonders gekennzeichneten Waren um teure Spezialwaren oder beispielsweise um Waren des Massenkonsums handelt. Es liegt nämlich auf der Hand, daß für die Beurteilung von eventuellen Markenkollisionen insoweit unterschiedliche Maßstäbe zu gelten haben.

bb) Die Besonderheiten aufgrund der Vielzahl der in der EU gesprochenen Sprachen

Auch die im Gemeinsamen Markt zu verzeichnende Sprachenvielfalt wirft besondere Probleme bei der Beurteilung des Abstandes, den zwei Kennzeichen voneinander einzuhalten haben, auf. So können zwei Worte in einer Sprache sehr unterschiedlich, in einer anderen Sprache jedoch sehr ähnlich klingen. Zudem kann auch die Wortbedeutung in unterschiedlichen Sprachen variieren, so daß sich Überschneidungen nur in einem Sprachraum ergeben.

Zu dieser Thematik bestimmt Art. 8 Abs. I lit. b GemMVO, daß die Gefahr von Verwechslungen in dem Gebiet bestehen muß, in dem die ältere Marke Schutz genießt. Es ist deshalb zu unterscheiden:

Handelt es sich bei der älteren Marke um eine nationale Marke, so muß die Verwechslungsgefahr in dem schutzgewährenden Staat bestehen. Allerdings erscheint eine derartige, grundsätzliche Beschränkung auf die Aussprache oder die Bedeutung der sich gegenüberstehenden, besonderen Kennzeichnungen nicht sachgerecht. Insoweit sind nämlich allgemeine Fremdsprachenkenntnisse des angesprochenen Publikums oder aber auch eine bestimmte Sprache, die in manchen Branchen vorherrschen (Beispiel: Englisch in der Computerwelt)

---

72 Zu den unterschiedlichen Wegen einer Schutzgewährung: 2. Kapitel.

73 Vgl. EuGH, Urteil v. 6. Juli 1995, RS C-470/93, - Verein gegen Unwesen in Handel und Gewerbe Köln e.V. ./. Mars GmbH, GRUR Int. 1995, 804 = NJW 1995, 3243 = EuZW 1995, 611.

74 Vgl. EuGH, Urteil vom 11. November 1997, Rs C-251/95, Slg. 1997. I-6191, Sabel BV ./. Puma AG, Rudolf Dassler Sport, Rdnr. 23, GRUR Int. 1998, 56 (58).

beachtlich. Entscheidend muß deshalb auch in diesem Bereich der Adressatenkreis und dessen zu erwartender Kenntnisstand sein. Bei weniger bekannten Sprachen wird deshalb allein die landessprachliche Aussprache beachtlich sein. In anderen Fällen wird dagegen sowohl von der landessprachlichen als auch von einer Fachsprache auszugehen sein[75].

Soweit es sich bei der älteren Marke um eine Gemeinschaftsmarke handelt, stellt sich die weitere Frage, ob es für die Begründung der Gefahr von Verwechslungen nach Art. 8 Abs. I Lit. b GemMVO ausreicht, wenn die Zeichenähnlichkeit nur in einem Mitgliedsstaat der EU oder nur in einem kleineren Gebiet (z.B. dem katalanischen Sprachraum) gegeben ist, überall sonst aber ausscheidet. Immerhin wäre in diesem Fall das vom Gesetz geforderte Kriterium des Schutzes in der gesamten EU nicht erfüllt. Bei der Beantwortung dieser Frage ist jedoch auf der einen Seite zu berücksichtigen, daß die Gemeinschaftsmarke eine vollwertige Alternative zum nationalen Markenschutz darstellen soll[76]. Für den Verwender besonderer Kennzeichen kann die Gemeinschaftsmarke jedoch nur dann eine sinnvolle Alternative darstellen, wenn der Schutzumfang einer Gemeinschaftsmarke im Vergleich zu einer nationalen Marke nicht geringer ist. Auf der anderen Seite ist beachtlich, daß sich die Wirkung der Gemeinschaftsmarke bereits auf das gesamte Gemeinschaftsgebiet erstreckt[77]. Eine Gemeinschaftsmarke darf deshalb auch in keinem Teil der Gemeinschaft auf ein absolutes Eintragungshindernis treffen[78]. Für die relativen Eintragungshindernisse darf deshalb nichts anderes gelten. Das Voranstehende bedeutet, daß grundsätzlich von einem einheitlichen, europäischen Begriff der beteiligten Verkehrskreise[79] auszugehen ist, daß aber bei der Prüfung der sich ergebenden Gefahren von Verwechslungen jedenfalls in klanglicher und wohl auch in begrifflicher Hinsicht die Unterschiede je nach Mitgliedsstaat oder (besser) Sprachraum durchschlagen müssen. Im Ergebnis reicht deshalb die Gefahr von Verwechslungen in nur einem Sprachraum aus. Regionale Dialekte usw. müssen dabei jedoch außer Betracht bleiben. Denkbar ist deshalb durchaus eine Parallele zum Begriff der „lediglich örtlichen Bedeutung“ aus Art. 8 Abs. IV GemMVO zu ziehen[80].

cc) Verfahrensrechtliche Besonderheiten

Im Bereich der Rechtsfolgen beim Vorliegen relativer Schutzversagungshindernisse ergeben sich gegenüber den Rechtsfolgen eines Vorliegens absoluter Schutzversagungshindernisse[81] Unterschiede:

---

75 So auch *v. Mühlendahl/Ohlgart*, aaO, S. 42f.

76 Vgl. zur Koexistenz von Gemeinschaftsmarkenrecht und nationalem Markenschutz, oben im 3. Kapitel, III., 3.

77 Zur Einheitlichkeit der Gemeinschaftsmarke vgl. oben im 3. Kapitel, III, 5.

78 Zu den Besonderheiten des Gemeinschaftsmarkenrecht in Bezug auf die absoluten Schutzversagungsgründe vgl. oben im 4. Kapitel, II., 3.

79 Des Publikums im Sinne des Art. 8 Abs. I lit. b GemMVO.

80 Vgl. zum Merkmal der „lediglich örtlichen Bedeutung“, oben im 3. Kapitel, I., 1., d).

81 Zu den Rechtsfolgen des Vorliegens absoluter Schutzversagungsgründe oben im 4. Kapitel, II., 3.

Zunächst ist noch gleich, daß die Schutzsuchenden keinen einheitlich geltenden Gemeinschaftsmarkenschutz erreichen können. Ein anderes Ergebnis wäre mit dem Einheitlichkeitsgrundsatz der Gemeinschaftsmarke nicht vereinbar[82]. Den Verwendern besonderer Markierungen, die bei ihren Gemeinschaftsmarkenschutzgesuchen auf relative Schutzhindernisse nach Art. 8 GemMVO stoßen, besitzen jedoch nach Art. 108f. GemMVO die Möglichkeit, ihre Gemeinschaftsmarkenanmeldung in nationale Markenanmeldungen umzuwandeln[83]. Wenn der verbleibende, absicherbare Wirtschaftsraum für den Schutzsuchenden groß genug bleibt, so kann dieser Nachteil – anders als bei der Versagung eines einheitlichen Schutzes aufgrund absoluter Schutzversagungsgründe – hingenommen werden. In diesem Fall ist dem Schutzsuchenden deshalb auch nicht anzuraten, die gewählte Bezeichnung generell fallenzulassen. In diesem Fall steht auch grundsätzlich nicht zu befürchten, daß die rechtmäßig in einem Land gekennzeichnete Ware außerhalb des dortigen Schutzgebietes auf anderen Märkten toleriert werden muß[84].

Zudem begünstigt die Ausgestaltung des Widerspruchsverfahrens im europäischen Markenrecht[85] den Abschluß von Koexistenzvereinbarungen zwischen den Inhabern der sich möglicherweise gegenüberstehenden Rechten. Auch[86] aus diesem Grund empfiehlt es sich, die Waren- und Dienstleistungsverzeichnisse bei der Anmeldung zum Markenschutz relativ weit zu fassen. Diese weit abgefaßten Warenverzeichnisse können im Rahmen von Vorrechts- und Abgrenzungsvereinbarungen gegebenenfalls beschränkt werden.

2. Der erweiterte Schutz besonderer Kennzeichen

Die Benutzung einer besonderen Bezeichnung im geschäftlichen Verkehr liefert den eigentlichen Grund für deren Schutz[87]. Ein Schutz, der kraft Benutzung der Kennzeichnung im geschäftlichen Verkehr erworben wurde, erstreckt sich allein auf diejenigen Waren, für die die Bezeichnung tatsächlich benutzt wird[88]. Bei einem gesetzlichen Schutz, der Kraft Eintragung in die dafür eröffneten Register erworben wurde, erstreckt sich der Schutz - innerhalb der Grenzen des Benutzungszwangs – dagegen auf alle im Waren- und Dienstleistungsver-

---

82 Vgl. zum Einheitlichkeitsgrundsatz der Gemeinschaftsmarke oben im 3. Kapitel, III., 5.

83 Vgl. hierzu bereits die Ausführungen im 3. Kapitel, II. 2., b).

84 Vgl. EuGH Urt. v. 22. Juni 1976, Rs. 119/75, Slg. 1976, 1039 - Terrapin-Terranova, GRUR Int. 1976, 402. Hiervon sind die Fälle zu unterscheiden, bei denen die von einem Anbieter gewählte Bezeichnung in einem Land schutzfähig (weil bsplsw. phantasievoll gewählt) ist und in einem anderen Land an einem absoluten Eintragungshindernis scheitert.

85 Vgl. eingehend zum Widerspruchsverfahren nach der GemMVO: *Pagenberg*, Das Widerspruchsverfahren der Gemeinschaftsmarke - Neue Strategien im Markenrecht, in FS für *Krieger*, GRUR 1998, 288f.

86 Weiterer Grund für den Rat, die Waren- und Dienstleistungsverzeichnisse zumindest bei Gemeinschaftsmarkenanmeldungen möglichst weit abzufassen, waren die nutzerfreundlichen Regelungen zum Benutzungszwang. Vgl. dazu im 3. Kapitel, II., 1., c).

87 Vgl. zum Schutzgrund der durch Benutzung erworbenen Verkehrsgeltung, oben im 2. Kapitel, I., 2., a).

88 Vgl. zum Schutzumfang besonderer Kennzeichen, die aufgrund Benutzung erworben werden, oben im 2. Kapitel, I., 2., a).

zeichnis bezeichneten Angebote[89]. Diese Begrenzung auf das **Spezialitätsprinzip** entspricht dem traditionellen Schutz besonderer Kennzeichen.

Die modernen Kennzeichenschutzsysteme haben diesen engen Rahmen gesprengt. Auf den Schutz besonderer Kennzeichen außerhalb des Waren- und Dienstleistungsähnlichkeitsbereiches wird im folgenden eingegangen:

a) Die maßgeblichen Vorschriften für einen Schutz besonderer Kennzeichen außerhalb des Spezialitätsprinzips

In Art. 4 Abs. III MRiLi wird bestimmt, daß

Eine Marke [...] von einer Eintragung ausgeschlossen [ist] oder unterliegt im Falle der Eintragung der Ungültigerklärung, wenn sie mit einer ältere Gemeinschaftsmarke im Sinne des Absatzes 2 [gemeint sind nicht nur Gemeinschaftsmarken, sondern auch eingetragene, nationale Kennzeichnungsrechte oder IR-Marken mit Schutz in einem Mitgliedsstaat der EU] identisch ist oder dieser ähnlich ist und für Waren oder Dienstleistungen eingetragen werden soll oder eingetragen worden ist, die nicht mit denen ähnlich sind, für die die ältere Gemeinschaftsmarke in der Gemeinschaft bekannt ist und die Benutzung der jüngeren Marke ohne rechtfertigenden Grund in unlauterer Weise die Unterscheidungskraft oder die Wertschätzung der älteren Gemeinschaftsmarke ausnutzen oder beeinträchtigen würde.

Aufgrund des zwingenden Charakters dieser Vorschrift wurde dessen Inhalt in die in Europa geltenden Kennzeichenschutzsysteme übernommen (vgl. für das Gemeinschaftsmarkenrecht: Art. 9 Abs. I lit. c GemMVO, Art. 52 Abs. I lit. a GemMVO; für Deutschland: § 9 Abs. I Nr. 3 MarkenG, die Anwendung auf Gemeinschaftsmarken wird dabei in § 125 b Nr. 1 MarkenG konkretisiert)[90].

In derselben Weise wird ferner in Art. 4 Abs. IV lit. a MRiLi (für eingetragene) und Art. 4 Abs. IV lit. b MRiLi (für nicht eingetragene Marken) bestimmt, daß eine identische oder ähnliche ältere Marke gegenüber einer angemeldeten Marke auch im Hinblick auf andere als ähnliche Waren oder Dienstleistungen ein Eintragungshindernis darstellen kann, wenn die ältere Marke in dem betreffenden Mitgliedsstaat bekannt ist und die Benutzung der jüngeren Marke ohne rechtfertigenden Grund in unlauterer Weise die Unterscheidungskraft oder die Wertschätzung der älteren Marke ausnutzen oder beeinträchtigen würde. Darüber hinaus ergibt sich aus Art. 5 Abs. II MRiLi für die Mitgliedsstaaten das Recht zu bestimmen, daß ein Markeninhaber Dritte daran hindern kann, ohne seine Zustimmung eine mit der geschützten Marke identische oder ihr ähnliche Marke für Waren oder Dienstleistungen zu benutzen, die nicht denen ähnlich sind, für die die Marke eingetragen ist, wenn diese in dem betreffenden Mitgliedsstaat bekannt ist und die Benutzung der Marke ohne rechtfertigenden Grund in unlauterer Weise die Unterscheidungskraft oder die Wertschätzung der älteren Marke ausnutzt

---

89 Vgl. zum Schutzumfang besonderer Kennzeichen, der aufgrund einer Eintragung in die dafür vorgesehenen Register erworben wird, oben im 2. Kapitel, I., 2., b).

90 Vgl. zur Übernahme der zwingenden Vorschriften der MRiLi in national geltendes Recht bzw. der Bedeutung der MRiLi für das Gemeinschaftsmarkenrecht oben im 2. Kapitel, I., 4., a), aa).

oder beeinträchtigt. Diese Regeln der MRiLi sind fakultativ. Dennoch wurden die genannten Vorschriften – soweit ersichtlich bis auf Spanien – ebenfalls von allen übrigen nationalen Kennzeichenschutzsystemen übernommen (Art. 8 Abs. V GemMVO, bzw. für Deutschland: § 9 Nr. 3 MarkenG)[91]. Dies verwundert nicht, da die bei der Umsetzung der MRiLi gleichzeitig zu beachtenden TRIPS's-Regelungen[92] einen erweiterten Schutz bei Vorliegen bestimmter Voraussetzungen sogar zwingend vorschrieben. Es konnte deshalb sogar von einer Verpflichtung der nationalen Gesetzgeber zu einer erweiterten Schutzgewährung ausgegangen werden[93].

Schließlich wird in Art. 5 Abs. V MRiLi bestimmt, daß die in einem Mitgliedsstaat geltenden Bestimmungen über den Schutz gegenüber der Verwendung eines Zeichens zu anderen Zwecken als der Unterscheidung von Waren oder Dienstleitungen unberührt bleiben, wenn die Benutzung des fraglichen Zeichens ohne rechtfertigenden Grund in unlauterer Weise die Unterscheidungskraft oder die Wertschätzung der Marke beeinträchtigt oder ausnutzt. Dieser letztgenannte Schutz umfaßt somit die Gefahr der Verursachung von Schäden durch andere Verwendungen der Marke als diejenige, als Kennzeichen zu dienen, und kann daher als ein absoluter Schutz gegen die Degenerierung aufgefaßt werden. Art. 5 Abs. V MRiLi findet dagegen, soweit bekannt, lediglich in den BeNeLux-Ländern eine Entsprechung. Es ist sogar davon auszugehen, daß das BeNeLux-Markenrecht bei der Gestaltung der heutigen Rechtslage eine wesentliche Rolle spielte[94].

Ob das Merkmal „*in der Gemeinschaft bekannt*" aus Art. 8 Abs. V GemMVO und Art. 9 Abs. I lit. c der GemMVO sowie in Art. 4 Abs. III MRiLi in geographischer Hinsicht mehr verlangt, als daß die prioritätsältere Marke in einem Mitgliedsstaat bekannt ist, bleibt derzeit noch abzuwarten. Nachdem jedoch die „Bekanntheit" in einem Land als Eintragungshindernis für eine nationale Marke ausreicht, dürften sich aus der entsprechenden Formulierung eigentlich keine strengeren Anforderungen ergeben. Damit ist festzuhalten, daß eine Bekanntheit einer Marke in einem Mitgliedsstaat jedenfalls ausreichend ist.

---

91 Vgl. zur Umsetzung der MRiLi in geltendes nationales Recht, oben im 2. Kapitel, I., 4.

92 Insb. Art. 16 TRIP's-Abkommen, der auf die Pariser Verbandsübereinkunft verweist. Zum TRIP's-Abkommen bzw. zur PVÜ vgl. bereits oben im 2. Kapitel, IV., 1., b).

93 So auch *Levin*, Der Schutz außerhalb des Gleichartigkeitsbereiches in der EU aus schwedischer Sicht, GRUR Int. 1996, 454f.

94 Vgl. insoweit bereits die Rechtsprechung des BeNeLux-Gerichtshofes vom 1. März 1975 (GRUR Int. 1975, 399) in Sachen "Claeryn". Dort wurde u.a. ausgeführt, daß im Interesse einer angemessenen Entschädigungsmöglichkeit die Annahme einer Verletzung des Markenrechts nicht auf die Fälle der Beeinträchtigung der Unterscheidungskraft oder der Hervorrufung eines Verwechslungsrisikos zu beschränken sei. Es könne ausreichen, wenn die Potentiale des Angebotes verringert werden, beispielsweise durch Verlust der Exklusivität.

b) Der Schutz außerhalb des Ähnlichkeitsbereiches von Waren und Dienstleistungen in Deutschland vor dem MarkenG

Bevor der sich aus den genannten Vorschriften ergebende, erweiterte Schutz in seiner heutigen Ausgestaltung vorgestellt wird, soll – zum besseren Verständnis der heute geltenden Rechtslage – in einem Exkurs die diesbezügliche Rechtsentwicklung in Deutschland aufgerissen werden.

Das in Deutschland bis zur Umsetzung der MRiLi in nationales Recht geltende WZG enthielt keine Sondervorschriften für einen Schutz besonderer Kennzeichen außerhalb des Gleichartigkeitsbereiches derjenigen Waren und Dienstleistungen, für die die besondere Kennzeichnung entweder aufgrund tatsächlicher Benutzung oder aufgrund einer Registrierung geschützt war. Auch der im § 4 Abs. II Nr. 5 WZG als absolutes Eintragungshindernis ausgestaltete Schutz „notorisch bekannter" Marken im Sinne des Art. 6 bis PVÜ blieb grundsätzlich im Rahmen des Gleichartigkeitsbereiches[95]. Ein direkter kennzeichenrechtlicher Schutz schied damit aus. Dennoch wurde bereits vor Inkrafttreten des deutschen MarkenG ein Schutz besonderer Kennzeichen außerhalb des Ähnlichkeitsbereiches der geschützten Waren und Dienstleistungen gewährt[96].

Auf der Grundlage des Zivil- und Wettbewerbsrechts ergaben sich dabei unter bestimmten Voraussetzungen Ansprüche gegen eine Verwendung fremder Kennzeichen auch außerhalb des Spezialitätsprinzips. Aufgrund dieser Ausdehnung über den geltenden Grundsatz, daß besondere Kennzeichen nur für diejenigen Waren oder Dienstleistungen geschützt sind, für die sie eingetragen und/oder benutzt werden, handelt es sich regelmäßig um Ausnahmetatbestände. An die Beurteilung des Vorliegens der Tatbestandsvoraussetzungen wurden deshalb in der Rechtsprechung strenge Anforderungen geknüpft. Im wesentlichen waren dabei vier unterschiedliche Fallgruppen zu unterscheiden, die insgesamt ein unübersichtliches und zersplittertes Bild boten.

Im einzelnen:

aa) Der Schutz berühmter Marken gegen Verwässerungsgefahr

Die Rechtsprechung zum Schutz berühmter Marken gegen Verwässerungsgefahr wurde bereits im Jahre 1924 in der Rechtsprechung des LG Elberfeld begründet[97]. Zu beurteilen war dabei der folgende Sachverhalt:

---

95 Vgl. dazu *Baumbach/Hefermehl*, aaO, WZG, § 4, Rdnr. 149. Allerdings hat das Patentamt in einigen Extremfällen eine Zurückweisung der Anmeldung berühmter Marken für ungleichartige Waren auf § 4, Abs. 2 Nr. 4 WZG gestützt, vgl. *Busse/Starck*: Warenzeichengesetz, § 4, Rdnr. 122.

96 Einen Schutz berühmter Marken, der über die Grenzen des Ähnlichkeitsbereiches der gekennzeichneten Waren und Dienstleistungen hinausgeht, wurde auch in anderen Mitgliedsstaaten der EU praktiziert. Einen Überblick dazu gibt *Levin*, aaO, GRUR Int. 1996, 454f.

97 LG Elberfeld, Urteil v. 11. September 1924, 18 O 89/24 - Odol, JW 1925, 502 = GRUR 1924, 204.

Der Hersteller des Mundwassers „ODOL" [98] *ging gegen die identische Verwendung der Bezeichnung „ODOL" für Stahlwaren vor.*

Dabei war davon auszugehen, daß sich der Beklagte das eigene Warenzeichen „ODOL" für die von ihm angebotenen Stahlwaren in der offenbaren Absicht eintragen ließ, persönlichen Nutzen aus der Schlagkraft der schon damals weithin bekannten Mundwassermarke zu ziehen.

Das LG Elberfeld schob dieser persönlichen Nutznießung an der fremden Bezeichnung durch den Beklagten einen Riegel vor. Die Verwendung der Bezeichnung „ODOL" für die nicht als gleichartig einzustufenden Stahlwaren durch den Beklagten wurde untersagt. In der Urteilsbegründung wurde dazu ausgeführt:

[...] Das Wort „ODOL" [ist] zu einem Schlagwort geworden [...], das für Waren der Klägerin gekennzeichnet worden ist und eine über die sonstige Bedeutung von Warenzeichen hinausgehende Werbekraft erlangt hat, so daß jedermann, wenn er das Wort „ODOL" liest oder hört, an das klägerische Mundwasser denkt. Diese Tatsachen sind für die klägerische Firma von größter Bedeutung; ihre Ware ist als gut bekannt und eine mit dem Namen „ODOL" bezeichnete Ware hat beim Publikum die Vermutung für sich, daß sie von guter Beschaffenheit sei. Die Klägerin hat infolgedessen das größte Interesse daran, daß ihr Zeichen nicht verwässert wird; es würde an Werbekraft einbüßen, wenn jedermann es zur Bezeichnung seiner Waren verwenden würde. Das Warenzeichen wird für die Waren der Klägerin entwertet, wenn es für andere, gänzlich verschiedene Waren verwendet wird.

Das LG Elberfeld stützte dabei seine Entscheidung, neben einem deliktsrechtlichen Ansatz über § 826 BGB, auch auf das Wettbewerbsrecht. Dabei hatte es sich jedoch mit dem Problem zu befassen, daß zwischen den Anbietern von Mundwasser und Stahlwaren kein direktes Wettbewerbsverhältnis (vgl. §§ 1, 3 UWG) angenommen werden kann. Um dennoch zu den Ansprüchen aus dem Wettbewerbsrecht zu gelangen, führte es aus:

Freilich stehen die Parteien wegen der gesetzlichen Verschiedenheit der von ihnen vertriebenen Ware nicht im Wettbewerb miteinander. Dies tut aber nichts zur Sache. Die Beklagte hat für ihre Ware Reklame gemacht, indem sie sich eines zugkräftigen Wortes bediente, das gerade durch die langjährige ausgedehnte Tätigkeit der Klägerin allein seine Zugkraft erlangt hatte. Auch der § 1 des Gesetzes gegen den unlauteren Wettbewerb kann den Klageantrag stützen, weil diese Gesetzesbestimmung nicht voraussetzt, daß der gegen die guten Sitten Verstoßende im Wettbewerb gerade mit dem ihn auf Unterlassung und Schadensersatz in Anspruch Nehmende steht; vielmehr genügt es, daß der in Anspruch genommene in den Wettbewerb zweier Konkurrenten hindernd eingreift. Hier wird aber die Wettbewerbsfähigkeit der Klägerin, ihre Fähigkeit, mit anderen Mundwasserfabrikanten zu konkurrieren, geschädigt, wenn die Bedeutung ihres Zeichens geschmälert wird.

Dieser Schutz berühmter Marken gegen Verwässerungsgefahr auf der Basis des Wettbewerbsrechts fand Eingang in die Rechtsprechung des RG[99] und wurde vom BGH[100] fortgeführt.

---

98 Vgl. bereits zu diesem Produkt, das im Laufe seines nunmehr über hundertjährigen Bestehens Markengeschichte geschrieben hat, oben im 1. Kapitel, II., 5.

99 Neben § 826 BGB. So RG, Entscheidung vom 31. Oktober 1942, II 57/42 - Bayer-Kreuz, GRUR 1943, 85 (86) unter Hinweis auf RGZ 108, 272; 109, 213; 114, 90; 115, 401.

Das regelmäßig fehlende Wettbewerbsverhältnis zwischen Anbietern ungleichartiger Produkte war der hauptsächliche Kritikpunkt der Literatur[101] an dieser Rechtsprechung. Der BGH stellte deshalb den Schutz berühmter Marken gegen Verwässerungsgefahr später auf die Basis des allgemeinen Deliktsrechts (als Anspruchsgrundlage dienten die §§ 823, 1004 BGB). Diese neuere Rechtsprechung wurde in der „Quick"-Entscheidung[102] begründet. Der Entscheidung lag der nachfolgend dargestellte Sachverhalt zugrunde:

Die Klägerin verlegte seit 1948 die wöchentlich erscheinende Zeitschrift „Quick". Seit dem Jahre 1952 genoß sie im Rahmen einer nationalen, deutschen Marke und einer darauf aufbauenden IR-Marke Schutz für die gewählte Bezeichnung für Waren der Klasse 28 (Druckereierzeugnisse).

Die Beklagte gab seit September 1956 eine Wochenzeitung unter der Bezeichnung „Das Glück" heraus.

Auch aufgrund eines von der Klägerin verwendeten und durch die Beklagten angelehnt nachgeahmten Werbespruchs („Glück (Quick) muß man haben") begehrte diese Unterlassung der weiteren Verwendung des Zeitschriftentitels „Das Glück" aufgrund der ihr zustehenden Rechte aus der Verwendung des Titels „Quick".

Die Besonderheit gegenüber dem Tatbestand der „ODOL"-Entscheidung lag in diesem Fall zunächst darin, daß nicht ein Gegenüber zweier Bezeichnungen außerhalb des Warengleichartigkeitsbereiches zu beurteilen war. Dennoch schieden auch in diesem Fall warenzeichenrechtliche Ansprüche aus, da beide sich gegenüberstehenden Worte einen ausgeprägten Sinngehalt besaßen. Eine Verwechslungsgefahr im Sinne des WZG mußte deshalb wieder verneint werden[103]. Dennoch wurden die Unterlassungsansprüche der Klägerin aus der Bezeichnung „Quick" für begründet erachtet. Hierzu führt der BGH aus:

„Dem Sonderschutz aus dem Rechtsgedanken der Verwässerung liegt die Erwägung zugrunde, daß der Inhaber eines solchen Kennzeichens ein berechtigtes Interesse daran hat, daß ihm seine unter großem Aufwand von Zeit und Geld erworbene Alleinstellung erhalten bleibt und daß alles vermieden wird, was die Eigenart und den kennzeichnenden Charakter seiner Kennzeichnung verwässert und damit die auf deren Einmaligkeit beruhende starke Werbewirkung beeinträchtigen könnte. [...] Es geht also im Grunde darum, einen erworbenen Besitzstand gegen Beeinträchtigungen zu schützen, nicht dagegen darum, irgendwelche Verwechslungen zu verhindern."

---

100 BGHZ 15, 107f. (111) - Koma, GRUR 1955, 300f.; BGHZ 19, 23 ff. (27) - Magirus; BGH GRUR 1957, 435f. (437) - Eucerin; BGH GRUR 1959, 29f. - Triumph.

101 Vgl. insoweit: *Tetzner*, Kommentar zum Warenzeichenrecht, 1958, Bem. 3 zu § 24 WZG, *Callmann*, The Law of Unfair Competition and Trade-Marks, S. 87f., 1642f. Der Stand der damaligen Diskussion wird im Beitrag von *Ernst-Moll*, Die berühmte und die bekannte Marke, GRUR 1993, 8f. mwN detailliert wiedergegeben.

102 BGH Urteil vom 11. November 1958, I ZR 152/57 - Quick, BGHZ 28, 320 ff. = GRUR 1959, 182 ff.

103 Das Berufungsgericht (OLG München) führte dazu aus: *„Über den Sinngehalt des Wortes Glück braucht nichts weiter gesagt werden. Es habe sich aber auch das Wort "quick" von seiner niederdeutschen Herkunft längst gelöst und sei in seiner Bedeutung "schnell, lebendig", vor allem durch die gebräuchliche Zusammenfassung "quicklebendig", dem gesamten deutschen Durchschnittspublikum durchaus geläufig geworden. Der verschiedene Begriffsinhalt der beiden Titel liegt dabei so nahe, daß dadurch eine noch etwa anzunehmende wortbildliche und klangliche Verwechselbarkeit behoben wurde"* (zitiert aus den Entscheidungsgründen des BGH-Urteils). Dem ist der BGH beigetreten.

Zur Abkehr von der bisherigen auf das Wettbewerbsrecht gestützten Rechtsprechung[104] und der seitdem aus dem allgemeinen Deliktsrecht stammenden Anspruchsgrundlage führte das Urteil weiter aus:

„Der Sonderschutz aus dem Gesichtspunkt der Verwässerungsgefahr findet seine Rechtsgrundlage in den §§ 1004, 823 Abs. I BGB [...]. Seine in früheren Entscheidungen in Anlehnung an die Rechtsprechung des RG geäußerte Auffassung, der Schutz gegen Verwässerungsgefahr sei aus § 1 UWG abzuleiten, hält der Senat im Hinblick auf die in der Literatur geäußerten Bedenken [105] nicht aufrecht [...]. Dagegen spricht insbesondere, daß § 1 UWG ein Wettbewerbsverhältnis voraussetzt, das bei Branchenverschiedenheit zwischen dem Inhaber des berühmten Zeichens und dem Verletzer in der Regel nicht vorliegt. Der Sonderschutz der berühmten Marke gegen Verwässerungsgefahr soll es aber gerade ermöglichen, eine solche Kennzeichnung vor einem ihren Wert gefährdenden Gebrauch durch Nichtkonkurrenten zu schützen."

Als Begründung für den Schutz der berühmten Marke wurde folglich ab dieser Entscheidung angeführt, daß

„durch die Verwendung solcher Zeichen für andere, auch ungleichartige Produkte, die Gefahr einer Verwässerung der einmaligen Werbe- und Kennzeichnungskraft entstehe, deren Herbeiführung als ein rechtswidriger Eingriff in das Recht am Gewerbebetrieb anzusehen sei".

Aus der geforderten Einmaligkeit bei der Werbe- und Kennzeichnungskraft wurde gefolgert, daß ein solcher Schutz dann nicht gerechtfertigt sei, wenn andere, gleiche oder sehr ähnliche Zeichen am Markt bereits vorhanden waren. In der „Kupferberg"-Entscheidung[106]

---

104 BGHZ 15, 107f. (111) - Koma, GRUR 1955, 300f.; BGHZ 19, 23f. (27) - Magirus; BGH GRUR 1957, 435f. (437) - Eucerin; BGH GRUR 1959, 29f. – Triumph.

105 Es wird Bezug genommen auf: Tetzner, Kommentar zum Warenzeichenrecht, 1958, Bem. 3 zu § 24 WZG, *Callmann*, aaO, S. 87f., 1642f.

106 BGH Urteil vom 10. November 1965, Az.: Ib ZR 101/63 - Kupferberg, GRUR 1966, 623. In dieser Entscheidung ging es zwischen den Parteien, der "Sektkellerei Kupferberg" und der von dieser Firma auf Unterlassung verklagten "Kupferberg GmbH & Co. GmbH", um die rechtmäßige Verwendung der Bezeichnung "Kupferberg". Obwohl die sich im Rechtsstreit gegenüberstehenden Parteien in unterschiedlichen Geschäftsbereichen tätig waren (Sektkellerei gegenüber Handel mit Massengütern wie Holz, Blechen usw.) gab der BGH der Klägerin dem Unterlassungsantrag statt. Hierzu stellte es sich auf den Standpunkt, daß dem klagenden Unternehmen aufgrund seiner Stellung und Marktgeltung ein umfassender Schutz zukommt. Der BGH führte aus: "*Der Schutz des berühmten Unternehmenskennzeichens gegen die Verwendung gleicher oder ähnlicher Unternehmenskennzeichen auch auf entfernt liegenden Geschäftsgebieten setzt nicht voraus, daß die unter der Bezeichnung vertriebene Ware des Verletzten objektiv von herausragender Qualität wäre [...]; es ist insbesondere nicht nötig, daß die Wertschätzung des Zeichens auf konkreten Vorstellungen über die Güte der Ware beruht [...]; ausreichend und erforderlich ist vielmehr nur, daß im Publikum mit dem Zeichen eine allgemeine Wertschätzung verbunden ist, da andernfalls nicht von einer besonderen Werbekraft und damit nicht von einem schutzwürdigen Gut auf seiten des Kennzeicheninhabers die Rede sein könnte. Für eine Wertschätzung dieser Art genügt insbesondere die allgemeine Vorstellung von Rang und Alter. [...] Auch der Umstand, daß die Unternehmenskennzeichnung der Klägerin nach ihrer eigenen Erklärung keine Weltgeltung besitzt, steht dem hier beanspruchten Kennzeichenschutz nicht entgegen, da es ausreicht, wenn die überragende Verkehrsgeltung des Namens Kupferberg im gesamten Inland besteht.* "

führte der BGH dazu aus, daß eine danebenstehende, gleichlautende Marke nur dann unschädlich ist, wenn sie dem breiteren Publikum völlig unbekannt geblieben ist.

Die Voraussetzungen des Sonderschutzes berühmter Marken gegen Verwässerungsgefahr waren damit u.a., daß sich mit der Marke eine gewisse Wertschätzung im Verkehr verbindet und daß sie „Eigenart" besitzt, d.h. daß es sich nicht um eine zur Warenbezeichnung im geschäftlichen Verkehr sehr nahe liegende Bezeichnung handelt. Schließlich war nach dieser Rechtsprechung ein überragender Grad allgemeiner Bekanntheit in der Bevölkerung erforderlich. Eine lediglich hohe Bekanntheitsquote innerhalb der unmittelbaren Abnehmerkreise genügte dagegen grundsätzlich nicht[107]. Als erforderlich wurden in Rechtsprechung und Literatur unterschiedliche Werte, jedoch mindestens ca. 65 % genannt. Diese Werte wurden unter anderem mit Rücksicht darauf festgelegt, daß erfahrungsgemäß ein Anteil von ca. 20 % der Befragten Unkenntnis oder Desinteresse äußert, so daß höhere Bekanntheitsquoten als 80 % kaum erzielbar schienen[108]. Diese Erfahrung wird allerdings, nachdem in jüngeren Umfragen für manche Marken (zumindest bei gestützter Fragestellung) Bekanntheitswerte von knapp unter 100 % erreicht wurden, in Zweifel gezogen. Die Rechtsprechung hat deshalb teilweise für den Sonderschutz gemäß §§ 823, 1004 BGB sogar einen höheren Bekanntheitsgrad verlangt[109].

Die systematische Einordnung in das Deliktsrecht und die Begründung eines Schutzes außerhalb des Gleichartigkeitsbereiches der geschützten Waren und Dienstleistungen mit dem nur schwer justiziablen Begriff der „Verwässerungsgefahr" waren die wesentlichen Kritikpunkte der Literatur[110] an dieser neueren Rechtsprechung des BGH zum Schutz berühmter Marken außerhalb des Waren- bzw. Dienstleistungsähnlichkeitsbereiches.

bb) Der Schutz berühmter Marken gegen eine Beeinträchtigung des Werbewerts

Diese Kritik bewegte den BGH in der „Camel-Tours"-Entscheidung[111] zu einer Konkretisierung der Tatbestandsmerkmale und damit zu einer weiteren Verschärfung der Anforderungen an den Schutz besonderer Kennzeichen außerhalb des Ähnlichkeitsbereiches der gekennzeichneten Angebote. Der „Camel-Tours"-Entscheidung lag folgender, vereinfacht dargestellter Sachverhalt zugrunde:

Die Klägerinnen (zum einen eine in den vereinigten Staaten von Amerika ansässige Zigarettenfirma und deren deutsche Tochterfirma) vertreiben unter der Bezeichnung „Camel" Zigaretten. Diese Bezeichnung genießt Schutz aufgrund verschiedener Registrierungen beim Deutschen Patentamt.

---

107 Eine Ausnahme hierzu wurde für Spezialerzeugnisse gemacht, die nur bestimmten Fachkreisen bekannt werden; vgl. BGH Urteil vom 25. Oktober 1957, I ZR 136/56 - Technika, GRUR 1958, 339).

108 Vgl. *Nölle-Neumann/Schramm*, Die Höhe der Verkehrsgeltung, GRUR 1966, 70 (81f.).

109 Vgl. OLG Hamburg, Urteil v. 5. Februar 1987, 3 U 106/86 - Pirelli, GRUR 1987, 400; siehe auch *Olesch*, Ist die berühmte Marke tot?, WRP 1988, 347f.

110 Für einen Gesamtüberblick zu dieser Thematik vgl. *Ernst-Moll*, aaO, GRUR 1993, 8f.; *v. Schultz*, Wohin geht das berühmte Kennzeichen?, GRUR 1994, 1.f.

111 BGH Urteil vom 2. April 1987, I ZR 27/85, - Camel Tours, GRUR 1987, 711.

Die Beklagte betreibt unter der Bezeichnung „Camel Tours Turizm ve Seyahat" eine Reiseunternehmen. Sitz dieser Gesellschaft ist Istanbul in der Türkei. Deutsche Niederlassungen besitzt die Beklagte nicht. Dennoch bietet die Beklagte ihre Dienstleistungen unter ihrer Firma auch auf dem deutschen Markt an.

Die Beklagte wird von den Klägerinnen auf Unterlassung der weiteren Verwendung der Bezeichnung „Camel-Tours" in Anspruch genommen.

Wiederum war damit ein Sachverhalt zu beurteilen, in dem kennzeichenrechtliche Ansprüche aufgrund der Verschiedenheit der jeweils gekennzeichneten Angebote ausschieden. Das Anbieten von Reisedienstleistungen konnte (obwohl die Klägerinnen in den schriftsätzlichen Ausführungen beharrlich auf den "Camel"-Mann, "der mit einem Loch in der Schuhsohle 'meilenweit' für eine Camel-Filter durch ferne, unwegsame Länder geht", hingewiesen wurde) nicht als gleichartig mit Zigaretten angesehen werden. Die in der Sachverhaltsdarstellung bereits genannten zwei Klägerinnen führten deshalb eine weitere Partei auf der Seite der Klägerinnen ein. Es war dies eine deutsche Reiseveranstalterin, die in keinerlei wirtschaftlichen Beziehung zu den Klägerinnen stand, mit der Ausnahme, daß sie sich von diesen eine Gestattung zur Führung der Bezeichnung "Camel" einholte. Allerdings waren die Rechte, die diese zusätzliche Partei in den Rechtsstreit einführte, prioritätsjünger als die der Beklagten.

In dieser Entscheidung hat der BGH die Berühmtheit der Marke zur Begründung eines Unterlassungsanspruches allein nicht als ausreichend angesehen. Vielmehr forderte er einen Eingriff und eine Gefährdung in den wettbewerblichen Besitzstand des Anspruchstellers. Unter Hinweis auf die frühere, auf § 1 UWG gestützte Rechtsprechung, forderte der BGH deshalb den Nachweis der Plausibilität einer konkreten Beeinträchtigung des Werbewerts. Der BGH führt dazu aus:

Zwar kann nach der genannten Rechtsprechung des BGH [...[112]] eine Beeinträchtigungsgefahr u.U. bereits darin gesehen werden, daß der Verkehr an die berühmte Marke denkt. Es kommt aber auf die Umstände an, ob eine Gedankenverbindung dem Werbewert der berühmten Marke in rechtlich beachtlicher Weise zu gefährden geeignet ist. [...]

Von einer Beeinträchtigung des Werbewerts ist nicht schon dann auszugehen, wenn durch die Zweitverwendung lediglich „beiläufige Assoziationen" an die berühmte Marke geweckt werden."

Diese neuere Rechtsprechung ging mithin davon aus, daß nicht jede Verwendung eines übereinstimmenden Zeichens die Gefahr einer Verwässerung begründen könne. Vielmehr wurden zusätzliche Umstände zur Begründung der Verbietungsansprüche gefordert. Gleichzeitig wurde mit der „Camel-Tours"-Entscheidung eine Verbindungslinie zur neueren und parallel entstandenen Rechtsprechung zum Schutz bekannter Marken gegen Rufausbeutung gemäß § 1 UWG hergestellt.

Zwischen der „Rufausbeutung" innerhalb der Rechtsprechung zu den berühmten Marken und den in der „Camel Tours"-Entscheidung aufgezeigten Grundsätzen des Schutzes der

---

112 Es wird Bezug genommen auf die Entscheidungen des BGH in den Sachen Triumph (GRUR 1959, 25), Quick (GRUR 1959, 182), Koma (BGHZ 15, 107), Magirus (BGHZ 28, 320).

bekannten Marke gegen die „konkrete Beeinträchtigung des Werbewertes", liegt tatsächlich nur ein kleiner Schritt. Handlungen, durch die der „gute Ruf" einer bekannten Marke von einem anderen unerlaubt ausgenutzt wird, stellen in der Regel (d.h. jedenfalls dann, wenn sie nicht in völlig unerheblichem Umfang erfolgen oder wenn nicht aufgrund der besonderen Umstände des Falles die Hervorrufung nennenswerter Assoziationen an das Image der bekannten Marke auszuschließen ist) zugleich eine Beeinträchtigung des Werbewertes dar. Die Beeinträchtigung kann dadurch eintreten, daß durch eine nicht autorisierte und daher regelmäßig auch nicht abgestimmte „Zweitverwendung" der Marke deren Image diffuser wird und dadurch an Anziehungskraft verliert. Eine Beeinträchtigung des Werbewertes der Marke (verstanden als Aktivposten des betrieblichen Vermögens) kann ferner auch darin zu sehen sein, daß die wirtschaftliche Position des Inhabers gegenüber potentiellen Lizenznehmern etc. durch Eigenmächtigkeiten Dritter praktisch untergraben und entwertet wird. Die bis dahin gesondert behandelten Tatbestände der Verwässerungsgefahr bei berühmten Marken und des Schutzes bekannter Marken gegen Rufausbeutung erfuhren deshalb eine wesentliche Annäherung.

cc) Der Schutz bekannter Marken gegen Rufausbeutung

Neben dem voran vorgestellten Schutz berühmter Marken entwickelte sich in der deutschen Rechtsprechung parallel ein besonderer Schutz (lediglich) bekannter Marken. Eine bekannte Marke liegt dabei nicht schon dann vor, wenn die besondere Kennzeichnung durch Benutzung im geschäftlichen Verkehr innerhalb der beteiligten Verkehrskreise als Marke Verkehrsgeltung erworben hat[113]. Das schließt jedoch nicht aus, daß schon aufgrund des Erwerbs von Verkehrsgeltung eine bekannte Marke entsteht. Die bekannte Marke ist auch nicht mit der berühmten Marke gleichzusetzen[114]. Der Begriff der bekannten Marke ist auch nicht mit dem Begriff der notorisch bekannten Marke in Art. 6bis PVÜ gleichzusetzen. Der Begriff der Notorietät setzt nach deutschem Verständnis allgemeine Kenntnis der Marke innerhalb der beteiligten Verkehrskreise voraus. Allerdings bestehen z.T. erhebliche Auslegungsunterschiede in den verschiedenen Verbandsstaaten[115].

Auch der Schutz der bekannten Marke ging über den engen Bereich der Ähnlichkeit bei den gekennzeichneten Angeboten hinaus. Ausgangspunkt dieser Rechtsprechung war die „Dimple"-Entscheidung des BGH[116]. Dieser lag der folgende Sachverhalt zugrunde:

Eine der Klägerinnen in diesem Fall vertreibt in Deutschland den von ihr hergestellten Whiskey „Dimple". Für diese Bezeichnung konnte sie Markenschutz seit 1929 in Anspruch nehmen. Die Kläger nahmen für ihre Marke in Anspruch, daß diese bereits Berühmtheit erlangte.

---

113 Vgl. *Boes/Deutsch*, Die „Bekanntheit" nach dem neuen Markenrecht und ihre Ermittlung durch Meinungsumfragen, GRUR 1996, 168.

114 So auch *Kur*, Die notorisch bekannte Marke im Sinne von 6bis PVÜ und die „bekannte Marke" im Sinne der Markenrechtsrichtlinie, GRUR 1994, 330f. (330).

115 Vgl. dazu *Fezer*, aaO, PVÜ Art. 6bis, Rdnr. 4.

116 BGH Urteil v. 29. November 1984, I ZR 158/82 - Dimple, GRUR 1985, 550.

Die Beklagte befaßt sich vornehmlich mit der Herstellung und dem Vertrieb kosmetischer Erzeugnisse. Sie meldete im Jahre 1976 u.a. das Wortzeichen „DIMPLE" für Waren der Klasse 3 an. Die Beklagte beabsichtigte, diese Marke für Kosmetika - eine Herrenserie - zu verwenden. Die Berühmtheit der Marke „DIMPLE" wurde bestritten.

Die Kläger beantragten die Beklagten in die Löschung ihrer zwischenzeitlich eingetragenen Marke einzuwilligen und nahmen im übrigen die Beklagte auf Unterlassung der weiteren Verwendung in Anspruch.

Die Vorinstanz gab den Klägern Recht. Die Berufung ist im Ergebnis erfolglos geblieben. Die Revision der Beklagten hatte teilweise Erfolg.

Der BGH kam in Übereinstimmung mit den Vorinstanzen wiederum zu dem Ergebnis, daß zunächst warenzeichenrechtliche Ansprüche mangels einer Warengleichartigkeit ausscheiden. Vom BGH wurde aus der Entscheidung der Vorinstanz ferner bestätigt, daß zu Recht auch die Ansprüche aus dem Recht der unerlaubten Handlung[117] abgelehnt wurden, da die Marke „DIMPLE" mit einem Durchsetzungsgrad unter 50% nicht die für eine berühmte Marke erforderliche überragende Verkehrsgeltung aufwies.

Dennoch wurde die Verwendung des identischen Zeichens für die ungleichartigen Kosmetikprodukte im Rahmen des § 1 UWG als ein unlauteres Anhängen an den Ruf und das Ansehen der fremden besonderen Kennzeichnung angesehen und deshalb verboten.

Das Untersagen der weiteren Verwendung der Bezeichnung „DIMPLE" für die als ungleichartig zu beurteilenden Angebote auf der Grundlage des Wettbewerbsrechtes machte es erforderlich, daß sich der BGH einmal mehr mit dem Problem des Wettbewerbsverhältnisses zwischen den Anbietern ungleichartiger Waren zu befassen hatte. Der BGH bejaht dabei ein konkretes Wettbewerbsverhältnis zwischen dem Whisky- und dem Parfüm-Hersteller, weil er den Whisky-Hersteller als potentiellen Anbieter auf dem Markt der Kennzeichen-Zweitverwendung[118] ansah. In den Entscheidungsgründen wird dazu ausgeführt:

[...] Die Anwendung des § 1 UWG ist [...] nicht deshalb ausgeschlossen, weil es an dem vorauszusetzenden Wettbewerbsverhältnis zwischen [den Parteien] fehlt. [...Für die Begründung eines Wettbewerbsverhältnisses genügt es vielmehr] daß sich der Verletzer durch seine Verletzungshandlung im konkreten Fall in irgendeiner Weise in Wettbewerb zu dem Betroffenen stellt, was auch dadurch geschehen kann, daß der Verletzer sich durch eine ausdrückliche [...] Gleichstellungsbehauptung an Ruf und Ansehen der fremden Ware anhängt und dieses für den Absatz seiner (ungleichartigen und nicht konkurrierenden) Waren auszunutzen sucht [...]. In diesen Fällen begründen die Verletzungshandlungen ein Wettbewerbsverhältnis hinsichtlich der wirtschaftlichen Ausnutzung des Ansehens und des Rufs der in Bezug genommenen Ware, das dann den zu stellenden Anforderungen genügen kann, wenn eine wirtschaftliche Verwertung dieses Rufes auch seitens des Inhabers möglich ist; ob und wie er eine sol-

---

117 Gemäß § 823 Abs. I BGB: Unter dem Gesichtspunkt der Verwässerung einer berühmten Marke, vgl. dazu im 4. Kapitel, III., 3., b).

118 Vgl. zur Markentransferstrategie: 1. Kapitel, V., 1., e).

che Verwertung vornimmt, ist nicht entscheidend, Voraussetzung ist nur, daß der Ruf so überragend ist, daß eine wirtschaftlich sinnvolle Verwertung in Betracht kommt. [...]

Mit dem Versuch, diesen Ruf [es wird Bezug genommen auf den besonderen Ruf der Whiskys „DIMPLE" und „CHIVAS" [119]] aus der gehobenen Preis- und Güteklasse für sich auszubeuten, ist die Beklagte in Wettbewerb zur Klägerin [...] getreten, da diese ihrerseits gleichfalls - zumindest, was ausreicht, potentiell - als Interessentin einer selbständigen wirtschaftlichen Nutzung ihres Rufwertes ihrer Kennzeichnung - etwa durch Lizenzvergabe o.ä. - in Betracht kommt [...].

Nachdem so ein für die Anwendung des § 1 UWG erforderliches Wettbewerbsverhältnis zwischen den Parteien begründet wurde, ergaben sich die von den Klägern geltend gemachten Ansprüche. Hierzu führte der BGH weiter aus:

Das BerG hat das Verhalten der Beklagten als objektiv und subjektiv sittenwidrig beurteilt. Dies läßt - bezogen auf den Sittenwidrigkeitsbegriff des § 1 UWG - keinen Rechtsfehler erkennen [...]

In der Rechtsprechung ist wiederholt anerkannt worden, daß wettbewerbswidrig handelt, wer die Qualität seiner Waren oder Leistungen mit denen geschätzter Konkurrenzerzeugnisse in Beziehung setzt, um den guten Ruf der Waren oder Leistungen eines Mitbewerbers als Vorspann für die eigene Werbung auszunutzen [...]. Daß die Beklagte insoweit bewußt, d.h. in Kenntnis der maßgeblichen Umstände, gehandelt hat, hat das BerG unter Hinweis auf die gleichzeitige Anmeldung der Marken „DIMPLE" und „CHIVAS" ebenfalls ohne Rechtsverstoß festgestellt.[120]

Der „Dimple"-Entscheidung des Bundesgerichtshofes läßt sich damit der Grundsatz entnehmen, daß sämtliche sinnvollen kommerziellen Verwertungsmöglichkeiten eines Zeichens, auch außerhalb des Kennzeichnungs- und Ähnlichkeitsbereichs, seinem Inhaber rechtlich zuzuordnen sind. Dies wurde vom BGH zwar nicht ausdrücklich gesagt; es ergibt sich jedoch implizit daraus, daß ansonsten die vom BGH selbst angebotene Begründung auf einen Zirkelschluß hinauslaufen würde[121]. Jede entsprechende Handlung Dritter war damit ohne weiteres – d.h. ohne Hinzutreten weiterer Unlauterkeitsmomente[122] – als wettbewerbsrechtlich unzulässig anzusehen. Es handelt sich deshalb auch in diesem Fall um einen Teil des

---

119 Auch die Bezeichnung „*Chivas*" wurde von der Beklagten für Waren der Klasse 3 angemeldet. In einem parallel geführten Verfahren verpflichtete sich die Beklagte im Rahmen eines Vergleichs zur Rücknahme der entsprechenden Markenanmeldung.

120 Einschränkend kam der BGH lediglich in bezug auf den geltend gemachten Löschungsanspruch gegen die Marke des Beklagten zu einem von der Vorinstanz abweichenden Ergebnis. Der Anspruch auf Löschung derjenigen Waren, die im Waren- und Dienstleistungsverzeichnis über die Herrenkosmetikserie hinausgingen (es waren dies im wesentlichen Putzmittel und dergleichen), wurde als nicht begründet erachtet. Der BGH kam zu diesen Waren zu dem Ergebnis, daß eine Übertragung der Gütevorstellungen durch die so angesprochenen Verkehrskreise ausgeschlossen ist.

121 So auch *Mergel*, Die Rufausbeutung als Unlauterkeitstatbestand in der neueren Rechtsprechung des BGH - der wettbewerbsrechtlich verankerte Schutz „bekannter" und „exklusiver" Marken ein gangbarer Weg?, GRUR 1986, 646f; *Kroitzsch*, Rufausbeutung und § 1 UWG-Lizenz, GRUR 1986, 579f; und *Sambuc*, Rufausbeutung bei fehlender Warengleichartigkeit, GRUR 1983, 533f.

122 Das Erfordernis der Berühmtheit wurde damit bereits in Frage gestellt. Der BGH ließ für den wettbewerbsrechtlichen Schutz der Whiskymarke „*Dimple*" außerhalb des Gleichartigkeitsbereiches ein Bekanntheitsgrad von nur 43 % genügen.

wettbewerblichen Leistungsschutzes, der die kommerzielle Verwertbarkeit der Marke als unternehmerische Leistung schützt[123].

In der Literatur wurde die neuere Rechtsprechung zum Schutz bekannter Marken gegen Rufausbeutung überwiegend positiv kommentiert[124]. Für eine solche Lösung sprach die Praxisnähe und deren Flexibilität. Der Schutz von Zeichen außerhalb des Gleichartigkeitsbereiches war seit dieser Entscheidung auch nicht mehr als ein nur bei Vorliegen extremer Voraussetzungen eingreifender Sondertatbestand aufzufassen. Auch eine Alleinstellung konnte nach dieser Entscheidung nicht mehr in jedem Fall als starre Schutzvoraussetzung gefordert werden. Die starre Grenze zwischen den „berühmten" und den übrigen Marken verfloß.

dd) Ausnutzung des guten Rufs einer Ware

Von den gerade zitierten Beispielsfällen ist schließlich eine letzte Fallgestaltung zu unterscheiden, bei der eine fremde besondere Markierung in der Werbung für eigene, jedoch anders gekennzeichnete Produkte, verwendet wird. Der Einsatz der fremden besonderen Kennzeichen erfolgte dabei, um deren Symbolcharakter auf die eigenen, anders gekennzeichneten Angebote zu übertragen. Eine derartige Fallkonstellation lag der „Rolls Royce"-Entscheidung des Bundesgerichtshofes[125] zugrunde:

Klägerin war die englische Autoherstellerin Rolls Royce, deren Fahrzeuge eine bestimmte Kühlerfigur (Flying Lady), das Emblem „RR" und einen charakteristischen Kühlergrill aufweisen. Diese Merkmale sind, je für sich, auch als deutsche Warenzeichen eingetragen. Die Urheberrechte an der Kühlerfigur wurden der Klägerin vom Urheber übertragen. Die Beklagte betrieb eine Werbeagentur. Sie veröffentlichte in einer Illustrierten eine ganzseitige farbige Werbeanzeige für den amerikanischen Whisky „Jim Beam". Darin war im Rahmen einer gestellten Szene auch die Vorderansicht eines Rolls Royce Automobils einschließlich der Kühlerpartie mit den drei genannten Merkmalen abgebildet. Auf den Kotflügeln des Fahrzeugs saßen zwei in texanischem Stil gekleidete Männer beim Kartenspiel. Drei weitere Personen standen daneben. Im Vordergrund war (hervorgehoben) eine Flasche des Whiskys mit zwei gefüllten Gläsern zu sehen.

Die Klägerin begehrte Unterlassung der weiteren Darstellung ihrer Fahrzeuge (und der für sie geschützten besonderen Kennzeichen) für eine Whisky-Werbung.

Von den zu beurteilenden Tatbeständen der vorangehend dargestellten Fälle weicht der Rolls-Royce-Fall maßgeblich dadurch ab, daß die für Automobile geschützten Kennzeichen noch nicht einmal direkt für die Werbung des warenmäßig entfernt liegenden, Whiskys benutzt wurden. Vielmehr wurde durch die Darstellung der „Rolls Royce"-Fahrzeuge der Whis-

---

123 Vgl. ferner BGH, Urteil v. 29. November 1990, I ZR 13/89 - Salomon, BGHZ 91, 465 = GRUR 1991, 465f.; BGH Urteil v. 6. Dezember 1990, I ZR 297/88 - SL, BGHZ 91. 609 = GRUR 1991, 609f.; BGH Urteil v. 29. November 1984, I ZR 158/82 - Dimple, BGHZ 93, 96 = GRUR 1985, 550f.; OLG München, Urteil v. 21. September 1995, 29 U 5214/ 94 - McDonald's, GRUR 1996, 63.

124 Für einen Gesamtüberblick zu dieser Thematik mwN vgl. *Ernst-Moll*, aaO, GRUR 1993, 8 und *v. Schultz*, aaO, GRUR 1994, 85.

125 BGH Urteil v. 9. Dezember 1982, I ZR 133/80 - Rolls Royce, BGHZ 86, 90 = GRUR 1983, 274.

ky (nur) in den Kontext einer besonders exklusiven Umgebung gestellt, der auf die eigentlich beworbenen Produkte, den dargestellten Whisky, „abfärben" sollte.

Kennzeichnungsrechtliche Unterlassungsansprüche nach dem WZG schieden auch im Rolls-Royce-Fall aus. Da die fremden Kennzeichnungsmittel nicht für eine Werbung für den warenmäßig entfernt liegenden Whisky eingesetzt wurden, fehlte es insoweit an einem warenzeichenmäßigen Gebrauch der fremden besonderen Bezeichnung. Der warenzeichenmäßige Gebrauch einer besonderen Markierung war jedoch Voraussetzung für die Anwendbarkeit der kennzeichnungsrechtlichen Vorschriften (vgl. den damaligen § 16 WZG).

Dennoch sah der BGH in der - wie sich das Gericht ausdrückte - „szenisch gestellten" Abbildung eines, wegen seiner Exklusivität bekannten, Automobils in einer Werbeanzeige für einen Whisky eine wettbewerbswidrige Ausbeutung des Rufs der fremden Kennzeichnungsmittel. Die entsprechende Darstellung der rechtlich geschützten „Rolls Royce"-Symbole wurde deshalb untersagt. Hierzu führte das Gericht aus:

Der Unterlassungsanspruch ist [...] unter dem Gesichtspunkt der Rufausbeutung zur Empfehlung der eigenen Ware als sittenwidrig zu beurteilen. [...] Zwar [...] mag die Abbildung fremder Erzeugnisse [...] im Zusammenhang mit der Werbung für eigene Waren nicht unüblich, oft sogar kaum vermeidbar und vielfach unbedenklich sein [...]. Anders liegt es aber bei einer Beurteilung unter dem Gesichtspunkt des § 1 UWG in besonderen Fällen der Verwendung der Abbildung eines wegen seiner anerkannten Qualität oder seiner Exklusivität besonders geschätzten Erzeugnisses, wenn dadurch in den Augen des Verkehrs an den fremden Ruf angeknüpft wird. [...] Im Streitfall bezieht sich die Werbung der Beklagten [...] nicht auf den Ruf eines Konkurrenzerzeugnisses oder die Leistung eines Konkurrenten. Solche Bezugnahmen mögen zwar wegen des unmittelbaren Wettbewerbsverhältnis schwerer wiegen. Die Ausnutzung fremden Rufs als Vorspann eigener Werbung ist aber unter den hier festgestellten Umständen auch unabhängig von einem Wettbewerbsverhältnisses hinsichtlich der in Beziehung gesetzten Waren und Leistungen als sittenwidrig im Sinne des § 1 UWG anzusehen.

Die vom Bundesgerichtshof für diese Fälle vorgeschlagene Lösung über § 1 UWG unterliegt Bedenken. Sie basiert auf einem Zirkelschluß. Festgestellt wird lediglich, daß derjenige ein Verletzer ist, der keine Lizenz nimmt. Die Voraussetzung für eine Verpflichtung zur Lizenznahme, nämlich das Bestehen von Verbietungsrechten zugunsten des Anspruchstellers, wird dagegen nicht geprüft. Hierauf wurde von Stimmen der Literatur vehement hingewiesen[126].

Die Begründung des Urteils zeigt, daß schließlich auch in dieser Fallkonstellation wiederum nicht die Verhinderung von Verwechslungen[127], sondern der Werbewert der verwendeten, fremden besonderen Kennzeichnung im Vordergrund stand. Dieser Werbewert der besonderen Kennzeichnung, den allein der Kennzeichnungsberechtigte durch seine unternehme-

---

126 Vgl. *Sambuc*, aaO, GRUR 1983, 533f. (538); *Kroitzsch*, aaO, GRUR 1986, 579 (581f.); anderer Ansicht *Mettang*, Unlautere Rufausnutzung durch Konkurrenten und Branchenfremde - der Bundesgerichtshof auf Abwegen?, GRUR 1987, 149f. (151).

127 Es ging bei der Fallgestaltung der „Rolls Royce"-Entscheidung auch nicht um eine, nach dem WZG zu beurteilende, Zeichenwahl zur Kennzeichnung eigener Waren außerhalb der Warengleichartigkeit.

rische Leistung aufbaute, sollte gegen eine Ausbeutung durch einen Dritten geschützt werden. Der mit dem Werbewert verbundenen unternehmerischen Leistung wurde ein wettbewerbsrechtlicher Schutz gewährt, der daran anknüpft, daß der gute Ruf einer fremden besonderen Kennzeichnung zur Werbung für das eigene, jedoch anders gekennzeichnete Produkt ausgenutzt wird. Es ist jedoch sicherlich nicht unumstritten, daß die Aneignung der Leistungen anderer außerhalb einer unmittelbaren Wettbewerbsbeziehung gegen die Regelungen über lauteren Wettbewerb verstößt. Wenn man sich jedoch zum Nachteil der wettbewerblichen Position eines anderen etwas zunutze macht, verstößt dies wohl nach Ansicht der meisten gegen die guten Sitten auf dem Markt und ist somit unlauter, ungeachtet dessen, ob ein unmittelbares Wettbewerbsverhältnis vorliegt.

c) Der erweiterte Schutz außerhalb des Ähnlichkeitsbereiches in den modernen Kennzeichenrechten

aa) Die Voraussetzungen

Die Voraussetzungen eines erweiterten Schutzes besonderer Kennzeichen außerhalb des Ähnlichkeitsbereiches der gekennzeichneten Waren und Dienstleistungen nach den heute geltenden Vorschriften[128] sind die folgenden:

- Es muß eine mit einer aufgrund Bekanntheit (erweitert) geschützten, besonderen Bezeichnung identische oder ähnliche Marke benutzt werden. Die Bekanntheit einer besonderen Kennzeichnung setzt dabei zunächst voraus, daß eine Benutzung derselben erfolgt. Ohne Benutzung im weitesten Sinne kann eine besondere Kennzeichnung nämlich gar keine Wertschätzung erwerben. Allerdings ist dabei nicht erforderlich, daß sich die zu kennzeichnenden Angebote bereits am Markt zugänglich sind, da auch schon zuvor der besonderen Kennzeichnung ein Botschaftsinhalt beigelegt werden kann
- Diese Benutzung muß ohne rechtfertigenden Grund erfolgen.
- Die Benutzung ohne rechtfertigenden Grund durch den Verletzer muß die Unterscheidungskraft oder
- die Wertschätzung der (erweitert) geschützten besonderen Kennzeichnung
- in unlauterer Weise ausnutzen oder
- beeinträchtigen.

Die voranstehenden Kriterien können vereinfacht dadurch zum Ausdruck gebracht werden, daß es für den erweiterten Schutz der besonderen Kennzeichen maßgeblich darauf ankommt, ob die Benutzung durch den unberechtigten Dritten ein „Schmarotzen" darstellt oder zur Gefahr einer „Schädigung" der bekannten Marke führt[129]. Im deutschen Recht besteht dabei sogar nach § 2 MarkenG zwischen dem kennzeichenrechtlichen Bekanntheitsschutz aus

---

[128] Eine neueste Bearbeitung dieses Thema findet sich bei *Helm*, Zur ergänzenden Anwendung wettbewerbsrechtlicher Bestimmungen auf markenrechtliche Tatbestände, GRUR 2001, 291f.

[129] So auch Mansani, aaO, GRUR Int. 1998, 830f. (834 re.Sp.).

dem MarkenG und den wettbewerbsrechtlichen Rufausbeutungsschutz aus dem UWG vollständige Anspruchskonkurrenz. Dies bedeutet, daß in einem Sachverhalt, der sich sowohl unter die kennzeichenrechtlichen als auch die wettbewerbsrechtlichen Tatbestände subsumieren läßt, auch die wettbewerbsrechtlichen und die kennzeichenrechtlichen Rechtsfolgen ausgelöst werden[130]. Das Unlauterkeitskriterium ist somit zu einer gemeinschaftsrechtlichen Norm geworden[131]. Im Laufe der Zeit wird dies allmählich zu einer Herausbildung europäischer Standards führen[132]. Das Problem in diesem Zusammenhang besteht jedoch darin, daß die Mitgliedsstaaten wegen ihrer unterschiedlichen Auffassungen darüber, wie der Inhalt der gewählten Kriterien zu verstehen ist, in der Praxis für einen längeren Zeitraum kaum dieselben Möglichkeiten für den erweiterten Schutz bieten werden. Dieser Zustand wird im Prinzip so lange fortbestehen, bis der EuGH zu diesen Fragen Stellung genommen hat. Die abweichenden Auffassungen darüber, in welchem Maße ein älteres Recht auf nationaler Ebene ein Eintragungshindernis bzw. einen Löschungsgrund darstellen kann, stellen einen offensichtlichen Unsicherheitsfaktor dar. Für ein funktionierendes, harmonisiertes europäisches Markenrecht erscheinen die Regelungen der Richtlinie als allzu unbestimmt. Dasselbe gilt natürlich auch für die Gemeinschaftsmarke, bei der die den erweiterten Schutz betreffenden Fragen wohl eher im Zusammenhang mit nationalen Nichtigkeitsverfahren als in Form von Widersprüchen innerhalb des Eintragungsverfahrens aufgeworfen werden dürfen.

Die weitere, grundlegende Voraussetzung für den Schutz außerhalb des Warenähnlichkeitsbereichs, nämlich die Bekanntheit, ist als europäisches Kriterium teilweise neu, teilweise unterscheidet sich nur die sprachliche Fassung von Land zu Land. Dabei können Parallelen zur Notorietät nach Art. 6bis PVÜ[133] gezogen werden:

Im Hinblick auf die Grundlage des erweiterten Schutzes in Frankreich geht aus dem Gesetzestext von L-713-5 hervor, daß der Begriff „bekannt“ („jouissant d'une renommée“) mit demjenigen der Notorietät im Sinne von Art. 6bis PVÜ übereinstimmt. Im englischen Recht wird dagegen das EG-rechtliche Erfordernis der Bekanntheit („reputation“) im Sinne einer geringeren Anforderung als diejenige verstanden, die gemäß Art. 6bis PVÜ („well-known“) zu stellen ist, für die das Gesetz „wide repute“ voraussetzt (vgl. Sec. 6 (1) C Trade Marks Act 1994). Der Begriff „wide“ dürfte dabei im Übrigen eher als ein geographisches Verbreitungskriterium denn als ein quantitatives Erfordernis aufzufassen sein. Für das deutsche Recht ist betont worden, daß der Schutz in quantitativer Hinsicht von dem Bekanntheitsgrad der Marke auf dem Markt abhängt, was jedoch nicht bedeutet, daß ein höherer Bekanntheitsgrad als für die Verkehrsdurchsetzung verlangt wird. Darüber hinaus wird das qualifizierende Merkmal eines guten Rufes verlangt[134]. Im schwedischen Recht gelten traditionellerweise für Notorietät und Verkehrsdurchsetzung die gleichen Erfordernisse. Der Schutz aufgrund von Verkehrs-

---

130 Vgl. *Fezer*, aaO, MarkenG § 14, Rdnr. 411f.

131 Vgl. die Begründung zum deutschen MarkenG, BT-Drucksache 12/6581, S. 72.

132 Vgl. *Schricker*, Die europäische Angleichung des Rechts des unlauteren Wettbewerbs - ein aussichtsloses Unterfangen?, GRUR Int. 1990, 771f.

133 Zur PVÜ vgl. oben im 2. Kapitel, IV., 1., a).

134 Vgl. die Begründung zum deutschen MarkenG, BT-Drucksache 12/6581, S. 72.

geltung gemäß § 2 schwedWZG wurde nämlich u. a. eingeführt, um den Anforderungen des Art. 6bis PVÜ zu genügen.

Auf längere Sicht müssen sich auch in dieser Hinsicht innerhalb Europas übereinstimmende Kriterien herausbilden. Nachdem der Schutz gemäß Art. 6bis PVÜ bisher lediglich innerhalb des Gleichartigkeitsbereiches bestand, konnte ein solcher Schutz über das Wettbewerbsrecht gewährt werden, ohne daß ein Konflikt mit allgemeinen wettbewerbsrechtlichen Grundsätzen zu befürchten war. Angesichts des Umstandes, daß die TRIP's-Regelung nunmehr andere als identische oder ähnliche Waren betrifft, können sich möglicherweise künftig in solchen Ländern Konflikte ergeben, in denen davon ausgegangen wird, daß der Anwendungsbereich des Wettbewerbsrechts auf Maßnahmen zwischen unmittelbar konkurrierenden Gewerbetreibenden beschränkt ist. Wird die hypothetische, quantitative Grenze für den erweiterten Schutz in (maximal) derselben Höhe wie für notorisch bekannte Marken angesetzt – was mit dem französischen Gesetz im Prinzip übereinstimmen würde – würde dies für Länder, die einen Schutz auch ohne Eintragung gewähren, grundsätzlich auf denselben Bekanntheitsgrad hinauslaufen, der für die Verkehrsdurchsetzung verlangt wird. Für eine solche grundlegende Schwelle in Europa sprechen zusätzlich die Bestimmungen des TRIP's-Abkommens.

bb) Praktische Handhabung der Tatbestandsmerkmale

Das Tatbestandsmerkmal der Benutzung der fremden geschützten Marke „ohne rechtfertigenden Grund in unlauterer Weise" (vgl. Art. 4 Abs. III MRiLi) schuf ein „bewegliches System von Kriterien"[135], anhand dessen durch Abwägung der jeweiligen Umstände des Einzelfalls festgestellt werden kann, ob der Drittbenutzer des Zeichens außerhalb des Ähnlichkeitsbereiches die besonders geschützte Marke beeinträchtigt oder nicht. Zusammenfassend ist künftig davon auszugehen, daß es als qualitative - und quantitative - Voraussetzung für die Inanspruchnahme des erweiterten Schutzes in Europa ausreichend ist, daß eine besondere Markierung auf dem Markt durch Verkehrsdurchsetzung/Benutzung Goodwill erworben hat. Alles übrige ist nach Maßgabe des Einzelfalles zu beurteilen, was natürlich nicht ausschließt, daß Untersuchungen zum Bekanntheitsgrad als Beweismittel herangezogen werden, um die Wahrscheinlichkeit einer Gefährdung zu belegen. Im Rahmen einer Abwägung können insbesondere die folgenden Kriterien Berücksichtigung finden:

- der Ruf der Marke,
- ihre Alleinstellung,
- ihre Unterscheidungskraft und Originalität,
- ihr Werbewert,
- ihre Wertschätzung,
- die Branchennähe der Parteien (auch außerhalb des Ähnlichkeitsbereiches) sowie

---

135 Vgl. *Sack*, Das bewegliche System im geltenden und künftigen Recht, in FS für Wilburg, 1986, S. 177f.

o ein Freihaltebedürfnis außerhalb des Ähnlichkeitsbereiches.

Es kann dabei davon ausgegangen werden, daß je höher der Bekanntheitsgrad, die Originalität oder der Werbewert einer besonderen Markierung ist, um so eher ist ein Verwässerungsschutz gerechtfertigt[136]. Je größer das Freihaltebedürfnis außerhalb des Ähnlichkeitsbereiches ist, desto weniger handelt der Drittbenutzer ohne rechtfertigenden Grund in unlauterer Weise. Bei berühmten Marken mit einem Bekanntheitsgrad von mehr als 80 %, die Originalität aufweisen und Alleinstellung genießen, wird allerdings auch zukünftig in aller Regel ein Verwässerungsschutz gerechtfertigt sein. Dies bedeutet, daß die Beeinträchtigung ihrer Unterscheidungskraft durch Benutzung außerhalb des Ähnlichkeitsbereiches in aller Regel ohne rechtfertigenden Grund und unlauter sein wird. Aber auch bei Marken mit einem Bekanntheitsgrad unter 80% kann ein Verwässerungsschutz gerechtfertigt sein, wenn sie von hoher Unterscheidungskraft und Originalität sind, einen hohen Werbewert haben und Alleinstellung genießen[137].

Nachdem sowohl die gemeinschaftsrechtlichen Bestimmungen über den erweiterten Schutz wie auch die TRIPS-Vorschriften über notorisch bekannte Marken mit dem Erfordernis der Warengleichartigkeit als klassischer Voraussetzung für die Annahme einer Verwechslungsgefahr gebrochen haben, kann – ungeachtet ihres Umfangs im einzelnen – davon ausgegangen werden, daß die modernen kennzeichenrechtlichen Vorschriften eine besondere wettbewerbsrechtliche Regelung gegen die Aneignung von Marken Dritter beinhalten. Aufgrund der Tatsache, daß dabei die „Ausbeutung" und die „Beeinträchtigung" die entscheidenden Voraussetzungen für den erweiterten Schutz darstellen, wird klargestellt, daß die Interessen des Markeninhabers nunmehr klar im Vordergrund stehen. Es ist schließlich der Eigenwert einer Marke bzw. ihr goodwill, der Grund für den Schutz außerhalb des Ähnlichkeitsbereiches ist[138]. Die Marke wird schließlich vom Verbraucher mit früheren Begegnungen und den dabei gemachten Erfahrungen verknüpft. Wenn dieses Erinnerungsbild mit einer bestimmten Qualität verbunden wird, besitzt die Marke eine Garantiefunktion. Diese und die damit verbundene Werbefunktion soll der erweiterte Schutz besonderer Kennzeichen dienen. Schließlich soll nicht zugelassen werden, daß die Werbefunktion zu Lasten erfolgter Marketinginvestitionen verwässert wird. Insbesondere sind deshalb die vom Verwender getätigten Marketinginvestitionen in die besondere Markierung zu berücksichtigen. Die neuen Regelungen spiegeln damit in realistischer und flexibler Weise die modernen Marktverhältnisse wider, auf denen sie beruhen. Ein Markeninhaber, der im Einzelfall eine Beeinträchtigung oder Rufausbeutung nachweisen kann, erlangt Schutz aufgrund des Markenrechts ungeachtet der Frage der Benutzung für identische oder ähnliche Waren.

---

136 Zum Verhältnis zwischen Kennzeichnungskraft und der Bedeutung der Bekanntheit auf dieselbe vgl. auch EuGH, Urteil vom 29. September 1998, Rs. C-39/97, Canon Kabushi Kaika ./. Metro-Goldwyn-Mayer, GRUR Int. 1998, 875f. (876), Rdnr. 10 und 11.

137 Allerdings reicht auch insoweit der Schutz nur bis zur Grenze von tatsächlich auftretenden Gefahren von Verwechslungen. Vgl. ins. dazu zur den Anmerkungen zur Entscheidung des EuGH i.S. Marca Mode ./. Adidas, oben im 4. Kapitel, III., 1., b), a.E.

138 Der wettbewerbsrechtlich orientierte Schutz will im Ergebnis den in den bekannten Marken verkörperten Goodwill schützen, „ohne daß es auf eine Beeinträchtigung der Herkunftsfunktion ankomme". So die amtliche Begründung zum MarkenG, BT-Drucks. 12/6581 vom 14. Januar 1994, S. 72.

IV. Geeignete Marken für den Einsatz im Gemeinsamen Markt

Besondere Kennzeichen zur Unterscheidung von Angeboten eines Unternehmens von den Angeboten eines anderen Unternehmens, können sich in mannigfacher Art darstellen[139]. Nicht alle theoretisch geeigneten Kennzeichnungsmittel können jedoch (ohne weiteres) einem gesetzlichen Schutz kraft Registrierung zugeführt werden[140]. Dennoch bietet diese Schutzalternative die größten Vorteile für die Verwender besonderer Kennzeichen. Es stellt sich deshalb die Frage, wie besondere Kennzeichen gefunden werden können, die eine effektive Verfolgung der im Rahmen der Markenpolitik eines Unternehmens gesteckten Ziele[141] zulassen und sich zudem einem gesetzlichen Schutz zuführen lassen.

Dazu vorab ein Beispiel:

Jeder, der sich mit dem Internet befaßt, kennt wohl *Yahoo*. Mit dieser Bezeichnung wird ein Internet-Suchdienst gekennzeichnet. Die Bezeichnung dürfte damit – zumindest bei den Nutzern des Internet – fast so bekannt sein, wie *Coca Cola*.

Yahoo ist die Kurzfassung für „Yet another hierarchical officious oracle[142]". Abgekürzt weckt die Bezeichnung eher Assoziationen an den magischen und dennoch sinnlosen Begriff „Rosebud“ aus Orson Welles „Citizen Cane" als an eine „starke" Marke. Und dennoch: Der kryptische Name hat mit Sicherheit dazu beigetragen, daß das Unternehmen eine Topmarke im Internet geworden ist. Das Unternehmen entstand vor ca. fünf Jahren aus der Bookmark-Sammlung zweier Studenten (Jerry Yang und David Filo). Heute beschäftigt das hinter der Marke "*Yahoo*" stehende Unternehmen lediglich ca. 1.000 Mitarbeiter. Dennoch erzielen diese - u.a. durch die Bekanntheit der Marke - einen Börsenwert für ihr Unternehmen von ca. fünf Milliarden US-$.

Dieses Beispiel belegt, daß sich eine „gute" besondere Bezeichnungen manchmal durch Zufall kreiert werden[143].

1. Negative Ausgrenzung

Bevor sich die Bearbeitung den Fragen zuwendet, die sich bei der Suche nach geeigneten, besonderen Bezeichnungen für den Einsatz im Gemeinsamen Markt stellen, läßt sich zu-

---

[139] Es wurde dabei im wesentlichen nach den äußeren Erscheinungsformen und den Einsatzgebieten besonderer Kennzeichen differenziert. Vgl. dazu im 1. Kapitel, III.

[140] Vgl. zu den absoluten und den relativen Schutzversagungsgründen oben im 4. Kapitel, II. und III.

[141] Vgl. zu den möglichen Zielsetzungen einer Markenpolitik eines Unternehmens, oben. im 1. Kapitel, I., 3., b).

[142] Noch eine hierarchische, offiziöse Voraussage.

[143] Vgl. auch zur Weltmarke Bayer, die ebenfalls durch einen Zufall entstand (oben im 1. Kapitel, III., 1., c).

nächst – quasi als ein erster Schritt – relativ einfach bestimmen, was als „guter" Markenname ungeeignet ist. Hierzu gehören zunächst die besonderen Kennzeichen, die bereits bestehende Markierungen anderer Wettbewerber lediglich nachahmen oder insgesamt nur einen unspezifischen, nicht eindeutig einem Produkt zuzuordnenden Glanz verbreiten. Ungeeignet sind ferner auch Bezeichnungen, die das zu bezeichnende Angebot zu stark oder zu einseitig beschreiben.

Im einzelnen:

a) Nachahmende Zeichen

Im Bereich der Bekleidungsstücke (Klasse 25) gab es Anfang der 90er-Jahre eine italienische Gesellschaft, die mit hochwertigen Stickereien versehene Pullover und Sweatshirts unter der besonderen Bezeichnung „*Best Company*" auf den Markt brachte. Diese hochpreisigen Angebote, die sich bei bestimmten Käuferschichten großer Beliebtheit erfreuten, lockten Nachahmer an, die ihre weit weniger gut verarbeiteten Produkte beispielsweise unter der Bezeichnung „*West Company*" auf den Markt brachten. Es wurde deshalb nicht nur das Originalprodukt nachgeahmt, um an dessen Erfolg zu partizipieren[144], sondern eine Anlehnung erfolgte auch bei der Wahl der Markierung. Solche besonderen Bezeichnungen werden als sog. „Me-too"-Marken oder „Trittbrett-" bzw. „Rucksackzeichen" bezeichnet.

In aller Regel ist eine Verwendung derartiger Bezeichnungen nicht geeignet, ein spezielles Angebot aus der Masse herauszuheben und eine unverwechselbare Angebotspersönlichkeit zu schaffen. Nachahmende Produktbezeichnungen können sich schließlich noch nicht einmal ausreichend von den Originalprodukten unterscheiden. Die Benutzer von nachahmenden Zeichen werden deshalb auch - bereits aufgrund der bloßen Nachahmung des bereits Vorhandenen - zu Recht und automatisch auf den zweiten Platz verwiesen. Es ist deshalb nur einleuchtend, daß auf diese Weise kein entscheidender Wettbewerbsvorsprung zu erreichen ist. Derartige Kennzeichen können deshalb auch grundsätzlich als „gute" Marken ausgeschieden werden.

b) Vermeintliche Qualitätsangaben

Eine Kennzeichnung von Angeboten eines Unternehmens mit Begriffen wie „Mega", „Royal", „Brillant", „Super" und/oder „Total" muß ebenfalls als ungeeignet für eine Profilierung im Markt angesehen werden. Diese Profilierung steht jedoch im Vordergrund des Einsatzes besonderer Markierungen[145].

Solche, zumeist vermeintliche Qualitätsangaben suggerieren dem Verbraucher vielleicht noch auf den ersten Blick, daß das „Mega-Produkt" qualitativ gut ist. Dabei wird jedoch regelmäßig übersehen, daß eine Bezeichnung, wie beispielsweise der Begriff „*Mega*", in vielfachen, auf unterschiedliche Lebensbereiche bezogenen Wortverbindungen gebraucht wird. Bei

---

[144] Vgl. zu nachahmenden Produkten bereits oben im 1. Kapitel, II., 2.

[145] Vgl. zu den Zielen einer Markenpolitik eines Unternehmens, oben im 1. Kapitel, I., 3., b).

den einzelnen Begriffskombinationen ist dabei keine bestimmte Systematik und auch keine sachliche Beschränkung zu erkennen. Das Wort „*Mega*" wird folglich in jedem Bereich des Wirtschaftslebens als ein Eigenschaftswort für besonders „groß" und „bedeutend" verstanden. Die gewählte Bezeichnung besitzt damit eine völlig diffuse Wortbedeutung. Diese läßt keine eindeutige Zuordnung zu einem konkreten Angebot zu. Da keine eindeutige Zuordnung erfolgen kann, ergibt sich auch kein eindeutiger Produktbezug, der zur Förderung des Absatzes eingesetzt werden könnte.

Als „gute" Marke scheiden somit auch diese besonderen Bezeichnungen aus, da das für Markenware typische Wiedererkennungsmerkmal[146] fehlt. Der Verbraucher wird folglich bei der nächsten Kaufentscheidung das billigste unter den vielen im Regal nebeneinander stehenden „Mega-Produkten" erwerben. Als logische Folge werden Anbieter, die eine derartige Kennzeichnung ihrer Angebote wählen, automatisch in einen reinen Preiswettbewerb abgedrängt. Die Wahl einer derartigen Bezeichnung kann deshalb nicht angeraten werden.

c) Beschreibende Angaben

Schließlich werden von Unternehmen z.T. besondere Markierungen gewählt, die das zu kennzeichnende Angebot zu stark und/oder zu einseitig beschreiben. Ein Beispiel dafür wäre beispielsweise die Bezeichnung „Chronolog" für Zeitmeßgeräte[147]. Auch die Bezeichnung „Landfrost" enthält eine zu einseitige Beschreibung, wenn unter dieser Bezeichnung „tiefgefrorenes Gemüse" vertrieben werden soll. Schließlich wird der Wortbestandteil „-frost" innerhalb von Fachkreisen, aber auch zum Teil in der Umgangssprache, als Synonym oder als sachbezogener Hinweis auf Tiefgekühltes oder Tiefgefrorenes verstanden[148]

Auch derartige besondere Markierungen scheiden als erfolgreiche „gute" Marken aus. Wiederum kann mit einer das Angebot lediglich beschreibenden Angabe keine ausreichende Differenzierung gegenüber den übrigen Angeboten in diesem Segment erfolgen. Die Differenzierung des Angebots mittels einer besonderen Markierung erfolgt ja gerade dadurch, daß das konkrete Angebot eines Unternehmens durch die Namensgebung aus der Masse herausgehoben wird. Wenn sich die Namensgebung dabei von der üblichen Gattungsbezeichnung nicht (oder nur unwesentlich) abhebt, so findet auch keine Differenzierung statt[149]. Beachtlich ist sogar, daß bei nahezu homogenen Angeboten oftmals die besondere Kennzeichnung das einzige Unterscheidungsmittel der verschiedenen Angebote wird[150]. Wenn in diesen Fällen in

---

146 Vgl. zur Definition des Markenartikels: 1. Kapitel, I.

147 Infolge einer Anlehnung an die Begriffe „Chronograph" und/oder „Chronologie" ist diese Bezeichnung als Produktmerkmalsbeschreibung ganz offenkundig (so schon RPA, MuW 1935, 79).

148 Vgl. BPatG, Beschl. vom 25. Februar 1987, 28 W (pat) 241/84 - Landfrost, Mitt. 1987, 17).

149 Vgl. dazu *Kapferer*, Die Marke - Kapital des Unternehmens, 1992, S. 99f.

150 Vgl. zur besonderen Kennzeichnung als Differenzierungsmittel, oben im 1. Kapitel, II., 1.

der Bezeichnung kein (oder nur ein kaum merkbarer) Unterschied zur Gattung gemacht wird, so kann gänzlich auf eine besondere Kennzeichnung der Angebote verzichtet werden[151].

Untersuchungen von Marktforschungsinstituten haben dabei sogar ergeben, daß bei den mit Markenartikeln angesprochenen Zielgruppen nicht so sehr das „Ansehen" oder die „Vertrautheit" einer Marke von Bedeutung ist, sondern vielmehr die „Differenzierung" gegenüber anderen Angeboten und die „Relevanz" für die Zielgruppe im Vordergrund steht[152]. Diese Kriterien, die folglich vom Verbraucher für Markenware gefordert werden, lassen sich mit Kennzeichnungen, die das Angebot lediglich beschreiben, nicht erreichen.

2. Überblick über die Probleme bei der Markenfindung

Schwieriger als die negative Ausgrenzung ungeeigneter, besonderer Kennzeichen ist das Finden geeigneter Markierungen, die sich zum Einsatz im gesamten Gemeinsamen Markt eignen. Die dabei zu beachtenden Probleme stellen sich wie folgt dar:

- Global operierende Unternehmen brauchen praktischerweise - nicht nur wegen der Übersichtlichkeit und der Gebühren[153] - globale Marken. Die erste wichtige Anforderung an eine neu zu findende besondere Kennzeichnung ist deshalb, daß sich die Bezeichnung in allen Ländern, in denen sie eingesetzt werden soll, ausgesprochen werden kann. Der Markenname für den russischen Geländewagen „LADA NIVA" war, zumindest was die Aussprechbarkeit betraf, nicht schlecht gewählt. Aber „Lada" bedeutet auf ungarisch „Kiste", und ni va klingt in romanischen Sprachen wie „geht nicht". Bei einer näheren Betrachtung dieser Bezeichnung stellt sich deshalb heraus, daß diese nicht so glücklich gewählt war.
- Die gewählte Bezeichnung darf sich auch nicht im Laufe der Zeit als Zwang oder Hindernis für die natürliche Entwicklung der Marke entpuppen. So bremst die Bezeichnung „Europe Assistance" eine Ausdehnung des territorialen Tätigkeitsgebietes eines Unternehmens. Bei einem Wechsel auf „Mondial Assistance" würde diese Beschränkung wegfallen. „Calor" assoziiert technische Geräte, die mit Wärme zu tun haben (Bügeleisen, Haartrockner), und schließt begrifflich Kühlschränke und/oder Gefriertruhen aus[154]. Damit derartige Beschränkungen von vorneherein umgangen werden können, müssen bei jeder Markenfindung - insbesondere jedoch bei besonderen Kennzeichen, die im gesamten Gemeinsamen Markt zum Einsatz kommen sollen - alle Möglichkeiten eines internationalen Absatzes von Anfang an Berücksichtigung finden. Jede neue Marke sollte folglich so angelegt sein, daß sie internationalisiert werden kann. Bei manchen

---

151 Vgl. zur marktwirtschaftlichen Situation ohne Verwendung besonderer Kennzeichen, oben im 1. Kapitel, II., 1.

152 Untersuchung der Werbeagentur Young & Rubicam. Zitiert nach *Raithel*, Mobilmachung, abgedruckt im Manager Magazin 1994 (Heft 11), S. 170f.

153 Zu den Kosten für die Erlangung von Markenschutz in der EU, vgl. im Anhang.

154 Die Beispiele sind dem Buch von *Kapferer* (aaO, S. 99f.) entnommen.

Marken wird erst sehr spät entdeckt, daß eine Ausdehnung auf zunächst unbeachtete Märkte mit der gewählten Bezeichnung, die sich anderswo bereits bewährt hat, nicht möglich ist: So ist die besondere Kennzeichnung „Nike" für Sportartikel (der Name „Nike" entstammt der griechischen Mythologie und bezeichnet die Göttin des Sieges) in einigen arabischen Ländern nicht eintragungsfähig, da das Wort „ník" in manchen arabischen Sprachen „gut" und/oder „schön" bedeutet.

- o Wenn schließlich eine Bezeichnung gefunden wurde, ist abzuklären, ob die gewählte Bezeichnung auch einem rechtlichen Schutz zugeführt werden kann[155]. Dabei sind sowohl absolute[156] als auch relative Schutzversagungsgründe[157] zu berücksichtigen.

Aufgrund dieser sich teilweise gegenseitig beeinflussenden Problemkreise verlangt die Suche nach neuen, besonderen Kennzeichen nach einer eigenen und besonderen Strategie.

3. Verschiedene Möglichkeiten des Findens geeigneter Bezeichnungen

Der Prozeß der Markennamen-Entwicklung beinhaltet mehrere Phasen[158]. Zunächst muß ein Markenkonzept definiert werden[159]. Dabei steht die Frage, welche Bestimmung das besonders gekennzeichnete Angebot erfüllen soll, im Vordergrund. Dazu ist zunächst ein Eigenschaftsprofil des zu benennenden Angebots aufzustellen. Dieses Profil sollte sich im Idealfall mit den Aussagen decken, die bei der Marktplazierung geäußert werden sollen. Falsche Wunschprofile lassen sich auf Dauer nicht verkaufen. Die Enttäuschung des Kunden ist sogar ein sehr teures Echo. Freiwillig Produktschwächen (beispielsweise einen höheren Preis) einzuräumen, wenn es dagegen genügend Stärken (beispielsweise eine bessere Qualität) zu setzen gibt, wird dagegen vom Markt honoriert[160].

Ist das Aufgabenprofil definiert, kann mit der eigentlichen Suche nach neuen, besonderen Kennzeichnungen begonnen werden. Dabei stehen mehrere unterschiedliche Wege offen[161]. Die neue Bezeichnung kann sich beispielsweise an Vorhandenes anlehnen, sich als völlig neue Wortschöpfungen darstellen oder als Mischform beider Alternativen auftreten:

---

155 Vgl. zum Erfordernis der Absicherung der Investitionen, die zum Aufbau eines spezifischen Markenimages aufgewendet werden, oben im 1. Kapitel, II., 4.

156 Vgl. zu den absoluten Schutzversagungsgründen oben im 4. Kapitel, II.

157 Vgl. zu den relativen Schutzversagungsgründen oben im 4. Kapitel, III.

158 Vgl. dazu eingehend *Bugdahl*, aaO, MA 1995, 527f.; ferner Trommsdorf/Paulssen, , Messung und Gestaltung der Markenpositionierung, in Esch (Hrsg.), aaO., S. 1049 f.; auch *Kohli/LaBahn/Thakor*, Prozeß der Namensgebung in *Esch* (Hrsg.), aaO., S. 426 f.

159 Vgl. *Dichtl*, Grundidee, Varianten und Funktion der Markierung von Waren und Dienstleistungen, in *Dichtl/Eggers*, Marke und Markenartikel, S. 2f. (7f.).

160 Vgl. zur Marktsituation beim Einsatz von rechtlich geschützten besonderen Markierungen, oben im 1. Kapitel, II., 2.

161 Die verschiedenen Techniken zur Entwicklung von Markennamen wird bei *Kohli/LaBahn/Thakor*, aaO.

a) Anlehnung an Bekanntes

Eine erste Möglichkeit, eine neue und taugliche Bezeichnung für ein Angebot zu finden, liegt darin, sich mit der neuen Bezeichnung an etwas Bekanntes anzulehnen. Das bereits Bekannte kann dabei entweder einen Bezug zu dem zu kennzeichnenden Angebot haben oder davon völlig unabhängig sein.

aa) Ohne Bezug zum Angebot

Eine ganze Reihe von heute bekannten bis berühmten Marken haben ein bereits vorhandenes Wort zur Kennzeichnung konkreter Angebote gewählt. Um hier Beispiele zu nennen, ist auf Tierbezeichnungen (z.B. Pelikan, Marabu, UHU oder den Frosch von Erdal[162]) zu verweisen, die sich in Produktbezeichnungen umgewandelt haben. Diese Marken folgten zunächst nur einem damaligen Trend[163]. Sie wurden jedoch im Laufe der Zeit bei einem nicht unbeträchtlichen Teil der Verkehrskreise bekannt, obwohl zwischen dem Aussehen oder bestimmten Eigenschaften des Markentiers (zunächst) überhaupt kein Bezug zu dem zu kennzeichnenden Angebot bestand. So ist ein Pelikan weder blau, noch kann er schreiben. Auch kann ein Uhu nicht kleben. Dennoch funktioniert diese Methode, nach dem Schema einer Gedächtnisstütze immer wieder: Man merkt sich zunächst den Knoten im Taschentuch und behält sich damit das eigentlich Merkenswerte besser. Man denke in diesem Zusammenhang nur an die Werbekampagne, die Stromabnehmern weis machen möchte, daß Strom gelb (yello) ist.

Stellt man die Frage, warum gerade diese besonderen Bezeichnungen so erfolgreich wurden, obwohl gerade kein Bezug zwischen Angebot und Kennzeichnung besteht, so stößt man als Antwort auf eine „zahme" Art der Piraterie. Die so gekennzeichneten Produkte können nämlich im Unterbewußtsein der Verbraucher von einer bereits vorhandenen Bekanntheit der (Tier)Bezeichnungen profitieren. Die Benutzung der (Tier)Bezeichnungen führt somit zu Mehrdeutigkeiten auf der sicheren Basis eines hohen Bekanntheitsgrades. Wer an Frösche denkt, muß eben nicht nur auf Kaulquappen und Kröten, sondern auch auf Schuhcreme gefaßt sein. Wenn die gewählten Bezeichnungen dabei eine zweite Bedeutungsebene erhalten, entsteht auf dieser Ebene die Chance, eine Botschaft zu senden. Der Verbraucher fragt sich bei der ersten Begegnung: „Marabu - was ist das noch?" Und nun lernt er: Schreib- und Zeichengeräte, versehen mit einem schwarz-roten Schriftzug. Der Transport einer Botschaft, komprimiert auf den Markennamen, ist einer der Vorteile der Verwendung besonderer Kennzeichen bei der Vermarktung von Angeboten[164].

---

in *Esch* (Hrsg.), aaO., S. 430 f. dargestellt. Eine Fallstudie zur Namensentwicklung „ARCOR" findet sich dargestellt bei *Kircher*, Gestaltung von Markennamen in *Esch*, Moderne Markenführung, S. 447 f. (456 f.). Eine weitere Fallstudie von Sony ist abgedruckt bei *Berg*, Der Name macht die Music, Motivation, Nr. 2, 1994, S. 42 f.

162 Vgl. zum Markenzeichen des „Erdal"-Frosches bereits oben im 1. Kapitel, III., 1. a).

163 Vgl. zu den historisch bedingten Umständen, die bei der Auswahl von Marken eine Rolle spielten: 1. Kapitel, III.

164 Vgl. zur Marke als Botschaftsträger, oben im 1. Kapitel, II., 5.

Problematisch bei dieser Vorgehensweise ist jedoch, daß auf diesem Weg - bei einer in Angriff genommenen internationalen Betätigung - aller Voraussicht nach keine einheitlich verwendbaren Bezeichnungen gefunden werden können[165]. Regelmäßig werden so gefundene Marken auf mehr oder weniger große Schwierigkeiten im Bereich der Aussprechbarkeit und des Kommunikationsauftritts der Marke stoßen.

Um dabei das gewählte Beispiel der Tierbezeichnungen fortzuführen, kann beispielsweise auf die Tierbezeichnung „Hund" verwiesen werden. Eine Marke „Hund" mag im deutschsprachigen Raum von der Bekanntheit der Tierbezeichnung in der voran beschriebenen Art profitieren. Bereits im Nachbarland Frankreich mag dagegen die gewählte Bezeichnung eine reine Phantasiebezeichnung darstellen. Schließlich existiert das Wort "Hund" in der französischen Sprache nicht. Das betreffende Tier wird dagegen mit "chien" bezeichnet. Hinzu kommt bei diesem Beispiel, daß auch die Aussprache des Wortes "Hund" in Frankreich auf Schwierigkeiten stoßen wird, da dort der Buchstaben "H" grundsätzlich stimmlos ausgesprochen wird. Von einer einheitlichen Aussprache kann somit keine Rede sein. Für das Bewerben der Angebote in den verschiedenen Ländern ergeben sich damit ganz andere Voraussetzungen. Vorteile im Bereich der angestrebten Kosteneinsparungen durch eine einheitliche Kennzeichnung[166] sind deshalb so nicht zu erreichen.

bb) Mit Bezug zum Angebot

Eine weitere Möglichkeit für das Finden geeigneter besonderer Kennzeichen ist die Verfremdung von Wörtern, die mit dem zu kennzeichnenden Angebot in einem Bezug stehen. Ein Verfremden der Bezeichnung ist notwendig, damit der Bezug zwischen dem zu kennzeichnenden Angebot und der Bezeichnung nicht zu stark in Erscheinung tritt[167]. Verschiedene Arten des Verfremdens, die zu neuen Bezeichnungen führen können, werden nachfolgend überblickartig[168] vorgestellt:

Eine erste Möglichkeit des Verfremdens besteht darin, einen Gegenstand in seine Grundbestandteile[169] zu zerlegen und dann ein oder mehrere Bestandteile gegen andere auszutauschen. Durch dieses Vorgehen entsteht etwas Neues, daß das Kriterium einer Mindestähnlichkeit in der Wirkung wahrt. Ein Beispiel dazu aus dem Bereich von Katzenfutter: Das englische Wort „Whiskers" bezeichnet den Backenbart eines Gentlemen oder die Schnurr-

---

165 Problematisch kann ferner sein, daß sich der bekannte Begriff bereits zu einem Freizeichen entwickelt hat, vgl. insoweit Urteil des LG München I vom 15. November 2000, Az.: 1 HK O 13862/00 (nicht rechtskräftig) – Mozart, GRUR Int. 2001, 247.

166 Vgl. zu den unterschiedlichen Basismarkenstrategien: 1. Kapitel, V. Dort vornehmlich bei der globalen (1. Kapitel, V., 2., b)) und der gemischten Markenstrategie (1. Kapitel, V., 2., c)).

167 Vgl. zu den ungeeigneten besonderen Bezeichnungen, die aus zu stark beschreibenden Angaben bestehen: 4. Kapitel, II., 2., a), aa).

168 Die nachfolgende Aufzählung ist dabei keineswegs abschließend. Zum Finden neuer Marken durch Wortneuschöpfungen vgl. *Bugdahl*, aaO, MA 1995, 527f. oder *ders.*, Markennamen finden mittels Computer Aided Creativity, MA 1996, 326f.

169 Nach Form, Funktion, Größe usw.

barthaare bei Katzen. Im Wege einer Verfremdung ist daraus „Whiskas" entstanden. In diese Kategorie der Substitution fallen auch Druckfehler und Versprecher, die sogar bewußt zur Markenfindung eingesetzt werden können[170].

Auch ein Vereinfachen[171], im Sinne von Weglassen, kommt bei der Suche nach Markennamen häufig vor. Als Beispiel dafür kann „UNOX" für eine einmalig gute Ochsenschwanzsuppe angeführt werden. Auch bei dieser Art der Markenfindung lehnt man sich an grundsätzlich bereits Bekanntes an und verfremdet dies durch das Weglassen von Silben oder Buchstaben zu einem neuen Markennamen. Dabei kommen Erkenntnisse aus den Forschungsgebieten der Redundanz[172] und des Pattern recognition[173] zum Tragen. In Kenntnis des zu bezeichnenden Angebots und der absoluten Schutzversagungsgründe für Marken (Vgl. Art. 7 GemMVO; bzw. für das deutsche Markenrecht: § 8 MarkenG) können so aus Worten, die das zu kennzeichnende Angebot eigentlich beschreiben, durch Weglassen oder Ersetzen von Buchstaben oder Silben, Wörter gewonnen werden, die schutzfähig sind, obwohl sie eigentlich beschreibend wirken.

Als Beispiel dafür kann die häufig bei Arzneimittelmarken verwendete Art der Namensfindung durch Verfremdung sog. „INN-Zeichen" dienen. „INN-Zeichen" sind empfohlene, internationale, gesetzlich nicht geschützte Bezeichnungen (Recommended International Nonproprietary Names) für Substanzen, die für pharmazeutische Zwecke verwendet werden. Diese sogenannte Liste 21 (Rec. INN) ist eine Veröffentlichung der Weltgesundheitsbehörde[174]. Im Grundsatz gilt, daß eine an ein „INN-Zeichen" angelehnte, oder einem „INN-Zeichen" entnommene Wortmarke als ein Fachausdruck für Substanzen zu pharmazeutischen Zwecken freizuhalten ist. Dennoch wurde beispielsweise die Bezeichnung „FELOPIN", die sich von dem „INN-Zeichen" „Felodipin" durch die Weglassung der Wortsilbe „di" unterscheidet, als Marke eingetragen[175]. Schließlich sind alle Silben eines INN-Zeichens im jewei-

---

170 So können aus dem Wort „Druckfehler" die Worte „Dreckfuhler", „Fehldrucker", „Drückhelfer", „Mehldrücker", „Ruckdealer" entstehen. Alle diese Wortvarianten können daraufhin geprüft werden, ob die so entstandenen Worte nicht sympathisch sind oder zumindest anregend wirken.

171 Die stärkste Vereinfachung ist die Verwendung des eigenen Namens als Marke. Das ist zwar nicht besonders phantasievoll, aber in vielen Fällen erfolgreich (*Hugo Boss*).

172 Unter Redundanz wird - grob vereinfacht - das ohne wesentlichen Informationsverlust Weglaßbare verstanden. So kann man für den Druck eines Porträts ein ziemlich grobes Raster verwenden und wird dennoch die abgebildete Person wiedererkennen (vgl. die Werke des amerikanischen Pop-Art-Künstlers Andy Warhol). Gleiches gilt, wenn in einem Text alle "r" oder alle Anfangsbuchstaben der Substantive fehlen würden. Dies würde zwar stören, aber kaum den Sinn des Textes unkenntlich machen.

173 Unter dem "Pattern recognition" wird in der Sprachwissenschaft ein Strukturmodell verstanden, nach dem eine unbegrenzte Anzahl gleich gebauter Sätze mit unterschiedlichen lexikalischen Elementen gebildet werden kann. Um ein Beispiel zu nennen: Aus Artikel + Substantiv (im Nominativ) + Verb (im Imperfekt) + Artikel + Substantiv (im Akkusativ) wird "der Mann (Lehrer, Schüler) nahm das Heft (Lineal, Buch)".

174 Bekanntmachung vom 22. Dezember 1981, Banz. vom 14. Januar 1982, Nr. 8, S. 10f.

175 Vgl. BPatG, Beschl. vom 22. November 1989, 25 W (pat) 78/87 – FELOPIN, E 32, 44 = GRUR 91, 321.

ligen Kontext zur Kennzeichnung der chemischen Beschaffenheit des Wirkstoffes notwendig. Das Fehlen der Silbe „di" bleibt deshalb dem Fachmann nicht verborgen[176].

Eine weitere Verfremdungsart, die geeignet ist, aus bereits Bekanntem eine neue, besondere Bezeichnung zu schaffen, ist ferner das Infragestellen des Selbstverständlichen. So kann beispielsweise die Frage gestellt werden, ob Pharma-Markennamen immer seriös klingen und/oder auf -san, -ol oder -in enden müssen. Auch eine Provokation ist ein Infragestellen des Selbstverständlichen. Gegenüber dem Infragestellen geht jedoch die Provokation durch „freche", z.B. unwahre, unlogische, unmögliche, sichtlich falsche oder verletzende Behauptungen einen Schritt weiter. Mit Analogien erfolgt ein Entrinnen nicht grundsätzlich (wie beim Infragestellen) oder trotzig (wie bei der Provokation), sondern sanft. Da Analogien jedoch definitionsgemäß nicht identisch, sondern nur ähnlich sind, entsteht eine Verschiebung, die zum Finden neuer Marken genutzt werden kann.

Zu den Verfremdungsverfahren bei der Markenbildung gehört ferner auch die Verdoppelung[177]. Zufallswörter können schließlich auch durch die Methoden der Reizworttechnik[178], der Warenhausmethode[179] und des Random entry[180] oder durch eine Kombination[181] bzw. ein Umkehren[182] entstehen[183].

---

176 Keine Anlehnungen an "Inn-Zeichen" sind ferner: LUXABENDOL ("INN-Zeichen": Luxabendazol), vgl. BPatG, Beschl. vom 12. Dezember 1991, 25 W (pat) 53/90 – Luxabendol, E 33, 38 = GRUR 92, 700; ALPHAFERON ("INN-Zeichen": Interferon alpha") vgl. BGH, Urteil v. 23. Juni 1994, I ZB 7/92, - Alphapheron, GRUR 94, 805 = Mitt. 1994, 269 und METOPROLOC (hinsichtlich des "INN-Zeichens": Metoprolol, vgl. BGH Urteil v. 19. Oktober 1994, I ZB 19/92 – Metoproloc, GRUR 1995, 344.

177 So kann davon ausgegangen werden, daß eine Silbenverdoppelung, wie z.B. in „Cri-Cri", die Aufmerksamkeit der Verbraucher weckt. Verdoppelungen aus der Überlagerung von Rastern in Form von Moiré-Mustern eignen sich z.B. bei Bildzeichen.

178 Bei der Reizworttechnik werden ein Lexikon und zwei Zufallszahlen benutzt. Die erste Zahl bestimmt die Seite, die im Lexikon aufzuschlagen ist, die zweite Zahl das zu verwendende Wort. Das so gefundene Zufallswort muß zur Problembeschreibung (Namensfindung für ein bestimmtes Angebot) verwendet werden, auch wenn es noch so unpassend erscheint.

179 Bei der Warenhausmethode streift man wirklich oder gedanklich durch ein Kaufhaus und bleibt dann vor einem beliebigen Gegenstand stehen. Es wird dann versucht, eine Beziehung zwischen diesem Gegenstand und dem zu lösenden Problem (Namensgebung) herzustellen.

180 Bei dem "Random entry" handelt es sich um einen Begriff aus der empirischen Forschung, der die zufällige Auswahl, Zusammenstellung und/oder Anordnung von Untersuchungselementen in Testanordnungen beschreibt. Basierend auf wahrscheinlichkeitstheoretischen Gesetzen gewährleistet das "Random entry" innerhalb statistischer Zufallsschwankungen eine von systematischen Fehlern freie Merkmalsverteilung von Experimental- und Kontrollgruppen.

181 Beispiele: *Eduscho* (aus **Eduard Scholz**), Hertie (aus **Herbert Tietz**), *IKEA* (aus Ingmar Kamprad aus Elmtaryd in Agunnaryd), *Südzucker*, *Vitakraft*, *CompuServe*, *Persil* (vgl. dazu im 1. Kapitel, III., 1. b)).

182 Die allereinfachste Art der Umkehrung ist die wörtlich genommene. So wird beispielsweise aus Mozart der Name der modernen Musik- und Tanzgruppe „*Trazom*".

183 Die Umkehrung ist ein uraltes Erfinderprinzip. So entstand durch Umkehrung aus dem geozentrischen Weltbild das heliozentrische, aus der Wassermühle der Schaufelraddampfer oder aus einem Ventilator ein Staubsauger.

b) Neue Wortschöpfungen

Grundsätzlich Neues zu finden, fällt noch schwerer. Dabei können anstelle von einer Anlehnung an Bekanntes auch andere (Kunst-)Worte als Vehikel für die über die besondere Kennzeichnung des Angebots zu transportierende Botschaft werden. Neue Markennamen wie "XEDOS", "TWINGO" oder "VECTRA" für Autos gehen beispielsweise den voranbeschriebenen Weg der Umwandlung von Tierbezeichnungen in besondere Kennzeichen für Waren und Dienstleistungen konsequent weiter. Sie verzichten dabei jedoch auf das „Lasttier" und beanspruchen über ein (zunächst) bedeutungsleeres Wort einen Platz im Wortschatz der Verbraucher.

Der Vorteil einer derartigen Vorgehensweise ist, daß die gewünschte Aussage ohne störenden Ballast in einem frischen Gedächtnis verankert werden kann. Der leider gleichzeitig bestehende Nachteil ist, daß der Verbraucher erst mit vielen Vorankündigungen neugierig gemacht werden muß. Dennoch wird dieser Weg beschritten. Man denke in diesem Zusammenhang beispielsweise nur an die Einführung der Automarke *„DAEWOO"* in Deutschland. Das Wort wurde zunächst - ohne jeglichen Produktbezug - in der Werbung penetrant beworben, so daß sich jeder Angesprochene nach einiger Zeit zwangsweise fragen mußte, was hinter den entsprechenden Werbeanzeigen steht. Das Interesse der Verbraucher war zunächst geweckt. Erst zu diesem Zeitpunkt wurde das zu diesem Zeitpunkt noch völlig bedeutungsleere Wort mit genau der Aussage gefüllt, die der Verwender der besonderen Bezeichnung über sein spezielles Angebot anbringen wollte[184].

Grundsätzlich neue besondere Bezeichnungen für Waren und/oder Dienstleistungen können auch durch das Zusammensetzen neuer Worte aus einzelnen Buchstaben gefunden werden. Hierzu ergibt sich auf den ersten Blick eine fast unbegrenzte Anzahl möglicher Kombinationen. Bei einer Wortlänge von acht Buchstaben gibt es rein rechnerisch 20.827.064.576 Möglichkeiten. Bei einer Wortlänge von vier Buchstaben 456.976, bei drei Buchstaben immerhin noch 17.576 Möglichkeiten. Diese scheinbar unbegrenzte Menge wird jedoch durch ganz unterschiedliche Faktoren nicht unwesentlich eingeschränkt:

- So ist zunächst die Wortlänge bei der Suche neuer Bezeichnungen auf diese Weise allein schon wegen der Anzahl der auswertbaren Möglichkeiten beschränkt. Allerdings lassen sich auch mehrere kunstvoll gebildete Kurzworte zu längeren Wörtern kombinieren.
- Die Menge aller denkbaren Kombinationen reduziert sich darüber hinaus auch über die Aussprechbarkeit der sich ergebenden Worte. Die zu fordernde Aussprechbarkeit führt mit dem Erfordernis Neues zu kreieren häufig zu der verstärkten Verwendung sonst selten genutzter Buchstaben wie z.B. dem „X" und dem „Y". Dies ist beispielsweise in den Kunstworten *„XEROX"*, *„Ajax"*, *„Betrix"*, *„Blendax"*, *„Unox"*, *„Xyladecor"* oder *„Xylamon"* der Fall.

---

[184] Vgl. zum Vorteil des Einsatzes besonderer Kennzeichen bei der Vermarktung von Angeboten, der sich dadurch ausdrückt, daß die besondere Markierung zum Träger aller Botschaften werden kann, oben im 1. Kapitel, II., 5.

- o Auch die relativ wenigen Vokale begrenzen die Wortausbeute. Die meisten leicht aussprechbaren Worte sind nämlich durch einen Wechsel von Konsonanten und Vokalen gekennzeichnet. In der deutschen Sprache besteht ein Vokal-Konsonanten-Verhältnis von ca. 40:60. In der italienischen Sprache liegt dasselbe Verhältnis etwa bei 46:54. Unter Berücksichtigung dieser Erkenntnisse kann dem zu wählenden Wort bereits bei seiner Entstehung eine Prägung in eine bestimmte Richtung gegeben werden. Zusätzlich kann durch eine bestimmte Vokal- und Konsonantenfolge bei dem zu suchenden Wort ein Rhythmus und/oder eine Melodie bestimmt werden. Folglich fallen jedoch auch sehr viele der denkbaren Kombinationsmöglichkeiten weg, da sie aus einer bloßen Aneinanderreihung von unaussprechbaren Konsonanten bestehen würden.
- o Schließlich werden auch nicht alle Buchstaben bei der Schaffung neuer Worte Verwendung finden können. Bei der Auswahl der zu verwendenden Buchstaben ist nämlich zu berücksichtigen, daß nicht nur Wörter, sondern bereits auch einzelne Buchstaben eine bestimmte Aussage besitzen. Hierbei spielt beispielsweise eine Rolle, daß der Ausruf „Oh" Anerkennung und Bewunderung und/oder der Ausruf „Ah" Überraschung zum Ausdruck bringen kann. Aber auch alle anderen Buchstaben sind in den Köpfen der Verbraucher mit Eigenschaften belegt, die bei der Auswahl der Buchstaben für zusammengesetzte Worte Berücksichtigung finden können. Dies ist insbesondere dann zu berücksichtigen, wenn Markennamen mit überwiegend phonetisch bedingter Aussagekraft gesucht werden. In einer diesbezüglichen Ausarbeitung[185] findet sich eine Auswertung einer Untersuchung, bei der Testpersonen zu Vokalen und Konsonanten und deren Wirkung befragt wurden. Stark vereinfacht ergaben sich bei den Konsonanten drei Beurteilungsrichtungen: Dynamik, Harmonie und Kraft, die bei den verschiedenen Buchstaben jeweils in unterschiedlicher (negativer oder positiver) Ausprägung gegeben sein können[186].

c) Der Einfluß neuer Markenformen auf die Wahl der Kennzeichnung

Bereits mehrfach wurde in der vorliegenden Bearbeitung darauf hingewiesen[187], daß durch die national und international erfolgten Rechtsänderungen auf dem Gebiet des Kennzeichenrechts[188] über die herkömmlichen Markenformen der reinen Wortmarke und des Bildzei-

---

185 Vgl. *Ertel*,Psychophonetik, Untersuchungen zur Lautsymbolik und Motivation, S. 121f.

186 Z.B. der Konsonant "s" kann zugleich "schnell", "unangenehm" und "stark" wirken, der Konsonant "m" dagegen "ruhig", "angenehm" und "zart". Eine entsprechende Korrelation bei den Vokalen war nicht so stark ausgeprägt. Dennoch stehen allgemein die Vokale "i" und "e" eher für "aggressiv", "schnell", "hell", "klein", "leicht" und "scharfkantig", die Vokale "o" und "u" eher für "schwer", "groß", "langsam" und "träge". Soll ein Name deshalb "schnell", "stark" und "hell" wirken, so muß er nach dieser Untersuchung die Vokale "e" und "i" und dazu die Konsonanten "s", "k", "ks", "ts", "t", "p" oder "r" enthalten. Es ergeben sich (kurze) (Kunst)-Worte wie "Pike", "Peki", "Peri", "Rets", "Ksir", "Etsi", "Iksit", "Eke" oder "Eper". Sobald die Worte eine Bedeutung haben (etwa "Keks"), überwiegt der Eindruck dieser Bedeutung. Vgl. *Ertel*, aaO, S. 123f.

187 Beispielsweise im 1. Kapitel, III., 1., d) und/oder im 2. Kapitel, I., 4.

188 Erste Richtlinie 89/104/EWG des Rates v. 21. Dezember 1988 zur Angleichung der Rechtsvorschriften der Mitgliedsstaaten über die Marken - MRiLi; Angleichung der nationalen Markenrechte (in Deutschland Inkrafttreten des Markengesetzes (MarkenG) am 1. Januar 1995), Inkrafttreten der Verordnung (EG)

chens sowie deren Kombinationen[189] auch neue Formen besonderer Markierungen eintragbar wurden[190]. Es stellt sich deshalb die Frage, ob die Zulässigkeit dieser neuen Markenformen den Kreis der tauglichen Bezeichnungen in Zukunft wesentlich erweitert.

Zu den neuen, nunmehr registerfähigen Markenformen gehören alle diejenigen besonderen Kennzeichen, die sich graphisch darstellen (und damit registermäßig erfassen und dokumentieren) lassen (vgl. Art. 4 GemMVO; für Deutschland: §§ 3 iVm 8 Abs. I MarkenG). Als neue Formen der besonderen Kennzeichnung von Waren und Dienstleistungen sind insbesondere denkbar:

- reine Buchstaben- und Zahlenmarken,
- dreidimensionale Marken,
- Farben bzw. Farbzusammenstellungen,
- akustische Marken,
- holographische Darstellungen,
- softwarespezifische Zeichenformen,
- Tast- und/oder
- Geruchsmarken[191].

Bereits der voranstehende Katalog neuer Markenformen verdeutlicht, daß diese neuen, registerfähigen besonderen Kennzeichen in aller Regel nur als zusätzliche, einen Namen ergänzende, besondere Markierungen auftreten werden.

Als anschauliches Beispiel dafür mag dafür abermals die Schokoladenmarke „Milka" dienen. Die Markeninhaberin, die Schweizer Firma Suchard, wird versuchen, sich ihr faktisch bereits bestehendes Monopol an der lila Farbe auf dem Gebiet der Herstellung und des Vertriebs von Süßigkeiten durch Registrierung gesetzlich schützen zu lassen und dafür - parallel zu dem bereits bestehenden Schutz der Wortmarke - auch eine markenrechtliche Registrierung zu erhalten. Gleiches gilt wohl auch für die in der Werbung für „Milka"-Produkte verwendeten Melodie unter den Worten: „Milka, die zarteste Versuchung, seit es Schokolade gibt". Die neuen Markenformen werden deshalb die traditionellen Markenformen der reinen Wort-, der kombinierten Wort-/Bildmarke und der Bildmarke nicht verdrängen, sondern allenfalls ergänzen[192].

Nr. 40/94 des Rates über die Gemeinschaftsmarke vom 20. Dezember 1993, Madrider Protokoll, Verabschiedung von GATT und des "TRIPs-Abkommens". Vgl. dazu näher im 3. Kapitel.

189 Vgl. zu diesen Markenformen die Anmerkungen im 1. Kapitel, III., 1., a), b) und c).

190 Vgl. dazu im 1. Kapitel, III., 1., d).

191 Zu den (fast) unbegrenzten Markenformen vgl. *Fezer*, aaO, § 3 Rdnr. 235-294.

192 Dies ergibt sich auch aus den Anmeldestatistiken des Deutschen Patentamtes für das Jahr 1997 (BlPMZ 1998, 139f.) und für das Jahr 1998 (BlPMZ 1999, 102).

Eine Ausnahme hierzu machen u.U. die Farben, bei denen auch ein isoliertes Auftreten zur individualisierenden Kennzeichnung eines Angebots denkbar erscheint[193]. Beachtlich ist dabei jedoch, daß der Kreis, der für eine unterscheidende Kennzeichnung von Angeboten geeignet ist, begrenzt ist. Insoweit spielt es eine Rolle, daß der Verkehr in aller Regel nicht beide farblich gekennzeichneten Angebote gleichzeitig vor sich sehen wird. Er wird vielmehr in der Regel nur mit einem Angebot konfrontiert und ist, bezüglich des anderen Angebots, auf ein mehr oder weniger verblaßtes Erinnerungsbild angewiesen. Dies wird - allein schon wegen der Berücksichtigung älterer Rechte Dritter - dazu führen, daß nicht jede einzelne denkbare Farbschattierung einem Schutz (insbesondere im Waren- bzw. Dienstleistungsähnlichkeitsbereich) zugeführt werden kann. Es ist deshalb auch nicht damit zu rechnen, daß die Zahl von Markenanmeldungen deshalb sprunghaft ansteigen wird[194] oder sogar dazu führt, daß in Zukunft nur noch derartige Kennzeichnungsmittel eine Rolle spielen werden.

Zudem ist heftig umstritten, ob die Möglichkeit eines sog. „abstrakten" (also nicht an bestimmte Formen gebundenen) Farbschutzes besteht. Nach früherem in Deutschland geltenden Recht wurde ein abstrakter Farbschutz überwiegend abgelehnt. Für die Zeichenfähigkeit einer Farbe war vielmehr erforderlich, daß sie „irgendwie figürlich begrenzt ist, also nicht die ganze Farbe erfaßt."[195], ihr Schutz als Ausstattung bezog sich nur auf „die individualisierte Einheit von Farbe und Form"[196]. Erste Entscheidungen auf europäischer Ebene[197], die dagegen einen abstrakten Farbenschutz gewähren, liegen bereits vor. Sie belegen, daß hier ein Gebiet betroffen ist, in dem sich eine stürmische Rechtsentwicklung vollzieht[198].

Beim Einsatz von Farben ist zudem - insbesondere bei einem internationalen Auftritt eines Angebots - darauf zu achten, daß nicht nur Wörter, sondern auch Farben ungewollte Inhalte vermitteln können. So gibt es Farben, die in unterschiedlichen Kulturen völlig unterschiedliche Bedeutungen haben. So vermittelt beispielsweise die Farbe „rot" in Amerika und Nordeuropa „Gefahr". In China ist diese Farbe mit „Freude" und einem „festlichen Anlaß" verbunden. In Japan drückt sie „Zorn" aus. Die grüne Farbe weist in Europa und Amerika auf „Sicherheit", „Umwelt und Natur" oder „sauer" hin. In Japan ist die grüne Farbe Ausdruck für

---

193 In diesem Zusammenhang ist alleine an das Auftreten von Tankstellenketten oder die Verwendung von Farbe im Dienstleistungssektor (und dort vor allem im Bereich der Banken) zu nennen.

194 Vgl. dazu das statistische Material des Deutschen Patentamtes für das Jahr 1997 (BlPMZ 1998, 139f.) und für das Jahr 1998 (BlPMZ 1999, 102) in denen auch die Markenanmeldungen und -registrierungen der Vorjahre wiedergegeben sind.

195 Vgl. *Baumbach/Hefermehl*, aaO, § 1 Rdnr. 60 mwN.

196 Vgl. *Baumbach/Hefermehl*, aaO, § 1 Rdnr. 61 mwN.

197 Nach dem neuen Gemeinschaftsmarkenrecht wird eine Farbe gem. Art. 4 GemMVO generell für markenfähig gehalten. Ihrer Eintragung können aber im Einzelfall die absoluten Eintragungshindernisse des Art. 7 Abs. I lit. b, c oder d GemMVO entgegenstehen, es sei denn es handelt sich um einen speziellen Farbton für ganz spezifische Waren oder Dienstleistungen (Vgl. die Entscheidung der dritten Beschwerdekammer des Harmonisierungsamtes für den Binnenmarkt (Marken, Muster und Modelle) vom 12. Februar 1998, Az.: R 7/97-3 – Orange, GRUR Int. 1998, 612f.).

198 Einen Überblick zum heutigen Meinungsstand gibt *Volker/Semmler*, Markenschutz für Farben und Farbkombinationen, GRUR 1998, 93f. (94f.).

„Jugend", „Zukunft" und „Energie". In der arabischen Welt wird dieselbe Farbe mit „Fruchtbarkeit", „Kraft" und der „Farbe des Propheten" assoziiert. Blau bedeutet in Europa und Nordamerika „Autorität", „Männlichkeit" oder wird mit Attributen wie „ruhig" oder „süß" in Verbindung gebracht. Dagegen ist Blau in Japan die Farbe der „Schande" und „Niedertracht". In der arabischen Welt hingegen wird dieselbe Farbe mit „Tugend", „Glauben" und „Wahrheit" in Verbindung gebracht[199]. Eine Mißachtung der jeweils an die Farbe gebundenen Wertvorstellungen kann deshalb bei einer international einheitlichen Vermarktung eines Produktes zu schweren Mißverständnissen führen.

Auch wenn damit in Zukunft die besondere Kennzeichnung von Angeboten durch Namensgebung weiterhin im Vordergrund stehen wird, soll an dieser Stelle darauf hingewiesen werden, daß sich auch im Bereich der traditionellen Markenformen Veränderungen bzw. Verschiebungen ergeben werden. Die internationale Verflechtung und grenzüberschreitende Handelsströme werden in Zukunft zu immer mehr Markenkollisionen führen, die eine rein sprachliche Ausdrucksform der werbemäßigen Darstellung zunehmend problematisch werden lassen. Dies wird folglich dazu führen, daß reine Sprachzeichen in einer Vielzahl von Fällen durch schlagkräftige, bildhaft-einprägsame Symbole ergänzt werden[200], um bereits im Vorfeld eine Gefahr von Verwechslungen auszuräumen. Zudem belegen bereits die früheren Erkenntnisse der Imageryforschung, daß Begriffe eine wesentlich bessere Gedächtnisleistung erzielen, wenn sie zusammen mit ihren virtuellen Abbild präsentiert werden[201]. Spätere Untersuchungen erweiterten diese Erkenntnis, in dem sie zeigten, daß eine gemeinsame Darbietung von Wort und Bild generell zu einer besseren Worterinnerung führt, als wenn Wörter alleine dargeboten werden. Dieses Ergebnis ist unabhängig davon, ob Wort und Bild inhaltlich redundant sind[202]. Auch bei der Konzeption einer Marketingkommunikation spricht daher einiges dafür einen Markennamen stets zusammen mit einem Logo zu verwenden[203]. Der Trend wird sich deshalb mehr und mehr in Richtung einer zumindest graphisch ausgestalteten Wort-/Bildmarke bewegen.

Dies wird jedoch nicht so weit gehen, daß in Zukunft nur noch reine Bildmarken eingesetzt werden. Reine Bildmarken besitzen zwar grundsätzlich einen hohen Aufmerksamkeitswert. Dennoch wirkt sich nachteilig aus, daß reinen Bildmarken nur ein eingeschränkter Schutzumfang zukommt[204]. Zudem dürfte es bei reinen Bildmarken relativ schwer sein, eine

---

199 Angaben entnommen aus *Bugdahl*, aaO, MA 1995, 527f.; ferner *Petri*, Kreativität auf Knopfdruck, Assoziationen als Quelle kreative Bildideen, S. 212 f. und *Heller*, Wie Farben wirken.

200 So auch *Schmieder*, aaO, NJW 1994, 1241.

201 Vgl. *Pario*, Imagery and Verbal Processes, S. 23 f.

202 Vgl. *Barrett*, Interactive Imagery and Recall of Advertisements: Interactive Imagery/Noninteractiv Imagery and Printed Text, Psychological Report, S. 922 f.

203 Vgl. auch *Esch/Langner*, Gestaltung von Markenlogos in *Esch* (Hrsg.), aaO., S. 467 f. (469).

204 Der Schutzumfang eines Bildzeichens kann sich eventuell sogar nur auf eine bestimmte Gestaltungsform des Bildzeichens beschränken. So schon BGH Urteil v. 25. Februar 1955, Az.: I ZR 107/53 - Forellenzeichen, GRUR 1955, 421 = WRP 55, 104 = BlPMZ 55, 360. Aus der neueren (europäischen) Rechtsprechung vgl. EuGH Urteil vom 11. November 1997, Rs C-251/95, Slg. 1997, I-6191, Sabel BV ./. Puma AG, Rudolf Dassler Sport, GRUR Int. 1998, 56.

einheitliche Botschaft als produktbezogene Aussage zu übermitteln. So kann etwas bildhaft Dargestelltes von den so angesprochenen Verkehrskreisen immer unterschiedlich benannt werden. Schließlich ist auch beachtlich, daß sich reine Bildmarken nicht stringent in allen Bereichen der Medien einsetzen lassen. So stelle man sich beispielsweise die Schwierigkeiten der Darstellung einer reinen Bildmarke im Hörfunk vor.

4. Überprüfung der Aussprechbarkeit und rechtlichen Schutzfähigkeit der gefundenen Bezeichnung

Das Voranstehende belegt, daß sich die Suche nach besonderen Bezeichnungen, die sich auf dem gesamten Gemeinsam Markt einsetzen lassen, schwierig gestaltet. Im Idealfall deckt sich die neugefundene Bezeichnung mit dem für das zu kennzeichnende Angebot aufgestellten Eigenschaftsprofil.

a) Überprüfung der Aussprache und des Sinngehalts

Wurde eine Bezeichnung gefunden, so ist zunächst zu überprüfen, ob sich die Bezeichnung in allen Ländern, in denen die gefundene Bezeichnung zum Einsatz kommen soll, aussprechen läßt. Dabei spielt sowohl der Klang in der jeweiligen Sprache als auch der Sinngehalt eine Rolle. Beispielsweise besaß der Autohersteller *Mitsubishi* mit der Wahl der Bezeichnung „*Pajero*" für eines seiner geländegängigen Fahrzeuge keine glückliche Hand. Der gewählte Begriff war nämlich im gesamten spanischen Sprachraum mit einer negativen, umgangssprachlichen Bedeutung belegt, so daß Mitsubishi für dieses Fahrzeug im spanischen Sprachraum auf „*Montero*" ausweichen mußte.

Der Verwender einer besonderen Kennzeichnung, der in mühevoller Arbeit eine Bezeichnung gefunden hat, die er für einen Einsatz auf dem gesamten Gemeinsamen Markt für geeignet hält, ist deshalb gut beraten durch Rat von muttersprachlichen Experten überprüfen zu lassen, ob die gefundene Bezeichnung die Anforderungen an die Verwendbarkeit auch tatsächlich erfüllt.

b) Überprüfung der absoluten Schutzversagungshindernisse

Dasselbe gilt auch für die Prüfung der Schutzfähigkeit aus absoluten Schutzversagungsgründen, die auch bei Wortneuschöpfungen eine bedeutende Rolle spielen kann. Hierzu ein Beispiel:

Eine niederländische Gesellschaft sucht für ihr Produkt Honig eine universell einsetzbare Bezeichnung. Sie entscheidet sich für eine Kennzeichnung mit einem artifiziellen Namen. Im Wege der Zusammensetzung eines neuen Wortes durch einzelne Buchstaben wird die Bezeichnung „MELI" kreiert, unter der der Honig in Zukunft im gesamten Gemeinsamen Markt vertrieben werden soll.

Die Überprüfbarkeit der Aussprechbarkeit der so gefundenen Bezeichnung verläuft in allen Mitgliedsländern der EU positiv.

Eine Untersuchung der gewählten Bezeichnung auf das Vorhandensein von absoluten Schutzversagungsgründen in den einzelnen Mitgliedsstaaten der EU ergibt zunächst, daß die Bezeichnung „MELI" für einen Flamen eine reine Phantasiebezeichnung ist (Honig wird in das Holländische mit „Honing" übersetzt). Bei den Franzosen, die Honig mit dem Wort „miel" übersetzen, mag dies bereits anders aussehen. In Italien, wo das Wort Honig mit „miele" zu übersetzen ist, ist die Angabe aller Voraussicht nach bereits schutzunfähig, da sie sich von der entsprechenden Gattungsangabe lediglich in einem Buchstaben unterscheidet. Schließlich ist das griechische Wort für Honig auch noch „Meli".

Der Anbieter in dem voranstehend gebildeten Fall kann somit zumindest in Griechenland für die von ihm gewählte Bezeichnung keinen Markenschutz erreichen. Schließlich kann die gewählte Bezeichnung in Griechenland nicht die ihr zugedachte Funktion einer Unterscheidung des als Meli bezeichneten Honigs von der dortigen Gattungsbezeichnung erfüllen[205]. An der gewählten Bezeichnung besteht folglich ein Freihaltebedürfnis für die Wettbewerber[206].

Gemäß Art. 7 Abs. II GemMVO steht das für Griechenland bestehende Schutzhindernis auch der Eintragung eines einheitlich geltenden Gemeinschaftsmarke entgegen. Dem Anbieter ist es nämlich auch verwehrt, das geographisch partiell bestehende Eintragungshindernis durch eine Erklärung - etwa nach Art eines Disclaimers für einen bestimmten Sprachraum - auszuräumen. Diese wäre mit dem Einheitlichkeitsgrundsatz als Wesensmerkmal der Gemeinschaftsmarke[207] unvereinbar. Unbeachtlich wäre auch eine entsprechende Einschränkung des Waren-/und Dienstleistungsverzeichnisses[208]. Selbst wenn die beanspruchten Waren heute noch nicht in den betroffenen Gemeinschaftsteil geliefert werden, schließt dies zukünftige Lieferungen und Lizenzierungen für einen dortigen potentiellen Markt nicht aus. Im übrigen würde dies die Bestimmungen des Benutzungszwangs indirekt unterlaufen.

Dem Unternehmen aus dem Beispielsfall verbleibt deshalb alleine die Möglichkeit, wenigstens einen partiellen Schutz in Europa über nationale Markenanmeldungen oder Schutzrechtsausdehnungen nach dem MMA und/oder dem MP zu beantragen. Es kann dabei allerdings die gewählte Bezeichnung nur in denjenigen Ländern zum Schutz anmelden, in denen die gewählte Bezeichnung nicht auf ein absolutes Schutzversagungshindernis stößt. Jedoch ist dem Unternehmen aus dem Beispielsfall auch von dieser Vorgehensweise abzuraten. Aufgrund der Freiheit des Warenverkehrs wird nämlich der holländische Anbieter einem griechischen Mitbewerber am Markt nicht verbieten können, ebenfalls Honig unter Verwendung der griechischen Gattungsbezeichnung auf andere nationale Märkte zu exportieren. Er läuft damit Gefahr, daß sein mit „MELI" gekennzeichneter Honig auf den von ihm gewählten Absatzmärkten mit griechischem Honig, der in rechtmäßiger Weise mit einer übereinstimmenden

---

205 Vgl. dazu auch HABM, Beschluß der 1. Beschwerdekammer vom 27. Mai 1998, R 20/97-1 - XTRA, Mitt. 1998, 311f.

206 Vgl. zum Freihaltebedürfnis an Gattungsbezeichnungen, oben im 4. Kapitel, II, 2., b).

207 Vgl. zum Einheitlichkeitsgrundsatz bei Gemeinschaftsmarken, oben im 2. Kapitel, III., 5.

208 Etwa dergestalt, daß das Waren- und Dienstleistungsverzeichnis dahingehend eingeschränkt wird, daß die dort angegebenen Waren bzw. Dienstleistungen nur zum Vertrieb bzw. Angebot in einem bestimmten Mitgliedsland der EU - oder nicht in Griechenland - bestimmt sind.

Bezeichnung versehen ist, konkurrieren muß. Eine zweifelsfreie Identifizierung des Produkts wäre deshalb in diesem (gedachten) Beispielsfall nicht möglich[209].

Das Beispiel belegt eindrucksvoll, warum die ca. 1300 Wörter, die in allen Sprachen der Mitgliedsstaaten der EU identisch sind, so interessant sind[210]. Es zeigt ferner deutlich, daß eine Überprüfung der Aussprechbarkeit und eines eventuell in der gewählten Bezeichnung enthaltenen Sinngehaltes zweckmäßigerweise durch die Einschaltung von Sprachkundigen aller Länder, in denen die besondere Kennzeichnung (auch zukünftig) Verwendung finden soll, zu geschehen hat[211]. Nur dieses Vorgehen gewährleistet, daß landestypische Sprachwendungen von vorneherein eine ausreichende Berücksichtigung finden können.

c) Überprüfung des Bestehens von Rechten Dritter

Die negativen Folgen eines nicht EU-weit gewährbaren Schutzes aufgrund des Entgegenstehens älterer Rechte Dritter[212] lassen sich im Vorfeld relativ gut durch das Führen entsprechender Recherchen eingrenzen. Derartige Recherchen, die gleichzeitig auch den Ähnlichkeitsbereich der zum Einsatz kommenden besonderen Markierung mit abdecken, werden von darauf spezialisierten Unternehmen durchgeführt. Dabei werden in elektronisch gespeicherten Datenbeständen mit besonderen Suchalgorithmen alle diejenigen Marken ermittelt, die im entferntesten als „ähnlich" einzustufen sind. Besonderheiten zum Rechtsbestand der ermittelten Marken[213] werden bei diesen Recherchen der Fachunternehmen genauso wenig berücksichtigt, wie andere Besonderheiten, die bei einem Gegenüber von Marken zu berücksichtigen sind[214]. Auch wenn derartige Recherchen durchgeführt werden, ist deshalb die Einholung fachkundigen Rats durch beratende Anwälte unumgänglich.

V. Hinweise für ein erfolgreiches Führen von besonderen Kennzeichen

Mindestens genauso wichtig wie eine sorgfältige Suche nach besonderen Kennzeichen, die sich für den Einsatz im gesamten Gemeinsamen Markt eignen, ist die richtige Führung der gewählten besonderen Bezeichnungen. Dabei zwingen die Entwick-. lungen bei den Markt-

---

209 Das Schaffen eines Indentifizierungsmittels ist jedoch eine der Hauptaufgaben der besonderen Markierung von Angeboten (vgl. dazu im 1. Kapitel, II., 2. mwN).

210 Vgl. hierzu: *Schmieder*, Neues deutsches Markenrecht nach europäischem Standard, NJW 1994, 1241f.).

211 Soll die gewählte, besondere Bezeichnung in der gesamten EU zum Einsatz kommen, so empfiehlt es sich diese Überprüfung in jedem einzelnen Mitgliedsstaat der EU durchzuführen.

212 Vgl. zu den Rechten Dritter oben im 4. Kapitel, III.

213 Beispielsweise eine durch Nichtbenutzung der Marke eventuell eingetretene Löschungsreife der möglicherweise entgegenstehenden Marke.

214 Etwa die Möglichkeit von Abgrenzungen im Bereich der zu kennzeichnenden Waren bzw. Dienstleistungen.

und Kommunikationsbedingungen[215] zu ständigen Anpassungen bei der Markenführung. Dabei sind strategische und verhaltenswissenschaftliche Kenntnisse bei der Markenführung gefordert.

Als zentrale Anforderungen für die Markenführung der Zukunft lassen sich folgende Aspekte herausschälen:

- Manager müssen geeignete Maßnahmen ergreifen, um Marken im Meer der Produkte und Marken und der Vielzahl der Kommunikationsmittel und –medien sichtbar zu machen. Hierbei wird ein entsprechend gestalteter Kommunikationseinsatz eine zentrale Rolle spielen. Der Kampf um eine Stellung in den Köpfen der Kunden wird zum zentralen Erfolgsfaktor werden.

- Die Entwicklung neuer Marken darf nicht ad hoc erfolgen. Sie muß dem Paradigma eines Forschungs- und Entwicklungsprozesses gehorchen, wie er auch bei der Neuproduktentwicklung selbst initiiert wird. Das Branding ist zu professionalisieren, damit durch entsprechende Markierungsarbeit schnell relevante und differenzierende Gedächtnisstrukturen zur neuen Marke bei den Konsumenten aufgebaut werden.

- Die Markenvielfalt verschärft die Notwendigkeit zur Entwicklung klarer und imageprägender Markenpositionierungen. Dazu sind heute mehr den je emotionale Aspekte bei der Suche nach imagerelevanten Eigenschaften für Marken erforderlich. Markenpersönlichkeiten, Markenbeziehungen, Markenbilder und durch Marken aufzubauende Gefühle sind genau zu ergründen, zu analysieren und in Maßnahmen umzusetzen.

- Langfristig erfolgreich können nur solche Marken sein, die den Balanceact zwischen einer kontinuierlichen Markenführung und einer Anpassung an sich verändernde Umweltbedingungen (z.B. Verbraucherwünsche) schaffen. Ein solcher Balanceakt setzt jedoch Kenntnis über die zentralen Werte einer Marke voraus. Auf Basis des bei den Konsumenten vorhandenen Markenwissens lassen sich dann Markenkonstanten ermitteln, die nicht Trends zum Opfer fallen dürfen. Zudem werden gleichzeitig Umsätzungsvariablen herausgeschält, die eine Anpassung an den Zeitgeist ermöglichen.

- Markensteuerung läßt sich häufig nur noch durch eine adäquate Kommunikationssteuerung realisieren. Diese kommunikativen Maßnahmen wiederum dienen dem Aufbau verhaltenswirksamer Gedächtnisstrukturen zur Marke. Gerade bei der herrschenden Informationsüberflutung und dem hohen kommunikativen Rauschen ist hier eine Integration kommunikativer Maßnahmen zwingend erforderlich. Für den Markenaufbau spielt zweifelsfrei die Massenkommunikation mittels klassischer Werbung nach wie vor die wichtigste Rolle. Dennoch gewinnt der gezielte Einsatz nicht-klassischer Kommunikationsmittel (z.B. Event-Maßnahmen und Sponsoring) an Bedeutung.

---

215 Vgl. ausführlich dazu: *Esch/Wicke*, Herausforderungen und Aufgaben des Markenmanagements in *Esch* (Hrsg.), aaO., S. 5f. (12 f.).

- Da der Aufbau neuer Marken unter den herrschenden Markt- und Kommunikationsbedingungen immer aufwendiger, kostenintensiver und riskanter wird, ist die Kapitalisierung einer Marke eine fast zwangsweise zu ergreifende Strategiemöglichkeit. Gerade die Übertragung einer besonderen Kennzeichnung in neue Produktkategorien ist hier ein erfolgversprechendes Konzept. Allerdings dürfen solche Maßnahmen nicht zu einer Verwässerung des Markenimages führen. Sie müssen vielmehr einen Beitrag zur Stärkung der Stammarke leisten. Gerade dies erweist sich vielfach als schwierig.

- Konkurrenz erwächst den Marken nicht nur durch konkurrierende Hersteller und Handelsmarken, sondern teilweise auch durch eigene Marken im Rahmen von Mehrmarkenstrategien. Die zweckmäßige Marktabdeckung mit mehreren Marken setzt ein intensives Positionierungsverständnis voraus. Erst dann kann durch entsprechende Mehrmarkenstrategien eine systematische Marktabdeckung und daraus resultierender erschwerter Marktzugang für Konkurrenten erreicht werden.

- Die Entscheidung zwischen Einzelmarken-, Markenfamilien-, und Dachmarken erweist sich oftmals als schwierig. Oft sind solche Markenstrukturen historisch gewachsen. Sie werden meist als gegeben hingenommen. In dem Maße, wie die Markenkonkurrenz sich verschärft, sind allerdings auch solche Markenstrukturen neu zu überdenken.

- Um Unabhängigkeit von bestimmten Herstellern zu gewinnen, wird es auch für Hersteller sogenannter Halbfertigfabrikate immer wichtiger, ihre Zulieferteile zu markieren. Es ist nachvollziehbar, daß Zulieferer über die stärkere Betonung des eigenen Unternehmens nachdenken, wenn sich ansonsten beispielsweise Automobilfirmen mit Innovationen brüsten, die letztendlich das Werk von Zulieferern wie *Bosch* darstellen.

- In dem Maße, in dem sich die Rahmenbedingungen für Marken ändern, sind auch die Spielregeln für Marken zu überdenken und neue Strategieoptionen zu entwickeln. Markenlizenzierung, die Entwicklung von Systemmarken oder der Aufbau virtueller Marken stellen solche Optionen der innovativen Markenführung dar.

- Hersteller-Handels-Beziehungen werden zunehmend komplexer. Dies liegt nicht zuletzt in dem veränderten Selbstverständnis und der zunehmenden Macht von Handelsunternehmen begründet. Handelsunternehmen verstehen sich selbst als Marke und entwickeln komplexe eigene Handelsmarkensysteme, die schwache Marken aus dem Markt verdrängen. Auch Erfolgsgrößen wie die Markentreue erhalten damit neue Dimensionen: Gemeint ist damit einerseits die Treue gegenüber einer klassischen Herstellermarke, andererseits auch die Treue gegenüber einer Einkaufsstätte. Zudem wird eine erfolgreiche Markenführung gegenüber dem Handel immer schwieriger. Wirksame Strategien von Herstellern basieren oft auf einer entsprechenden Nachfrage durch die Konsumenten oder auf entsprechender Kooperationsfähigkeit mit dem Handel.

- Markenmanagement muß zur Chefsache werden. Da heute in vielen Märkten Marken und weniger bestimmte Produkteigenschaften oder Serviceleistungen über dem Markterfolg entscheiden, müssen Marken entsprechend ernst genommen werden. Dies setzt jedoch auch eine neue organisatorische Verankerung der Marken im Unternehmen voraus. Produktmanager, die in der Regel nur kurz auf einer Marke arbeiten, können die notwendige Kontinuität der Markenführung nicht sicherstellen.

- Damit Marken auch in der strategischen Unternehmensplanung die Beachtung finden, die notwendig ist, sind entsprechende Kennzahlen bei der Unternehmensführung zu intergrieren, die Auskunft über den Erfolgsbeitrag der Marke liefern.

- Das intangible Gut Marke muß als Kontroll- und Steuerungsgrundlage Berücksichtigung finden. Werden entsprechende Messungen zum Erfolg der Markenführung durchgeführt, so kann dies ein erster Schritt weg von kurzfristigen Aktionen hin zu einem langfristigen Denken bedeuten. Dies setzt allerdings Verständnis der Wirkungsmechanismen in der Praxis voraus: Zunächst ändern sich verhaltenswissenschaftliche Größen (z.B. Markenbekanntheit, das Markenimage, das Markenvertrauen, die Markenloyalität) bevor sich quantitative Größen (z.B. Umsatz) ändern. Verhaltenswissenschaftliche Größen stellen somit mit entsprechender Vorlaufzeit sensiblere Meßgrößen als quantitative Größen dar.

- Markenmanager müssen nicht nur für kurzfristige quantitative Erfolgskennzahlen, z.B. Umsatzgrößen belohnt werden, sondern vielmehr für ihre Konsequenz in der Markenführung. Dies impliziert allerdings Erfolgshonorare auf Basis qualitativer Größen, die Aufschluß über den Beitrag von Marketing-Maßnahmen zur Markenstärkung liefern[216].

---

216 Vgl. *Esch/Wicke*, Herausforderungen und Aufgaben des Markenmanagements in *Esch* (Hrsg.), aaO., S. 52 f.

5. Kapitel: Die Grenzen des Einsatzes besonderer Kennzeichen

Der Einsatz besonderer Kennzeichen bietet bei der Vermarktung von Angeboten gegenüber dem Vertrieb von anonymen Angeboten Vorteile[1]. Die auf das Territorium des schutzgewährenden Staates beschränkte Wirkung besonderer Kennzeichen[2] – aber auch die grundsätzlich bestehende Möglichkeit mehrere Marken zur Kennzeichnung von ansonsten identischen Angeboten nebeneinander zu führen[3] – eröffnet für die Verwender besonderer Markierungen Optionen, die einen Einsatz besonderer Kennzeichen besonders interessant erscheinen lassen. Ob die sich damit für den Verwender bietenden Möglichkeiten tatsächlich vorteilhaft sind, wird im fünften Kapitel untersucht:

I. Der Einsatz unterschiedlicher besonderer Kennzeichen bei der Vermarktung ansonsten identischer Produkte

Eine Option des Einsatzes besonderer Kennzeichen ist, in einem Produktbereich mindestens zwei besondere Kennzeichen parallel zu führen. Erfolgt dieses Vorgehen auf nationaler Ebene, wird es als Mehrmarkenstrategie[4] bezeichnet. Diese Strategie läßt sich auch bei einem grenzüberschreitenden Vertrieb einsetzen. Sie wird dann in der Regel als multinationale Markenstrategie[5] bezeichnet. In beiden Fallvarianten können sich Probleme für die Verwender der besonderen Kennzeichen ergeben:

1. Der „zweigleisige Vertrieb"

Eine Mehrmarkenstrategie läßt unterschiedliche Ausprägungen zu. So kann beispielsweise ein einziges Unternehmen, daß diese Strategie verfolgt, ein ganzes Segment mit unterschiedlichen Marken besetzen. So bietet beispielsweise der ausgewiesene Markenartikler *Unilever* Margarine unter den unterschiedlichen Bezeichnungen *Rama, Flora-Soft, SB, Sanella, Bonella, Du Darfst, Becel* und *Lätta* an. Andere Margarinemarken haben daneben kaum Platz. Auch der Waschmittelhersteller *Henkel* bietet direkt miteinander konkurrierende Produkte unter verschiedenen Bezeichnungen (etwa „*PERSIL*" und „*SPEE*") an.

In den lediglich beispielhaft angeführten Fällen besitzen die unterschiedlich gekennzeichneten Produkte in Nuancen unterschiedliche Eigenschaften. So eignet sich „*Sanella*" besonders gut zum Backen, „*Bonella*" zum Braten. „*Du Darfst*" spricht kalorien- und „*Becel*"

---

[1] Vgl. zu den Vorteilen, die eine Vermarktung besonderer Angebote gegenüber einer Vermarktung von anonymer Ware bietet, oben im 1. Kapitel, II.

[2] Zur Territorialität von Kennzeichnungsrechten, oben im 2. Kapitel, I., 1.

[3] Vgl. zur Mehrmarkenstrategie oben im 1. Kapitel, V., 1., b) und zur multinationalen Markenstrategie oben im 1. Kapitel, V., 2., a).

[4] Vgl. zur Mehrmarkenstrategie bereits oben im 1. Kapitel, V., 1., b).

[5] Vgl. zur multinationalen Markenstrategie bereits oben im 1. Kapitel, V., 2., a).

cholesterinbewußte Verbraucher an. Jedes einzelne Angebot bietet damit den Verbrauchern einen besonderen Produktnutzen, der eine Differenzierung der unterschiedlichen Produkte innerhalb des Gesamtmarktes für Margarine rechtfertigt. Auch bei den genannten Waschmitteln kann es sein, daß dem billigeren *„SPEE“* bestimmte Additive fehlen, die beim teureren „Konkurenzprodukt“ *„PERSIL“* zugesetzt werden und die die Wäsche besonders pflegen und/oder ihr einen besonderen Duft verleihen.

Die Verwendung unterschiedlicher Kennzeichen für ansonsten gleiche Angebote durch ein und den selben Hersteller ist rechtlich zulässig: So ist beispielsweise in mehrfacher Hinsicht bereits gerichtlich entschieden worden, daß die Verwendung besonderer Kennzeichen die Verwender nicht dazu zwingt, eine einmal gewählte Qualität beizubehalten[6]. Daraus kann der Schluß gezogen werden, daß – wenn es dem Verwender einer besonderen Kennzeichen bereits überlassen bleibt die Qualität eines einheitlich gekennzeichneten Angebots zu ändern – dieser auch nicht daran gehindert werden kann, unterschiedliche besondere Kennzeichen für qualitativ unterschiedliche Angebote zu verwenden. Auch das zwingende Erfordernis der Bezeichnung bestimmter Waren bei der Schutzrechtsanmeldung (vgl. Art. 26 Abs. I lit. c) GemMVO iVm Regel 2 der DVO, bzw. (für das deutsche Markenrecht) § 32 Abs. II Ziff. 3 MarkenG iVm § 14 MarkenVO) steht dem Führen unterschiedlicher Marken für gleichartige Produkte nicht entgegen. Schließlich dient die Angabe ganz bestimmter Waren und/oder Dienstleistungen bei einer Schutzrechtsanmeldung lediglich dazu, den Schutzbereich der Markenregistrierung zu bestimmen[7]. Die Nennungen im Waren- und Dienstleistungsverzeichnis sind deshalb ganz abstrakt zu betrachten. Keineswegs sind diese Angaben, die als absolutes Anmeldeerfordernis anzusehen sind, auf ein ganz konkretes Angebot bezogen. Es findet sich deshalb auch keine Bestimmung darüber, daß ein Markeninhaber für eine bestimmte Produktgattung nur Inhaber einer einzigen Marke sein darf. Man denke in diesem Zusammenhang allein an den Pharmabereich (Warenklasse 05). Dort wird von einem Unternehmen in der Regel für ein neues Produkt gleich eine ganze Vielzahl neuer Markenanmeldungen getätigt. Diese werden in der Regel von vorneherein ganz allgemein für „Arzneimittel“ angemeldet und nicht für eine ganz spezielle Indikation[8]. Aufgrund der in diesem Bereich existierenden Enge des Markenregisters kann dabei im vorhinein kaum abgeschätzt werden, welche Markenregistrierung nach Abschluß eines arzneimittelrechtlichen Zulassungsverfahrens für welches konkrete Angebot zum Zuge kommen wird.

Die grundsätzliche, rechtliche Zulässigkeit des Führens mehrerer Marken für gleiche Produkte eröffnet jedoch auch die Möglichkeit, daß unterschiedliche besondere Kennzeichen zur Kennzeichnung von Angeboten eingesetzt werden, die sich in ihren speziellen Eigen-

---

6 Vgl. bsplsw. bereits die Reichsgerichtsentscheidungen „Kölnisch Wasser“ (Entscheidung des RG vom 28. Februar 1902, Az.: II 406/01, RGZ 50, 229), „Meißner Porzellan“ (Entscheidung des RG vom 6. Juli 1920, Az.: II 30/20, GRUR 1921, 57) und „SINGER“ (Entscheidung des RG vom 12. Juni 1925, Az.: II 366/24, GRUR 1926, 216).

7 Vgl. dazu *v.Mühlendahl/Ohlgart*, Die Gemeinschaftsmarke, S. 19f. und (beispielsweise) für das deutsche Markenrecht *Fezer*, Markenrecht, § 32, Rdnr. 36.

8 Vgl. dazu bereits den Rat bei der Abfassung der Waren und Dienstleistungsverzeichnisse einen möglichst weiten Bereich abzudecken, der gegebenenfalls im Wege von Vorrechts- und Verpflichtungsvereinbarungen mit den Inhabern von kollidierenden Rechten beschränkt werden kann, oben im 3. Kapitel, II., 1., c).

schaften überhaupt nicht mehr unterscheiden. Dieses Vorgehen wird in der Regel als sog. „zweigleisiger Vertrieb" bezeichnet. Mittels eines „zweigleisigen Vertriebs" können sich für ein Unternehmen zusätzliche Absatzchancen eröffnen. Beispielsweise kann ein im Preis hochpositioniertes Angebot auch auf einer Billigpreisschiene angeboten werden. Als Beispiel dafür könnte der Sektor der Bekleidungsindustrie angeführt werden: Ein namhafter Designer, der Wert auf die Exklusivität seiner Entwürfe legt, tritt im Bereich des Modeversandhandel unter einem völlig unterschiedlichen „Label" auf.

Die Option, die Produkteigenschaften selbst überhaupt nicht zu verändern, sondern den einzigen Unterschied allein im kommunikativen Auftritt des Angebots anzusiedeln, ist bei einer ersten Betrachtung sogar eine reizvolle Variante, den Absatz eines Unternehmens zu erhöhen. Immerhin muß für eine (durchaus mögliche) Steigerung des Gesamtabsatzes nicht ein völlig neues Angebot geschaffen werden. Vielmehr kann ein bereits bestehendes Produkt unverändert, lediglich mit einer anderen Bezeichnung oder einer geänderten Verpackungs- und/oder Farbgestaltung, auf den Markt gebracht werden.

Wie bereits voran geschildert, ist auch der „zweigleisigen Vertrieb" aus rein kennzeichenrechtlicher Sicht gesehen nicht zu beanstanden. Es erscheint zudem auch nicht möglich, den zweigleisigen Vertrieb als solchen mit einem wettbewerbsrechtlichen Irreführungsverbot zu untersagen. Dies gilt sogar dann, wenn erhebliche Preisunterschiede zwischen den qualitativ identischen, jedoch unterschiedlich verpackten und gekennzeichneten Waren bestehen[9]. Dennoch kann, vom Fall des Mißbrauchs von Marktmacht abgesehen, niemandem untersagt werden, seine Ware zu überhöhten Preisen anzubieten. Auch die Tatsache, daß derselbe Hersteller identische Waren mit anderer Verpackung und Kennzeichnung billiger anbietet, begründet weder die Rechtswidrigkeit der überhöhten Preise noch irgendwelche Aufklärungspflichten über die Wareneigenschaften und Warenidentität der zweigleisig vertriebenen Waren[10]. Das wettbewerbsrechtliche Irreführungsverbot greift vielmehr erst dann ein, wenn besondere Umstände hinzukommen. Diese können beispielsweise in der Werbung für die teurere Ware mit dessen Neuheit liegen oder in einer Werbung mit einer nicht gegebenen Exklusivität, beispielsweise einer Alleinstellungswerbung oder ganz allgemein mit einer Werbung unter Herausstellung der besonderen Preiswürdigkeit des Angebots[11].

Der rechtlichen Zulässigkeit eines derartigen Vorgehens steht jedoch eine in der Rechtswirklichkeit bestehende Unsicherheit für die Unternehmen gegenüber. So hat eine Umfrage ergeben, daß rund zwei Drittel der Verbraucher in unterschiedlichen Markierungen von Angeboten einen Hinweis auf unterschiedliche Produkteigenschaften sehen[12]. Bei einem

---

9 So die nahezu einhellige Meinung, vgl. *Baumbach/Hefermehl*, aaO, Einl. Rdnr. 17, § 1 WZG, Rdnr. 19; ebenso der Vortrag der Bundesregierung in der Rechtssache American Home Products zu Art. 30, 36 EGV, (EuGH, Urt. v. 10. Oktober 1978, Rs. 3/78, Slg. 1978, 1823- Centrafarm/American Home Products, GRUR Int. 1979, 99 (102f.)). Anderer Ansicht, allerdings mit sehr eingehender Begründung, *Henning-Bodewig/Kur*, Marke und Verbraucher, Bd. II., S. 421f. (475, 543f., 558).

10 Vgl. *Sack*, Irreführende Werbung mit wahren Angaben, GRUR 1996, 461f.

11 Ausführlich zu den Fallgruppen besonderer Umstände, die zum zweigleisigen Vertrieb hinzutreten und die Wettbewerbswidrigkeit begründen können, *Henning-Bodewig/Kur*, aaO, Bd. II, S. 422f.

12 *Henning-Bodewig/Kur*, Marke und Verbraucher, Bd. I, S. 112f.; *Henning-Bodewig/Kur*, aaO, Bd. II, S. 445f.

„zweigleisigen Vertrieb“, bei dem lediglich der kommunikative Auftritt, nicht aber die Angebotseigenschaften verändert sind, fühlen sich deshalb die Verbraucher regelmäßig über die Preiswürdigkeit der höherpreisigen Ware getäuscht[13]. Dies bedeutet, daß sich massive Probleme für diejenigen Unternehmen ergeben können, die unterschiedliche Kennzeichen auf ansonsten unveränderten Produkten verwenden. Es ist nämlich nicht von der Hand zu weisen, daß die Verbraucher des höherpreisigen Angebots auch die billigere Alternative gewählt hätten, wenn ihnen nur bewußt gewesen wäre, daß diese qualitativ identisch ist und nur anders verpackt bzw. gekennzeichnet wurde[14]. Absolute Voraussetzung für ein Funktionieren einer derartigen Strategie ist damit, daß das entsprechende Vorgehen der Verwender der besonderen Kennzeichen bei den Verbrauchern nicht bekannt wird.

Dies dürfte beispielsweise bei einer parallelen Produktion und Verpackung eines speziellen Markenwaschmittels als „weiße Ware“ gegeben sein, wenn dabei das „Label“ der weißen Ware daneben noch in ganz anderen Produktkategorien angebracht wird. Angespielt wird damit auf einige Handelsmarken wie z.B. *„A&P“* von Tengelmann. Unter dieser Kennzeichnung werden Haushaltswaren, Milchprodukte und/oder Konserven angeboten. Wenn nun – für den Verbraucher nicht erkennbar – unter dieser Handelsmarke ebenfalls *„PERSIL“* zu einem billigeren Preis angeboten werden würde, so würde sich der Verbraucher mit Sicherheit keine Gedanken über die Herkunft dieser Ware aus dem Hause *„Henkel“* machen, sondern sich lediglich über den Preisvorteil bei gleicher Leistung freuen.

Gegenüber den Verwendern besonderer Kennzeichen, die diese Strategie verfolgen wollen, muß dennoch eine deutliche Warnung ausgesprochen werden. Schließlich birgt dieses Vorgehen für die Sicherung des Gesamtabsatzes des Unternehmens das Risiko zumindest des Verlusts derjenigen Käuferschichten, die bislang das hochpreisig positionierte Angebot in Anspruch genommen haben. Die Bereitschaft dieser Verbraucherschichten, einen zusätzlichen Aufpreis für das Exklusivitätssignal, das mit der Verwendung der besonderen Markierung für das hochpreisig positionierte Angebot ausgesendet wird[15], zu entrichten, ist schließlich nicht mehr gegeben, wenn die entsprechende Vorgehensweise des Anbieters bekannt wird. Aber auch der Erhalt der zusätzlich hinzugewonnenen Verbraucherschichten, die das niedrigpreisige Angebot in Anspruch genommen haben, ist nicht gewährleistet. Im Gegenteil: Ein Imageverlust bei den hochpreisigen Offerten wird immer auch einen Kundenverlust bei den übrigen Offerten nach sich ziehen, da das Vertrauen der Verbraucher[16] insgesamt gestört wurde.

Die Verfolgung einer derartigen Strategie kann somit – unabhängig davon, ob die Vermarktung lediglich auf nationaler Ebene oder sogar bei einem EU-weiten Vertrieb erfolgen soll – nur in den Fällen angeraten werden, in denen die Preisdifferenz nicht erheblich ist oder eine zusätzliche Differenzierung in den tatsächlichen Eigenschaften des Angebots erfolgt.

---

13 Bei erheblichen Preisdifferenzen „ärgern“ sich über 90 %, so *Henning-Bodewig/Kur*, aaO, Bd. I, S. 113, *Henning-Bodewig/Kur*, aaO, Bd. II, S. 558f.

14 Vgl. *Henning-Bodewig/Kur*, aaO, Bd. I., S. 112f.,

15 Vgl. zum Exklusivitätssignal, das mit der Verwendung besonderer Kennzeichen ausgesendet wird, oben im 1. Kapitel, II., 3.

16 Beispielsweise in das Qualitätsversprechen, das mit der besonderen Kennzeichnung der Angebote zum Ausdruck gebracht werden soll, vgl. dazu bereits im 1. Kapitel, II., 2.

2. Der Einsatz unterschiedlicher besonderer Kennzeichen bei einer Vermarktung in mehreren Ländern

Die grundsätzlich territorial beschränkte Gültigkeit von Rechten an besonderen Markierungen[17] drängt den Verwendern besonderer Kennzeichen zudem die Versuchung auf, mittels des Einsatzes von von Land zu Land unterschiedlichen, besonderen Markierungen Einfluß auf den Vertrieb bzw. den Weitervertrieb der gekennzeichneten Angebote zu nehmen.

Betriebswirtschaftliche Zielsetzung einer derartigen Vorgehensweise ist dabei regelmäßig, auf unterschiedlichen Märkten ein unterschiedliches Preisniveau durchzusetzen. Ein derartiges Vorhaben könnte jedoch empfindlich dadurch gestört werden, daß andere Unternehmen die Ware auf dem billigeren Markt erwerben, um diese auf dem höherpreisigen Markt zu veräußern und dabei die Gewinne, die eigentlich das produzierende Unternehmen gerne selber erzielen möchte, in die Taschen der lediglich handeltreibenden Unternehmen umleiten. Die Idee, die hinter der Abwehr derartiger Versuche von Drittunternehmen unter Einsatz besonderer Kennzeichen stehen könnte, ist nunmehr, daß für jedes einzelne Land eine gesonderte, besondere Kennzeichnung verwendet wird[18]. Bei einer konsequenten Verfolgung einer derartigen Strategie könnte damit zumindest theoretisch erreicht werden, daß Dritte nicht die für den Markt des Reimportlandes eingeführte Bezeichnung verwenden können, da sie dort auf die geschützte Bezeichnung treffen würden.

Der Einsatz von Land zu Land unterschiedlichen, besonderen Markierungen, mit dem Ziel, dadurch den Vertrieb der markierten Angebote zu kontrollieren, ist jedoch für die Verwender besonderer Kennzeichen ebenfalls kein gangbarer Weg. In diesem Fall liegen die der Verfolgung dieser Strategie entgegenstehenden Schranken des Einsatzes besonderer Kennzeichen eindeutig im rechtlichen Bereich.

Ein derartiger Fall wurde nämlich bereits vom EuGH zu Lasten des Verwenders der unterschiedlichen besonderen Markierungen entschieden. Der „Centrafarm./.American Home Products“-Entscheidung[19] lag dabei der nachfolgend beschriebene (vereinfacht dargestellte) Sachverhalt zugrunde:

Die Klägerin, die American Home Products Corporation (nachfolgend AHPC), ist Inhaberin einer BeNe-Lux Markenregistrierung für „SERESTA“. Die Marke genießt Schutz für Waren der Klasse 05 (Pharmazeutische Produkte). In Großbritannien ist die AHPC Inhaberin der Marke „Serenid D“. Beide Marken werden in den jeweiligen Ländern zur Kennzeichnung eines Heilmittels mit dem Wirkstoff „Oxazepam“ benutzt. Die Zusammensetzung beider Arzneimittel ist nicht völlig dieselbe; insbesondere besteht ein Geschmacksunterschied.

Die Beklagte, die Fa. Centrafarm, erwarb in Großbritannien das Arzneimittel „Serenid D“ und brachte es in den Niederlanden unter der Bezeichnung „SERESTA“ auf den Markt.

---

17 Vgl. zur Territorialität von Rechten, die sich aus der Verwendung besonderer Kennzeichen ergeben, oben im 2. Kapitel, I., 1.

18 Diese Idee entspricht der Verfolgung einer multinationalen Markenstrategie. Vgl. dazu oben im 1. Kapitel, V., 2., a).

19 EuGH, Urteil v. 10. Oktober 1978, Rs 3/78, Slg. 1978, 1823 - Serenid-Seresta oder Centrafarm/American Home Products, GRUR Int. 1979, 99f.

Die AHPC verfuhr mithin in diesem Fall genau wie zuvor beschrieben. Sie setzte auf unterschiedlichen nationalen Teilmärkten der EU unterschiedliche besondere Kennzeichen zur Vermarktung von Produkten ein, die im wesentlichen gleich waren. Gegen die Verwendung ihrer Benelux-Marke für das von ihr selbst hergestellte, jedoch unter einer anderen Bezeichnung auf den Markt gebrachte Erzeugnis setzte sie sich unter Berufung auf die ihr zustehenden nationalen Markenrechte zur Wehr.

Unter Bezugnahme auf den *spezifischen Gegenstand des Warenzeichenrechts* und der *Hauptfunktion des Warenzeichens* beantwortet der EuGH die ihm vom Präsident der Arrondissementsrechtbank Rotterdam vorab zur Entscheidung vorgelegten Fragen[20] dahingehend, daß es

[...] im Sinne des Art. 36 Satz 1 EWGV gerechtfertigt [ist], wenn sich der Inhaber eines in einem Mitgliedsstaat geschützten Warenzeichens dagegen zur Wehr setzt, daß eine Ware von einem Dritten unter diesem Warenzeichen auf den Markt gebracht wird, selbst wenn diese Ware zuvor in einem anderen Mitgliedsstaat unter einem anderen, dort demselben Inhabern zustehenden Warenzeichen rechtmäßig in den Verkehr gebracht worden ist.

Der EuGH erkannte damit zunächst sogar an, daß es

(20) [...] legitime Gründe für den Hersteller einer Ware geben kann, in mehreren Mitgliedsstaaten unterschiedliche Warenzeichen für die gleiche Ware zu verwenden.

In der Entscheidung des EuGH klingt dabei an, daß ein legitimer Grund für eine Verwendung von Land zu Land unterschiedlichen Bezeichnungen beispielsweise darin liegen kann, daß eine einheitliche Kennzeichnung der Angebote ausscheidet, weil in manchen Ländern ältere Rechte existieren, die dort der Verwendung einer einheitlichen Bezeichnung entgegenstehen[21]. Ob dies in dem zu entscheidenden Fall der alleinige Grund für die Vorgehensweise der AHPC war, konnte nicht endgültig geklärt werden. Für den EuGH drängte sich deshalb der Verdacht auf, daß der Verwendung der von Land zu Land unterschiedlichen Bezeichnungen für ein im wesentlichen identisches Arzneimittel andere Motive, nämlich eine künstliche Abschottung nationaler Märkte, zugrunde lagen.

Die zunächst festgestellte Zulässigkeit des Vorgehens der AHPC wird deshalb im zweiten Teil der Antwort des EuGH erheblich relativiert. Dort heißt es nämlich:

Ein solches Verhalten kann jedoch eine verschleierte Beschränkung des Handels zwischen den Mitgliedsstaaten im Sinne von Art. 36 Satz 2 des Vertrages darstellen, wenn der Inhaber nachweislich

---

20 Die hier maßgebliche Vorlagefrage lautete (umformuliert): Hindern die Vorschriften des EWG-Vertrages über den freien Warenverkehr den Zeicheninhaber, für den für eine bestimmte Ware im Mitgliedsstaat A ausschließlich das Warenzeichen X und im Mitgliedsstaat B das Warenzeichen Y eingetragen ist, unbeschadet der Bestimmungen des Art. 36 EWG-Vertrag daran, sich mit rechtlichen Maßnahmen des Landes X dagegen zur Wehr zu setzen, daß ein anderer die mit dem Warenzeichen B versehenen Waren, die vom anspruchsstellenden Unternehmen selbst im Land Y in den Verkehr gesetzt wurden, im Land X unter dem Warenzeichen A in den Verkehr bringt?

21 Vgl. zu entgegenstehenden Rechten Dritter bzw. den sich daraus ergebenden Konsequenzen bereits oben im 4. Kapitel, III. und im 4. Kapitel, IV., 4., c).

unterschiedliche Warenzeichen für die gleiche Ware mit dem Ziel verwendet, die Märkte künstlich abzuschotten.

Der EuGH findet damit einen Weg, den Bestand der gewerblichen Schutzrechte nicht anzutasten (Art. 295 EWGV), jedoch die Ausübung der Rechte, die den gewerblichen Schutzrechten entspringen, als eine verschleierte Beschränkung des Binnenhandels im Sinne von Art 36 Satz 2 EWGV zu verbieten. Eine verschleierte Beschränkung des Binnenhandels der Gemeinschaft im Sinne der vorgenannten Bestimmungen sieht der EuGH darin, daß

(22) [...] der Inhaber sich gegen eine nicht genehmigte [der EuGH will damit zum Ausdruck bringen, daß die entsprechende Verwertungshandlung nicht vom spezifischen Gegenstand des Rechts aus der Verwendung einer besonderen Bezeichnung bzw. als deren Hauptfunktion gedeckt ist] Verwendung des Warenzeichens durch einen Dritten zur Wehr setzt.

Die entsprechende Wertung des EuGH wurde zuletzt in der „Loendersloot/Ballantine"-Entscheidung des EuGH wiederholt[22]. Gegenüber dem voranstehend beschriebenen Sachverhalt war der Fall dabei (geringfügig) anders gelagert: Das importierende Unternehmen entfernte die von der Kennzeichnungsberechtigten angebrachten besonderen Kennzeichnungen, modifizierte diese (die Veränderung lag darin, daß eine Kontrollziffer, die auf der Rückseite des Etiketts angebracht war, entfernt wurde) und brachte dann die besonderen Kennzeichen wieder auf dem ansonsten unveränderten Produkt an. Es wurden folglich keine von Land zu Land unterschiedlichen Kennzeichen verwendet. Dennoch bekräftigte der EuGH abermals seine Rechtsprechung, nach der sich ein Markeninhaber jeder Benutzung der Marke widersetzen kann, welche die Hauptfunktion der Marke - die Herkunftsgarantie - beeinträchtigt[23]. Er wies jedoch auch in diesem Fall darauf hin, daß Art. 36 EWGV dem Markeninhaber nicht dazu ermächtigt, sich der Wiederanbringung der Marke zu widersetzen, wenn die Geltendmachung der Markenrechte zu einer künstlichen Abschottung der Märkte zwischen den Mitgliedsstaaten beiträgt[24].

Zu den Fällen des Gebrauchs unterschiedlicher, besonderer Kennzeichen in den einzelnen Mitgliedsstaaten hat der EuGH schließlich im Verfahren Pharmacia & Upjohn ./. Paranova[25] Stellung nehmen können. Diesem Fall lag der nachfolgend wiedergegebene Sachverhalt zugrunde:

Der Kläger, der international agierende Upjohn-Konzern, vertrieb ein Antibiotikum namens Clindamycin in verschiedenen Formen in der Gemeinschaft. Er benutzte hierzu in Dänemark, Deutschland und Spanien die besondere Kennzeichnung „Dalacin", in Frankreich die besondere Markierung „Dalacine" und in den übrigen Mitgliedsstaaten die Marke „Dalacin C". Die Verwendung von Land zu Land unterschiedlicher Kennzeichen wurde insbesondere damit begründet, daß im Jahre 1968 mit einer dritten Firma eine internationale Vorrechtsvereinbarung abgeschlossen wurde, die den Upjohn-Konzern dazu ver-

---

22 EuGH, Urt. v. 11. November 1997, Rs. C-349/95 - Frits Loendersloot/Georg Ballantine & Son Ltd. u.a., EuZW 1998, 16.

23 EuGH, Urt. v. 11. November 1997, Rs. C-349/95 - Frits Loendersloot/Georg Ballantine & Son Ltd. u.a. (Entscheidungsgründe 24 und 25), EuZW 1998, 16; Vgl. auch EuGH, Urt. v. 3. Dezember 1981, Rs 1/81, Slg. 1981, 2913 - Pfizer (Entscheidungsgrund 21 und 22), NJW 1982, 1210.

24 Vgl. dazu auch *Montag*, Die Entwicklung des Europäischen Gemeinschaftsrechts, NJW 1998, 2088f.

25 EuGH , Urt. v. 12. Oktober 1999, Rs. C-379/97 – Pharmacia & Upjohn ./. Paranova; WRP 1999, 1264.

pflichtete die Marke „Dalacin" lediglich mit weiteren Zusätzen, wie „C" (oder anderen Zusätzen) zu verwenden. Nachdem der Upjohn-Konzern in einigen Ländern Schwierigkeiten bei der Eintragung der Marke „Dalacin C" hatte, gestattete der Dritte in diesen Ländern auch die Benutzung der Marke „Dalacin".

Die Beklagte, die Paranova A/S, kaufte in Frankreich die Medikamente der Klägerin (unter der Bezeichnung „Dalacine"), die in Packungen zu 100 Stück abgepackt waren und dort vom Upjohn-Konzern selbst in den Verkehr gebracht wurden. Die so gekennzeichnete Ware sollte vom Beklagten in Dänemark unter der dort üblichen Verwendung der Bezeichnung „Dalacin" auf den Markt gebracht werden. Auch in Griechenland wurden die Präparate der Klägerin, die dort unter der Bezeichnung „Dalacin C" vertrieben wurden, gekauft, von der Beklagten umverpackt und in Dänemark unter der Marke „Dalacin" vertrieben. Dagegen wandte sich die Klägerin.

Die Besonderheit dieses Falles, in denen wiederum die Rechte, die aus der Registrierung unterschiedlicher nationaler Kennzeichnungsrechte fließen, dazu benutzt wurden nationale Märkte innerhalb des Gemeinsamen Marktes gegeneinander abzuschotten, lag nunmehr darin, daß dem Kennzeichnungsberechtigten besondere Rechtfertigungsgründe für die von Land zu Land unterschiedliche Kennzeichnung zustanden. Weitere Besonderheit dieses Falles war, daß der Beklagte – nach einem erfolgten Umverpacken der Ware – nicht wieder die selben Kennzeichen des Kennzeichenberechtigten anbrachte, sondern andere, die jedoch für den selben Kennzeichnungsberechtigten im betreffenden Land geschützt waren.

Der EuGH stellte fest, daß zwischen dem Wiederanbringen einer Marke nach erfolgtem Umverpacken und der Ersetzung der ursprünglichen Marke durch eine andere kein sachlicher Unterschied besteht, der es rechtfertigen würde den Begriff der künstlichen Marktabschottung im Sinne der Art. 30, 36 (jetzt 28, 30) EGV unterschiedlich anzuwenden. Schließlich würde die Verwendung unterschiedlicher Verpackungen und die Benutzung unterschiedlicher Marken für das gleiche Produkt gleichermaßen zur Abschottung eines einheitlichen Marktes führen und damit gleichermaßen den innergemeinschaftlichen Handel beeinträchtigen. Zudem stellt die Wiederanbringung der ursprünglichen Marke auf dem umgepackten Produkt ebenso wie deren Ersetzung durch eine andere Marke eine Benutzung einer nicht dem Parallelimporteur gehörenden Marke dar. Soweit nunmehr das Markenrecht des Einfuhrmitgliedsstaates (hier: Dänemark) dem Markeninhaber erlaubt, sich der Wiederanbringung der Marke nach Umverpacken oder deren Ersetzung zu widersetzen, und soweit der Parallelimporteur zum Umpacken mit erneuter Anbringung der Marke oder zur Ersetzung gezwungen ist, um die Ware im Einfuhrmitgliedsstaat vertreiben zu können, so liegt ein Hemmnis für den Binnenhandel innerhalb der Gemeinschaft vor, daß zu einer künstlichen Abschottung der Märkte zwischen den Mitgliedsstaaten führt. Dies sei sogar unabhängig davon, ob vom Kennzeichnungsberechtigten die Abschottung angestrebt wurde oder nicht[26].

Die Rechtsprechung des EuGH wurde zwischenzeitlich in die Rechtsprechung der Instanzgerichte übernommen[27].

---

[26] Dies hat zusätzlich den praktischen Vorteil für die Gerichte, daß nicht über die Absicht Beweis zu erheben ist.

[27] Vgl. OLG Frankfurt am Main, Urteil vom 25. November 1999 – 6 U 19/98 – Ciprobay, WRP 2000, 212f.

Da in der parallelen Verwendung von unterschiedlichen besonderen Kennzeichen für (auch nur fast) identische Angebote, ohne daß besondere, weitere Umstände hinzutreten, eine künstliche Abschottung der Märkte zu erkennen ist, stellt dieses Vorgehen ebenfalls keinen gangbaren Weg bei der Vermarktung von Angeboten unter Verwendung besonderer Kennzeichen im Gemeinsamen Markt dar.

II. Die Kontrolle des Vertriebsweges mittels des Einsatzes besonderer Kennzeichen

Der ausschließliche Charakter eines Rechts an besonderen Kennzeichen[28] verleitet schließlich auch dazu, Versuche zu unternehmen, mittels des Einsatzes besonderer Markierungen den Vertriebsweg der gekennzeichneten Ware insgesamt zu kontrollieren. Im Vordergrund des Interesses der Verwender der besonderen Kennzeichnungen steht dabei die Vermeidung eigener wirtschaftlicher Nachteile, die vornehmlich durch die Störung von Vertriebsbindungssystemen entstehen können.

1. Vertragliche Vertriebsbindungssysteme

Vertragliche Vertriebsbindungssysteme sind vertikale Kooperationsstrategien zwischen Industrie und Handel. Vertriebsbindungsvereinbarungen regeln die Rahmenbedingungen des Warenvertriebs. Das vertriebsbindende Unternehmen bestimmt dabei gegenüber dem vertriebsgebundenen Unternehmen den weiteren Absatzweg der gelieferten Waren, die Gegenstand der Vertriebsbindung sind[29]. Seit den 80er Jahren ist das grundsätzliche Recht eines jeden Herstellers, eigene Absatzstrategien zu entwickeln und diese mit allen Mitteln vertikaler Vertriebsbindungen durchzusetzen, als Teil der Wettbewerbspolitik anerkannt[30]. Es gehört zum Wesen der Marktwirtschaft, daß ein Unternehmen seine Vertragspartner frei wählen und seine Vertriebswege nach eigenen Zweckmäßigkeitsüberlegungen gestalten kann. Vertriebsbindungen sind damit Teil von Marketing-Strategien für Markenwaren. Sie stehen in einem engen Zusammenhang mit den Produkteigenschaften der vertriebsgebundenen Waren, der Produktwerbung und der Public Relations des vertriebsbindenden Unternehmens, sowie zum Marken-Image und dem Goodwill des Unternehmens[31].

---

28 Vgl. zum ausschließlichen Charakter der Rechte an besonderen Kennzeichen, oben im 4. Kapitel, III., 1.

29 Vgl. aus wirtschaftswissenschaftlicher Sicht: *Ahlert*, Vertragliche Vertriebssysteme zwischen Industrie und Handel, 1981; *ders.* Die Bedeutung des vertraglichen Selektivvertriebes für den freien Wettbewerb und die Funktionsfähigkeit von Märkten, WRP 1987, 215f. Zum nationalen Recht: *Beier*, Der Schutz selektiver Vertriebsbindungen gegenüber Außenseitern – Die Lückenlosigkeit in Theorie und Praxis, GRUR 1987, 131f., zum europäischen Recht: *Czarnetzki*, Selektive Vertriebssysteme in der europäischen Union, 1997; *Hermanns*, Selektiver Vertrieb nach europäischen Wettbewerbsrecht, WRP 1978, 172f., *Piriou*, Selektiver Vertrieb und die Wettbewerbsregeln der EG, GRUR Int. 1980, 321f., 407f.

30 Vgl. dazu die Stellungnahme der Bundesregierung zum Bericht des BKartA über seine Tätigkeit in den Jahren 1983/84, sowie über die Lage und Entwicklung auf seinem Aufgabengebiet, BT-Drucks. 10/3550, S. V.

31 Vgl. *Fezer*, Wettbewerbsrechtlicher und markenrechtlicher Bestandsschutz funktionsfähiger Distributionssysteme selektiven Vertriebs vor Außenseiterwettbewerb, GRUR 1999, 99f.

Wirtschaftliche Nachteile für Vertriebsbindungssysteme ergeben sich durch Außenseiterwettbewerb. Bei einem grenzüberschreitenden Handel ist dabei vornehmlich die Paralleleinfuhr von Markenartikeln zu nennen. Das Problem eines Parallelimportes ergibt sich immer dann, wenn in verschiedenen Ländern gleiche Angebote zu unterschiedlichen Preisen auf den Markt gebracht werden. Eine solche Situation begründet für Dritte regelmäßig den Anreiz, das zwischenstaatliche Preisgefälle durch den Import der jeweils preisgünstigeren Produkte auszubeuten[32].

In diesem Zusammenhang stellt sich die Frage, ob der Inhaber eines Rechts an einer besonderen Bezeichnung solchen Importen „originaler" Waren und Erzeugnisse seine Kennzeichenrechte entgegenhalten kann. Immerhin kann bei der Paralleleinfuhr von Markenwaren das Interesse am Ruf der eigenen Marke berührt sein. Dies wäre regelmäßig dann der Fall, wenn die Qualität der parallel importierten Waren den Besonderheiten eines ausländischen Marktes angepaßt ist. Hinzu kommt, daß die ökonomische Zielsetzung von Vertriebsbindungsvereinbarungen vornehmlich dahingeht, die tatsächlichen Verhältnisse im Umfeld des Angebots der vertriebsgebundenen Waren auf dem Markt zu optimieren. Aus dieser wettbewerbspolitischen Sichtweise sind deshalb selektive Vertriebsbindungen auch als kooperative Instrumente einer Absatzstrategie zu verstehen, die die Intensität des Wettbewerbs auf dem Markt der vertriebsgebundenen Waren zu fördern in der Lage sind[33].

Jeder Vertriebswegkontrolle steht jedoch ein volkswirtschaftliches Interesse an einer günstigen Versorgung mit Gütern entgegen. Dieses Interesse könnte durch Parallelimporte befriedigt werden[34]. Es liegt schließlich auf der Hand, daß der Parallelhandel den Wettbewerb erhöht, was sich für die Verbraucher in Form von niedrigeren Preisen niederschlägt. Es könnte deshalb sinnvoll und geboten sein, keine Vertriebswegekontrolle zuzulassen. Fraglich ist deshalb, ob die Intensivierung des Wettbewerbs zwischen den Marken (Inter-brand-Wettbewerb) eine mögliche Beschränkung des Wettbewerbs zwischen den Anbietern der gleichen Marke (Intra-brand-Wettbewerb) egalisieren kann. In Zusammenhang mit dem Einsatz von besonderen Kennzeichen auf dem gemeinsamen Markt stellt sich die Frage, ob es zulässig sein soll unter Berufung auf die Ausschließlichkeitsrechte aus besonderen Kennzeichen einen Einfluß auf den (Weiter)-Vertrieb von gekennzeichneter Ware nehmen zu können.

2. Vertriebswegkontrolle mittels besonderer Kennzeichen auf nationaler Ebene (Betrachtung der Rechtslage in Deutschland)

In Deutschland hatten sich die Gerichte schon sehr früh mit Fällen zu befassen, in denen die Verwender besonderer Kennzeichen versuchten, Einfluß auf den Vertrieb der von ihnen gekennzeichneten Ware zu nehmen:

---

32 Vgl. EuGH, Urt. v. 11. November 1997, C-349/95 - Loendersloot/Ballantine, Mitt. 1997, 404 - Neuetikettierung von Whiskyflaschen.

33 Vgl. *Fezer*, aaO, GRUR 1999, 99f.

34 Dies gilt insbesondere für geringer entwickelte Staaten.

a) Die „Kölnisch Wasser"-Entscheidung des Reichsgericht (Begründung der Lehre der Erschöpfung von Kennzeichnungsrechten)

Erstmalig hatte sich das Reichsgericht im Jahre 1902 mit einem Sachverhalt zu befassen, in dem der Verwender einer besonderen Kennzeichnung den Versuch unternahm, die von ihm eingesetzten Angebotsmarkierungen dazu zu verwenden, den Vertrieb seiner Ware zu kontrollieren. Der „Kölnisch Wasser"-Entscheidung des Reichsgericht[35] lag dabei folgender Sachverhalt zugrunde:

Die Klägerin stellte „Kölnisch Wasser" her und vertrieb dieses über ein Händlernetz. Sie verpflichtete dabei alle Abnehmer, den Weiterverkauf des besonders gekennzeichneten Produkts nur zu einem vorgeschriebenen Preis vorzunehmen, und machte dies zur Bedingung des Weiterverkaufs der von ihr hergestellten und gekennzeichneten Ware. Der Beklagte erwarb rechtmäßig von der Klägerin die mit dem eingetragenen Warenzeichen gekennzeichnete Ware und verkaufte die unveränderte Ware unter Beibehaltung der besonderen Kennzeichnung unter dem von der Klägerin vorgeschriebenen Preis. Die Klägerin nahm daraufhin die Beklagte auf Unterlassung in Anspruch.

Das Reichsgericht entschied in diesem Fall, daß der Inhaber eines eingetragenen Warenzeichens aufgrund seines Warenzeichenrechtes den weiteren Vertrieb von Waren, die er selbst mit seinem Zeichen versehen und so in den Verkehr gesetzt hat, weder untersagen noch beschränken könne[36]. In der Begründung seiner Entscheidung führte das Reichsgericht dazu aus[37]:

[...] das Warenzeichen [dient] nur zur Unterscheidung der Waren des Zeicheninhabers von den Waren anderer; es ist lediglich Ursprungs- oder Unterscheidungsmerkmal, das nur den Zweck hat, Verwechslungen der Waren des Zeicheninhabers mit den Waren anderer zu verhüten, aber nicht dazu bestimmt ist, rechtswidrige Verfügungen über die durch das Zeichen geschützte Ware zu verhindern. Dafür daß das Warenzeichen noch einem anderen Zweck als dem der Unterscheidung dienen soll und daß der Eingetragene kraft seines Zeichenrechts berechtigt sei, den Abnehmern der von ihm mit dem Zeichen versehenen und so in Verkehr gesetzten Ware Beschränkungen hinsichtlich des weiteren Vertriebes der Ware, insbesondere durch Fixierung des Verkaufspreises, aufzuerlegen, enthält das Gesetz keinen Anhaltspunkt.[...]

Das Reichsgericht hatte sich bei dem zu entscheidenden Sachverhalt jedoch auch mit dem Einwand des Klägers auseinanderzusetzen, daß sich das ausschließliche Recht des Zeicheninhabers nach dem damaligen Wortlaut des Gesetzes auf jedes Inverkehrbringen, also auch auf den Weitervertrieb der vom Kennzeichnungsberechtigten selbst in den Verkehr gebrachte Originalware; erstreckte. Diesem Einwand begegnete das Reichsgericht mit einer

---

35 Urteil des II. Zivilsenats des Reichsgerichts vom 28. Februar 1902 (Az.: II. 406/01), RGZ 50, 229 - Kölnisch Wasser.

36 Zum Zeitpunkt des Erlasses dieses Urteils herrschte in Deutschland noch die Vorstellung eines universalen Charakters des Kennzeichnungsrechtes vor. Geht man von der Natur der besonderen Kennzeichnung als universalem Individualrecht aus, so entspricht es dem Wesen dieses Rechts, daß sämtliche Handlungen des Rechtsinhabers, die dieser in bezug auf das ihm eingeräumte Recht selbst ausübt, beachtlich sind. Aufgrund dieser Annahme wurde davon ausgegangen, daß der Rechtsinhaber das Recht durch seine eigenen Handlungen auch ganz zum Erlöschen bringen kann.

37 RGZ 50, 229 (231f.).

dogmatischen Konstruktion, die die Lehre der „Erschöpfung" der Rechte aus der Verwendung besonderer Kennzeichen begründete. Das Reichsgericht führte aus[38]:

Nach § 12 [des Gesetzes zum Schutz der Warenbezeichnung vom 12. Mai 1894] hat die Eintragung eines Warenzeichens die Wirkung, daß dem Eingetragenen ausschließlich das Recht zusteht, Waren der angemeldeten Art oder deren Verpackung oder Umhüllung mit dem Warenzeichen zu versehen, die so bezeichneten Waren in Verkehr zu setzen, sowie auf Ankündigungen etc. das Zeichen anzubringen. [...] Ist [...] eine Ware, sei es von dem Eingetragenen selbst oder von einem hierzu ermächtigten Dritten, objektiv rechtmäßig mit dem Zeichen versehen und so in Verkehr gesetzt, so ist damit die Wirkung des Zeichenrechts erschöpft. [...]

Der so zunächst für das damalige Warenzeichenrecht formulierte Erschöpfungsgrundsatz wurde später auch für andere gewerbliche Schutzrechte[39] und das Urheberrecht[40] anerkannt.

b) Die „Mariani"-Entscheidung des Reichsgerichts (Begründung der Rechtsprechung zur internationalen Erschöpfung)

Neben diesem, auf einen Staat beschränkten Sachverhalt, hatten sich die Gerichte auch mit Handlungen des Kennzeichnungsberechtigten zu beschäftigen, die dieser im Ausland vornahm. Insbesondere ging es dabei um die Behandlung eines Inverkehrsetzens gekennzeichneter Ware, außerhalb des Hoheitsbereiches des schutzgewährenden Staates durch den Kennzeichnungsberechtigten selbst bzw. durch einen von diesem zur Inverkehrsetzung Ermächtigten. Interessant war dabei die Frage, ob auch diese, im Ausland vorgenommene Handlung, für den weiteren Vertrieb der Ware im Inland beachtlich ist. Wäre dies nicht der Fall, so könnten die Verwender besonderer Kennzeichen einen Reimport von gekennzeichneter Ware, die im Ausland in den Verkehr gebracht wurde, verhindern. Die Rechte aus besonderen Kennzeichen könnten damit zu wirksamen Instrumenten gemacht werden, zumindest einen landesunterschiedlichen Vertrieb von Markenware zu kontrollieren.

Schon zwei Monate nach der grundlegenden „Kölnisch-Wasser"-Entscheidung konnte das Reichsgericht - in der „Mariani"-Entscheidung[41] - die zunächst national begründete Erschöpfungslehre auch für diejenigen Fälle für anwendbar erklären, in denen die Ware im Ausland in Verkehr gebracht worden war. Der entsprechenden Entscheidung des Reichsgerichts lag nachfolgend dargestellter Sachverhalt zugrunde:

Die Klägerin, eine deutsche Fa. „Mariani-Wein-Gesellschaft", importierte aus Frankreich dort hergestellten „Mariani-Wein" (ein Gesundheitsgetränk) einer französischen Gesellschaft. Diese war Inhaberin von sowohl französischen als auch deutschen Rechten an der Bezeichnung „Mariani". An den deutschen Rechten der französischen Gesellschaft wurde der Klägerin eine ausschließliche Lizenz einge-

---

[38] RGZ 50, 229 (231f.).

[39] So ausdrücklich für das Patent: Vgl. Urteil des I. Zivilsenats des Reichsgericht vom 26. März 1902 (Az.: I 403/01), RGZ 51, 139 - Guajakol-Karbonat.

[40] Urteil des I. Zivilsenats des Reichsgerichts vom 16. Juni 1906 (Az.: I 5/06), RGZ 63, 394 - König's Kursbuch.

[41] Urteil des II. Zivilsenats des Reichsgerichts vom 2. Mai 1902 (Az.: II. 45/02), RGZ 51, 263 - Mariani.

räumt. Der Beklagte vertrieb in Deutschland, in französischer Verpackung, von der französischen Gesellschaft hergestellten und gekennzeichneten „Vin Mariani", der von einem französischen Großhändler bezogen wurde. Die Klägerin begehrte Unterlassung des weiteren Verkaufs des „Vin Mariani" in Deutschland.

In Fortentwicklung der Rechtsprechung aus dem „Kölnisch-Wasser"-Urteil wies das Reichsgericht die geltend gemachten Ansprüche der Klägerin auf Unterlassung aufgrund der vom Kennzeichnungsberechtigten selbst, aber nunmehr im Ausland vorgenommenen Handlungen zurück. Hierzu das Reichsgericht[42]:

[...] Für das deutsche Zeichenrecht ist [...] davon auszugehen, [...] daß auch die weitere Verbreitung einer mit dem Zeichen objektiv rechtmäßig versehenen und erstmals so in den Verkehr gesetzten Ware [eine] [...] Ausübung des Zeichenrechtes darstellt und daß daher der Dritterwerber einer objektiv rechtmäßig mit dem Zeichen versehenen und erstmals so in den Verkehr gesetzten Ware dadurch allein schon bei deren Weiterverbreitung zeichenrechtlich gedeckt ist. In Anwendung dieser Auffassung hat der erkennende Senat in dem Urteile vom 28. Februar 1902 [Kölnisch Wasser-Entscheidung [43]] gegen den Zeicheninhaber erkannt, daß die diesem zustehenden Befugnisse aus dem Zeichenrechte gegen einen späteren Erwerber der Ware erschöpft seien, wenn eine Ware, sei es von dem Eingetragenen selbst, sei es von einem hierzu ermächtigten Dritten, objektiv rechtmäßig mit dem Zeichen versehen und so in den Verkehr gesetzt ist, und daß das Zeichenrecht keinen besonderen Schutz in Ansehung derjenigen Verträge gewähre, welche der Zeicheninhaber über den weiteren Vertrieb der von ihm mit dem Zeichen versehenen und so in den Verkehr gesetzten Waren mit seinem Abnehmer abschließt. Aus jener Auffassung ergibt sich unmittelbar noch die weitere Folge, daß der Dritterwerber sich gegen Angriffe Dritter aus einem Zeichen-, Firmen- oder Namensrechte zu seiner Verteidigung darauf berufen kann, daß die von ihm weiterverbreitete Ware zeichenrechtlich geschützt sei, und daß ihm auch hier Einwendungen aus Verträgen obigen Inhalts zwischen dem Zeicheninhaber und dessen Abnehmer nicht entgegengehalten werden können [...].

Mit dieser Entscheidung des Reichsgerichts wurde nach allgemeiner Ansicht in Deutschland die Lehre der weltweiten Erschöpfung von Markenrechten begründet.

Die Entscheidung, die insgesamt zu einem folgerichtigen Ergebnis kommt, ist allerdings dahingehend zu kritisieren, daß ein und dieselbe Handlung des Kennzeichnungsberechtigten, nämlich das nach französischem Recht zulässige, dinglich beschränkte Inverkehrbringen von Markenware in Frankreich, doppeltem Recht mit unterschiedlicher Rechtsfolge unterworfen wurde. Einmal wurde diese Handlung nach französichen Recht beurteilt, welches das dinglich beschränkte Inverkehrbringen von Markenware in Frankreich als zulässig erachtete. Zum anderen wurde eben diese identische Handlung nach deutschen Recht betrachtet mit dem Ergebnis, daß die Handlung für die Anwendbarkeit der deutschen Erschöpfungslehre als unbeachtlich zurückgewiesen wurde,

weil „für die Wirksamkeit etwaiger Dispositionen über das inländische Zeichenrecht [dieses stand im Streit] und für den Inhalt des inländischen Zeichenrechts [dieses stand im Streit] das Inlandsrecht (allein) maßgebend ist.

---

[42] RGZ 51, 263 (265f.).

[43] Urteil des II. Zivilsenats des Reichsgerichts vom 28. Februar 1902 (Az.: II. 406/01), RGZ 50, 229 - Kölnisch Wasser.

Eigentlich wurde damit ein Bruch des damals geltenden Universalitätsprinzips hingenommen, da nach einer strengen Auslegung dieses Prinzips die einheitliche Handlung in beiden Rechtsordnungen zumindest gleich behandelt werden müssen[44]. Der Bruch dieses Prinzips wurde jedoch in der Reichsgerichtsentscheidung dadurch hingenommen, daß die für das französische Recht unterstellte Möglichkeit, Markenerzeugnisse dinglich beschränkt in den Verkehr zu bringen, als für die Anwendung der deutschen Erschöpfungslehre als unbeachtlich zurückwies.

Eine weitergehendere Beschäftigung mit dem Problem der doppelten Rechtsanwendung mit unterschiedlicher Rechtsfolge erfolgte durch das erkennende Gericht nicht.

c) Die „Enterprise"-Entscheidung des OLG Hamburg

Eine rechtsdogmatisch einheitliche Begründung für den Verbrauch inländischer Zeichenrechte durch Auslandshandlungen und damit für den Grundsatz einer internationalen Erschöpfung wurde erst später in einer Entscheidung des OLG Hamburg[45] gefunden. Dieser Entscheidung lag nachfolgend wiedergegebener Sachverhalt zugrunde:

Die Klägerin ist Inhaberin des eingetragenen Warenzeichens „Enterprise". Sie setzt dieses für von ihr hergestellten und vertriebenen Fleischschneidemaschinen und Plätteisen ein. Mit der Beklagten hat zuvor eine Zusammenarbeit bezüglich des Verkaufs der von der Herstellerin gekennzeichneten Waren stattgefunden, die jedoch beendet ist. Seit Beendigung der Zusammenarbeit erwarb die Beklagte die von der Kennzeichnungsberechtigten selbst hergestellten und gekennzeichneten Ware im Ausland (in den Vereinigten Staaten von Amerika), reimportierte die Ware und brachte sie - unter Beibehaltung der Kennzeichnung - auf den deutschen Markt. Die Verkäufe der deutschen Klägerin an die amerikanische Gesellschaft standen immer unter dem Vorbehalt, daß diese die Ware nicht an die deutsche Beklagte weiterverkaufen durfte, was der Beklagten wohl bekannt gewesen ist.

In der Berufungsentscheidung bestätigte das OLG Hamburg, in Übereinstimmung mit der Rechtsprechung in der „Mariani"-Entscheidung des Reichsgerichts[46], die Vorentscheidung des LG Hamburg. Das OLG Hamburg stellte nämlich ebenfalls fest, daß der Verkauf der von der Kennzeichnungsberechtigten selbst gekennzeichneten und im Ausland in Verkehr gebrachten Ware nicht unter Berufung auf das Warenzeichenrecht untersagt werden könne. In der Begründung der Entscheidung heißt es jedoch zum Verbrauch des inländischen Zeichenrechts durch die vorgenommene Auslandshandlung, nunmehr unter einer eingehenderen Begründung[47]:

Diese Auffassung des § 12 cit [Gemeint ist § 12 des Waarenzeichengesetzes von 1894 und die Auffassung, daß dieser nur ein Inverkehrsetzen der Ware in Deutschland betreffe] ist offenbar fehlsam. Von vornherein müßte es in hohem Grade befremden, wenn ein Gesetz, daß den Zweck hat, Waarenzei-

---

[44] Vgl. die Ausführungen zu RGZ 18, 28 - Hoff: Unter konsequenter Beibehaltung des Universalitätsprinzips hätte ein und dieselbe Handlung des Kennzeichenberechtigten nicht unter Anwendung einmal des inländischen und zum anderen des ausländischen Rechts zu einem unterschiedlichen Ergebnis kommen dürfen.

[45] Urteil des OLG Hamburg vom 13. April 1898, Bl.f.PMZ 1899, 115 - Enterprise.

[46] Vgl. die Ausführungen zu RGZ 51, 263 - Mariani.

[47] OLG Hamburg Bl.f.PMZ 1899, 115 (117 li.Sp.f.).

chen zu schützen, d.h. an Waaren, welche in alle Welt gehen, sich auf den inländischen Markt beschränken wollte. [...] Es hätte gar keinen Sinn, dem Zeicheninhaber den Schutz des § 12 zu gewähren für Waaren, die zum Theil, hauptsächlich oder ausschließlich in das Ausland ausgeführt werden, wenn jeder Deutsche das Zeichen im Auslande nachmachen und die Waaren mit demselben zwar nicht in Deutschland aber auf dem für sie gerade bestimmten ausländischen Markte in Verkehr setzen dürfte. Ist das unanfechtbar (vergl. RG 18, 28f.), so folgt daraus mit Nothwendigkeit, daß das durch § 12 cit. geschützte Recht des Zeicheninhabers nicht ausschließlich gerichtet ist auf Inverkehrsetzung u.s.w. in Deutschland, sondern allgemein und absolut, ohne Unterscheidung des In- und Auslandes gemeint ist, daß insbesondere die nach dem deutschen Gesetze geschützten Waarenzeichen versehenen Waaren auch dann im Sinne dieses Gesetzes in Verkehr gesetzt sind, wenn sie in Amerika oder sonst wo im Auslande in Verkehr gebracht sind, und daß, wenn dies in Amerika von dem Berechtigten geschehen ist, derselbe damit sein ihm nach § 12 zustehendes Zeichenschutzrecht ausgeübt hat und auf Grund des Zeichenrechtes nicht hindern kann, daß solche echte mit echtem Waarenzeichen versehene Waaren aus Amerika ausgeführt und etwa in Deutschland feilgehalten werden. Die Inverkehrsetzung ist eine absolute Thatsache, welche auch der Berechtigte nicht in der Lage ist, auf bestimmte Gebiete durch seine Willenserklärung einzuschränken. Durch die Inverkehrsetzung entzieht sich die Waare dem Verfügungsrechte des Berechtigten insoweit ohne jede Begrenzung, als der Verkehr rechtlich ohne Begrenzung ist.

Abgestellt wurde damit auf einen wirtschaftlich internationalen Begriff des Inverkehrsetzens, der eine doppelte Rechtsunterwerfung einer einheitlichen Handlung des Kennzeichnungsberechtigten obsolet machte.

d) Die „Nelson"-Entscheidung des Reichsgerichts

Die Argumentation des OLG Hamburg wurde später vom Reichsgericht in der „Nelson"-Entscheidung[48] übernommen. Der Sachverhalt zu dieser Entscheidung läßt sich wie folgt zusammenfassen:

Eine kanadische Firma, die Maple Leaf Milling Company Ltd. mit Sitz in Toronto, verkaufte über einen Agenten Mehl, das u.a. mit dem Wort „Nelson" gekennzeichnet war, in Deutschland. Der Agent wurde dabei von der kanadischen Firma unter ganz bestimmten Voraussetzungen dazu ermächtigt, sich selbst die Bezeichnung „Nelson" für Mehl als Warenzeichen registrieren zu lassen. Gleichzeitig wurde Mehl, das ebenfalls mit dem Wort „Nelson" gekennzeichnet war und von derselben kanadischen Fa. stammte, über England und einen dort ansässigen Makler an eine in Hamburg ansässige Fa. vermittelt. Die Klägerin, der Agent der kanadischen Fa., nahm u.a. den Makler, der das mit „Nelson" gekennzeichnete Mehl an die Hamburger Gesellschaft vermittelte, auf Unterlassung des weiteren Vertriebs des mit „Nelson" gekennzeichneten Mehls in Anspruch. Der Beklagte verteidigte sich u.a. damit, daß es sich um echtes „Nelson"-Mehl gehandelt habe.

Die Klagen wurden von den beiden Vorinstanzen zurückgewiesen. Die dagegen gerichtete Revision hatte keinen Erfolg. Im Ergebnis kam somit das Reichsgericht auch in diesem Fall zu dem Ergebnis einer internationalen Erschöpfung. In bezug auf die Berücksichtigung der Auslandshandlung führt das Reichsgericht jedoch diesmal aus[49]:

---

[48] Urteil des II. Zivilsenats des Reichsgerichts vom 15. Oktober 1926 (Az.: II 38/26), MuW 1926/27, 110 - Nelson.

[49] RGZ MuW 1926/27, 110 (111f.).

Die Klägerin hatte [...] das Warenzeichen Nelson [...] auf ihren Namen eintragen lassen. Dabei hatte sich die Klägerin aber ausdrücklich verpflichtet, alle Urkunden auszustellen und alles übrige zu tun, was nach Meinung der Maple usw. Co. notwendig oder geeignet war, um ihr alle Rechte aus einer solchen Eintragung zuzuwenden. [...]

[...] Die Eintragung der Warenbezeichnung „Nelson" sollte lediglich die Maple Leaf Milling Co, dagegen schützen, daß nicht aus ihrer Fabrik herrührendes Mehl unter der Bezeichnung „Nelsonmehl" auf den deutschen Markt gelangen konnte.[...]

[...] Im Gegensatz zum Patentrecht, welches seiner Natur nach auf das Gebiet des Staates, in dem es erteilt ist, lokal beschränkt ist, so daß derselbe Berechtigte so viele selbständige Patentrechte haben kann, wie es Staatsgebiete gibt, ist das Zeichenrecht an keine örtlichen Schranken gebunden, vielmehr gilt vermöge der internationalen Natur des Zeichenrechts der Grundsatz der Einheit und Einheitlichkeit des in verschiedenen Staaten anerkannten subjektiven Zeichenrechts dergestalt, daß ein in dem einen Staate objektiv rechtmäßig erfolgtes Versehen mit dem Zeichen und erstmaliges Inverkehrsetzen, auch bei einem Weitervertrieb der Waren in dem anderen Staate dem Dritterwerber zustatten kommt. [RGZ. Bd. 51 S. 267, 268 [50]].

Schon das Reichsgericht mißbilligte somit bereits mit klaren Worten die Absicht des Warenzeicheninhabers, mit den Mitteln des Warenzeichenrechts staatenweise aufgegliederten Vertriebsgebieten absoluten Importschutz zu sichern. Letztlich bedeutete dies eine Übertragung des ordre public-Verbots der warenzeichenrechtlichen Aufteilung des inländischen Marktes[51] auf den Einfuhrhandel.

e) Die Auswirkungen der Aufgabe des Universalitätsprinzips und deren Ablösung durch das Territorialitätsprinzip auf die Lehre der internationalen Erschöpfung

Wie voranstehend bereits ausgeführt wurde[52], ist das Prinzip der Universalität von Kennzeichnungsrechten zugunsten der Territorialität der Kennzeichnungsrechte aufgegeben worden. Die Frage der „Erschöpfung" derjenigen Rechte, die der Verwendung besonderer Kennzeichen entspringen, war deshalb zunächst wieder offen. Immerhin mußte insgesamt eine neue Begründung in der Rechtsprechung für derartig gelagerte Fälle gefunden werden. Mit der Aufgabe des Universalitätsprinzips für Warenzeichen und der ab diesem Zeitpunkt anzunehmenden Territorialität war jedoch kein Umschwenken der nationalen Rechtsprechung in bezug auf die weltweite Erschöpfung von Markenrechten verbunden.

Eine Änderung der diesbezüglichen Rechtsprechung war auch gar nicht notwendig, da in der Rechtsprechung des Reichsgericht auch weiterhin auf den internationalen Begriff des Inverkehrsetzens[53] abgestellt werden konnte. Die Ausdehnung des ordre public-Verbots der

---

50 Vgl. die Ausführungen zum Urteil des II. Zivilsenats des Reichsgerichts vom 2. Mai 1902 (Az.: II. 45/02), RGZ 51, 263 - Mariani.

51 Vgl. dazu die Ausführungen oben zum „Kölnisch Wasser"-Urteil des Reichsgerichts; 5. Kapitel, II., 2., a).

52 Vgl. zur Territorialität des Schutzes besonderer Kennzeichen bereits oben im 2. Kapitel, I., 1.

53 Vgl. die Darstellung der Rechtsprechung zu dem „Enterprise"-Urteil des OLG Hamburg und des „Nelson"-Urteiles des Reichsgerichtes.

warenzeichenrechtlich nicht gebotenen Aufteilung eines inländischen Marktes auf den Einfuhrhandel konnte, auch nach der nunmehr anzunehmenden Territorialität des Schutzes, beibehalten werden. Die Ausdehnung war nämlich auch ohne Rücksicht auf die Reichweite eines markenrechtlichen Schutzes im Inland möglich, da der Grundsatz der Territorialität des Warenzeichenrechts zwar der Anerkennung einer Verletzung eines inländischen Warenzeichens durch Auslandshandlungen entgegensteht, nicht aber der Berücksichtigung von Auslandshandlungen bei der Feststellung des Umfangs inländischer Zeichenrechtsansprüche[54].

In den Begründungen der nachfolgenden Urteile wurde von der Rechtsprechung maßgeblich auf die damals im Vordergrund stehende Herkunftsfunktion besonderer Markierungen von Waren und Dienstleistungen abgestellt. Diese in dieser Zeit als Hauptfunktion[55] angesehene Wirkung der besonderen Kennzeichnung rechtfertigte es nicht, dem Verwender besonderer Markierungen Verbietungsrechte zuzugestehen, wenn dieser selbst die gekennzeichnete Ware in den Verkehr gesetzt hat. Das Hauptargument dabei war, daß der Verkehr in diesen Fällen keiner Herkunftstäuschung unterliegen kann.

f) Die „Maja"-Entscheidung des BGH

Die Rechtsprechung des Reichsgerichts zur weltweiten Erschöpfung von Kennzeichenrechten wurde auch vom Bundesgerichtshof fortgeführt. Vor allem in der „Maja"-Entscheidung[56] wurde dies mit aller Klarheit begründet. Dieser Entscheidung lag der nachfolgend wiedergegebene Sachverhalt zugrunde:

Die spanische Fa. Maja S.A. ist Inhaberin mehrerer Warenzeichen, die sowohl in Deutschland als auch in Spanien bzw. international registriert sind. Sie stellt in Spanien Seife her, die sie dort mit Verpackungen versieht, die das „Maja"-Warenzeichen tragen, und verkauft diese Ware in Spanien an Großhändler. Für das Gebiet der Bundesrepublik Deutschland hat die Zeicheninhaberin einer Fa., der späteren Klägerin, ein Alleinvertriebsrecht eingeräumt und sie im Rahmen einer ausschließlichen Lizenz ermächtigt, die deutschen Warenzeichen der spanischen Fa. zu benutzen.

Die Beklagte dieses Rechtsstreits hat bei spanischen Großhändlern, die von der Warenzeicheninhaberin gekennzeichnete Ware gekauft, nach Deutschland importiert und dort verkauft.

Nachdem zunächst von der Klägerin Unterlassung, Schadensersatz und Auskunft verlangt wurde, ist in der Folge der Anspruch auf Unterlassung übereinstimmend für erledigt erklärt und die übrigen Ansprüche weiter verfolgt worden.

Der Beklagte wurde erstinstanzlich zum Schadensersatz verurteilt. In der Berufungsinstanz wurde das Urteil aufgehoben. Hiergegen richtete sich die Beschwerde zum Bundesgerichtshof.[57]

---

[54] So auch Beier, Territorialität des Markenrechts und internationaler Wirtschaftsverkehr, GRUR Int. 1968, 8f.

[55] Zu den wirtschaftlichen Funktionen, die eine besondere Kennzeichnung von Waren und Dienstleistungen entwickelt, vgl. dazu im 1. Kapitel, I., 2.

[56] BGH Urteil vom 22. Januar 1964, Ib ZR 92/62 - Maja, BGHZ 41, 84 = GRUR 1964, 372.

[57] Der vom BGH zu beurteilende Sachverhalt gleicht damit in seinen wesentlichen Zügen dem vom EuGH zu beurteilenden Tatbestand im Fall „Grundig/Consten vs. Kommission" (vgl. dazu im 3. Kapitel, I., 3. a)).

Der BGH bestätigte die Aufhebung der Verurteilung. Folglich konnte der deutsche Alleinvertriebsberechtigte der spanischen Fa. Maja S.A. nicht den Vertrieb der von der Kennzeichnungsberechtigten selbst stammenden Ware auf dem deutschen Markt verhindern. Der BGH führte dazu aus[58]:

„(...) der Hauptzweck des Warenzeichens (besteht) darin, die Herkunft der Ware aus dem Betriebe des Zeicheninhabers zu kennzeichnen (§ 1 WZG). Dagegen gehört der Schutz des Interesses des Zeicheninhabers daran, den Weitervertrieb der von ihm in Verkehr gesetzten Waren, nach verschiedenen Ländern unterschiedlich regeln zu können, keinesfalls zum Wesen des Zeichenrechts; dieses Interesse bildet daher keinen ausreichenden Grund, zugunsten jeden Zeichens (...) ein Verbot des inländischen Inverkehrbringens der von demselben Zeicheninhaber im Ausland gekennzeichneten und in Verkehr gebrachten Ware zu rechtfertigen. Zeichenrechtlichen Verbietungsansprüchen gegenüber einem Weitervertrieb der Ware steht vielmehr, auch in diesen Fällen, der auf den Schutz der Herkunfts- und Garantiefunktion des Warenzeichens beschränkte Zweck des Zeichenrechts, sowie das Interesse des Wirtschaftsverkehrs an der freien Weiterverwendung der von Zeicheninhaber selbst rechtmäßig gekennzeichneten und in den Verkehr gebrachten Ware entgegen. (...) Die gegenteilige Auffassung, wonach eine solche Rechtsmacht dem Zeicheninhaber infolge der territorialen Natur des Warenzeichens zustehen soll, obwohl es sich der Ware bereits entäußert hat, würde darüber hinaus dazu führen, daß aufgrund eines Warenzeichens, das nichts anderes als ein Hinweis auf die betriebliche Herkunft und Qualität der Ware sein soll, eine räumliche Aufteilung der Marktgebiete nach Staatsgrenzen und damit eine entsprechende Festlegung der Preise und des Vertriebsweges möglich wäre, ohne daß dagegen aus kartellrechtlichen Gründen oder aus zwischenstaatlichen Vereinbarungen über die Marktordnung Einwendungen erhoben werden können."

In der Anmerkung von *Hefermehl* zur „Maja"-Entscheidung[59] wird sogar ausdrücklich darauf hingewiesen, daß die Territorialität des Markenschutzes dem Grundsatz einer internationalen Erschöpfung, d.h. der Anerkennung von Handlungen des Kennzeichnungsberechtigten im Ausland, nicht entgegensteht. Hierzu wird ausgeführt:

[...] Die weitere Frage ist, ob die Beurteilung eine andere ist, wenn die Ware erstmalig im Ausland in Verkehr gesetzt wurde und sodann ins Inland importiert wird. Aus der Sicht des Territorialitätsprinzips wird die Auffassung vertreten, daß der Import der Ware gegenüber dem inländischen Zeichenrecht als erstmalige Inverkehrsetzung der gekennzeichneten Ware zu werten ist. Damit wird dem Territorialitätsprinzip eine Wirkung beigemessen, die dem Wesen des inländischen Zeichenrechts widerspricht, das dem Inhaber gerade kein Vertriebsmonopol geben will. Es wäre sachwidrig, den nationalen Grenzen auch auf den Inhalt des Zeichenrechts Einfluß zu geben. Nach dem Territorialitätsprinzip sind die Rechtswirkungen eines Warenzeichens auf das Hoheitsgebiet des rechtsverleihenden Staates beschränkt. Dem Zeichenrecht einen Inhalt zu geben, den es seinem Wesen nach nicht haben soll, kommt diesem die Anwendbarkeit der Rechtsordnungen abgrenzenden Prinzip nicht zu. [...]

g) Die „Cinzano"-Entscheidung des BGH

In der „Cinzano"-Entscheidung des Bundesgerichtshofes[60] wurde die Wertung der „Maja"-Entscheidung des BGH wiederholt und auf ausländische Verwertungshandlungen im

---

58 BGH GRUR 1964, 372 (374f. re.Sp.).

59 Vgl. Anmerkung Hefermehl, abgedruckt im Anschluß an das Urteil in GRUR 1964, 375f.

60 BGH Urteil vom 2. Februar 1973, I ZR 85/71 - Cinzano, GRUR 1973, 468, mit Anmerkung von *Beier*.

Konzernverbund ausgedehnt. Dieser Entscheidung des BGH lag der folgende Sachverhalt zugrunde:

Klägerin war die deutsche Tochtergesellschaft der italienischen Firma Francesco Cinzano & Cie. S.p.A. mit Sitz in Turin. Sie ist Inhaberin mehrerer deutscher Warenzeichen, die jeweils das Wort „Cinzano" aufweisen. Auch die italienische Mutterfirma besitzt Markenregistrierungen in Deutschland, die denen der deutschen Tochterfirma im wesentlichen gleichen. Die Klägerin führt die von der italienischen Mutterfirma in Italien hergestellten „Cinzano"-Wermutweine ein und vertreibt diese in verschiedenen Sorten auf dem deutschen Markt.

Die Beklagte betreibt in Hamburg und Umgebung eine Reihe von Filialgeschäften, in denen auch Spirituosen verkauft werden. In diesen Geschäften wurden auch „Cinzano"-Wermutweine angeboten, die in Spanien und/oder Frankreich von anderen, in den genannten Ländern ansässigen Tochtergesellschaften der italienischen Cinzano-Muttergesellschaft unter Verwendung anderer Grundprodukte hergestellt wurden. Diese „Cinzano"-Wermutweine wurden auf dem spanischen bzw. französischen Markt unter dort rechtmäßiger Verwendung der Bezeichnung „Cinzano" auf den Markt gebracht. Dort wurden sie von der Beklagten erworben und nach Deutschland importiert.

Die Klägerin begehrte Unterlassung des weiteren Angebots und Vertriebs der spanischen bzw. französischen „Cinzano"-Wermutweine auf dem deutschen Markt.

Auch unter diesen Voraussetzungen entschied der BGH, daß die nationalen Warenzeichenrechte nicht geeignet sind, die nationalen Märkte untereinander aufzuteilen. Das Inverkehrsetzen der spanischen bzw. französischen Tochterfirmen unter einer rechtmäßigen Verwendung der Bezeichnung „Cinzano" wurde der Konzernmutter zugerechnet mit der Folge, daß sich die deutsche Tochterfirma nicht gegen den Import der spanischen bzw. französischen Ware wehren konnte. Der BGH führte dazu aus[61]:

„Die Behandlung der dem Konzern angehörenden oder der ihm zur Mitbenutzung des Warenzeichens angeschlossenen selbständigen nationalen Gesellschaften als einer warenzeichenrechtlichen Einheit bei der Beurteilung der Widerrechtlichkeit im Sinne des § 24 WZG, steht nach den Umständen des Falls auch nicht im Widerspruch zum Zweck des Warenzeichenrechts, auf die betriebliche Herkunft der einheitlich gekennzeichneten Waren, hinzuweisen. Denn in solchen Fällen soll das jeweilige identische nationale Zeichen regelmäßig gerade nicht als Hinweis auf die Herkunft aus einer bestimmten nationalen Betriebsstätte dienen, sondern als Hinweis auf die Herkunft aus dem multinationalen Konzern. So wird es im Streitfall nach der Feststellung des LG auch vom inländischen Publikum aufgefaßt, nämlich als Hinweis auf die Herkunft aus dem italienischen Cinzano-Konzern. Diese einheitliche Behandlung der Konzerngesellschaften und der angeschlossenen Lizenznehmerin bei der Frage der „Erschöpfung" des jeweiligen nationalen Zeichenrechts wirkt schließlich auch dem Bestreben entgegen, das Warenzeichenrecht entgegen seinem Zweck als bloßen Herkunftshinweis dazu zu benutzen, die Märkte entsprechend ihrer unterschiedlichen Ergiebigkeit zu isolieren und dadurch den internationalen Handel zu behindern. Dieser Gesichtspunkt, der schon dem Maja-Urteil zugrunde lag, gilt für den Fall der formalrechtlich multinational aufgesplitterten Marke in erhöhtem Maße."

---

61 BGH GRUR 1973, 468 (470 re.Sp.).

An dieser Rechtsprechung wurde vom BGH zu Zeiten der Geltung des WZG mit aller Vehemenz festgehalten[62]. Selbst bei einer im Ausland zwar rechtmäßig gekennzeichneten, aber dort gegen den Willen des Rechtsinhabers in Verkehr gebrachten Markenware und deren Import nach Deutschland, bejahte der BGH die Erschöpfung der Kennzeichnungsrechte[63] und brachte damit wiederholt zum Ausdruck, daß der Einsatz besonderer Markierungen nicht geeignet ist, den nationalen oder auch internationalen Weitervertrieb einer gekennzeichneten Ware zu kontrollieren. Es wurde damit gleichzeitig auch das volkswirtschaftliche Interesse an einer günstigen Versorgung der Verbraucher mit Gütern höher bewertet als das Interesse der Verwender besonderer Kennzeichen an einer Vertriebswegekontrolle mittels des Einsatzes besonderer Kennzeichen.

h) Die „gefärbte Jeans"-Entscheidung des BGH (Aufgabe der Rechtsprechung zur internationalen Erschöpfung)

Erst in einer neueren Entscheidung des BGH[64] wurde der Grundsatz der internationalen Erschöpfung von Kennzeichnungsrechten durch Handlungen, die der Kennzeichnungsberechtigte oder eine von ihm ermächtigte Person vorgenommen hat, aufgegeben[65].

Der BGH sah sich zur Änderung seiner Rechtsprechung veranlaßt, weil zwischenzeitlich das MarkenG in Kraft getreten war. Dieses setzte die Vorgaben der MRiLi in geltendes nationales Recht um. Zur Frage der Erschöpfung nimmt die MRiLi in ihrem Art. 7 Stellung. Dieser lautet:

*Die Marke gewährt ihrem Inhaber nicht das Recht, einem Dritten zu verbieten die Marke für Waren zu benutzen, die unter dieser Marke von ihm oder mit seiner Zustimmung **in der Gemeinschaft** in den Verkehr gebracht worden sind.*

Einen fast identischen Wortlaut besitzt Art. 13 Abs. I GemMVO. Diese Vorschrift lautet:

*Die Gemeinschaftsmarke gewährt ihrem Inhaber nicht das Recht, einem Dritten zu verbieten, die Marke für Waren zu benutzen, die unter dieser Marke von ihm oder mit seiner Zustimmung **in der Gemeinschaft** in den Verkehr gebracht worden sind.*

Allerdings ist der Text des Art. 13 Abs. I GemMVO insoweit zu eng gefaßt, als die Erschöpfung auch bei einem ersten Inverkehrbringen in einem Land des Europäischen Wirt-

---

62 Vgl. bsplsw. BGHZ 29, 38 - Zählerersatzteile; BGH GRUR 1980, 152 - Öffnungshinweis; BGH GRUR 1984, 530 Valium Roche; BGH GRUR 1988, 213 - Griffband.

63 Vgl. BGH Urteil vom 19. Januar 1984, Az.: I ZR 194/81 (OLG Hamburg) - Schamotte-Einsätze, GRUR 1984, 545.

64 BGH Urteil v. 14. Dezember 1995, Az.: I ZR 210/93, - Gefärbte Jeans, mit Anmerkung von *Albert/Heath*, GRUR 1996, 271; = GRUR Int. 1996, 726 = 28 IIC 1997, 131.

65 Zum Ergebnis der Aufgabe des Grundsatzes der internationalen Erschöpfung kamen zuvor bereits andere Instanzgerichte. Vgl. LG Düsseldorf v. 4. Juli 1995, Az.: 4 O 211/95, - adidas, GRUR 1996, 66 = GRUR Int. 1996, 732; OLG München v. 12. Oktober 1995 - GT ALL TERRA, Az.: 29 U 4086/95, GRUR 1996, 137 = GRUR Int. 1996, 730.

schaftsraumes eingreifen muß[66]. Der Wortlaut der entsprechenden deutschen Bestimmung im § 24 Abs. I MarkenG ist diesbezüglich etwas genauer. Sie lautet:

Der Inhaber einer Marke oder einer geschäftlichen Bezeichnung hat nicht das Recht, einem Dritten zu untersagen, die Marke oder die geschäftliche Bezeichnung für Waren zu benutzen, die unter dieser Marke oder dieser geschäftlichen Bezeichnung von ihm oder mit seiner Zustimmung ***im Inland****, in* ***einem der übrigen Mitgliedsstaaten der Europäischen Gemeinschaft*** *oder* ***einem anderen Vertragsstaat des Abkommens über den Europäischen Wirtschaftsraum*** *in den Verkehr gebracht worden sind.*

Der nach dieser neuen Rechtslage in der „gefärbte Jeans"-Entscheidung zu beurteilende Sachverhalt war der folgende:

Die amerikanische Jeans-Herstellerin „Levi's" stellt Jeanshosen her und vertreibt diese weltweit. Sie bedient sich dabei verschiedener Marken, die auch in Deutschland registriert sind. Die Beklagte, ein Einzelhandelsgeschäft mit Sitz in Deutschland, erwarb im außereuropäischen Ausland Jeanshosen, die zwar von der Klägerin selbst hergestellt und in Verkehr gesetzt wurden, jedoch danach von einem Dritten unbefugterweise im außereuropäischen Ausland gebleicht, teilweise wieder eingefärbt und zum Teil gekürzt wurden. Die Marken der Klägerin wurden dabei beibehalten. Beim Verkauf dieser so veränderten Jeanshosen wies der Beklagte sogar darauf hin, daß die Färbung der gebrauchten Jeans nicht durch die Klägerin erfolgte.

Diese nahm den Beklagten auf Unterlassung des weiteren Verkaufs der veränderten Originalware in Anspruch und bekam in erster Instanz Recht. Das Urteil des Landgerichts wurde - unter Einschränkung des Unterlassungsverbots auf ganz bestimmte Fälle - bestätigt. Auch die dagegen gerichtete Revision der Beklagten blieb ohne Erfolg. In der entsprechenden Entscheidung des BGH bekam damit die amerikanische Jeans-Herstellerin Recht, obwohl sie die streitbefangenen Jeanshosen selbst unter Verwendung ihrer besonderen Kennzeichnungen in den Verkehr gebracht hatte. Hierzu führte der BGH in Abkehr von seiner bisherigen Rechtsprechung aus[67]:

Der Kl. steht der Anspruch auf Unterlassung des Inverkehrbringens der streitigen Jeans schon deshalb zu, weil diese Ware ohne ihre Zustimmung in den Europäischen Wirtschaftsraum eingeführt worden ist und ihr Markenrecht in der Bundesrepublik Deutschland nicht schon durch den Vertrieb der Jeans in den USA erschöpft ist. [...].

Zur Aufgabe des Grundsatzes der internationalen Erschöpfung und dem Übergang zu einer ab dieser Entscheidung „nur" noch europaweit anzuerkennenden Erschöpfung von Rechten, die sich aus der Verwendung besonderer Kennzeichen ergeben, führte der BGH bemerkenswert kurz aus:

In Abweichung zu den früheren, im Zeitpunkt der Entscheidung des BerG noch anzuwendenden Grundsätzen der Rechtsprechung zur Erschöpfung im Warenzeichenrecht (vgl. BGHZ 41, 84 (88) - Maja; BGHZ 60, 185 (191) - Cinzano) tritt gemäß § 24 Abs. I MarkenG eine Erschöpfung des Rechts

---

[66] Vgl. Art. 2 Protokoll 28 über geistiges Eigentum zum EWR-Abkommen, Art. 11-13 EWR-Abkommen (GRUR Int. 1994, 215), *Sack*, Die Erschöpfung von Markenrechten nach Europäischem Recht, RIW 1994, 330f. (334)

[67] BGH GRUR 1996, 271 (273 re.Sp.f.).

aus der Marke nicht bereits ein, wenn sein Inhaber die Ware unter der Marke irgendwo in der Welt in Verkehr gesetzt hat oder mit seiner Zustimmung in Verkehr hat bringen lassen, sondern erst dann, wenn die Ware mit der Marke von ihm oder mit seiner Zustimmung im Inland, in einem der übrigen Mitgliedsstaaten der Europäischen Union oder in einem anderen Vertragsstaat des Abkommens über den Europäischen Wirtschaftsraum in Verkehr gebracht worden ist. Der Gesetzgeber hat in § 24 Abs. I MarkenG entsprechend den Vorgaben des Art. 7 der Ersten Richtlinie des Rates vom 21. 12. 1988 zur Angleichung der Rechtsvorschriften der Mitgliedsstaaten über die Marken (89/104 EWG, ABl. EG Nr. L 40/1 v. 11. 2. 1989 - Markenrechtsrichtlinie) den bis dahin geltenden Grundsatz der internationalen Erschöpfung des Zeichenrechts zugunsten einer eingeschränkten, auf den Europäischen Wirtschaftsraum beschränkten Erschöpfungswirkung aufgegeben (...).

Beachtlich ist bei dieser Entscheidung, daß sich der BGH, aufgrund der Veränderung der Originalware unter Beibehaltung der besonderen Kennzeichen der Klägerin, überhaupt nicht mit der Frage der internationalen Erschöpfung hätte befassen müssen. Aufgrund dieser besonderen Sachverhaltskonstellation wäre der BGH, auch ohne die „Erschöpfung" von Rechten, die aus der Verwendung besonderer Kennzeichen fließen, anzusprechen, zum selben Ergebnis gekommen. Dennoch benutzte der BGH die sich ihm bietende Gelegenheit, zu dieser für die Wirtschaft äußerst bedeutsamen Frage[68] der Reichweite des Art. 7 MRiLi Stellung zu nehmen.

3. Das Problem der Erschöpfung von Kennzeichnungsrechten in anderen Ländern der EU

Vor Erlaß und Umsetzung der MRiLi wurde in der Rechtsprechung und Literatur mehrerer Mitgliedsländer der EU[69] - wie in Deutschland - die Auffassung vertreten, daß sich die Rechte aus der Verwendung besonderer Markierungen (insbesondere von Markenrechten) bei einem Inverkehrbringen durch den Kennzeichnungsberechtigten[70] „erschöpfen". Die betreffenden Länder ließen dabei in der Regel einen „Verbrauch" der Rechte ungeachtet dessen eintreten, wo das Inverkehrsetzen auf der Welt erfolgte[71]. Deutlich wurden dabei welthandelspolitische Erwägungen bei der Beurteilung des Einsatzes besonderer Kennzeichen in den Vordergrund gerückt.

In anderen Ländern der EU war dagegen der Grundsatz der internationalen Erschöpfung von Kennzeichnungsrechten durch Handlungen des Kennzeichnungsberechtigten insgesamt nicht anerkannt[72]. Dies galt auch für die Rechtsprechung des EuGH vor Inkrafttreten der gemeinschaftsrechtlichen Kennzeichengesetzgebung. Dieser hatte sich in einer ganzen Reihe

---

68 Vgl. zu den zugrundeliegenden Interessensgegensätzen, oben im 5. Kapitel, II., 1.

69 Neben Deutschland in Österreich, den BeNeLux-Staaten und den nordischen Ländern. Ebenso im Vereinigten Königreich, zumindest sofern eine eingetragene Marke betroffen war.

70 Dabei ist das eigene Inverkehrbringen durch den Kennzeichnungsberechtigten einem Inverkehrsetzen durch einen Dritten mit Zustimmung des Kennzeichnungsberechtigten, bsplw. durch einen Lizenznehmer, gleichgesetzt.

71 Sog. „Grundsatz der internationalen Erschöpfung"; vgl. dazu bereits *Beier*, Territorialität des Markenrechts und internationaler Wirtschaftsverkehr, GRUR Int. 1968, 8f.

72 Vgl. dazu die detaillierte Aufstellung im Vorlagebeschluß des Obersten Österreichischen Gerichtshofs vom 15. Oktober 1996, Az.: 4 Ob 2252/96 - S.-Brillen, GRUR Int. 1997, 548f.

von Entscheidungen[73] mit Sachverhalten zu befassen, in denen die Inhaber gewerblicher Schutzrechte versuchten über die grundsätzlich territorial beschränkte Wirkung dieser Schutzrechte nationale Märkte gegeneinander abzuschotten[74].

Aus dieser von Land zu Land unterschiedlichen Handhabung konnten sich Wettbewerbsverzerrungen ergeben, die der Verwirklichung eines einheitlichen Binnenmarktes entgegenstanden. Die Beseitigung dieser Wettbewerbsverzerrungen auf dem Gebiet der eingetragenen Marken war jedoch das erklärte Ziel der MRiLi[75]. Auch in der Frage der Erschöpfung von Kennzeichnungsrechten sollte die MRiLi zu einer Vereinheitlichung führen[76].

Die oben bereits wiedergegebene Formulierung des Art. 7 Abs. I MRiLi wurde jedoch bei der Umsetzung in national geltendes Recht unterschiedlich interpretiert[77]. So hat beispielsweise Spanien seit dem 12. Mai 1989 ein neues Markenrecht, das (immer noch) nur eine nationale Erschöpfung vorsieht[78]. Die meisten Länder der EU übernahmen jedoch die Formulierung der MRiLi fast wortgleich in das nationale Recht[79].

Die Möglichkeit einer unterschiedlichen Interpretation des Art. 7 Abs. I MRiLi blieb jedoch auch nach der Umsetzung der MRiLi in geltendes nationales Recht problematisch. Schließlich war auch mit einer wortgetreuen Übernahme der Formulierung des Art. 7 Abs. I MRiLi in die national geltenden Markenrechte[80] noch nicht geklärt, ob Art. 7 Abs. I MRiLi die Erschöpfung nun abschließend regelt[81] oder bloß einen Mindeststandard festlegt[82]. Die unklare Rechtslage dauerte mithin an.

---

73 Vgl. EuGH Urt. v. 13. 6. 1966, Rs. 56 + 58/64, Slg. 321, 393 – Grundig-Consten, GRUR Int. 1966, 99f.; EuGH Urt. v. 18. 2. 1971, Rs. 40/70, Slg. 69, 83 – Sirena, GRUR Int. 1971, 297f.; EuGH Urt. v. 8. 6. 1971, Rs. 78/70, Slg. 487, GRUR Int. 1971, 450f.; EuGH Urt. v. 3. 7. 1974, Rs. 192/73, Slg. 731, 743 – HAG I, GRUR Int. 1974, 338f.; EuGH Urt. v. 31. 10. 1974, Rs. 16/74, Slg. 1183, 1195 – Centrafarm ./. Wintrop, GRUR Int. 1974, 456f.; EuGH Urt. v. 22. 6. 1976, Rs. 119/75, Slg. 1039 – Terrapin./.Terranova, GRUR Int. 1976, 402f.; EuGH Urt. v. 17. 10. 1989, Rs. C-10/89, Slg. I-3711 – HAG II, GRUR Int. 1989, 409f.; EuGH Urt. v. 22. 6. 1994, Rs. C-9/93, – Ideal Standard, GRUR Int. 1994, 614f.;

74 Vgl. zur Territorialität des nationalen Schutzes besonderer Kennzeichen bereits oben im 2. Kapitel, I., 1.

75 Vgl. dazu im 1. Erwägungsgrund zur Ersten Richtlinie des Rates zur Angleichung der Rechtsvorschriften der Mitgliedsstaaten über die Marken (89/104 EWG).

76 Vgl. die Formulierungen in Art. 7 Abs. I MRiLi als „Muß"-Bestimmung. Vgl. zu Umsetzung von „Muß"-Bestimmungen der MRiLi: 2. Kapitel, II., 2., a).

77 Vgl. allgemein zur Umsetzung der MRiLi in national geltendes Recht: 2. Kapitel, II.

78 Vgl. zu den Sonderweg, den Spanien in dieser Frage einschlägt, bereits oben im 2. Kapitel, I., 4., a), aa).

79 Vgl. dazu die Zusammenfassung im Vorlagebeschluß des Obersten Gerichtshofs Österreichs vom 15. Oktober 1996, Az.: 4 Ob 2252/96 - Parallelimport von Markenware, GRUR Int. 1997, 548f.

80 Und der Übernahme in das Gemeinschaftsmarkenrecht.

81 In dem Sinne, daß eine Erschöpfung nur bei einem Inverkehrsetzen innerhalb der Europäischen Gemeinschaft (bzw. des Europäischen Wirtschaftsraumes) eintritt.

82 In dem Sinne, daß die Rechtsprechung jedenfalls dann eine Erschöpfung annehmen muß, wenn das Inverkehrsetzen innerhalb der Europäischen Gemeinschaft (bzw. innerhalb des Europäischen Wirtschaftsraumes) erfolgt.

Die Folge davon war, daß in manchen Ländern der Grundsatz der internationalen Erschöpfung in der Rechtsprechung aufgegeben wurde[83]. Andere Länder hielten dagegen an ihrer bisherigen Rechtsprechung, die von einer weltweiten Erschöpfung ausging, fest[84]. Weitere Länder änderten ihre bisherige Rechtsprechung nicht und kannten auch weiterhin keine internationale Erschöpfung[85].

Aufgrund dieser nach wie vor von Land zu Land unterschiedlichen Behandlung dieser wirtschaftlich bedeutsamen Frage konnten sich somit noch immer Wettbewerbsverzerrungen ergeben. So war grundsätzlich ein Unternehmen mit Sitz in einem Mitgliedsstaat der EU, deren Rechtsprechung den Grundsatz der internationalen Erschöpfung nicht folgt, gegenüber einem anderen Unternehmen mit Sitz in einem Mitgliedsstaat, in dem die internationale Erschöpfung anerkannt und praktiziert wurde, privilegiert. Immerhin konnte das erstere Unternehmen mittels der besonderen Markierungen einen gewissen Einfluß auf den Vertrieb der besonders gekennzeichneten Angebote nehmen[86]; dem zweiten Unternehmen war diese Möglichkeit der Einflußnahme dagegen verschlossen.

4. Die europäische Rechtsprechung zur Erschöpfung

Die unterschiedliche Behandlung dieser Frage in den Rechtsprechungen der Mitgliedsländer machte eine rechtsvereinheitlichende Entscheidung des EuGH zur Auslegung des Regelungsgehaltes des Art. 7 Abs. I MRiLi erforderlich.

Wie bereits dargestellt[87], hatte sich der EuGH in einer ganzen Reihe von Entscheidungen mit Sachverhalten zu befassen, in denen die Inhaber von (lediglich) national gültigen Schutzrechten versuchten, diese dazu einzusetzen die nationalen Teilmärkte untereinander abzuschotten[88]. Auch wenn in allen diesen Entscheidungen das Inverkehrsetzen der Ware durch den Kennzeichnungsberechtigten (oder einer von ihm dazu beauftragten oder ermächtigten Person bzw. Organisation) eine wesentliche Rolle spielte, so wollte dennoch der EuGH in seinen Entscheidungen keinen allgemein gültigen Erschöpfungsgrundsatz aufstellen. Dem EuGH war vielmehr die Aufgabe zugefallen, in Zeiten einer noch geringen gesetzgeberischen Tätigkeit der Europäischen Gemeninschaft in bezug auf gewerbliche Schutzrechte die Gren-

---

83 Wie beispielsweise in Deutschland (vgl. dazu im 4. Kapitel, III., 1.) oder Frankreich (vgl. dazu *Meyer*, Das deutsche und französische Markenrecht nach der Umsetzung der Ersten Markenrichtlinie (RL 89/104 EWG), GRUR Int. 1996, 592 (609) m.w.N.

84 Wie die BeNeLux-Staaten, die skandinavischen Länder, Großbritannien und Irland (jedenfalls soweit eingetragene Marken betroffen sind).

85 Wie beispielsweise Spanien, vgl. oben!

86 Zumindest soweit das erste Inverkehrsetzen außerhalb der Grenzen der Mitgliedsländer des Europäischen Wirtschaftsraums erfolgt.

87 Vgl. oben im 5. Kapitel, II., 3.

88 Vgl. EuGH Urt. v. 13. 6. 1966, Rs. 56 + 58/64, Slg. 321, 393 – Grundig-Consten, GRUR Int. 1966, 99f.; EuGH Urt. v. 18. 2. 1971, Rs. 40/70, Slg. 69, 83 – Sirena, GRUR Int. 1971, 297f.; EuGH Urt. v. 8. 6. 1971, Rs. 78/70, Slg. 487, GRUR Int. 1971, 450f.; EuGH Urt. v. 3. 7. 1974, Rs. 192/73, Slg. 731, 743 – HAG I, GRUR Int. 1974, 338f.; EuGH Urt. v. 31. 10. 1974, Rs. 16/74, Slg. 1183, 1195 – Centrafarm ./. Wintrop, GRUR Int. 1974, 456f.; EuGH Urt. v. 22. 6. 1976, Rs. 119/75, Slg. 1039 – Terrapin./.Terranova, GRUR Int. 1976, 402f.; EuGH Urt. v. 17. 10. 1989, Rs. C-10/89, Slg. I-3711 – HAG II, GRUR Int. 1989, 409f.; EuGH Urt. v. 22. 6. 1994, Rs. C-9/93, – Ideal Standard, GRUR Int. 1994, 614f.;

zen für Unternehmen, die unter Einsatz der territorial beschränkten, gewerblichen Schutzrechte Handelsschranken innerhalb des Gemeinsamen Marktes aufbauen wollten, zu ziehen. Der EuGH hat dabei drei Grundprinzipien herausgearbeitet, die eine Hauptrolle auf dem gesamten Gebiet des geistigen Eigentums gespielt haben und die alle aus der „Deutsche Grammophon"-Entscheidung[89] stammen. Diese lassen sich wie folgt zusammenfassen:

- Auch wenn der EWG-Vertrag den Bestand der geistigen Eigentumsrechte nicht berührt, so gibt es doch Umstände, unter denen die Ausübung dieser Rechte durch im EWG-Vertrag niedergelegte Verbote beschränkt sein kann.
- Art. 36 EWG-Vertrag läßt Ausnahmen vom freien Warenverkehr nur zu, soweit sie zur Wahrung der Rechte erforderlich sind, die den spezifischen Gegenstand der betreffenden Art des geistigen Eigentums ausmachen[90].
- Das den Inhaber des geistigen Eigentums eingeräumte ausschließliche Recht ist in bezug auf die betreffenden Erzeugnisse erschöpft, wenn er sie irgendwo in der Gemeinschaft in den Verkehr bringt oder umfassender formuliert: Der Inhaber eines gewerblichen Schutzrechts, das nach den Rechtsvorschriften eines Mitgliedsstaats geschützt ist, kann sich auf diese Vorschriften nicht berufen, um sich der Einfuhr oder dem Vertrieb eines Erzeugnisses zu widersetzen, das auf dem Markt eines anderen Mitgliedsstaats von ihm selbst, mit seiner Zustimmung oder von einer rechtlich oder wirtschaftlich von ihm abhängigen Person rechtmäßig in den Verkehr gebracht wurde[91].

Die Entscheidungen des EuGH, die dabei zum Kennzeichnungsrecht bis zum Erlaß gemeinschaftsrechtlicher Vorgaben ergangen sind, müssen allerdings aus einem besonderen Blickwinkel gelesen und verstanden werden:

Sie spiegeln die Bemühungen des EuGH wieder, in einer Zeit, in der noch keine gemeinschaftsrechtliche Regelung für gemeinschaftsweite Schutzrechte bestanden, im Wege der Rechtsprechung einen Ausgleich, zwischen den Geboten des Gemeinschaftsrechts und den nationalen Gesetzgebungen, zu finden. Die Entscheidungen sind dabei auf einer früheren Stufe der Beziehungen zwischen den Mitgliedsstaaten ausgearbeitet, angewendet und interpretiert worden. Zu dieser Zeit war tatsächlich eine Neigung in Richtung einer starken Einschränkung der Rechte, die aus einer besonderen Kennzeichnung von Waren und Dienstleistungen herrühren, zu verzeichnen.

---

89 EuGH Urt. v. 8. Juni 1971, Rs 78/70, - Deutsche Grammophon ./. Metro („Polydor"), GRUR Int 1971, 450. Weiter oben wurde auf diese Entscheidung nicht besonders eingegangen, da sie maßgeblich das Urheberrecht und nicht das hier interessierende Kennzeichnungsrecht betrifft.

90 Der Hauptteil dieser Formulierung besteht, abgesehen davon, daß sie den Anwendungsbereich der nach Art. 36 EWG-Vertrag zulässigen Ausnahmen einengt, vielleicht darin, daß sie feine Unterscheidungen je nach der Art des streitigen geistigen Eigentums zuläßt.

91 Vgl. EuGH, Urteil v. 14. September 1982, Rs. 144/81, Slg. 1982, 2853, 2873 - Keurkoop/Nancy Kean Gifts („Handtaschenmodell"), GRUR Int. 1983, 643.

Die sich seitdem vollzogenen wirtschaftlichen Entwicklungen[92] haben eine gewisse Änderung - in jedem Falle Akzentverschiebungen - im traditionellen Verständnis von Aufgaben und Wert einer besonderen Markierung von Waren und Dienstleistungen mit sich gebracht. So stand bei der rechtlichen Betrachtung über lange Zeit die Funktion der Marke, die gleichbleibende Herkunft - und damit regelmäßig auch die gleichbleibende Beschaffenheit - von Angeboten anzugeben, eindeutig im Vordergrund[93]. Folglich wurden die rechtlichen und die rechtspolitischen Begründungen, aber auch die Grenzen des Markenschutzes allein aus dieser vorherrschenden Herkunftshinweisfunktion hergeleitet. Angesichts der gewandelten Rahmenbedingungen wurde diese Sichtweise in zunehmenden Maß als zu eng empfunden. Diese Überlegungen flossen in die Arbeiten an einem gemeinschaftsweit gültigen Rechtsschutz für Marken mit ein.

Ganz anders ist deshalb auch die Richtung, die sich der mehr als 15 Jahre nach der „HAG I"-Entscheidung vom EuGH getroffenen Entscheidung zu „Hag II" entnehmen läßt[94]. Das europäische Markenrecht hält zwar an der Herkunftshinweisfunktion als einer der grundlegenden Markenfunktionen fest[95]. Es richtet sich jedoch nicht mehr ausschließlich an dieser aus und erlaubt auf diese Weise, den wirtschaftlichen und tatsächlichen Gegebenheiten in stärkerem Maße als bisher Rechnung zu tragen[96].

Auf dieser Linie liegt nunmehr auch die rechtsvereinheitlichende Entscheidung des EuGH, die nunmehr abschließend zu der wirtschaftlich äußerst bedeutsamen Frage der Reichweite der Erschöpfung Stellung nimmt. Der EuGH bestimmt, daß Art. 7 Abs. I MRiLi dahingehend auszulegen ist, daß

---

92 Vgl.: 2. Kapitel, I., 1. a.E., insbesondere: Marktsättigung, geänderte Verbraucherpräferenzen, zunehmende Ausdifferenzierung des Angebots, Erprobung neuer Marketingmethoden, Intensivierung der Angebotswerbung etc.

93 Vgl. zu den Funktionen einer besonderen Markierung von Waren und Dienstleistungen im Markt: 4. Kapitel, III., 3.

94 Diese ergeht sich in Huldigungen der Unterscheidungsfunktion und stellt im wesentlichen die Abkehr von der Lehre des „gemeinsamen Ursprungs" dar. Nachdem vorausgeschickt wurde, daß die Marke „ein wesentlicher Bestandteil des Systems eines unverfälschten Wettbewerbs ist, das der Vertrag schaffen und erhalten will" (Punkt 13), führt der Gerichtshof mit umfangreichen Ausführungen im Hinblick auf eine Neubewertung der Markenfunktionen fort, die er in dem Zweck ausmacht, zum einen zu gewährleisten, „daß alle Erzeugnisse unter der Kontrolle eines einzigen Unternehmens hergestellt worden sind, das für ihre Qualität verantwortlich gemacht werden kann" (Punkt 13) und zum anderen „dem Verbraucher oder Endabnehmer die Ursprungsidentität des gekennzeichneten Erzeugnisses zu garantieren" (Punkt 14). Somit wäre die Hauptfunktion des Warenzeichens gefährdet, „wenn der Rechtsinhaber nicht von der ihm durch die nationalen Rechtsvorschriften Gebrauch machen könnte, sich der Einfuhr eines gleichartigen Erzeugnisses unter einer mit seinem eigenen Warenzeichen verwechslungsfähigen Bezeichnung zu widersetzen", „denn in einem solchen Fall wären die Verbraucher nicht mehr in der Lage, den Ursprung des gekennzeichneten Erzeugnisses festzustellen, und der Rechtsinhaber könnte für schlechtere Qualität eines Erzeugnisses verantwortlich gemacht werden, die ihm in keiner Weise zuzurechnen wäre." (Punkt 16).

95 Vgl. Erwägungsgrund 10 der MRiLi. Zur Diskussion darüber, welche Bedeutung der Herkunfts(hinweis)funktion der Marke im künftigen (deutschen) Recht noch beigemessen werden kann, vgl. u.a. *v. Gamm*, zur Warenzeichenrechtsreform, WRP 1993, 793 (795); *Kunz-Hallstein*, Die Funktion der Marke nach europäischem und künftigem deutschem Markenrecht, in: FS DPA - 100 Jahre Marken-Amt, 1994, S. 147f.; *Tilmann*, aaO, GRUR 1979, 20f.

96 Vgl. dazu bsplw. *Lehmann/Schönfeld*, aaO, GRUR 1994, 481f.

Nationale Rechtsvorschriften, die die Erschöpfung des Rechts aus einer Marke für Waren vorsehen, die vom Markeninhaber oder mit dessen Zustimmung unter dieser Marke außerhalb des Europäischen Wirtschaftsraumes (EWR) in den Verkehr gebracht worden sind (weltweite Erschöpfung), [...] nicht mit den markenrechtlichen Vorschriften der Gemeinschaft vereinbar [sind].

Wiederum hat der EuGH das Funktionieren des Binnenmarkt als oberstes Ziel im Auge und läßt es deshalb zu, daß nunmehr mittels des Kennzeichnungsrechtes Handelsschranken im globalen Austausch von Gütern und Dienstleistungen geschaffen werden können. Der Fall, der von dem EuGH[97] zu entscheiden war, lag der nachfolgend wiedergegebene Sachverhalt zugrunde:

Die Klägerin stellt Modebrillen der oberen Preisklasse her und vertreibt diese weltweit. Sie bedient sich einer besonderen Markierung, die auch in Österreich Schutz genießt. Im Oktober 1995 hat die Beklagte selbst einen Posten von 21.000 Brillen eines ausgelaufenen Modells an eine bulgarische Firma veräußert. Diese wurde aufgrund vertraglicher Absprache gebunden, die erworbenen Brillen lediglich in Bulgarien oder den Ländern der ehemaligen Sowjetunion zu verkaufen. Die Beklagte, ein Filialgeschäft in Österreich, das von der Klägerin aus Imagegründen nicht beliefert wird, erwarb, wo konnte nicht genau geklärt werden, die Brillen, reimportierte diese nach Österreich und bot sie dort unter Beibehaltung der besonderen Kennzeichen der Klägerin an.

Diese begehrte zur Sicherung ihres Unterlassungsanspruches ein Verbot des weiteren Verkaufs der besonders gekennzeichneten Brillen.

In der Urteilsbegründung wird zu der mit dieser Entscheidung eingeführten europaweiten Erschöpfung ausgeführt:

Die markenrechtlichen Vorschriften der Gemeinschaft enthielten eine umfassende Harmonisierung der Rechtsvorschriften über die Rechte aus der Marke, zu der auch die Vorschrift über die Erschöpfung dieser Rechte zählt. Schon nach dem Wortlaut dieser Rechtsvorschriften könne die Erschöpfung nur dann eintreten, wenn die Waren innerhalb des EWR in den Verkehr gebracht worden seien. Daher könnten die Mitgliedsstaaten in ihrem innerstaatlichen Recht nicht die Erschöpfung der Rechte aus der Marke für in dritten Ländern in den Verkehr gebrachte Waren vorsehen.

Diese Auslegung sei die einzige, die das Funktionieren des Binnenmarktes in vollem Umfang zulasse. Könnten einige Mitgliedsstaaten eine weltweite Erschöpfung, andere hingegen nur eine gemeinschaftsweite Erschöpfung vorsehen, würden sich nämlich unvermeidbare Behinderungen des freien Waren- und Dienstleistungsverkehrs ergeben.

Die Begründung der Entscheidung läßt damit erkennen, daß der EuGH das Funktionieren des Binnenmarktes über welthandelspolitische Erwägungen stellt. Die grundsätzlichen Interessen der Verbraucher an einer Versorgung mit preiswürdigen Angeboten wurde damit als nachrangig erachtet. Die entsprechende Entscheidung des EuGH wurde zwischenzeitlich bestätigt[98].

Mit der Entscheidung des EuGH für eine (nur) europaweit geltende Erschöpfung wird eine unnatürliche Aufspaltung des Weltmarktes zugelassen. Dabei ist besonders beachtlich,

---

97 Vgl. EuGH. Urt. v. 16. Juli 1998, Rs. C 355/96, Slg. 1998, I-4799 – Silhouette International Schmied = GRUR Int. 1998, 695.

98 Vgl. EuGH, Urt. v. 1. Juli 1999, Rs. C-173/98 – Sabega, GRUR Int. 1999, 870.

daß die Entscheidung des EuGH im großen und ganzen nicht den im europäischen Wirtschaftsraum ansässigen Unternehmen zugute kommt. Vielmehr werden diejenigen Unternehmen klar begünstigt, die ihre Produktion außerhalb der Grenzen des europäischen Wirtschaftsraums haben. Schließlich ist es bei diesen Unternehmen viel wahrscheinlicher, daß das erste Inverkehrbringen der Angebote außerhalb der Grenzen des EWR stattfindet.

5. Kritik am nunmehr herrschenden Grundsatz der „europaweiten Erschöpfung"

Die „Silhouette"-Entscheidung des EuGH, die die Verfolgung des Grundsatzes der internationalen Erschöpfung für die Rechtsprechungen der Mitgliedsländer der EU rechtsverbindlich abschaffte, ist bereits auf Kritik gestoßen[99]. Immerhin soll die zunehmende Dichte von Welthandelsabkommen vornehmlich dem Zweck dienen, Handelsschranken zwischen den Ländern abzubauen und die Waren- bzw. Dienstleistungsverkehrsfreiheit zu gewährleisten. Diesem Ziel wird die Entscheidung des EuGH nicht gerecht[100]. Im Ergebnis bedeutet die Entscheidung nämlich, daß durch die Anerkennung einer bloß europaweit geltenden Erschöpfung an den Außengrenzen der EU eine willkürliche Barriere geschaffen wird, die geeignet ist den freien Waren- und Dienstleistungsaustausch auf der ganzen Welt zu behindern. Schließlich können nunmehr Unternehmen die von ihnen verwendeten, besonderen Kennzeichen dazu einsetzen eine Vertriebswegekontrolle einzurichten, die zwischen zwei unterschiedlichen Bereichen differenziert: Ware, die außerhalb der Grenzen des europäischen Wirtschaftsraumes in Verkehr gesetzt wurde, kann alleine unter Berufung auf die Rechte, die sich aus der Verwendung einer besonderen Kennzeichnung ergeben, aus dem europäischen Wirtschaftsraum herausgehalten werden.

Dabei wäre es gar nicht geboten gewesen, den Grundsatz der internationalen Erschöpfung bei der Verwendung besonderer Kennzeichen aufzugeben. Unter Abwägung des Für und Wider der sich gegenüberstehenden Argumente kann man jedenfalls auch zu dem Ergebnis kommen, daß die (bislang)[101] erlassenen europäischen Vorschriften auf dem Gebiet des Kennzeichnungsrecht nicht dazu zwangen, den Grundsatz der internationalen Erschöpfung aufzugeben.

So stand der Beibehaltung der internationalen Erschöpfungslehre zunächst nicht entgegen, daß der Ministerrat der Europäischen Gemeinschaften nicht die notwendige Kompe-

---

99 Die entsprechenden Argumente gegen die Einführung der lediglich europaweiten Erschöpfung fassen *Albert/Heath* in ihrem Aufsatz: Markenrecht und Paralleleinfuhr, GRUR 1998, 642f. zusammen.

100 So ist zunächst ganz allgemein darauf zu verweisen, daß der EuGH mit der nunmehr erlassenen Entscheidung die nationalen Gerichte dazu zwingt, Grundsätze des nationalen Rechts aufzugeben, die dem Gedanken des Freihandels bereits lange vor Schaffung des EWG-Vertrages Rechnung getragen haben. Hierauf weist bereits *Beier* (in: Gewerblicher Rechtsschutz und freier Warenverkehr im europäischen Binnenmarkt und im Verkehr mit Drittstaaten, GRUR Int. 1989, 603 (614f.); vgl. auch *Beier/v. Mühlendahl*, Der Grundsatz der internationalen Erschöpfung des Markenrechts in den Mitgliedsstaaten der EG und ausgewählten Drittstaaten, Mitt. 1980, 101f. (102)) zu Recht hin.

101 Die Einschränkung wird gemacht, da nicht auszuschließen ist, daß der europäische Gesetzgeber die Frage der Reichweite des Grundsatzes der Erschöpfung (anders) regelt.

tenz[102] besitzt, in die Beziehungen der Vertragsstaaten der EU mit Drittländern einzugreifen[103]. Art. 100 a EGV, der als Kompetenzvorschrift dem Erlaß der MRiLi zugrundeliegt[104], bezweckt die Erleichterung der Rechtsangleichung der nationalen Vorschriften der Mitgliedsländer der EU zur Verwirklichung des Binnenmarktes. Dies umfaßt auch die Beseitigung von Wettbewerbsverfälschungen, denen Unternehmen in den Mitgliedsstaaten ausgesetzt sind[105]. Eine unterschiedliche Handhabung der Erschöpfung in den einzelnen Mitgliedstaaten kann eine solche Wettbewerbsverfälschung darstellen[106]. Im übrigen dürfte es auch unschädlich sein, wenn in einer Richtlinie zur Rechtsangleichung im Binnenmarkt Nebenaspekte geregelt werden, die die Außenbeziehungen der Gemeinschaft im Rahmen des Art. 113 EWG-Vertrag betreffen.

Auch eine Betrachtung der Entstehungsgeschichte des Art. 7 MRiLi zwingt - entgegen den Vertretern dieser Auffassung[107] - nicht dazu, den Grundsatz der internationalen Erschöpfung aufzugeben. So ist zunächst tatsächlich festzustellen, daß die Formulierungen der Vorentwürfe zur später erlassenen MRiLi[108] und auch Art. 10 des Verordnungsvorschlages zur Gemeinschaftsmarke von 1978[109] keine Beschränkung auf ein Inverkehrbringen auf den Gemeinsamen Markt regelten. In der Begründung des Richtlinienentwurfs und - noch deutlicher - in der Begründung zum späteren Art. 11 des Entwurfs zur Gemeinschaftsmarkenverordnung[110] kam sogar wörtlich zum Ausdruck, daß mit den jeweils gewählten Formulierungen im

---

102 Zu den Kompetenzen der Europäischen Union auf dem Gebiet des gewerblichen Eigentums vgl. allgemein (und äußerst detailliert): Gutachten 1/94 des Gerichtshofs der Europäischen Gemeinschaft vom 15. November 1994 über die Zuständigkeiten für den Abschluß des Abkommens über die Handelsbezogenen Aspekte des geistigen Eigentums im Rahmen des Übereinkommens zur Gründung der Welthandelsorganisation, in Auszügen GRUR Int. 1995, 239f.

103 So *Ebenroth*, Gewerblicher Rechtsschutz und europäische Warenverkehrsfreiheit: Ein Beitrag zur Erschöpfung gewerblicher Schutzrechte, S. 29.

104 Vgl. die einleitenden Worte der MRiLi, die die Kompetenznorm des Art. 100 a EG-Vertrag ausdrücklich benennt.

105 Vgl. *Pipkorn* in *Groeben/Thiesing/Ehlermann*, Kommentar zum EWG-Vertrag, 4. Auflage, 1991, Art. 100 a, Rdnr. 17; vgl. auch EuGH vom 11. Juni 1991, Rs C-300/89, Slg. 1991, 2867 (2899) - Titandioxyd.

106 Vgl. zu den Wettbewerbsverfälschungen, die sich aufgrund einer unterschiedlichen Beurteilung der Erschöpfung von Kennzeichenrechten innerhalb der Mitgliedsländer der EU ergeben können, oben im 5. Kapitel, II., 2.

107 Insbesondere: *Klaka*, aaO, GRUR 1994, 326 und *Kunz-Hallstein*, Europäisierung und Modernisierung des deutschen Warenzeichenrechts, Fragen einer Anpassung des deutschen Markenrechts an die EG-Markenrichtlinie, GRUR Int. 1990, 747 (758).

108 Vgl. Art 6 Abs. I des ersten Entwurfs für eine Markenrichtlinie (Abl. Nr. C 351/1 vom 31. Dezember 1980; vgl. dazu auch *Beier/v.Mühlendorf*, aaO, Mitt. 1980, 101f.)

109 Dokument III/D/753/78 vom Juli 1978 (GRUR Int. 1978, 452).

110 In Art. 11 des Entwurfs zur GemMVO heißt es, die Regelung, nach der sich das Recht aus der Marke durch die erste Benutzung erschöpfe, folge direkt aus der Funktion der Marke, nämlich auf die Herkunft der Ware oder Dienstleistung hinzuweisen. Der Ort, an dem der Markenartikel in den Verkehr gebracht werde, sei in dieser Hinsicht unerheblich. Der Grundsatz der internationalen Erschöpfung stehe darüber hinaus in engem Zusammenhang mit der Verwirklichung eines wesentlichen Zieles des EWG-Vertrages, nämlich die Hindernisse für den freien Waren- und Dienstleistungsverkehr zu beseitigen und Wettbewerbsverfälschungen auf dem Gemeinsamen Markt vorzubeugen. Dies könne nicht verwirklicht werden, wenn Inhaber von Gemeinschaftsmarken mit ihrer Marke den Weltmarkt abschotten könnten. Vgl. Dokument KOM (80), 635 endg./2 vom 27. November 1980 (GRUR Int. 1981, 100 mit Begründung in GRUR Int. 1981, 86).

Grundsatz von einer internationalen Erschöpfung ausgegangen werden sollte[111]. Die darauf folgende Änderung der Formulierung[112] zwingt jedoch nicht zu der Annahme, daß der europäische Gesetzgeber die weitere Verfolgung dieses Grundsatzes aufgeben wollte[113]. Im Gegenteil: Im Hinblick auf die Interessen des globalen Wirtschaftsverkehrs wäre es aus Gründen der Rechtssicherheit sogar insgesamt geboten gewesen, den Grundsatz der weltweiten Erschöpfung von Kennzeichnungsrechten in allen Rechtsordnungen einheitlich einzuführen. Gerade die Interessen der in Europa ansässigen Unternehmen werden nämlich nunmehr durch die Möglichkeit, mittels besonderer Kennzeichen eine Aufteilung des internationalen Weltmarktes vornehmen zu können, beeinträchtigt. Hierzu muß man sich lediglich die tägliche Situation von Groß- und Einzelhändlern mit Sitz innerhalb der EU vor Augen führen. Diesen wird nunmehr bei ganz normalen Transaktionen mit gekennzeichneter Originalware, die von einem Importeur erworben wurde, eine unzumutbare Prüfungspflicht auferlegt[114].

Ferner ist auch keine grundsätzlich enge Auslegung des Art. 7 MRiLi geboten. Die diesbezügliche Argumentation der Befürworter einer lediglich gemeinschaftsweiten Erschöpfung von Kennzeichnungsrechten[115] zielte darauf ab, daß Art. 5 MRiLi das Markenrecht zum ausschließlichen Recht des Markeninhabers bestimmt und ausdrücklich als eine dem Markeninhaber allein zustehende Befugnis das Recht nennt, die Einfuhr von mit der Marke oder einem ähnlichen Zeichen gekennzeichneten identischen oder ähnlichen Waren zu verbieten (vgl. Art. 5 Abs. III lit. c) MRiLi). Dieses grundsätzlich gewährte, umfassende Recht würde durch Art. 7 Abs. I MRiLi als Ausnahmevorschrift zu dem zuvor statuierten Grundsatz beschränkt. Eine weitere Einschränkung des allgemein gewährten Rechts durch eine extensive Auslegung des bereits als Ausnahmevorschrift anzusehenden Art. 7 MRiLi würde sich deshalb verbieten[116]. Dem ist jedoch entgegenzuhalten, daß es grundsätzlich keinen allgemeinen

---

111 Vgl. dazu eingehend *Harte-Bavendamm/Scheller*, Die Auswirkungen der Markenrechtsrichtlinie auf die Lehre von der internationalen Erschöpfung, WRP 1994, 571 (574).

112 Die Formulierung von Art. 7 MRiLi in der geltenden Fassung lautet nun: Die Marke gewährt ihrem Inhaber nicht das Recht, einem Dritten zu verbieten, die Marke für Waren zu benutzen, die unter dieser Marke von ihm oder mit seiner Zustimmung *in der Gemeinschaft* in den Verkehr gebracht worden sind (maßgebliche Hervorhebung durch den Verfasser).

113 In diesem Zusammenhang wird insbesondere auf die Äußerungen des Kommissionsmitgliedes *Narjes* hingewiesen. *Narjes* sagte: *„Die Kommission kann sich den Argumenten nicht verschließen, die gegen die Verankerung des Grundsatzes der 'internationalen Erschöpfung' im Richtlinien- und Verordnungsvorschlages vorgetragen wurden. [...] Nach eingehender Prüfung sind wir zu dem Ergebnis gelangt, daß die möglichen negativen handelspolitischen Auswirkungen dieses Grundsatzes den Ausschlag geben sollten. Diese Auswirkungen müssen darin gesehen werden, daß der Kommissionsvorschlag die Unternehmen in der Gemeinschaft benachteiligt gegenüber den Unternehmen in Drittstaaten, welche die internationale Erschöpfung nicht kennen. Die Gemeinschaft würde somit einseitige Vorleistungen im Verhältnis zu diesen Drittstaaten erbringen. [...]“* Zitiert nach *Klaka*, aaO, GRUR 1994, 321f. (325).

114 Vgl. hierzu bereits das „MAJA“-Urteil des BGH GRUR Int. 1964, 202.

115 Bsplw. *Kunz-Hallstein*, aaO, GRUR Int. 1990, 747 (758).

116 Den aus der MRiLi genannten Vorschriften entsprechen Art. 9 Abs. I, Abs. II lit. c GemMVO bzw. Art 13. Abs. I GemMVO und die auf den Artikeln der MRiLi erlassenen nationalen Vorschriften (fast) wörtlich: Der deutsche Gesetzgeber hat beispielsweise Art. 5 und Art. 7 Abs. I MRiLi in den §§ 14 Abs. I, Abs. III Nr. 4 und 24 Abs. I MarkenG umgesetzt. Die Frage der Auslegung dieser Vorschriften ergibt sich folglich entsprechend.

Grundsatz gibt, nach dem eine enge Auslegung einer Ausnahmevorschrift geboten ist[117]. Vielmehr muß bei der Auslegung der Vorschrift des Art. 7 MRiLi - wie bei jeder anderen Gesetzesauslegung auch - die rechtlich maßgebliche Bedeutung des Gesetzes gefunden werden[118]. Gerade bei einem grenzüberschreitenden Handel, der grundsätzlich aufgrund der gegebenen Internationalität der Waren- und Dienstleistungsströme keine Landes- und Gebietsgrenzen kennt, ist die maßgebliche Bedeutung der MRiLi, die im Grunde genommen zu mehr Wettbewerb führen möchte, nicht im Funktionieren des Binnenmarktes zu suchen[119]. Angesichts der immer größer werdenden Freihandelszonen und der ständig wachsenden Zahl von internationalen Vereinbarungen, deren Ziel der Abbau von bestehenden Handelsschranken ist, ist die maßgebliche und übergeordnete Bedeutung der MRiLi und des darin enthaltenen Art. 7 Abs. I MRiLi vielmehr in diesem Bereich zu suchen. Der EuGH hätte sich deshalb besser von diesen Motiven leiten lassen sollen, als das Funktionieren des Binnenmarktes voranzustellen, zumal dieses Ziel auch durch eine einheitliche Einführung des Grundsatzes der internationalen Erschöpfung sicherzustellen gewesen wäre. In diesem Zusammenhang ist auch darauf hinzuweisen, daß der EuGH mit der Hinwendung zur europaweiten Erschöpfung die nationalen Gerichte dazu zwingt, Grundsätze des nationalen Rechts aufzugeben, die dem Gedanken des Freihandels bereits lange vor der Schaffung des EWG-Vertrages bereits Rechnung trugen[120].

Auch die Änderung der markenrechtlichen Konzeption gebot nicht den Grundsatz der internationalen Erschöpfung aufzugeben. Dabei soll nicht in Abrede gestellt werden, daß tatsächliche wirtschaftliche Entwicklungen im Rahmen eines deutlichen Umschwungs in der Rechtsprechung des EuGH dazu geführt haben, daß immer mehr Funktionen einer besonderen Markierung von Waren und Dienstleistungen beachtlich wurden[121]. Zutreffend ist ferner, daß damit die Herkunftshinweisfunktion, die nach der Abkehr vom Universalitätsprinzip bei Warenzeichen zur Begründung des internationalen Erschöpfungsgrundsatzes herangezogen wurde[122], dabei gleichzeitig an Bedeutung verlor. Dennoch geht der EuGH auch in seinen neueren Entscheidungen[123] davon aus, daß die Hauptfunktion einer besonderen Markierung nach wie vor darin liegt, den Verbraucher zu befähigen, eine zweifelsfreie Identifizierung des Ursprungs der besonders gekennzeichneten Ware oder Dienstleistung vornehmen zu können[124].

---

117 Vgl. *Larenz*, Methodenlehre der Rechtswissenschaft, S. 355 mwN aus der Rechtsprechung: RGZ 153, 23; BGHZ 2, 244; BGHZ 4, 222; BGHZ 11, 143; BSG NJW 1959, 168.

118 Vgl. *Larenz*, aaO, S. 312f.

119 Dies wird jedoch vom EuGH in der Silhouette-Entscheidung des EuGH als entscheidungsmaßgeblich erachtet, vgl. dazu im 5. Kapitel, II., 4.

120 Hierauf weist *Beier* (in: Gewerblicher Rechtschutz und freier Warenverkehr im europäischen Binnenmarkt und im Verkehr mit Drittstaaten, GRUR Int. 1989, 603f. (614f.)) zu Recht hin. Vg*l. ferner Beier/v. Mühlendahl*, Der Grundsatz der internationalen Erschöpfung des Markenrechts in den Mitgliedsstaaten der EG und ausgewählten Drittstaaten, Mitt. 1980, 101f. (102).

121 Zu nennen sind - neben der nach wie vor beachtlichen Herkunftshinweisfunktion - insbesondere die Qualitäts- und die Werbefunktion.

122 Vgl. zur Begründung des Grundsatzes der internationalen Erschöpfung nach Übergang vom Universalitätsprinzip zum Territorialitätsprinzip, oben im 5. Kapitel, II., 1. e).

123 EuGH Urt. v. 17. Oktober 1990, Rs. C-10/89, Slg. 1990, I-3711 - Hag II, GRUR Int. 1990, 960.

124 Vgl. Erwägungsgrund 10 der MRiLi. Zur Diskussion darüber, welche Bedeutung der Herkunfts(hinweis)funktion der Marke im künftigen (deutschen) Recht noch beigemessen werden kann, vgl. u.a. *v.Gamm*, Zur Warenzeichenrechtsreform, WRP 1993, 793 (795); *Kunz-Hallstein*, Die Funktion der

Zusätzlich ist aus der „Ideal-Standard"-Entscheidung[125] des EuGH ersichtlich, daß es maßgeblich ist, daß der Kennzeichnungsberechtigte eine Einflußmöglichkeit auf die Qualität der Ware besitzen soll. Sowohl die eindeutige Identifizierung des Ursprungs als auch das Gebot einer Einflußnahme auf die Qualität der Angebote verlangt jedoch nicht zwingend die Aufgabe des Grundsatzes der internationalen Erschöpfung. Im Gegenteil: Die Zulassung einer Aufteilung der Märkte bedeutet für den Verbraucher die Gefahr in anderen Ländern, unter gleicher Bezeichnung, Ware mit einer unterschiedlichen Qualität vorzufinden. Insbesondere unsere heute mobile Gesellschaft, die in immer zunehmendem Maße immer schneller werdende Transportmittel benutzt, läuft dabei Gefahr, identisch gekennzeichnete Angebote mit unterschiedlicher Qualität auf verschiedenen Märkten vorzufinden. Diese für den allgemeinen Verbraucherschutz gefährliche Situation, die noch in der „Hag-I"-Entscheidung des EuGH[126] aus anderen Gründen[127] bewußt hingenommen wurde, ist mit dem heutigen Verständnis der besonderen Markierungen nicht mehr vereinbar[128].

Schließlich kann auch die Zulässigkeit einer territorial begrenzten Lizenzierung einer Gemeinschaftsmarke eine extensive Auslegung von Art. 7 MRiLi nicht verbieten. Die entsprechende Argumentation geht dahin, daß Art. 22 Abs. I GemMVO eine Lizenz an einer Gemeinschaftsmarke für einen Teil der Gemeinschaft zuläßt. Gemäß Art. 22 Abs. II GemMVO kann der Rechtsinhaber die Rechte aus der Marke geltend machen, sofern der Lizenznehmer die Marke außerhalb des ihm eingeräumten Gestattungsgebietes benutzt (oder Ware in Gebiete außerhalb des ihm gestatteten Gebiets veräußert). Nach Ansicht von *Ingerl*[129] würde dieses Zusammenspiel der genannten Vorschriften einer extensiven Auslegung des Erschöpfungsgrundsatzes zuwiderlaufen. Nach seiner Ansicht fehlt es deshalb in derartigen Fällen an einer Zustimmung für das konkrete Inverkehrbringen, womit keine Erschöpfung eintreten soll[130]. Die Folge davon wäre, daß sich der Kennzeichnungsberechtigte auch gegen den gewerblichen Weitervertrieb der Markenware durch Dritte mit markenrechtlichen Ansprüchen wehren könnte.

Das Zusammenspiel der Vorschriften zur Lizenzierung von Gemeinschaftsmarken, die eine Geltendmachung von Rechten aus der Marke gegen den Lizenznehmer erlaubt jedoch

---

Marke nach europäischem und künftigen deutschen Markenrecht, FS 100 Jahre deutsches Markenamt, 1994, S. 147f.; *Tilmann*, Das neue Markenrecht und die Herkunftsfunktion, ZHR 1994, 371f. (380).

125 EuGH Urt. v. 22. Juni 1994, Rs. C-9/93, - Ideal Standard, GRUR Int. 1994, 614.

126 EuGH, Urt. v. 3.7.1974, Rs. 192/73, Slg. 731, 743 - Hag I, GRUR Int 1974, 338.

127 Zur Zeit des Erlasses der „HAG I"-Entscheidung des EuGH (1974) existierten noch keine Regelungen für gemeinschaftsweit einheitlich geltende Schutzrechte. Dem EuGH kam damit die Aufgabe zu, einen Ausgleich zwischen den Geboten des Gemeinschaftsrechts und den nationalen Gesetzgebungen zu finden. Zur Etablierung des Gemeinsamen Marktes war die damalige Entscheidung des EuGH damit durchaus berechtigt.

128 Vgl. das zur „Hag-I"-Entscheidung konträre Ergebnis der „Hag-II"-Entscheidung (EuGH Urt. v. 17. Oktober 1990, Rs. C-10/89, Slg. 1990, I-3711 - Hag II, GRUR Int. 1990, 960).

129 Vgl. *Ingerl*, Die Gemeinschaftsmarke, S. 96f.

130 Ebenso *Schönfeld*, Die Gemeinschaftsmarke als selbständiger Vermögensgegenstand, S. 126f.; *Lehmann/Schönfeld*, Die europäische und deutsche Marke: Positive Handlungsrechte im Dienste der Informationsökonomie, GRUR 1994, 481f. (487); Zur MRiLi: *Meister*, Die EG-Marken-Richtlinie - Erste Kommentierung, MA 1990, 60 (64).

gerade nicht die Annahme, daß ein gewerblicher Weitervertrieb der Waren durch deren Abnehmer gestattet wäre. Dem steht bereits der insoweit eindeutige Wortlaut der Vorschrift des Art. 22 Abs. II GemMVO entgegen. Auch der Schluß, daß die Gestattung des Markeninhabers für das Inverkehrsetzen durch den Lizenznehmer außerhalb der Gestattungsgebiete fehlt, ist nicht gerechtfertigt. Immerhin steht dem Lizenznehmer eine - wenn auch gebietsmäßig beschränkte - Gestattung zur Kennzeichnung zu. Die zwischen den Parteien vereinbarte, gebietsmäßige Beschränkung darf sich jedoch nicht zu Lasten Dritter im Rechtsverkehr auswirken. Dies wäre immer dann der Fall, wenn diesen Dritten eine umfassende Prüfungspflicht im Rechtsverkehr auferlegt würde.

Zusammenfassend kann deshalb festgestellt werden, daß gute Argumente für die Beibehaltung des Grundsatzes der internationalen Erschöpfung bestanden haben. Das Ziel des EuGH, der die Interessen des Gemeinsamen Marktes im Auge hatte, hätte auch anders erreicht werden können.

Die Einführung des Grundsatzes der europaweiten Erschöpfung im Kennzeichnungsrecht hat bei einem Teil der betroffenen Wirtschaftskreise erhebliche Unruhe ausgelöst. Dies hat sogar politische Reaktionen zur Folge gehabt, die sich in einem Fall sogar bis zur Blockade der Harmonisierungsvorhaben auf dem Gebiet des Geschmacksmusterrechts steigerten[131]. Als Kompromiß wurde daraufhin im April 1997 von Kommission und Rat eine gemeinsame Sitzung zum Thema „Erschöpfung" einberaumt. Dabei wurde beschlossen, eine Studie in Auftrag zu geben, die die voraussichtlichen wirtschaftlichen Auswirkungen einer abermaligen Änderung hin zu einer internationalen Erschöpfung unter Einbeziehung der Interessen möglichst aller betroffenen Wirtschaftskreise offenlegen sollte.

Die üblicherweise als „NERA-Studie" bezeichnete Untersuchung wurde im Februar 1999 abgeliefert[132]. Gegenstand der Untersuchung waren insgesamt zehn Produktsektoren. Die Studie kommt zu dem Ergebnis, daß die Einführung des Grundsatzes der internationalen Erschöpfung im Kennzeichnungsrecht eine zwischen 0,5 und 2 % liegende Senkung der Verbraucherpreise zur Folge haben könnte. Als äußerst gering werden die Auswirkungen auf Produktion und Arbeitsplätze innerhalb der EU eingeschätzt.

Als Ergebnis einer von der EU-Kommission durchgeführten Anhörung der interessierten Kreise zur NERA-Studie ergab sich als Beschlußempfehlung, daß mit dem im TRIP's-Abkommen dokumentierten Prinzip der Freiheit des Welthandels grundsätzlich eine Vermutung für eine weltweite Erschöpfung von Kennzeichnungsrechten gelten soll. Nur wenn im Einzelfall nachgewiesen werden kann, daß sich daraus im Hinblick auf die besonderen Verhältnisse einer bestimmten Branche (wie beispielsweise der Tonträgerindustrie) gravierende Nachteile für die Allgemeinheit ergeben würden, so soll der Grundsatz einer regionalen Er-

---

131 So verweigerten die Niederlande im November 1996 dem Gemeinsamen Standpunkt zur Geschmacksmusterrichtlinie ihre Zustimmung mit der Begründung, daß die darin vorgesehene Einschränkung des Erschöpfungsgrundsatzes auf den europäischen Wirtschaftsraum nicht akzeptabel sei.

132 NERA (= National Economic Research Associates) ist die Bezeichnung einer für die Studie verantwortlich zeichnenden Institution.

schöpfung gelten. Insoweit sei von Fall zu Fall eine Regelung in Form einer Gruppenfreistellungsverordnung ins Auge zu fassen[133].

III. Konsequenzen für die Verwender besonderer Kennzeichen

Fraglich ist schließlich, welche Konsequenzen das voran Dargestellte für die Verwender besonderer Kennzeichen hat.

Rein wirtschaftlich betrachtet ist die Möglichkeit eines nur noch gemeinschaftsweiten Verbrauchs von Rechten, die sich aus besonderen Kennzeichen ergeben, für viele Branchen von außerordentlicher Bedeutung. Schließlich hat die Einschränkung des bisher geltenden Grundsatzes der internationalen Erschöpfung zur Folge, daß beispielsweise in Südostasien produzierte und nur für den dortigen Markt bestimmte Markenware aus dem europäischen Wirtschaftsraum unter Berufung auf die in Europa verwendeten Kennzeichnungsrechte herausgehalten werden kann.

Die Möglichkeit einer Aufteilung von internationalen Märkten durch den Einsatz besonderer Markierungen ist dabei eine Option, die manchen Verwendern besonderer Markierungen[134] entgegenkommen kann.

Hierzu ist zunächst festzustellen, daß die Änderung der Rechtsprechung für diejenigen Verwender, die lediglich eine gemeinschaftsweite Vermarktung von Produkten, die im Gemeinsamen Markt hergestellt und dort auch vertrieben werden, nicht sehr gravierend sind. Immerhin hat sich für diesen Unternehmenskreis die Rechtslage mit der „Silhouette"-Entscheidung des EuGH nicht geändert[135]. Allerdings ergeben sich insbesondere für diesen Verwenderkreis Nachteile aus der geänderten Rechtsprechung. Diese begünstigt nämlich eigentlich nur diejenigen Unternehmen, die im wesentlichen außerhalb des EWR ihre Waren herstellen (oder herstellen lassen). Nur diese Unternehmen können nämlich tatsächlich eine Vertriebswegkontrolle zumindest in bezug auf die Wirtschaftsräume des EWR und der übrigen Welt vornehmen. Die übrigen Marktteilnehmer, also vornehmlich diejenigen, die eine gemeinschaftsweite Vermarktung ihrer Angebote im Blickwinkel ihrer wirtschaftlichen Betätigung haben und auch innerhalb der Grenzen des EWR produzieren, stehen damit ungünstiger als diejenigen Unternehmen, denen die Möglichkeit einer zumindest partiellen Vertriebswegkontrolle offensteht[136]. Welche wirtschaftliche Bedeutung hinter dieser Frage steht, ergibt

---

133 Vgl. ausführlicher dazu im Bericht von *Kur* über die Anhörung der EU-Komminssion zur Erschöpfung von Markenrechten.

134 Insbesondere aufgrund der sich durch moderne Kommunikationsmittel ergebenden Möglichkeiten, die Produktion von Waren auf verschiedene Länder zu verteilen.

135 Den Grundsatz der europaweiten Erschöpfung verfolgt der EuGH unverändert bereits seit der „Centrafarm-Wintrop"-Entscheidung (EuGH Urt. v. 18. Februar 1971, Rs. 40/70, Slg. 69, 83 - Sirena, GRUR Int. 1971, 279f., Vgl. dazu im 2. Kapitel, I., 3., b)).

136 Diese nach wie vor verbleibende Wettbewerbsverzerrung zu Lasten der im Gebiet des EWR produzierenden Unternehmen (Standortnachteil!) wurde vom EuGH, sogar wohl sehenden Auges, hingenommen.

sich unzweifelhaft aus der bereits großen Anzahl von Gerichtsentscheidungen in diesem Bereich.

Letztendlich ist jedoch insgesamt fraglich, ob Unternehmen, die die durch die geänderte Rechtsprechung neu geschaffenen Optionen ausüben wollen, aus dieser Vorgehensweise tatsächlich eigenen Profit ziehen können. Dies ist schließlich nur dann möglich, wenn für unterschiedliche Märkte unter Beibehaltung einer gleichen Kennzeichnung qualitativ unterschiedliche Angebote unterbreitet werden, wobei die unterschiedlichen Qualitäten unterschiedliche Preise auf den jeweiligen Märkten zulassen.

Ein derartiges Vorgehen wäre jedoch - wiederum aus tatsächlichen Gründen - bedenklich, da damit an einem Postulat gerüttelt würde, das Gültigkeit besitzt, seit es Markenartikel gibt. Es lautet:

„Eine Marke - Ein Produktversprechen".

Nicht ganz ohne Grund hat deshalb der Verband der Markenartikelhersteller der USA, die INTA, u.a. die Bedeutung einer besonderen Markierung wie folgt beschrieben:

Die Fabrikmarke ist ein Abschreckungsmittel gegen nachlässige Herstellung. Unzufriedene Verbraucher können sofort die Erzeugnisse erkennen, die nicht den gepriesenen Eigenschaften oder dem erwarteten Qualitätsniveau entsprechen.

Der Verband kommt deshalb zu dem Ergebnis, daß die Führung einer besonderen Kennzeichnung die Verantwortung des Anbieters fixiert[137]. Auch in der betriebswirtschaftlichen Literatur wird ausgeführt, daß nicht nur die Festlegung von Prioritäten für einzelne Marken im unternehmerischen Gesamtzusammenhang erforderlich ist, sondern auch die konsequente Anwendung bewährter Erfolgsprinzipien der Markenführung[138]. Als ein wichtiger Aspekt wird dabei die Glaubwürdigkeit des gesamten Unternehmensverhalten angesehen (Credibility). In diesem Zusammenhang kann jedoch nur mit einer ganzheitlichen Markenpolitik die Glaubwürdigkeit der Verwender besonderer Kennzeichen gestärkt werden. Dies wird um so wichtiger, je kritischer die Konsumenten und die Öffentlichkeit gegenüber Marktleistungen von Unternehmern werden. Da dies jedenfalls für die Verbraucher im Gemeinsamen Markt ganz generell zutrifft, muß dringend davon abgeraten werden, die sich mit der nunmehr geänderten Rechtsprechung ergebenden Optionen zu nutzen.

Im Rahmen einer ganzheitlichen Markenpolitik sind jedenfalls unterschiedliche Produkte unter Verwendung identischer Kennzeichen zu vermeiden. Hierzu soll auf zwei Beispielsfälle eingegangen werden:

Der Autohersteller Audi bietet Personenkraftfahrzeuge an, deren Karosserien durch Vollverzinkung unanfällig gegen Rost sind. Diese Fahrzeuge werden mit diesem aufwendigen Schutz in der gesamten EU angeboten. Sinn macht dieser aufwendige Schutz jedoch eher in den Ländern, in denen extremere Witterungsbedingungen mit hohen Temperatur- und Luftfeuchtigkeitsschwankungen überhaupt zu ei-

---

137 Vgl. WRP 1974, 294.

138 Vgl. *Meffert*, Strategien zur Profilierung von Marken, *Dichtl/Eggers*, Marke und Markenartikel als Instrumente des Wettbewerbs, S. 153.

nem Korrodieren der Karosserie führen. In südlichen Ländern, in denen dies nicht der Fall ist, könnte der Fahrzeughersteller auf diesen aufwendigen Schutz auch verzichten. Die für diese Märkte produzierten Fahrzeuge könnten damit dort billiger angeboten werden.

Ein verändertes Angebot innerhalb der EU durch den Fahrzeughersteller *Audi* ist bloße Fiktion. *Audi* verzichtet auch bewußt auf den sich möglicherweise durch die Einsparung von Kosten im Produktionsvorgang ergebenden Vorteil. Ein derartiges Vorgehen würde nämlich zu einem nicht unbeträchtlichen Rufverlust bei *Audi* führen, die die Vollverzinkung ihrer Karosserien in der allgemeinen Produktwerbung geschickt herausstellen.

Aufgrund des freien Warenverkehrs innerhalb der Gemeinschaft könnten nämlich die für den südländischen Markt produzierten, rostanfälligeren Fahrzeuge auch wieder auf den deutschen (oder sogar nordischen) Markt zurückkehren, weil sich die Verbraucher die möglicherweise billigeren Preise in den südlichen Ländern zunutze machen würden. Einen Abverkauf der reimportierten Fahrzeuge könnte *Audi* auch gar nicht verhindern[139]. Es könnten damit rostanfällige *Audi*-Fahrzeuge auch in die Märkte gelangen, in denen der verstärkte Korrosionsschutz durchaus Sinn macht. Wie dieses Beispiel belegt, zwingt bereits die europäische Marktwirklichkeit zu einer konsequenten Einhaltung eines einheitlichen Produktversprechens.

Eine Reduzierung der Erschöpfungslehre auf innereuropäische Tatbestände würde an dem voran geschilderten *Audi*-Beispiel noch nichts ändern. Dennoch stellt sich die Frage, ob das mit der einheitlichen Markierung verbundene Produktversprechen nicht auch dazu zwingt, die weltweite Erschöpfung beizubehalten.

Tatsächlich ist ein derartiger Zwang gegeben. Hierzu soll auf einen weiteren Beispielsfall eingegangen werden:

Der amerikanische Konzern Procter & Gamble stellt u.a. Zahnpasta her und vertreibt diese weltweit u.a. unter der besonderen Bezeichnung „Colgate". Die Marke ist dabei in Deutschland mit dem Produktversprechen verbunden, daß ein wirksamer Schutz gegen die wichtigsten Zahnerkrankungen geboten wird. In anderen Ländern, in denen beispielsweise ein anderes Preisniveau der Konkurrenz zu anderen billigeren Produktionsweisen zwingt, wird ebenfalls unter der Bezeichnung „Colgate" eine Zahnpasta angeboten, die nicht viel mehr beinhaltet als Schlämmkreide. Auf den Zusatz verteuernder Additive, die einen verstärkten Schutz bieten, wird aus Kostengründen verzichtet.

Das Unternehmen in diesem Beispielsfall hält sich folglich - trotz der zur Verwendung kommenden einheitlichen Bezeichnung - nicht an ein einheitliches Produktversprechen. Das sich ergebende Preisgefälle zwischen den unterschiedlichen Ländern, in denen das einheitlich gekennzeichnete Produkt auf den Markt gebracht wird, ermöglicht es Im- und Exportfirmen durch die weltweit existierenden Handelsströme die sich ergebenden Gewinne auf sich umzuleiten[140]. In dem dabei vor einem englischen Gericht anhängig gemachten Fall entschied das Gericht, das „nur" von einer europaweit geltenden Erschöpfung ausging, daß die Markeninhaberin berechtigt war, den Import aus kennzeichenrechtlichen Gründen zu verbieten. Damit

---

139 Entscheidung der Kommission gegen VW vom 28. Januar 1998 (Vgl. SZ-Artikel: VW muß 200 Millionen Mark Strafe zahlen, SZ vom 29. Januar 1998, S. 1).

140 So bereits geschehen bei der Zahnpasta Colgate. Der sich ergebende Fall war Grundlage der Entscheidung des Court of Appeal vom 20. April 1998 - COLGATE II, GRUR Int. 1991, 50f.

wurden die Rechte, die sich aus der Verwendung besonderer Kennzeichen ergeben, vor einen Karren gespannt, vor den sie nicht gehören. Sie wurden zu einem Instrument gemacht, unerwünschte Importe verhindern zu können.

Wahrscheinlich ist, daß sich Produktunterschiede bei Zahnpasta nicht so schnell und so gravierend auswirken werden. Dennoch ist ein Rückschlag bei den Verkaufserfolgen eines Produkts, das auf unterschiedlichen Märkten ohne unmittelbar erkennbaren Grund in verschiedenen Preisniveaus angeboten wird, denkbar[141]. Hierzu trägt die große Mobilität unserer Gesellschaft und die immer größer werdende Bedeutung des weltumspannenden Internets beim Warenabsatz nicht unwesentlich bei.

Es stellt sich deshalb die Frage, ob den Verwendern besonderer Kennzeichen damit gedient ist, wenn ihnen nunmehr durch die geänderte Rechtsprechung des EuGH die tatsächliche Möglichkeit gegeben wird, kennzeichnungsrechtliche Verbietungsansprüche zur (partiellen) Vertriebswegkontrolle zu nutzen. Auf lange Sicht gesehen ist diese Frage mit Sicherheit zu verneinen. Die Wahrscheinlichkeit von Imageschäden, die dadurch entstehen können, daß sich der Verwender nicht an ein einheitliches Produktversprechen hält, wird immer größer.

---

141 Vgl. dazu bereits im 5. Kapitel, I., 1.

6. Kapitel: Zusammenfassung der Ergebnisse in Thesen

1. Die besondere Markierung von Angeboten eines Unternehmens wird in Zukunft weiter an Bedeutung gewinnen. Dies läßt sich zunächst auf die Vorteile zurückführen, die der Absatz besonders markierter Angebote gegenüber „anonymer" Ware bietet. Auch die Stärkung der Rechte und die rechtliche Anerkennung aller wirtschaftlichen Funktionen, die sich aus der Verwendung besonderer Kennzeichen ergeben, werden dazu beitragen.

2. Unternehmen, die ihre Angebote auf dem gesamten Gemeinsamen Markt vermarkten wollen, sollten sich besonderer Kennzeichen beim Absatz ihrer Angebote bedienen. Diese Unternehmen werden bei diesem Vorhaben mit ganz speziellen Problemen konfrontiert. Sie ergeben sich aus den verschiedenen in Europa zusammengefaßten, unterschiedlichen Kulturen. Besonderen Markierungen kommen bei der Bewältigung der sich stellenden Probleme eine Integrationswirkung zu. Schließlich können den Abnehmern die besonderen Eigenschaften der konkreten Angebote, durch die Verwendung der besonderen Markierungen als Botschaftsträger, in verschiedenen Sprachen näher gebracht werden.

3. Beim Einsatz besonderer Kennzeichen im Gemeinsamen Markt bietet die EU- einheitliche Verwendung eines einzigen, besonderen Kennzeichens für ein und das selbe Angebot die größten Vorteile. Die Auswahl des besonderen Kennzeichens, das in der gesamten EU zum Einsatz kommen soll, erhält deshalb eine besondere Bedeutung. Regionale Besonderheiten müssen sowohl bei den absoluten Schutzversagungsgründen als auch bei der Aussprechbarkeit berücksichtigt werden. Hierzu sollte in jedem Fall Rat von Markenspezialisten der Mitgliedsländer der EU eingeholt werden, um die jeweiligen sprachlichen Besonderheiten berücksichtigen zu können. Aufgrund der großen Anzahl von Marken, die sich auf dem gesamten Gemeinsamen Markt begegnen können, kann sich eine graphische Ausgestaltung reiner Wortmarken empfehlen, um eine zusätzliche Differenzierung herbeizuführen und den angesprochenen Abnehmern einen weiteren, merkfähigen Markenbestandteil zu geben.

4. Eine Harmonisierung der nationalen Kennzeichenrechte der Mitgliedsländer der EU erfolgte bislang nur bei den registerrechtlich erworbenen Schutzrechten. Eine Vereinheitlichung von Rechten, die aus der bloßen Benutzung besonderer Kennzeichen resultieren, existiert dagegen (noch) nicht. Die diesbezüglichen Schutzvorschriften finden sich immer noch in unterschiedlichen Rechtsmaterien. Teilweise werden sie dem Kennzeichnungsrecht und teilweise dem Recht des unlauteren Wettbewerbs zugerechnet. Die deshalb von Land zu Land bestehenden Unterschiede auf dem Gebiet des Kennzeichenschutzes rechtfertigen den unbedingten Rat an die Unternehmen, die zum Einsatz kommenden besonderen Kennzeichen jedenfalls durch Eintragung in die dafür vorgesehenen Register einem Schutz zuzuführen.

5. Ein Schutzerwerb Kraft Registrierung in den entsprechenden Registern gewährt zudem eine Entwicklungsbegünstigung für die zukünftige, wirtschaftliche Betätigung des Un-

ternehmens. Diese Entwicklungsbegünstigungen können bei Verfolgung einer richtigen Schutzrechtsstrategie, sowohl im Bereich der gekennzeichneten Waren und Dienstleistungen, als auch im räumlichen Bereich der wirtschaftlichen Betätigung liegen.

6. Unter den drei verschiedenen Möglichkeiten eines Schutzerwerbs durch Eintragung in die entsprechenden Register, die innerhalb der Europäischen Union existieren (nationaler Markenschutz, Schutz im Wege der IR-Marke aufgrund der Regelungen des MMA und des MP sowie dem EU-einheitlichen Schutz im Wege der Gemeinschaftsmarke) wird die Gemeinschaftsmarke schon bald derjenige Weg sein, den die meisten Unternehmen, beschreiten werden. Dieses Schutzsystem bietet bereits, aufgrund seiner Konzeption, den Unternehmen an verschiedenen Stellen Entwicklungsbegünstigungen. Ausnahmen zu dem voranstehenden Grundsatz sind nur für diejenigen Fälle zu machen, in denen von vornherein lediglich Interesse an einem lokalen, bzw. auf ein Land beschränkten Absatzmarkt besteht oder von Anfang an feststeht, daß eine Schutzerlangung einer EG-Marke aufgrund entgegenstehender Rechte Dritter in einem der Mitgliedsländer der EU ausscheidet.

7. Aufgrund der Entwicklungsbegünstigung, die sich vornehmlich bei Gemeinschaftsmarken, insbesondere aufgrund der Regelungen des Benutzungszwanges ergeben, empfiehlt sich bereits bei der Anmeldung eine möglichst weitreichende Abfassung des Waren- und Dienstleistungsverzeichnisses, die auch zukünftigen Entwicklungen des Unternehmens Rechnung trägt. Dies ist auch aufgrund des Umstandes ratsam, daß gegebenenfalls der Schutzumfang der Marke bei Widersprüchen im Wege von Koexistenzvereinbarungen mit dem Widersprechenden auf einen sachgerechten Umfang beschnitten werden kann.

8. Eine allgemein gewollte Steigerung des Wettbewerbs der Unternehmen untereinander fordert, daß in Zukunft mehr der angemeldeten Marken auch tatsächlich registriert werden. Dies führt zu einer steigenden Anzahl von miteinander konkurrierenden Marken. Im Markt behaupten werden sich nur diejenigen Marken, die tatsächlich und umfangreich benutzt werden. Die Rechte aus einer besonderen Markierung können nur bei tatsächlicher Benutzung erfolgreich verteidigt werden. Daraus resultiert, daß die Unternehmensresourcen von Unternehmen, die im gesamten Gemeinsamen Markt ihre Betätigung entwickeln, auf einige wenige - dafür aber „starke" - Marken beschränkt werden sollten.

9. Unternehmen, die sich für den Einsatz besonderer Kennzeichen entschieden haben, sollten die getroffene Entscheidung ernst nehmen. Das parallele Führen von zwei Marken für ansonsten nicht unterschiedliche Angebote (im nationalen oder internationalen) Bereich ist keine Option, die sich den Unternehmen wirklich bietet. Auch wenn eine rechtliche Zulässigkeit dieses Vorgehens in bestimmten Fällen angenommen werden kann, schadet ein derartiges Vorgehen jedenfalls dem Ruf (und damit auf lange Frist gesehen auch dem Absatz) des Unternehmens.

Anhang: Kosten für die Erlangung von Markenschutz kraft Eintragung in den Mitgliedsländern der EU

Insbesondere im dritten Kapitel der vorliegenden Bearbeitung wird mehrfach die Kostenseite von Schutzrechtsanmeldungen angesprochen. Die übermäßigen Kosten einer parallelen Nutzung der nationalen Schutzrechtssysteme wird sogar als Argument für die Nutzung des Gemeinschaftsmarkensystem verwendet[1]. Es verbleibt deshalb einen Überblick über die Kostenseite von Kennzeichenschutzrechtsanmeldungen zu geben. Diese Darstellung ist aus Gründen der Aktualität an das Ende der Bearbeitung gezogen worden.

Auf die Kosten verfehlter Werbestrategien konnte aufgrund von Schwierigkeiten bei der Datengewinnung nicht eingegangen werden.

I. Darstellung der Art der Datenerhebung

Für die Suche nach besonderen Kennzeichen, die erfolgreich im gesamten Gemeinsamen Markt eingesetzt werden sollen, wurde empfohlen, muttersprachlichen Rat, insbesondere bei der Prüfung auf das Vorliegen von absoluten und relativen Schutzversagungshindernissen, in denjenigen Ländern einzuholen, in denen die besondere Bezeichnung zum Einsatz kommen soll[2]. Für die Darstellung der Kosten, die in Zusammenhang mit dem Führen von besonderen Kennzeichen stehen, wurden deshalb Anwälte in allen 15 Mitgliedsländern der EU angeschrieben. Aufgrund des einheitlichen Benelux-Markenrechts werden die Mitgliedsländer Belgien, Niederlande und Luxemburg als ein Land bewertet. Bei den Anschreiben an die Kollegen wurde um die folgenden Auskünfte gebeten:

- o Welche Gebühren werden für die Erteilung eines Rates über die absolute Schutzfähigkeit einer Marke im Heimatland erhoben?
- o Welche Kosten verursacht die Durchführung von Recherchen?
- o Wie hoch sind die Kosten einer nationalen Markenanmeldung, die in drei Klassen nach der internationalen Klassifizierung von Waren- und Dienstleistungen eingereicht wird?
- o Wie hoch sind die Kosten der Übernahme der Vertretung eines nationalen Teils einer IR-Marke?

---

1 Vgl. beispielsweise oben im 3. Kapitel, I., 2., b).

2 Vgl. zu den Problemen, die bei der Suche nach besonderen Kennzeichen, die im gesamten Gemeinsamen Markt eingesetzt werden sollen, auftreten, oben im 4. Kapitel, IV.

o Welche Anwaltshonorare fallen bei der Vertretungsübernahme einer EG-Markenanmeldung an?

Zur besseren Vergleichbarkeit wurden die jeweils angegebenen Preise, die zumeist in der Landeswährung angegeben wurden, in EURO umgerechnet.

II. Darstellung der Ergebnisse

1. Anwaltshonorare für die Abklärung von Fragen, die absolute Schutzversagungsgründe betreffen

Besondere Schwierigkeiten machte bereits die Beantwortung der ersten Frage. Schließlich wurde Übereinkunft darüber erzielt, daß zur intensiven Abklärung der Frage der absoluten Schutzversagungsgründe, die für eine Verwendung auf dem gesamten Gemeinsamen Markt vorgesehen ist, zumindest eine Anwaltsberatungsstunde anzusetzen ist. Entsprechend fiel das Ergebnis aus: Die Anwälte, die sich in Europa mit Fragen des Kennzeichenschutzes befassen, verlangen für eine Beratungsstunde in der Regel € 250,00 - € 400,00.

2. Anwaltshonorare für die Abklärung von Fragen, die relative Schutzversagungsgründe betreffen

Bei der Durchführung von Recherchen, die sich vor Einreichung jeder Schutzrechtsanmeldung empfiehlt, ist zu differenzieren. So werden hierzu zwei grundsätzlich unterschiedliche Recherchemethoden angeboten. Zum einen die reine Identitätsrecherche, die lediglich nach identischen, bereits registrierten Rechten sucht. Zum anderen die Ähnlichkeitsrecherche, die auch eine Aussage über Anzahl und Art der möglicherweise einer Markenregistrierung entgegenstehenden Rechten, die im Ähnlichkeitsbereich zur besonderen Bezeichnung, die Verwendung finden soll, zuläßt. Die Kosten hängen in beiden Fällen maßgeblich davon ab, ob sich der betreffende Registerbestand auf elektronischem Weg recherchieren läßt. Dies ist in der absoluten Mehrzahl der europäischen Mitgliedsstaaten der Fall. Die Kosten für die Durchführung einer Identitätsrecherche bewegen sich (soweit die entsprechenden Kosten in Erfahrung gebracht werden konnten) im Bereich zwischen € 100,00 und € 290,00. Die Kosten für die Durchführung einer Ähnlichkeitsrecherche bewegen sich (soweit die entsprechenden Kosten in Erfahrung gebracht werden konnten) im Bereich zwischen € 980,00 und € 1740,00. Die große Bandbreite in diesem Bereich erklärt sich unter anderem damit, daß die Anzahl der recherchierten Klassen eine erhebliche Bedeutung spielt.

3. Kosten für nationale Schutzrechtsanmeldungen

Die Kosten für eine nationale Markenanmeldung in drei Klassen nach der internationalen Klassifizierung der Waren- und Dienstleistungen werden für die einzelnen Mitgliedsländer der EU in der nachfolgenden Tabelle dargestellt:

Land	Amtliche Gebühren	Anwaltshonorare	Bemerkungen
Belgien (BeNeLux)	€ 105,28	Zwischen € 225,00 und € 330,00	Aufgrund des einheitlich geltenden BeNeLux Markenrecht kann gleichzeitiger Schutz in den Ländern Belgien, Niederland und Luxemburg erzielt werden
Dänemark	€ 314,88	Zwischen € 443,00 und € 663,00	
Deutschland	€ 293,99	Zwischen € 420,00 und € 550,00	Bei den Gebühren des Deutschen Patent- und Markenamtes erfolgte zum 1. Januar 2000 eine Gebührenerhöhung!
Frankreich	€ 198,18	Zwischen € 410,00 und € 550,00	
Griechenland	€ 163,51	Zwischen € 270,00 und € 644,00	Die große Bandbreite bei den Kollegenhonoraren kann an dieser Stelle nicht erklärt werden!
Italien	€ 164,64	Zwischen € 500,00 und € 575,00	
Irland	€ 228,55	Zwischen € 470,00 und € 720,00	
Luxemburg (BeNeLux)			Siehe Belgien!
Niederlande (BeNeLux)			Siehe Belgien!
Österreich	€ 302,75	Zwischen € 560,00 und € 590,00	

Land	Amtliche Gebühren	Anwaltshonorare	Bemerkungen
Portugal	€ 1415,75		Die separaten Kosten für Amtsgebühren und Anwaltshonorare konnten nicht in Erfahrung gebracht werden. Dafür stimmten die angegebenen Kosten bei allen angefragten Kanzleien überein.
Spanien	€ 1775,30		Die separaten Kosten für Amtsgebühren und Anwaltshonorare konnten nicht in Erfahrung gebracht werden. Dafür stimmten die angegebenen Kosten bei allen angefragten Kanzleien überein.
Vereinigtes Königreich	€ 422,50	Zwischen € 580,00 und € 640,00	

Abbildung 5: Darstellung der Kosten von nationalen Markenanmeldungen

4. Kosten für IR-Markenschutzgesuche

Bei den Kosten für eine IR-Marke werden zunächst die Amtsgebühren für eine einheitliche IR-Markenanmeldung in drei Klasse wiedergegeben, die auf einem deutschen Basisrecht aufbaut. Die zu entrichtende Grundgebühr beträgt (in Schweitzer Franken) 653,00 (sofern es sich um eine Darstellung der Marke in Farbe handelt: SFr 903,00). Zu dieser Grundgebühr kommen einheitliche Länderbenennungsgebühren nach dem MMA bzw. individuelle Gebühren nach dem MP hinzu (soweit diese Länder nach Art. 8 Abs. VII MP für eine individuelle Gebühr votierten):

Land	Amtliche Gebühren	Mitgliedsland MMA	Mitgliedsland MP
Belgien (BeNeLux)	MMA: SFr. 73,00 MP: keine besondere Gebühr	Ja	Ja
Dänemark	MP: SFr. 510,00	Nein	Ja
Land	Amtliche Gebühren	Mitgliedsland MMA	Mitgliedsland MP
Deutschland	MMA: SFr. 73,00 MP: Keine besondere Gebühr	Ja	Ja
Finnland	MP: SFr 293,00	Nein	Ja
Frankreich	MMA: SFr. 73,00 MP: Keine besondere Gebühr	Ja	Ja
Griechenland	MP: SFr. 500,00	Nein	Ja
Italien	MMA: SFr. 73,00 MP: besondere Gebühr erwünscht!	Ja	Ja
Irland		Nein	Nein
Luxemburg (BeNeLux)	MMA: SFr. 73,00 MP: besondere Gebühr erwünscht!	Ja	Ja
Niederlande (BeNeLux)	MMA: SFr. 73,00 MP: besondere Gebühr erwünscht!	Ja	Ja
Österreich	MMA: SFr. 73,00 MP: Keine besondere Gebühr	Ja	Ja
Portugal	MMA: SFr. 73,00 MP : Keine besondere Gebühr	Ja	Ja
Schweden	MP: SFr 230,00	Nein	Ja
Spanien	MMA: SFr. 73,00 MP: Keine besondere Gebühr	Ja	Ja
Vereinigtes Königreich	MP: SFr. 444,00	Nein	Ja

Abbildung 6: Darstellung der Amtsgebühren einer IR-Markenanmeldung

Zu den genannten Beträgen kommt eine Gebühr der nationalen Schutzerteilungsbehörden für die Weiterleitung des Schutzerteilungsgesuch an die WIPO hinzu, die sich in Deutschland auf € 180,00 beläuft.

Vertreterhonorare im Ausland fallen bei einem IR-Markenschutzgesuch erst an, wenn ein Land für das im Rahmen des IR-Markenschutzgesuches einen „Avis de Refus" erläßt. In dieser Mitteilung der nationalen Schutzerteilungsbehörde an die WIPO können sowohl absolute als auch relative Schutzhindernisse gegen die Schutzgewährung im betreffenden Staat mitgeteilt werden. Nach Erhalt eines derartigen „Avis de Refus" wird der Markeninhaber von der WIPO aufgefordert innerhalb einer Frist von vier Monaten einen Inlandsvertreter zu bestellen. Die Gebühren, die von den Anwälten, die sich mit dem Kennzeichnungsrecht in den Mitgliedsländern der EU befassen entsprechen dabei den Gebühren, die für die Übernahme der Vertretung einer nationalen Markenanmeldung anfallen (für Griechenland und Irland konnte dabei keine Aussage getroffen werden.

5. Kosten für EG-Markenanmeldungen

Bei den Amtsgebühren, die für EG-Markenanmeldungen zu entrichten sind, ist (gegenüber dem deutschen Recht) eine Besonderheit zu beachten. Das Gemeinschaftsmarkenanmeldeverfahren unterscheidet zwischen einer Gebühr, die mit der Anmeldung zu entrichten ist (€ 975,00) und einer Registrierungsgebühr (€ 1100,00), die erst nach Abschluß des Registrierungsverfahrens zu entrichten ist. Beide genannten Gebühren beziehen sich wiederum auf eine Schutzrechtsgesuch, das maximal in drei Klassen nach der internationalen Klassifizierung von Waren und Dienstleistungen hinterlegt wird.

Die Anwaltshonorare für das Anmeldeverfahren zu Gemeinschaftsmarkenanmeldungen liegen (soweit diese in Erfahrung gebracht werden konnten) in einem relativ weiten Bereich von € 2.500,00 – € 4.000,00.

Schrifttumsverzeichnis

Aaker, David A. Brand Extensions: The Good, the Bad and the Ugly, Sloan Management Review, Summer 1990, 47f.

Abend, Jens Der Markenartikel – Eine literaturkritische Würdigung, MA 1986, 366f.

Ahlert, Dieter Vertragliche Vertriebsbindungssysteme zwischen Industrie und Handel, Stuttgart/New York, 1981.

„ Distributionspolitik, Stuttgart/New York 1985.

„ Die Bedeutung des vertraglichen Selektivvertriebes für den freien Wettbewerb und die Funktionstüchtigkeit von Märkten, WRP 1987, 215f.

" Grundzüge des Marketings, 4. überarbeitete und erweiterte Auflage, Stuttgart/New York, 1996

Ahrens, Christian Kooperative Handelssysteme auf europäischen Märkten, Marktstrukturen und Wettbewerbsverhältnisse, München, 1994

Albert, Florian Bericht über das 10. Ringberg-Symposiums des Max-Planck-Instituts zur Neuordnung des Markenrechts, GRUR Int. 1997, 449f.

Albert, Florian/Heath, Christopher Anmerkung zu BGH Urteil v. 14. Dezember 1995, Az.: I ZR 210/93 – Gefärbte Jeans, abgedruckt im Anschluß an das Urteil in GRUR 1996, 271f.

" Markenrecht und Paralleleinfuhr, GRUR 1998, 624f.

Alewell, Karl Markenartikel, in *Tietz* (Hrsg.): Handwörterbuch der Absatzwirtschaft, Stuttgart 1974.

Andersen, Thomas/Nickel, Oliver Führung von Dachmarken in *Esch* (Hrsg.), Moderne Markenführung, S. 577 f.

Alewell, Karl Markenartikel, in *Tietz* (Hrsg.): Handwörterbuch der Absatzwirtschaft, Stuttgart 1974.

Andersen, Thomas/Nickel, Oliver Führung von Dachmarken in *Esch* (Hrsg.), Moderne Markenführung, S. 577 f.

Angehrn, Otto Handelsmarken und Herstellermarken im Wettbewerb, Stuttgart, 1969.

Ansoff, Harry I. Management Strategie, München, 1966

Barrett, Tom J. Interactiv Imagery and Recall of Advertisements: Interactive Imagery – Noninteractiv Imagery and Printed Text, Psychological Reports, 1995, Vol. 56, No. 3, S. 922 f.

Bastian, Eva-Marina/Götting, Horst-Peter/Knaak, Roland/Stauder, Dieter Der Markenverletzungsprozeß in ausgewählten Ländern der Europäischen Wirtschaftsgemeinschaft, Eine rechtstatsächliche und rechtsvergleichende Untersuchung, Köln, Berlin, Bonn, München, 1993.

Bastian, Eva-Marina/Knaak, Roland Der Markenverletzungsprozeß in Ländern der Europäischen Gemeinschaft, GRUR Int. 1993, 515f.

Baudenbacher, Carl Das Verhältnis des EFTA-Gerichtshofs zum Gerichtshof der Europäischen Gemeinschaften, LJZ 1996, 84f.

Baumbach, Adolf/Hefermehl, Wolfgang Warenzeichenrecht und Internationales Wettbewerbs- und Zeichenrecht, 12. Auflage, München 1985.

Baumbach, Adolf/Hefermehl, Wolfgang Wettbewerbsrecht, Gesetz gegen den unlauteren Wettbewerb, Zugabeverordnung, Rabattgesetz und Nebengesetze, 19. Auflage, München 1996.

Becker, Jochen Strategische Markenführung, MA 1985, 404f.

" Marketing-Konzeption, 4. Aufl., München 1992.

„ Konzeptionelle Grundfragen der Positionierung in *Tomczak* (Hrsg.), Positionierung: Kernentscheidung des Marketings, S. 12 f.

„ Marketing-Konzeption: Grundlagen des strategischen und operativen Marketing-Managements, 6. Aufl., München, 1998

„ Einzel-, Familien- und Dachmarken als grundlegende Handlungsoptionen in *Esch* (Hrsg.), Moderne Markenführung, S. 271 f.

Behrens, Christian (Hrsg.) Handbuch der Werbung, mit programmierten Fragen und praktischen Beispielen von Werbefeldzügen, Wiesbaden, 1970.

Beier, Friedrich-Karl Anmerkung zum Maja-Urteil des BGH, abgedruckt im Anschluß an die Entscheidung in GRUR Int. 1964, 205f.

" Territorialität des Markenrechts und internationaler Wirtschaftsverkehr, GRUR Int. 1968, 8f.

" Stand und Aussichten der Europäischen Rechtsvereinheitlichung auf dem Gebiet des gewerblichen Rechtsschutzes, GRUR Int. 1969, 145f.

" Anmerkung zum BGH-Urteil "Cinzano", abgedruckt im Anschluß an das Urteil, GRUR 1973, 468f.

„ Gedanken zur Verwechslungsgefahr und ihrer Feststellung im Prozeß, GRUR 1974, 514f.

„ Das europäische Markenrecht und sein Verhältnis zum nationalen Marken- und Wettbewerbsrecht, GRUR Int. 1976, 1f.

Beier, Friedrich-Karl Ziele und Leitgedanken des europäischen Markenrechts, GRUR Int. 1976, 363f.

" Trademark Conflicts in the Common Market: Can they be solved by means of distinguishing additions?, IIC, 1978, 221f.

" Die Bedeutung des Patentsystems für den technischen, wirtschaftlichen und sozialen Fortschritt, GRUR Int. 1979, 227f.

„ Die Funktionen der Marke, in Markenrechtliche Abhandlungen, Köln/Berlin/Bonn/München 1986, S. 225f.

„ Der Schutz selektiver Vertriebsbindungen gegenüber Außenseitern – Die Lückenlosigkeit in Theorie und Praxis, GRUR 1987, 131f.

" Gewerblicher Rechtsschutz und freier Warenverkehr im Binnenmarkt und im Verkehr mit Drittstaaten, GRUR Int. 1989, 603f.

„ Unterscheidungskraft und Freihaltebedürfnis, Zur Markenschutzfähigkeit individueller Herkunftsangaben nach § 4 WZG und Art. $6^{quinquis}$ PVÜ, GRUR Int. 1992, 243f.

" Ausschließlichkeit, gesetzliche Lizenzen und Zwangslizenzen im Patent- und Musterrecht, in FS für *Krieger*, GRUR 1998, 185f.

Beier, Friedrich-Karl /Krieger, Ulrich Wirtschaftliche Bedeutung, Funktionen und Zweck der Marke, GRUR Int. 1976, 125f.

Beier, Friedrich-Karl/v. Mühlendahl, Alexander Der Grundsatz der internationalen Erschöpfung des Markenrechts in den Mitgliedsstaaten der EG und ausgewählten Drittstaaten, Mitt. 1980, 101f.

Benkhard, Georg Patentgesetz, 9., neubearbeitete Auflage, München 1993.

Berekoven, Ludwig Von der Markierung zur Marke, in *Dichtl, E./Eggers, W.*, Marke und Markenartikel, Seiten 25-45.

Berg, Günther Die geographische Herkunftsangabe – ein Konkurrent für die Marke? In FS für *Beier*, GRUR Int. 1996, 425f.

Berg, Stefan Der Name macht die Musik, Motivation, Nr. 2, 1994, S. 42 f.

Berlit, Wolfgang Das neue Markenrecht, 2. Auflage, München 1997.

" Das neue Markenrecht, ZRP 1995, 466f. = WiB 1995, 49f.

Bernhardt, Wolfgang Die Bedeutung des Patentschutzes in der Industriegesellschaft, München 1974.

Bernhardt, Wolfgang und Krasser, Rudolf Lehrbuch des Patentrechts, 4., völlig neu bearbeitete Auflage, München 1986.

Betten, Jürgen Titelschutz von Computerprogrammen, GRUR 1995, 5f.

Biel, Alexander L. Grundlagen zum Markenwertaufbau in *Esch*, (Hrsg.), Moderne Markenführung, S. 63 f.

Bleuel, Andreas Dachmarke oder Einzelmarke? Wohin mit dem Produktneuling?, Zusammenfassung, Absatzwirtschaft 1989, 100f.

Böckel, Werner Neue Bestrebungen auf dem Gebiet des internationalen Markenrechts, Mitt. 1972, 221f.

Bodenhausen, Georg H. Der EWG-Vertrag und der gewerbliche Rechtsschutz, GRUR Int. 1958, 259f.

Bodenhausen, Georg H Pariser Verbandsübereinkunft zum Schutz des gewerblichen Eigentums, Kommentar, Köln, Berlin, Bonn, München, 1971.

Bodewig, Frauke Aktuelle Informationen: Internationales – Neuigkeiten zu internationalen Abkommen, GRUR 1990, 400f.

" Aktuelle Berichte: Europäische Gemeinschaften: Marken- und Musteramt nach Alicante, Spanien, GRUR Int. 1993, 974f.

" Aktuelle Berichte: Internationales – Beratungen der WIPO über Vertragsentwurf zur Harmonisierung des Verwaltungsverfahrens in Markensachen, GRUR Int. 1994, 269f.

" Aktuelle Informationen: USA – Unterausschuß verabschiedet Gesetz zum Beitritt zum Madrider Protokoll unter Bedingungen, GRUR Int. 1994, 645f.

Boes, Ulrich / Deutsch, Volker Die "Bekanntheit" nach dem neuen Markenrecht und ihre Ermittlung durch Meinungsumfragen, GRUR 1996, 168f.

Bohlig, Manfred Anmerkung zur EuGH-Entscheidung "Grundig-Consten./.Kommission, GRUR Int. 1966, 584f.

Bongard, Willi Fetische des Konsums – Portraits klassischer Markenartikel, Hamburg 1964.

Borden, Neil H. The Concept of the Marketing Mix – The Inviroment of Business, New York, 1969, S. 215f.

Borden, Neil H. Note on Concept of the Marketing Mix, in Lazar/Kelley (Hrsg.): Managerial Marketing, Perspectives and Viewpoints, 1958, S. 272f.

Brandi-Dohrn, Mathias Die kommende Neuordnung des Kennzeichenrechts: Das Markenrechtsreformgesetz, BB 1994, Beilage 16, 1f.

Bruhn, Manfred (Hrsg.) Marketing-Erfolgsfaktoren im Handel, Frankfurt am Main/New York, 1987.

Bruhn, Manfred Marketing – Grundlagen für Studium und Praxis, Wiesbaden 1990.

" Markenstrategien in *Tietz, Köhler, Zentes* (Hrsg,), Handwörterbuch des Marketings, 1995, S. 1446.

Bugdahl, Volker Wissenswertes rund um den Markennamen, MA 1995, 527f.

Bugdahl, Volker Markennamen finden mittels Computer Aided Creativity (CAC), MA 1996, 326f.

Bumiller, Ursula Durchsetzung der Gemeinschaftsmarke in der Europäischen Union, München, 1997.

Burkhardt, Röper Marken für den Markt von Morgen, Industriemagazin 1991, 22f.

Busse, Rudolf/Stark, Joachim Warenzeichengesetz nebst Pariser Verbandsübereinkunft und Madrider Markenabkommen, Kommentar, 6. Aufl. Berlin, New York, 1990.

Buttler, Günther Mit Markentechnik Sortimente weiten – ein Leitfaden, Marketing Journal 1978, 309f.

Callmann, Rudolf The Law of Unfair Competition and Trademarks, 2. Auflage, New York, 1995

Casado Cerviño, Alberto Das neue Markenrecht Spaniens und der Europäischen Gemeinschaft, GRUR Int. 1992, 107f.

Cornish, William Rudolf Harmonisierung des Rechts der privaten Vervielfältigung, GRUR Int. 1997, 305f.

Cornisch, William Rudolf/Philips, Jenniffer The Economic Function of Trade Marks: An Analyses with special Reference to Developing Countries, IIC 1982, 41f.

Czarnetzki, Axel Selektive Vertriebssysteme in der europäischen Union, Innsbruck, 1997

Dacin, Peter A./Smith, Daniel C. Einfluß des Produktportfolios auf die Markenstärke, in *Esch* (Hrsg.), Moderne Markenführung, S. 781 f.

Deliège-Sequaris, Marguerite Der Schutz der Marke gemäß Art. 1 A, Benelux-Warenzeichengesetz, GRUR Int. 1980, 568f.

Deutsch, Volker Zur Markenverunglimpfung, GRUR 1995, 319f.

Deutsches Patentamt u.a. (Hrsg.) DPA, 100 Jahre Marken-Amt, Festschrift, München 1994.

Devine, Barbara Wann Brand Extension die Marke schwächt, MA 1993, 536f.

Dichtl, Erwin Grundidee, Varianten und Funktionen der Markierung von Waren und Dienstleistungen, in Dichtl E./Eggers, W., Marke und Markenartikel als Instrumente des Wettbewerbs, München 1992.

Dichtl, Erwin/Eggers, Walter Marke und Markenartikel als Instrumente des Wettbewerbs, München, 1992.

Dillenz, Walter Harmonisierung des Rechts der Verwertungsgesellschaften in Europa, GRUR Int. 1997, 315f.

Disch, Wolfgang K.A. Markenartikel, Marketing Journal 1984, 303f.

Dorsch, Friederich Psychologisches Wörterbuch (Fortführung des Werkes von *Giese, Fritz)*, 7. Auflage, Bern, Stuttgart, Wien 1976.

Doutrelepont, Carin Das droit moral in der Europäischen Union, GRUR Int. 1997, 293f.

Dreesbach, Walter Wenn Warenzeichen Geschichte schreiben, abgedruckt in der Welt am Sonntag, Nr. 42, Sonntag 17. Oktober 1993, Seite 46.

Dreyer, Joachim EG Marke im Mittelpunkt – Vier Fragen an Dr. Dreyer, Vorsitzender des Rechtsausschusses des Markenverbandes (Interview des Markenartikels), MA 1994, 83f.

Dreiss, Uwe Das neue Markenrecht, Mitt. 95, 1f.

Dreiss, Uwe/Klaka, Rainer Das neue Markengesetz: Entstehung und Erlöschen, Verfahren, Kollision und gerichtliche Durchsetzung, Bonn 1995.

Droste, Helmut Anmerkung zum BGH-Urteil "FAN", GRUR 1978, 172f.

Droste, Helmut/Winter, Franz Zur Vermeidung wirtschaftlich nicht notwendigen Warenzeichenkollisionen, GRUR 1979, 277f.

Dubber, Doris Die Bedeutung des Markenartikels im Prozeß der industriellen Entwicklung, Berlin 1969.

Ebenroth, Carsten Thomas Gewerblicher Rechtsschutz und europäische Warenverkehrsfreiheit: Ein Beitrag zur Erschöpfung gewerblicher Schutzrechte, Heidelberg, 1992.

Ebenroth, Carsten Thomas/Hübschle, Wolfgang Gewerbliche Schutzrechte und Marktaufteilung im Binnenmarkt der Europäischen Union, Heidelberg, 1994.

Elsaesser, Martin Der Rechtsschutz berühmter Marken, Weinheim/Bergstr., 1959

Erdmann, Willi/Mees, Hans-Kurt/ Piper, Henning/u.a. (Hrsg.) Festschrift für Otto-Friedrich Frhr. v. Gamm.

Ernst-Moll, Jürgen Die berühmte und die bekannte Marke, GRUR 1993, 8f.

Ertel, Siegfried Psychophonetik, Untersuchungen zur Lautsymbolik und Motivation, Erlangen/Heidelberg, 1969

Esch, Franz-Rudolf (Hrsg.) Moderne Markenführung – Grundlagen, Innovative Ansätze, Praktische Umsetzung, 2. Auflage, Wiesbaden, 2000

Esch, Franz-Rudolf Kontrolle der Eigenständigkeit von Markenauftritten in *Esch* (Hrsg.), Moderne Markenführung, S. 1033 f.

Esch, Franz-Rudolf/Fuchs, Marcus/Bräutigam, Sören Konzeption und Umsetzung von Markenerweiterungen in *Esch* (Hrsg.), Moderne Markenführung, S. 671 f.

Esch, Franz-Rudolf/Langner, Tobias Gestaltung von Markenlogos in *Esch* (Hrsg.), Moderne Markenführung, S. 671 f.

Esch, Franz-Rudolf/Wicke, Andreas Herausforderungen und Aufgaben des Markenmanagements in *Esch* (Hrsg.), Moderne Markenführung, S. 3f.

Felser, Georg Werbe- und Konsumentenpsychologie – eine Einführung, Stuttgart, 1997

Fernandéz-Novoa, Carlos El sistema – Comunitario des Marcas, Editorial Montecorvo, S.A., Madrid, 1995

Fezer, Karl-Heinz Zur Gemeinschaftsrechtlichen Integration nationaler Markenrechte, in FS 25 Jahre BPatG, S. 405f.

Fezer, Karl-Heinz Rechtsverletzende Benutzung einer Marke als Handeln im geschäftlichen Verkehr, GRUR 1996, 566f. (FS für Hefermehl).

" Markenrecht – Kommentar zum Markengesetz, zur Pariser Verbandsübereinkunft und zum Madrider Markenabkommen, München, 1997.

„ Wettbewerbsrechtlicher und markenrechtlicher Bestandsschutz funktionsfähiger Distributionssysteme selektiven Vertriebs vor Außenseiterwettbewerb – Die Bedeutung der Rechtsprechung des EuGH für die Vertriebsbindungssysteme in den Mitgliedsstaaten der EU, GRUR 1999, 99f.

Fikentscher, Wolfgang Wettbewerbsrecht im TRIPS-Agreement der Welthandelsorganisation, GRUR Int. 1995, 529f.

Freter, Hermann/Baumgarth, Carsten Ingredient Branding – Begriff und theoretische Begründung in *Esch* (Hrsg.), Moderne Markenführung, S. 291 f.

Friedmann, Martin Brandstorming! How to Make New Products from Brand Equities, New Product News, S. 8

Gamm, Otto-Friedrich Frhr. von Warenzeichengesetz, Kommentar, München, Berlin, 1965, Nachtrag 1968 z. WzÄndG vom 4. September 1967.

" Zur Warenzeichenrechtsreform, WRP 1993, 793f.

" Schwerpunkte des neuen Markenrechts, GRUR 1994, 775f.

Gamm, Otto-Friedrich Frhr. von Die Auswirkungen der Rechtsprechung des Gerichtshofs der Europäischen Gemeinschaften auf das Warenzeichenrecht, GRUR Int. 1997, 189f.

Geffken, Michael (Hrsg.) Das große Handbuch der Werbung, Landsberg am Lech, 1999

Geffken, Michael Markenführung, die zentrale Aufgabe des Kommunikationsmanagements in *Geffken* (Hrsg.), Das große Handbuch der Werbung, S. 131f.

Gielen, Charles/Strowel, Benoît Guide to the New Trademark Law in Europe, Mitt. 1995, 198

Gloy, Wolfgang Notwendigkeit und Grenzen der Harmonisierung des Warenzeichenrechts in der Europäischen Gemeinschaft, in FS für v. Gamm, 1990, S. 257f.

Gotta, Manfred u.a. (Hrsg.) Brand News, Wie Namen zu Markennamen werden, Hamburg 1988.

Gotta, Manfred Der Markenname im Marketing-Mix, MA 1989, 16f.

Gotzen, Marcel Gewerblicher Rechtsschutz und Gemeinsamer Markt, GRUR Int. 1958, 224f.

Gouga, Afroditi Die Übertragung und Lizenzierung von Markenrechten nach griechischem und deutschem Recht, München, 1996.

Groeben, Hans van der Rechtsangleichung auf dem Gebiet des gewerblichen Rechtsschutzes im Rahmen der Europäischen Wirtschaftsgemeinschaft, GRUR Int. 1959, 629f.

Gröppel-Klein, Andrea Handelsmarkenstrategien aus Konsumentensicht in *Esch* (Hrsg.), Moderne Markenführung, S. 853 f.

Groeben, Hans van der/Thiesing, Jochen/Ehlermann, Claus Dieter Kommentar zum EWG-Vertrag, 4. Auflage, Baden Baden 1991.

Gutenberg, Erich Grundlagen der Betriebswirtschaftslehre, 2. Band: Der Absatz, 14. Auflage, Heidelberg und New York 1973.

Hackbarth, Ralf Grundfragen des Benutzungszwangs im Gemeinschaftsmarkenrecht, Schriftenreihe zum gewerblichen Rechtsschutz des Max-Planck-Instituts für ausländisches und internationales Patent-, Urheber- und Wettbewerbsrecht, Bd. 86, Köln 1993.

Hammann, Peter/Tebbe, Cordula/Braun, Daniela Determinanten der transnationalen Handelsmarkenführung in *Esch* (Hrsg.), Moderne Markenführung, S. 895 f.

Hansen, Peter Der Markenartikel. Analyse seiner Entwicklung und Stellung im Rahmen des Markenwesens, Betriebswirtschaftliche Schriften Heft 36, Berlin 1970.

Hansmann, Axel / Schmetz, Bruno Supranationaler Markenschutz, Mitt. 1990, 221f.

Harte-Bavendamm, Henning Ende der geographischen Herkunftsbezeichnung? – „Brüsseler Spitzen" gegen den ergänzenden nationalen Rechtsschutz, GRUR 1996, 717 f.

Harte-Bavendamm, Henning/Scheller, Eva Die Auswirkungen der Markenrechtsrichtlinie auf die Lehre von der internationalen Erschöpfung, WRP 1994, 571f.

Harte-Bavendamm, Henning/v. Bomhard, Verena Strategische Aspekte der Gemeinschaftsmarke, WRP 1996, 534f.

Haseloff, Otto Walter Kommunikationstheoretische Probleme der Werbung, in *Behrens* (Hrsg.), Handbuch der Werbung, Wiesbaden, 1970, S. 127f.

Hätty, Holger Der Markentransfer, Heidelberg 1989.

Hefermehl, Wolfgang/Fezer, Karl-Heinz Der Schutz der Marke im Gemeinsamen Markt, in Hefermehl, Wolfgang/Ipsen, Hans-Peter/Schluep, Walter R./Sieben, Günter Nationaler Markenschutz und freier Warenverkehr in der Europäischen Gemeinschaft, 1979, S. 2f..

Hefermehl, Wolfgang/Ipsen, Hans-Peter/Schluep, Walter R./Sieben, Günter Nationaler Markenschutz und freier Warenverkehr in der Europäischen Gemeinschaft, München, 1979.

Heil, Gerhard Gemeinschaftsmarke: Der Sprung ins Ungewisse, MA 1987, 308f.

Heinen, Eduard Grundlagen betriebswirtschaftlicher Entscheidungen. Das Zielsystem der Unternehmung, 3. Auflage, Wiesbaden 1976.

Heiseke, Jürgen Warenzeichenrecht und EWG-Recht – Wohin führt der Weg?, WRP 1974, 589f.

Heller, Eva Wie Farben wirken, Reinbeck, 1989

" Wie Werbung wirkt: Theorien und Tatsachen, Frankfurt am Main, 1991

Helm, Marianne Zur ergänzenden Anwendung wettbewerbsrechtlicher Bestimmungen auf markenrechtliche Tatbestände, GRUR 2001, 291f.

Henning-Bodewig, Frauke/Kur, Anette Marke und Verbraucher – Funktionen der Marke in der Marktwirtschaft, Band I Grundlagen, Band II Einzelprobleme, Weinheim 1988.

Herman, Leonard Die Heraldik der Wirtschaft – Geschichte, Gestaltung und Wirkung modernen Warenzeichen, Düsseldorf, Wien 1971.

Hermanns, Arnold Selektiver Vertrieb nach europäischen Wettbewerbsrecht, WRP 1978, 172f.

Heydt, Ludwig Anmerkung zum BGH-Urteil "Felina-Britta", GRUR 1970, 554f.

" Europäische Marken für den Gemeinsamen Markt, MA 1974, 312.

" Zur Funktion der Marke, GRUR Int. 1976, 339f.

" Der Benutzungszwang in der Denkschrift zur Schaffung einer EWG-Marke, GRUR Int. 1977, 47f.

" Benutzung und Benutzungszwang im europäischen Gemeinschaftsmarkenrecht, GRUR Int. 1978, 2f. und 61f.

" Nationale Markenrechte und sonstige Rechte in dem Entwurf einer Verordnung über die Gemeinschaftsmarke der EG Kommission, GRUR Int. 1979, 123f.

" Zum Entwurf einer Richtlinie zur Angleichung des Markenrechts der Mitgliedsstaaten der EWG, GRUR Int. 1980, 71f.

Higgins, R.Steven/Rubin, Paul H. Counterfeit Goods, Journal of Law and Economics, 1986, 211f.

Hoffman, Hans-Joachim Psychologie der Werbekommunikation, 2. neubearb. Auflage, Berlin; New York, 1981

Hubmann, Heinrich und Götting, Horst-Peter Gewerblicher Rechtsschutz, 6., neu bearbeitete Auflage, München 1998.

Immenga, Ulrich und Mestmäcker, Ernst-Joachim (Hrsg). EG-Wettbewerbsrecht – Kommentar, München, 1997

Ingerl, Reinhard Der Regierungsentwurf zum neuen Markengesetz: Zwischenstation auf dem Weg zum europäischen Markenrecht, WiB 1994, 109f.

" Die Gemeinschaftsmarke, Stuttgart, München, Hannover, Berlin, Weimar, Dresden, 1996.

Ingerl, Reinhard/Rohnke, Christian Die Umsetzung der Markenrechts-Richtlinie durch das deutsche Markengesetz, NJW 1994, 1247f.

Irrgang, Wolfgang Strategien im vertikalen Marketing, Handelsorientierte Konzeption der Industrie, München 1989.

Isay, Hermann Die Selbständigkeit des Rechts an der Marke; Bericht für den Warenzeichen-Ausschuß des Deutschen Vereins für den Schutz des gewerblichen Eigentums über die Fragen der Markenübertragung und der Konzernzeichen, GRUR 1929, 23f.

Jacobs, Rainer/Lindacher, Walter/Teplitzki, Otto UWG Großkommentar, Berlin – New York, ab 1991.

Johannes, Hartmut Zum "Kaffee-Hag"-Urteil des Gerichtshofes der Europäischen Gemeinschaften, GRUR Int. 1975, 111f.

Jungwirth, Gabriel Geschäftstreue im Einzelhandel, Wiesbaden, 1997

Kapferer, Jean-Noël Die Marke – Kapital des Unternehmens (übersetzt aus dem Französischen von Barbara Rominger-Hanauer), Landsberg am Lech 1992.

„ Luxusmarkenin *Esch* (Hrsg.), Moderne Markenführung, S. 319 f.

Katzenberger, Paul Harmonisierung des Folgerechts in Europa, GRUR Int. 1997, 309f.

Keller, Erhard Der Schutz eingetragener Marken gegen Rufausbeutung nach deutschem und europäischen Recht, Baden Baden, 1994.

" Die zeichenmäßige Benutzung im Markenrecht, GRUR 1996, 607f. (FS für Hefermehl).

Keller, Kevin L. Erfolgsfaktoren von Markenerweiterungen in *Esch* (Hrsg.), Moderne Markenführung, S. 707 f.

Kircher, Sybille Gestaltung von Markennamen in *Esch* (Hrsg.), Moderne Markenführung, S. 447 f.

Kirmani, Anna/Wright, Peter Money Talks: Perceived Advertising Expense and Expected Product Quality, Journal of Consumer Research, 1989, Heft 3, 344f.

Klaka, Rainer Erschöpfung und Verwirkung im Licht des Markenrechtsreformgesetzes, GRUR 1994, 321f.

„ Titelschutz von Computerprogrammen, GRUR 1995, 5f.

Klein Bob/Leffler, Keith B. The Role of Market Forces in Assuring Contractual Performance, Journal of Political Economy, 1981, 615f.

Kliems, Hubert Relativer Ähnlichkeitsbegriff bei Waren/Dienstleistungen im neuen Markenrecht?, GRUR 1995, 198f.

Knaak, Roland Das Verhältnis älterer Handelsnamen zur eingetragenen Marke, GRUR Int. 1987, 560f.

" Der Schutz geographischer Angaben nach dem TRIPS-Abkommen, GRUR Int. 1995, 642f.

Koch, Günther Geschäftstreue im Konsumgüter-Einzelhandel, Bochum, 1995

Kohler, Josef Das Deutsche Patentrecht, Mannheim und Straßburg, 1878.

" Handbuch des deutschen Patentrechts, Mannheim, 1900.

" Warenzeichenrecht, Recht des Markenschutzes mit Berücksichtigung ausländischer Gesetzgebung, 2. Aufl., Mannheim, Leipzig 1910.

Kohli, Chiranjeev/LaBahn, Douglas W./Thakor, Mrugank Prozeß der Namensgebung in *Esch* (Hrsg.), Moderne Markenführung, S. 423 f.

Kolle, Gert Aktuelle Informationen: WIPO – Trademark Registration Treaty tritt im August in Kraft, GRUR Int. 1990, 193f.

Koppelmann, Udo Marketing, 5. Aufl., Düsseldorf 1997

Koppensteiner Hans-Georg (Hrsg.) Österreichisches und europäisches Wirtschaftsprivatrecht, Wien 1996.

Körfer-Schün, Peter Von der Produktvielfalt zur Markenkompetenz: Konzeptmarken für den Weltmarkt entwickeln, in: Schöttle, K. (Hrsg.), Jahrbuch des Marketing, Wiesbaden 1990, Seiten 88-96.

" Mit fünf Marken in die Zukunft – Gespräch mit Peter Körfer-Schün, MA 1988, 296f.

Kornobis, Karl-Jörg Von der weißen Front zum „Markenartikel“, MA 1993, 626f.

Kotler, Philip Marketing Management, 6th Ed., Englewood Cliffs, N.J. 1988.

Kraft, Alfons Die Stellung des Europäischen Gerichtshofs zum Warenzeichen im Lichte des Hag-Urteils, GRUR Int. 1975, 283f.

" Kartellrechtliche Fragen zu Abgrenzungsvereinbarungen und Vorrechtserklärungen im Kennzeichnungsrecht, Mitt. 1986, 21f.

Kraft, Alfons Zum Erfordernis eines verstärkten gesetzlichen Schutzes der Marke, GRUR 1989, 79f.

" Notwendigkeit und Chancen einer Marke im neuen WZG, GRUR 1991, 339f.

Kretschmer, Friederich Aktuelle Berichte: Madrider Markenabkommen: Diplomatische Konferenz erfolgreich, GRUR 1989, 659f.

" Aktuelle Berichte: WIPO: Harmonisierung des Markenrechts, GRUR 1989, 892f.

" Aktuelle Berichte: Ministerrat verabschiedet EG-Markenrecht, GRUR 1994, 95f.

" Aktuelle Berichte: GATT-Übereinkommen zum gewerblichen Rechtsschutz vereinbart, GRUR 1994, 184f.

Kreutzer, Ralf T. Markenstrategien im länderübergreifenden Marketing, MA 1989, 569f.

Krieger, Albrecht Die Wiener Konferenz über gewerbliches Eigentum, GRUR Int. 1974, 151f.

" Europäisches Markenrecht im Werden, GRUR Int. 1979, 279f.

" "Innovation" im Spannungsfeld zwischen Patentschutz und Freiheit des Wettbewerbs, GRUR 1979, S. 350f.

„ Zur Weiterentwicklung des Markenrechts – Perspektiven aus der Sicht der Bundesregierung, GRUR Int. 1986, 75f.

Krieger, Albrecht/v. Mühlendahl, Alexander Die Madrider Diplomatische Konferenz zum Abschluß eines Protokolls zum Madrider Abkommen über die internationale Registrierung von Marken, GRUR 1989, 734f.

Krieger, Ulrich Durchsetzung gewerblicher Schutzrechte in Deutschland und die TRIPS-Standards, GRUR Int. 1997, 421f.

Kroeber-Riel, Werner/Meyer-Hentschel, Gundolf Werbung – Steuerung des Konsumverhaltens, Würzburg-Wien, 1982

Kroeber-Riel, Werner/Weinberg, Peter Konsumentenverhalten, 6. Aufl., München, 1996

Kroitzsch, Hermann Rufausbeutung und § 1 UWG-Lizenz, GRUR 1986, 579f.

Krüger, Christof Zum gedanklichen Inverbindungbringen im Sinne der §§ 9 I 2, 14 II 2 MarkenG, GRUR 1995, 527f.

Krüger-Nieland, Gerda Neue Beurteilungsmaßstäbe für die Verwechslungsgefahr im Warenzeichenrecht?, GRUR 1980, 425f.

Kühn, Dieter Der Markenartikel. Wesen und Begriff. Seine Entwicklung in der Literatur, Diss. Berlin 1963

Kunkel, Rolf Vertikales Marketing im Herstellerbereich, München 1977.

Kunz-Hallstein, Hans-Peter Perspektiven der Angleichung des nationalen Markenrechts in der EWG, GRUR Int. 1982, 81f.

" Europäisierung und Modernisierung des deutschen Warenzeichenrechts, Fragen einer Anpassung des deutschen Markenrechts an die EG-Markenrichtlinie, GRUR Int. 1990, 747f.

" Die Funktion der Marke nach europäischem und künftigen deutschem Markenrecht, in FS DPA- 100 Jahre Marken-Amt.

" Die absolute Bindung der Marke an den Geschäftsbetrieb und ihre Aufhebung durch das Erstreckungsgesetz, GRUR 1993, 449f.

" Ähnlichkeit und Verwechslungsgefahr, GRUR 1996, 6f.

Kunze, Gerd F. Die Verzahnung der Gemeinschaftsmarke mit dem System der Internationalen Registrierung von Marken unter der gemeinsamen Ausführungsordnung zum Madrider Markenabkommen und dem Madrider Protokoll, GRUR 1996, 627f. (FS für Hefermehl)

Kunze, Gerd F. Zur internationalen Registrierung von Marken unter der gemeinsamen Ausführungsordnung zum MMA und zum Protokoll, Mitt. 1996, 199f.

Kur, Annette Verwechslungsgefahr und Irreführung, GRUR 1989, 240f.

" Schutz nicht eingetragener, aber notorisch bekannter Marken (Art. 6bis PVÜ) und Schutz berühmter Marken, GRUR Int. 1990, 605f.

„ Die notorisch bekannte Marke im Sinne von 6bis PVÜ und die "bekannte Marke" im Sinne der Markenrechtsrichtlinie, GRUR 1994, 330f.

" TRIPs und das Markenrecht, GRUR 1994, 987f.

" Harmonization of the Trademark Laws in Europe – An Overview, IIC 1997, 1f.

„ Die Harmonisierung der europäischen Markengesetze, Resultate – offene Fragen – Harmonisierungslücken, GRUR 1997, 241f.

„ Bericht: Anhörung der EU-Kommission zur Erschöpfung des Markenrechts, GRUR Int. 1999, 725f.

Laband, Peter Das Staatsrecht des Deutschen Reichs, Berlin und Leipzig 1901.

Lambertz, Winfried Starthilfe für Newcomer, Dynamik im Handel 1993, 23f.

Larenz, Karl Methodenlehre der Rechtswissenschaft, 6. neubearb. Auflage, Berlin, Heidelberg, 1991.

Lazer, William/Kelley, Eric J. (Hrsg.) Managerial Marketing, Perspectives and Viewpoints, Homewood, 1958.

Lehmann, Michael Die wettbewerbswidrige Ausnutzung und Beeinträchtigung des guten Rufs bekannter Marken, Namen und Herkunftsangaben, CR 1995, 129f.

" Neuer Titelschutz von Computerprogrammen, CR 1995, 129f.

„ Titelschutz von Computerprogrammen, GRUR 1995, 250.

Lehmann, Michael/Schönfeld, Thomas Die europäische und deutsche Marke: Positive Handlungsrechte im Dienste der Informationsökonomie, GRUR 1994, 481f.

Leitherer, Eugen Das Markenwesen der Zunftwirtschaft, MA 1956, 685f.

Levin, Marianne Der Schutz außerhalb des Gleichartigkeitsbereiches in der EU aus schwedischer Sicht, GRUR Int. 1996, 454f.

Lewitt, Thomas The Globalization of Markets, in Harvard Business Review, No. 3 (1983), S. 92 f.

Lewinsky, Dietrich München: Ein Gemeinschaftsamt für die EG-Patente und EG-Marken – das Europäische Patentamt, Mitt. 1979, 121f.

" Verfahrenssprachen des künftigen "Markenamtes der Gemeinschaft", Mitt. 1990, 199f.

Liebmann, Hans-Peter/Zeuter, Jürgen HandelsMonitor, Frankfurt am Main, 1997

Llewelyn, David Angleichung des nationalen Markenrechts in der EWG: Vereinigtes Königreich von Großbritannien, GRUR Int. 1992, 97f.

Loewenheim, Ulrich Warenzeichen und Wettbewerbsbeschränkungen, Heidelberg, 1970.

" Zum Stand der Harmonisierung des Urheberrechts in Europa, GRUR Int. 1997, 285f.

Mak, Willem Warenzeichen und Gemeinsamer Markt, GRUR Int. 1975, 118f.

Mangini, Vito Die Marke: Niedergang der Herkunftsfunktion?, GRUR Int. 1996, 462f.

Mansani, Luigi Die Gefahr einer gedanklichen Verbindung zwischen Zeichen im Markenrecht der Gemeinschaft, GRUR Int. 1998, 830 f.

Martino, Antonio A. Auf dem Weg zur Gemeinschaftsmarke – Ein Zwischenbericht, WRP 1978, 92f.

Martino, H. Dieter Erosion der nationalen Marken?, MA 1974, 419f.

Mayer, Udo Produktpositionierung, Köln, 1984

Meffert, Heribert Strategische Unternehmensführung und Marketing, Wiesbaden 1988.

Meffert, Heribert Euromarketing im Spannungsfeld zwischen nationalen Bedürfnissen und globalem Wettbewerb, in Meffert H./Kirchgeorg M. (Hrsg.), Marktorientierte Unternehmensführung im europäischen Binnenmarkt, Stuttgart 1990, Seite 21f.

" Marketing, Grundlagen der Absatzpolitik, 7., überarbeitete und erweiterte Auflage, Wiesbaden, 1991.

„ Strategien zur Profilierung von Marken, in Dichtl, E./Eggers, W., Marke und Markenartikel als Instrumente des Wettbewerb (1992), Seiten 129-155.

„ Marketing – Management (Analyse – Strategie – Implementierung), Wiesbaden, 1994.

„ Marketing – Grundlagen marktorientierter Unternehmensführung (Konzepte – Instrumente – Praxisbeispiele, 8., vollständig neubearbeitete und erweiterte Auflage, Wiesbaden, 1998.

Meffert, Heribert/Bruhn, Manfred Markenstrategien im Wettbewerb, Wiesbaden, 1984.

„ Markenpolitik als Erfolgsfaktor im Handel, in: Bruhn, Manfred (Hrsg.), Marketing-Erfolgsfaktoren im Handel, Frankfurt am Main/New York, 1987, S. 101-131.

Meffert, Heribert/Heinemann, Gerrit Operationalisierung des Imagetransfers, Marketing ZFP 1990, 5f.

Meffert, Heribert/Kirchgeorg, Manfred (Hrsg.) Marktorientierte Unternehmensführung im europäischen Binnenmarkt, Stuttgart 1990.

Meffert, Heribert/Perrey, Jesko Mehrmarkenstrategien – Ansatzpunkte für das Management von Markenportfolios in *Esch* (Hrsg.), Moderne Markenführung, S. 621 f.

„ Marktorientiertes Umweltmanagement, 3. Auflage, Stuttgart, 1997

Meister, Herbert E. Die EG-Marken-Richtlinie – Erste Kommentierung, MA 1990, 60f.

Meister, Herbert E. Zum Zwischenentwurf eines Markengesetzes, MA 1993, 407f.

" Grußwort eines Mitglieds der Geschäftsführung des Markenverbandes anläßlich des 100jährigen Bestehens des Warenzeichengesetzes von 1894 mit dem Titel: Deutsches Patentamt – 100 Jahre Markenamt, MA 1994, 316f.

Meldau, Robert Zeichen, Warenzeichen, Marken – Kulturgeschichte und Werbewert graphischer Zeichen, Bad Homburg v.d.H.-Berlin-Zürich, 1967.

Mellerowicz, Konrad Markenartikel – Die ökonomischen Gesetze ihrer Preisbildung und Preisbindung, 2. Auflage, München und Berlin 1963.

Mergel, Harald Die Rufausbeutung als Unlauterkeitstatbestand in der neueren Rechtsprechung des BGH – der wettbewerbsrechtlich verankerte Schutz „bekannter“ und „exklusiver“ Marken, ein gangbarer Weg?, GRUR 1986, 646f.

Mertens de Wilmars, Jesse Die Funktionen des Warenzeichens und die Gemeinschaftsrechtsprechung, GRUR Int. 1976, 93f.

Mettang, Uwe Unlautere Rufausnutzung durch Konkurrenten und Branchenfremde – der Bundesgerichtshof auf Abwegen?, GRUR 1987, 149f.

Meyer, Andreas Das deutsche und französische Markenrecht nach der Umsetzung der Ersten Markenrichtlinie (RL 89/104 EWG), GRUR Int. 1996, 592f.

Michael, Bernd M. Die Marke ist tot. Es lebe die Marke, MA 1994, 22f.

Miosga, Willy Warenzeichenrecht aus neuerer Sicht. Ein Spiegel der Rechtsentwicklung, München 1962

Miosga, Willy	Anmerkung zum "Nährbier"-Urteil des BGH, Mitt. 1960, 56f.
Mitscherlich, Hans	Anmelde- und Widerspruchsverfahren vor dem Europäischen Markenamt, GRUR 1980, 638f.
Montag, Frank	Die Entwicklung des Europäischen Gemeinschaftsrechts, NJW 1998, 2088f.
Mühlendahl, Alexander von	Koexistenz und Einheitlichkeit im europäischen Markenrecht, GRUR Int. 1976, 27f.
Mühlendahl, Alexander von	Das neue Markenrecht der Europäischen Gemeinschaft, MA 1989, 38f.
„	Das neue deutsche Markenrecht, Innovation und Management 11-12/93, 1f.
„	Zum Schutz geographischer Herkunftsangaben, ZLR 1993, 187f.
„	Das neue Markenrecht der Europäischen Union, in FS DPA – 100 Jahre Marken-Amt.
„	Deutsches Markenrecht, Texte und Materialien: Markengesetz mit amtlicher Begründung, Markenverordnung, 1. Markenrechtsrichtlinie (EG), Verordnung (EWG) Nr. 2081/92, Gesetzgebungsmaterialien, München, 1995.
Müller, Hans-Jürgen	Internationaler Markenschutz mehrsprachig, GRUR Int. 1984, 669f.
Murphy, Patrick E. (Hrsg.)	Branding: A Key Marketing Tool, London 1987.
Nölle-Neumann, Emil/Schramm, Carl	Höhe der Verkehrsgeltung, GRUR 1966, 70f.
Nolte, Heinz	Die Markentreue im Konsumgüterbereich, Bochum, 1976
Ohne Verfasser	Gegen die Aushöhlung des Markenrechts, Resolution des Markenverbandes, MA 1974, 537f.
Ohne Verfasser	Stellungnahme der Deutschen Vereinigung für gewerblichen Rechtsschutz und Urheberrecht e.V. zum HAG-Urteil des Europäischen Gerichtshofes, GRUR 1975, 65f.
Ohne Verfasser	Imagetransfer: Vom gemeinsamen Markennamen profitieren, Marketing Journal 1982, Heft 4, S. 32f.
Ohne Verfasser	Marketing-Konzeption/Das hohe Lied von der Kompetenz, Absatzwirtschaft 1986, Heft 1, S. 43f.
Ohne Verfasser	Vom Verfall und Aufstieg eines Markenartikels, werben & verkaufen 1990, 20f.
Ohne Verfasser	Die Markenartikelstrategie von Unilever zahlt sich aus, Frankfurter Allgemeine Zeitung vom 3. Mai 1991, S. 20, Sp. 3.

Obergfell, Eva Inés „Qualitätsneutrale“ geographische Herkunftsangaben als Schutzdomaine des nationalen Rechts – Zur Entscheidung des EuGH vom 7. November 2000 – Rs. C-312/98 (Warsteiner), GRUR 2001, 313.

Olesch, Norbert Ist die berühmte Marke tot?, WRP 1988, 347f.

Oppenhoff, Walter Wandel der Markenrechtskonzeption?, GRUR Int. 1973, 433f.

Oppenhoff, Walter/Sambuc, Peter Mögliche Revision des Madrider Abkommens über die internationale Registrierung von Marken, GRUR Int. 1970, 236f.

Oppenländer, K.H. Die volkswirtschaftliche Bedeutung des Fortschritts, in: Hundert Jahre Patentamt, 1977, 3f.;

Oppenländer, K.H. Die Wirkungen des Patentwesens im Innovationsprozeß, GRUR 1977, S. 362f.

Over, Uwe Die neue Gemeinschaftsmarke – Anmelden oder Abwarten?, WRP 1996, 274f.

Pagenberg, Jochen Das Widerspruchsverfahren der Gemeinschaftsmarke – Neue Strategien im Markenrecht, FS für Krieger, GRUR 1998, 288f.

Paivio, Anton Imagery and Verbal Processes, New York, 1971

Park, C. Whan/Milberg, Sandra/ Lawson, Robert Beurteilung von Markenerweiterungen in *Esch* (Hrsg.), Moderne Markenführung, S. 739 f.

Pepels, Werner Die Beziehungen von Marketing-Interessen auf Hersteller- und Handelsstufe, MA 1988, 494f.

„ Marketing, Baden Baden, 1994.

Petri, Claus Kreativität auf Knopfdruck: Assoziationen als Quelle kreativer Bildideen, Offenburg, 1995

Pfisterer, Benedikt Das neue griechische Markengesetz, GRUR Int. 1995, 488f.

Pinzger, Werner Das Deutsche Warenzeichenrecht, Kommentar zum Warenzeichengesetz vom 5. Mai 1936 nebst den internationalen Verträgen, 2. Aufl., München, Berlin, 1937.

Piper, Henning Der Schutz der bekannten Marke, GRUR 1996, 429f.

Pipkorn, Jörn Kommentierung zu Art. 100 a EWGV in Groeben/Thiesing/Ehlermann, Kommentar zur EWG-Vertrag, 1991.

Piriou, Marie-Pierre Selektiver Vertrieb und die Wettbewerbsregeln der EG, GRUR Int. 1980, 321f., 407f.

Pöschhacker, E. Die Bedeutung der Ersten Markenrichtlinie für das österreichische Markenrecht, in Koppensteiner (Hrsg.), Österreichisches und europäisches Wirtschaftsprivatrecht, Teil 2, S. 178f.

Prick, Hans-Joachim Warum Line Extension für Nivea?, Gotta, M., u.a. (Hrsg.), Brand News, Wie Namen zu Markennamen werden, Hamburg 1988.

Quelch, John A./Hoff, Edward Globales Marketing nach Maß, Harvard manager 1986, Heft 4, 107f.

Raithel, Helmut Mobilmachung, Manager Magazin, 1994, Heft 11, S. 170f.

Reimer, Eduard Bericht für den Londoner Kongreß der AIPPI, GRUR 1931, 11f.

" Wettbewerbs- und Warenzeichenrecht, Systematischer Kommentar, 3. Auflage, Köln, Berlin, 1954.

" Wettbewerbs- und Warenzeichenrecht, Systematischer Kommentar, 1. Band, Warenzeichen und Ausstattung, 4. Auflage, Köln, Berlin, 1966.

Reimer, Eduard Wettbewerbs- und Warenzeichenrecht, Systematischer Kommentar, 2. Band Wettbewerbsrecht, 4. Auflage, Köln, Berlin, 1972.

" Wettbewerbs- und Warenzeichenrecht, Systematischer Kommentar, 3. Band, Das wettbewerbsrechtliche Unterlassungs- und Schadensersatzrecht, 4. Auflage, Köln, Berlin, 1971.

Reinbothe, Jörg TRIPS und die Folgen für das Urheberrecht, ZUM 1996, 735f. und 741f.

Riehle, Gerhard Markenrecht und Parallelimport – Ein Beitrag zu Grundlagen und zur Territorialität des Warenzeichenrechts, Band 1, Stuttgart, 1968.

Riesenbeck, Hajo Globale Marken – wie global sind sie wirklich?, MA 1994, 328f.

Röper, Burkhardt Die vertikale Preisbindung bei Markenartikeln, Tübingen 1955.

Rößler, Bernd Die Ausnutzung der Wertschätzung bekannter Marken im neuen Markenrecht, GRUR 1994, 559f.

Röttger, Martin Gedanken zur Schaffung einer EWG-Marke, GRUR Int. 1959, 329f.

" Die Behandlung der enteigneten deutschen Warenzeichen im Hag-Urteil des Europäischen Gerichtshofs, GRUR 1974, 574f.

" Die Rechtsprechung des Gerichtshofes zur Bedeutung der nationalen gewerblichen Schutzrechte im Gemeinschaftsrecht, WRP 1980, 243f.

Sack, Rolf Die rechtlichen Funktionen des Warenzeichens, abgedruckt in zwei Teilen in GRUR 1972, 402f. und 445f.

" Das bewegliche System im geltenden und künftigen Recht, FS für Wilburg, 1986, 117f.

" Sonderschutz bekannter Marken de lege ferenda, BB 1993, 869f.

" Die Erschöpfung von Markenrechten nach Europäischem Recht, RIW 1994, 330f.

" Sonderschutz bekannter Marken, GRUR 1995, 81f.

" Irreführende Werbung mit wahren Angaben, GRUR 1996, 461f.

Sack, Rolf „Doppelidentität" und „gedankliches Inverbindungbringen" im neuen deutschen und europäischen Markenrecht, GRUR 1996, 663f.

Sambuc, Thomas Rufausbeutung bei fehlender Warengleichartigkeit, GRUR 1983, 533f.

Sander, Matthias Die Bestimmung und Steuerung des Wertes von Marken, München, 1994

Sattler, Henrik Markenstrategien für neue Produkte in *Esch* (Hrsg.), Moderne Markenführung, S. 329 f.

Schawel, Klaus Zum Vorschlag einer Verordnung des Rates über die Gemeinschaftsmarke, Mitt. 1981, 166f.

Scherer, Robert F./Ross, Derek Industrial Market Structure and Economic Performance, 3. Aufl., Boston u.a. 1990.

Schierenbeck, Henner Grundzüge der Betriebswirtschaftslehre, 8. Auflage, München/Wien, 1986.

Schirm, Wolf W. Markenartikel, Signale für eine „verläßliche" Welt, MA 1984, 406f.

Schleussner, Ricarda v. Reform der internationalen Registrierung, MA 1973, 262f.

Schluep, Walter R.. Das Markenrecht als subjektives Recht, Basel, 1964.

Schluep, Walter R.. Kartellrechtliche Grenzen von warenzeichenrechtlichen Abgrenzungsverträgen (besonders nach Art. 85 EWGV), GRUR Int. 1985, 534f.

Schmidt, Ingo/Elßler, Stefan Die Rolle des Markenartikels im marktwirtschaftlichen System, in Dichtl, E./Eggers, W., Marke und Markenartikel als Instrumente des Wettbewerbs, München 1991.

Schmieder, Hans-Heinrich Neues deutsches Markenrecht nach europäischen Standard, in NJW 1994, 1241f.

Schönfeld, Thomas Die Gemeinschaftsmarke als selbständiger Vermögensgegenstand eines Unternehmens, München, 1994.

Schöttle, Klaus M. (Hrsg.) Jahrbuch des Marketing, Wiesbaden 1990.

Schrader, Jürgen Marke und Markenführung, MA 1984, 432f.

Schreiner, Rupert Die Dienstleistungsmarke – Typus, Rechtsschutz und Funktion, Köln-Berlin-Bonn-München 1983.

Schricker, Gerhard Die europäische Angleichung des Rechts des unlauteren Wettbewerbs – ein aussichtsloses Unterfangen?, GRUR Int. 1990, 771f.

Schricker, Gerhard/Stauder, Dieter Handbuch des Ausstattungsrecht – Der Schutz der nichteingetragenen Marke und Ausstattung im In- und Ausland, Weinheim/Bergstr. 1986.

v. Schultz, Detlef Wohin geht das berühmte Kennzeichen?, GRUR 1994, 1f.

Schwab, Bertold Der freie Verkehr von Markenwaren im Lichte der Rechtsprechung des Gerichtshofs der Europäischen Gemeinschaften, GRUR Int. 1975, 73f.

Schwanhäusser, Hermann Entwicklung und zukünftige Gestaltung der EWG-Marke, in WRP 1984, 1f.

" Die Auswirkungen der Toltecs-Entscheidung des Europäischen Gerichtshofs auf Abgrenzungsvereinbarungen, GRUR Int. 1985, 816f.

Schwartz, Ivo E. Zur Politik der Europäischen Kommission im Hinblick auf eine Europa-Marke, GRUR Int. 1975, 71f.

" Das Markenrecht in der Europäischen Gemeinschaft – Eine Zwischenbilanz, GRUR Int. 1981, 1f.

Schweer, Carl-Stefan Die erste Markenrechts-Richtlinie der Europäischen Gemeinschaft und der Rechtsschutz bekannter Marken, Baden Baden, 1992.

Schweikert, Heinrich Zur Bedeutung nichtmarkenrechtlicher Vorschriften im Eintragungsverfahren, Mitt. 1992, 51f.

Seyffert, Rudolf Wirtschaftslehre des Handels, 2. Auflage, Köln und Opladen 1955.

Shapiro, David/Khemani, Ralph S. The Determinants of Entry and Exit Reconsidered, International Journal of Industrial Organisation, 1987, 25f.

Simon, Hermann Goodwill und Marketingstrategie, Wiesbaden 1984.

Stach, Manfred Markenartikel oder Handelsmarke – Eine Standortbestimmung aus Sicht des Markenverbandes, MA 1993, 582f.

Starck, Joachim Markenmäßiger Gebrauch – Besondere Voraussetzung für die Annahme einer Markenverletzung?, GRUR 1996, 688f. (FS für Hefermehl).

Stauss, Bernd Dienstleistungsmarken, MA 1995, Heft 1, 2f.

Steffenhagen, Hartwig Vertikales Marketing, in Marketing Enzyklopädie, Band 2 , München 1974, S. 675-690.

" Kategorien des Markenerfolges und einschlägige Meßmethoden, MA 1994, Heft 4, 378f.

Stratmann, Helga Titelschutz für Software nach dem neuen Markengesetz, Mitt. 1995, 366f.

Straus, Josef Bedeutung des TRIPS für das Patentrecht, GRUR Int. 1996, 179f.

Teplitzky, Otto Verwechslungsgefahr und Warenähnlichkeit im neuen Markenrecht, GRUR 1996, 1f.

Thies, Gerhard Vertikales Marketing, Marktstrategische Partnerschaft zwischen Industrie und Handel, Berlin, New York 1976.

Thum, Dorothee	Harmonisierung des Urheberrechts in Europa, GRUR Int. 1997, 330f.
Tietz, Bruno	(Hrsg.), Handwörterbuch der Absatzwirtschaft, Stuttgart 1974.
"	Marketing, 3., überarbeitete und erweiterte Auflage, Düsseldorf, 1993.
Tietz, Bruno, Köhler, Richard, Zentes, Joachim (Hrsg.)	Handwörterbuch des Marketing, 2. völlig neu gestaltete Auflage, Stuttgart, 1995
Tilmann, Winfried	Beitritt der Vereinigten Staaten zum Madrider Markenabkommen, GRUR Int. 1969, 194f.
"	Die Rechtsprechung des Europäischen Gerichtshofes und ihre Anwendung auf das künftige EWG-Markenrecht, GRUR 1977, 446f.
"	Grundfragen des EWG-Markenrechts, GRUR 1979, 20.
"	Zur Reichweite des Schutzes im deutschen und europäischen Markenrecht, GRUR 1980, 660f.
"	Das neue Markenrecht und die Herkunftsfunktion, ZHR 1994, 371f.
Tilmann, Winfried/Schleussner, Ricarda v.	Der Entwurf eines Vertrages über die internationale Registrierung von Marken, GRUR Int. 1972, 441f.
Titze, Wolfgang	Marken-Macht, manager magazin 1991, 206f.
Tomczak, Torsten (Hrsg.)	Positionierung – Kernentscheidung des Marketings, St. Gallen, 1996
Troller, Alois	Markenrecht und Landesgrenzen, GRUR Int. 1967, 261f.
Trommsdorf, Volker/Paulssen, Marcel	Messung und Gestaltung der Markenpositionierung in *Esch* (Hrsg.), Moderne Markenführung, S. 1047 f.
Ubertazzi, Luigi Carlo	Angleichung der nationalen Markenrechte in der EWG: Italien, GRUR Int. 1982, 101f.
Ullrich, Hanns	Staatsgrenzen und Warenzeichen, GRUR Int. 1975, 291.
"	Gewerblicher Rechtsschutz u, Urheberrecht im Gemeinsamen Markt, in Immenga/Mestmäcker, EG-Wettbewerbsrecht – Kommentar, München, 1997
Vahlen, Franz (Hrsg.)	Kompendium der Betriebswirtschaftslehre, 2. Überarbeitete Auflage, München 1990.
Vanzetti, Adriano	Funzione e natura giuridica del marchio, Riv. Dir. Com. 1961, 1, in der Arbeit zitiert nach der (leicht gekürzten) deutschen Übersetzung: Funktionen und Rechtsnatur der Marke, GRUR Int. 1965, 128f. und 185f.

Vanzetti, Adriano Die Funktion der Marke in einem System der freien Übertragbarkeit, GRUR Int. 1999, 205f.

Verkade, D.W. Feer Angleichung des nationalen Markenrechts in der EWG: Benelux Staaten, GRUR Int. 1992, 92f.

Volker Stefan / Semmler, Jörg Markenschutz für Farben und Farbkombinationen, GRUR 1998, 93f.

Waltermann, Bernd Internationale Markenpolitik und Produktpositionierung, Wien 1989.

Weinberg, Peter Die Produkttreue der Konsumenten, Wiesbaden, 1977

Wills, Franz Hermann Bildmarken, Wortmarken, Düsseldorf, 1968

Winkler, Matthias Das neue Markenrecht als Herausforderung für das Deutsche Patentamt, Mitt. 1995, 45f.

Winram, Steven The Opportunity for World Brands, Murphy, J. (Hrsg.), Branding: A Key Marketing Tool, London 1987, S. 104f.

Winter, Franz Modifizierte Kollisionslösungen im deutschen Warenzeichenrecht, Vermeidung wirtschaftlich nicht erforderlicher Verbietungsrechte, GRUR 1967, 467f.

Zentes, Joachim/ Hurth, Jürgen Konzentration im Handel, Empirische Studie des Instituts für Handel und internationales Marketing an der Universität des Saarlandes, Markenverband, Wiesbaden, 1996

Zentes, Joachim/Swoboda, Bernhard Hersteller-Handels-Beziehungen aus markenpolitischer Sicht in *Esch* (Hrsg.), Moderne Markenführung, S. 803 f.

Zeug, Andre Wirtschaftliche Funktionen von Waren und Dienstleistungszeichen, Diplomarbeit (unveröffentlicht, vorgelegt am 15. Februar 1986), zitiert nach Henning-Bodewig/Kur, Marke und Verbraucher, Bd. I,

Wettbewerbsrechtliche Studien

Herausgegeben von Hanns Ullrich

Band 1 Xiaoguang Shan: Patentrechte und Know-how im Rechtsverkehr in der Volksrepublik China. Wirtschaftliche, technologiepolitische und rechtliche Ausgestaltung. 2001.

Band 2 Ariane Kubis: Vergabeverfahren und Rechtsschutz bei der Beschaffung von Informationstechnologie durch die Verwaltung. Frankreich und Deutschland im Vergleich. 2001.

Band 3 Markus Bahmann: Markenstrategien für den europäischen Binnenmarkt. 2002.

Band 4 Hans-Jürgen Breith: Patente und Gebrauchsmuster für Staatsgeheimnisse. 2002.

Kolibri 360 GmbH
Ferdinand-Jühlke-Straße 7
99095 Erfurt, Deutschland
produktsicherheit@kolibri360.de

Druck:
CPI Druckdienstleistungen GmbH
im Auftrag der
Kolibri 360 GmbH
Ferdinand-Jühlke-Str. 7
99095 Erfurt